LA BATALLA
POR LA PAZ

© Juan Manuel Santos, 2019
© Editorial Planeta Colombiana S. A., 2019
Calle 73 N.º 7-60, Bogotá
Diseño de cubierta:
Departamento de Diseño Grupo Planeta
Imagen de cubierta:
© Mads Nissen for the Nobel Peace Center
Fotos interiores:
Ministerio de Defensa Nacional de Colombia,
Presidencia de la República de Colombia,
archivo personal de Juan Manuel Santos,
archivo personal de Juan Carlos Henao,
Fernando Vergara/AP,
León Darío Peláez/Semana,
Haakon Mosvold Larsen/AFP.

Primera edición:
Marzo de 2019
Segunda edición:
Abril de 2019
Tercera edición:
Abril de 2019

ISBN 13: 978-958-42-7663-6
ISBN 10: 958-42-7663-8
Impreso por:
Editorial Nomos S.A.

Juan M. Osorio
B/quilla 7/2/19

LA BATALLA POR LA PAZ

El largo camino para acabar el conflicto
con la guerrilla más antigua del mundo

JUAN MANUEL SANTOS
PREMIO NOBEL DE LA PAZ 2016

Prólogo por FELIPE GONZÁLEZ

⊕ Planeta

A las más de ocho millones de víctimas
del conflicto armado colombiano,
centro y razón de ser del proceso de paz:
las que fueron y las que ya no serán.

———————————

A Celeste, mi primera nieta,
que solo conocerá esta guerra
en los libros de historia.

"Santos fue capaz de ver —tuvo la imaginación y la visión para hacerlo— que este era el momento en el que podría dar un giro hacia la paz. (...) Fue algo realmente difícil de hacer, francamente más duro que Irlanda del Norte, más duro que cualquier conflicto en el que he estado involucrado, y pondría el conflicto palestino-israelí en el mismo nivel. Haber llegado tan lejos es un logro extraordinario. (...) Yo les diría a los colombianos que recuerden los días más oscuros de este conflicto y cómo fueron. Hay que debatir, por supuesto, el camino correcto para seguir adelante, pero sin volver atrás. Eso sería un gran error".

TONY BLAIR

"Creo que Santos quiso darles a todos los colombianos diferentes opciones, y al final estuvo dispuesto a arriesgar su posición a corto plazo para mejorar la calidad y el nivel de vida de Colombia a largo plazo. (...) De manera lenta pero segura, Colombia ha recuperado una vida más pacífica y normal, y ahora su gente puede sacar provecho de los recursos naturales del país".

BILL CLINTON

"Con el logro de un acuerdo de paz entre Colombia y las Fuerzas Armadas Revolucionarias de Colombia, la guerra de más larga duración en el hemisferio occidental llega a su fin. Hemos sido testigos, una vez más, de cómo un compromiso perseverante con la diplomacia y la reconciliación puede superar los más arraigados conflictos. Este acuerdo es un tributo al arduo trabajo y la cooperación de incontables líderes y ciudadanos colombianos —de todos los partidos y administraciones— que sentaron las bases de este hito. De manera especial, felicito al presidente Juan Manuel Santos por su valiente liderazgo a lo largo de cuatro años de difíciles negociaciones. (...) Creo que este es un logro de proporciones históricas que será, en últimas, bueno para la región tanto como lo es para el pueblo de Colombia. Requirió mucho coraje y mucho trabajo por parte de mucha gente. Estamos muy orgullosos de haber desempeñado un modesto papel para ayudar a que el diálogo avanzara".

BARACK OBAMA

"Cualquier sacrificio que me espera en la vía que hoy empiezo a recorrer lo recibiré con alegría si puedo en cambio llevar a los hogares colombianos un poco más de bienestar, un poco más de justicia y el don divino de la paz".

EDUARDO SANTOS

(Discurso de posesión como presidente de Colombia, 7 de agosto de 1938)

"Por la paz estoy dispuesto a tomar todos los riesgos necesarios. (...) La paz en Colombia es más, muchísimo más importante que cualquier aspiración personal, cualquier dignidad o cualquier persona".

JUAN MANUEL SANTOS

(Carta al presidente Ernesto Samper, 11 de octubre de 1997)

AGRADECIMIENTOS

Gobernar es una labor solitaria en la que, por fortuna, conté con el apoyo de hombres y mujeres que se comprometieron con el futuro de Colombia y, por consiguiente, con la búsqueda de la paz. El proceso que adelantamos por más de seis años contó con el aporte de muchísimas personas con quienes estamos en deuda todos los colombianos.

Muy especialmente quiero agradecer al alto comisionado para la paz, Sergio Jaramillo; al jefe del equipo negociador, Humberto de la Calle; a los negociadores plenipotenciarios: los generales Óscar Naranjo y Jorge Enrique Mora, Frank Pearl, Luis Carlos Villegas, Gonzalo Restrepo, María Paulina Riveros, Nigeria Rentería, María Ángela Holguín y Roy Barreras; a los negociadores alternos: Jaime Avendaño, Alejandro Éder, Elena Ambrosi y Lucía Jaramillo, y al dedicado equipo de la oficina del alto comisionado para la paz, incluyendo a Gerson Arias, Mónica Cifuentes, Juanita Goebertus y Marcela Durán. A altos funcionarios que intervinieron en el proceso como Juan Fernando Cristo, Rafael Pardo y nuestro embajador en La Habana, Gustavo Bell. Y a mi hermano Enrique que acompañó momentos cruciales de la negociación.

Gracias a quienes sirvieron de facilitadores: Henry Acosta, Álvaro Leyva e Iván Cepeda. A los juristas: Manuel José Cepeda, Juan Carlos Henao, Douglas Cassel y Yesid Reyes. A los oficiales en servicio activo que conformaron la subcomisión del fin del conflicto: los generales Javier Flórez, Martín Fernando Nieto,

Alfonso Rojas, Oswaldo Rivera y Álvaro Pico, y el vicealmirante Orlando Romero.

Para hacer la paz se necesitan dos. Por eso reconozco el compromiso, la seriedad y la voluntad de los negociadores de las Farc y de su líder Rodrigo Londoño —antes Timoleón Jiménez o Timochenko— que nos permitieron lograr el acuerdo. Fue un debate entre adversarios, arduo y difícil por las hondas distancias que nos separaban, y si llegamos a buen fin fue por el trabajo y la persistencia de todos.

Quiero destacar y agradecer el invaluable aporte de mis asesores internacionales: Shlomo Ben Ami, Jonathan Powell, Dudley Ankerson, Joaquín Villalobos y William Ury, que dieron luces y contexto a nuestra búsqueda por la paz. A los enviados especiales de Estados Unidos, Bernie Aronson; de la Unión Europea, Eamon Gilmore, y de Alemania, Tom Koenigs. A la Cruz Roja Internacional y los presidentes de su delegación en Colombia, Jordi Raich y Christoph Harnisch. Al expresidente de España —un gran amigo y aliado por la paz—, Felipe González, y el expresidente del Uruguay, Pepe Mujica.

Gracias a la comunidad internacional en general, que sin excepción rodeó nuestro proceso de paz, y muy especialmente a Cuba —nuestro anfitrión— y el presidente Raúl Castro, junto con Noruega, Chile y Venezuela, países garantes y acompañantes. Nombrar a todos los países, jefes de Estado y de gobierno, cancilleres, jefes de organismos internacionales, se haría interminable. Destaco, por supuesto, el papel fundamental de las Naciones Unidas, a través de su consejo de seguridad y sus secretarios generales Ban Ki-moon y Antonio Guterres, y su delegado Jean Arnault; de los Estados Unidos, con el presidente Barack Obama, su vicepresidente Joe Biden y su secretario de Estado John Kerry, y de la Unión Europea, a través de su alta representante para asuntos exteriores y de seguridad, Federica Mogherini.

Mi gratitud y mi mayor respeto a uno de los mayores líderes espirituales de nuestros tiempos, quien siempre apoyó e impulsó la paz en Colombia y la necesidad de la reconciliación: el papa Francisco.

La paz con las Farc no se hizo en ocho años. Fue un proceso largo que, con altas y bajas, avances y retrocesos, suspensiones y reinicios —como si se aplicara el método de prueba y error—, comenzó en 1982 con los esfuerzos del gobierno de Belisario Betancur (q. e. p. d.) y fructificó más de tres décadas después bajo mi mandato. Por eso valoro y agradezco los aportes que, en su momento, con diversos matices e intensidad, hicieron mis predecesores en la presidencia de la República.

Mi reconocimiento a las víctimas —claro— porque para ellas, por ellas y con ellas hicimos el proceso de paz. Su estímulo y generosidad me ayudaron a no desfallecer. Y a los miembros de nuestras Fuerzas Militares y de Policía, porque su labor abnegada y valiente hizo posible que la guerrilla se convenciera de que jamás lograría sus objetivos por las armas y que el único camino era el diálogo.

Gracias, muchas gracias, a todos los colombianos, porque la paz la construimos y la seguiremos construyendo entre todos: los congresistas que refrendaron el acuerdo y aprobaron leyes y reformas para implementarlo; los magistrados que avalaron su juridicidad; los jóvenes que colmaron las calles y las plazas para que el acuerdo de paz no naufragara; los millones que votaron Sí en el plebiscito, e incluso aquellos que tuvieron dudas o votaron No, porque nos obligaron a conseguir un acuerdo todavía mejor. La paz es de Colombia y la hicimos en Colombia.

Vuelvo mi corazón agradecido, finalmente, hacia mi hogar y mi familia: mi esposa María Clemencia; mis hijos Martín, María

Antonia y su esposo Sebastián, y Esteban, y la pequeña Celeste que ha llegado a alegrarnos la vida y que gozará, como todos los niños de nuestra querida patria, de la paz que entre todos pudimos lograr. Solo el amor da fuerzas para luchar, y el amor de mi familia fue mi combustible y mi faro en los momentos difíciles, que no fueron pocos. Gracias por estar ahí. Gracias por ser mi refugio en tiempos de tempestad.

PRÓLOGO

Felipe González
Expresidente del Gobierno de España

*En recuerdo de Gabriel García Márquez y Belisario Betancur,
dos de los amigos entrañables con los que por tanto tiempo
hice mi recorrido colombiano a favor de la paz.*

Estaba escribiendo unas palabras sobre el libro del presidente
Santos, *La batalla por la paz*, cuando me conmocionó la noticia
del criminal atentado terrorista contra la Escuela de Policía de
Bogotá, con la muerte de veintidós jóvenes cadetes. El terror
había vuelto a las calles y mi memoria regresaba a momentos
terribles del largo conflicto colombiano, reflejados en el relato
histórico del libro que estaba leyendo con enorme interés.

Pensé si debía mantener las impresiones ya escritas o si este
atentado y sus secuelas iban a suponer una vuelta atrás en el
proceso emprendido desde hace tantos años. Pese al dolor y a la
tristeza que me produce este acto criminal, cuarenta y ocho horas
después he llegado a la conclusión de que el avance hacia la solución del conflicto es irreversible. Mi pesar y solidaridad con las
familias, con las fuerzas de seguridad y con el pueblo colombiano

no me nublan el juicio sobre el proceso ni disminuyen mi certeza de que el terrible pasado no volverá a Colombia.

Esos veintidós jóvenes, víctimas inocentes del terror merecen justicia y también el homenaje de esperanza de que sus muertes no serán inútiles, no torcerán el camino emprendido hacia la convivencia en paz y en libertad. Mi deseo en este difícil momento es que todos los ciudadanos se unan en torno al gobierno legítimo del presidente Duque, de sus fuerzas policiales, de todos los que luchan contra el crimen más atroz que es el terrorismo.

La lectura de esta impresionante historia sobre el camino hacia la paz, que he leído con interés y cierta pasión, me iba llevando en cada pasaje a una especie de necesidad de dialogar con el relato. Conozco personalmente la casi totalidad de los episodios que van apareciendo, en algunos de ellos desde posiciones que me permitían u obligaban a vivirlos desde un ángulo relativamente diferente de la vivencia del presidente Santos, pero coincidente en la apreciación del devenir histórico de este largo esfuerzo.

Para muchos colombianos, sobre todo las nuevas generaciones, hay un velo de sombras sobre este largo conflicto, incluso de olvido. En mis últimas visitas a Bogotá me impresionaba escuchar un relato contrapuesto al descrito por Juan Manuel Santos que llegaba hasta el negacionismo mismo de la existencia de un conflicto armado y devaluaba el esfuerzo de tantos para superarlo. Si no había habido un conflicto, no era necesario llegar a un acuerdo de superación del mismo. Tal parecía el propósito de esas voces.

No puedo decir que mi visión sobre lo que ha pasado en las últimas cinco décadas, y particularmente desde la de los ochenta del pasado siglo hasta hoy, sea completamente "extranjera", aunque tampoco tengo la osadía de pensar que la haya vivido como un colombiano más. Pero mi proximidad a Colombia y su devenir desde la segunda mitad de los años setenta, me llevaba a estar disponible para ayudar en lo que me pidieran los que tenían legitimidad para hacerlo, o autoridad moral si lo prefieren en los casos en que las relaciones eran personales, de amistad, como sucedía con Gabo. Y esta imbricación se completó cuando el presidente Santos me hizo el honor de otorgarme la nacionalidad colombiana.

Lo que más me ha implicado en la lectura de este relato, mezcla de buen periodismo y de perspectiva histórica con protagonismo personal destacado, es la parte en que he ido participando —desde fuera y desde dentro— a partir de la presidencia de Belisario Betancur. Es decir, a partir del momento en que el Estado colombiano asume que puede y debe abrir un proceso de diálogo para buscar un acuerdo de paz con los alzados en armas.

Inevitablemente, o con esa intención, Juan Manuel Santos va describiendo en el libro su imbricación en el proceso. Primero, como periodista y ciudadano comprometido más allá de su tarea profesional. Más tarde, como parte de los gobiernos de Colombia, con especial incidencia cuando ocupó la cartera de Defensa en el gobierno del presidente Uribe. Y claro, cuando ejerció la presidencia entre el año 2010 y el 2018.

Me encontré a Santos como periodista que se ganó al mismo tiempo, a mitad de los años ochenta, el Premio Internacional de Periodismo Rey de España y la animadversión de Daniel Ortega por unas crónicas sobre la situación de Nicaragua que, vistas hoy, parecerían una premonición. Casi al mismo tiempo habíamos tenido un encuentro con la familia de *El Tiempo*, en una finca cercana a Bogotá, auspiciado por el presidente Betancur, que había ejercido de periodista en ese medio y vivía con dolor lo que él creía incomprensión del periódico ante sus esfuerzos en la búsqueda del diálogo para llegar a la paz. Betancur creía que sus amigos no lo comprendían. Sus amigos se quejaban de que él no les explicaba lo que estaba haciendo. Ambas cosas eran verdad, pero no quiero deslizarme hacia ese diálogo con el libro que tantos recuerdos me trae. Mi mochila está llena de esas anécdotas que pueden llevarnos a la digresión, desde la presidencia de Betancur hasta la actualidad.

Juan Manuel Santos trabajaba desde lo que llamamos sociedad civil, con políticos, empresarios, sindicatos, universidades, intelectuales y actores de la compleja trama del conflicto colombiano. Sabía, por sí mismo y por nuestra relación con García Márquez, que yo estaba siempre dispuesto a echar una mano a Colombia, al margen de que ocupara o no posiciones de poder institucional. Sus esfuerzos desde esa posición se veían interrumpidos cuando aceptaba alguna responsabilidad de gobierno. Ocurrió cuando fue ministro de Comercio Exterior del presidente Gaviria, dignidad con la que tuve ocasión de recibirlo en 1992 en la Exposición Universal de Sevilla, en representación del mandatario colombiano, quien no asistió por afrontar la situación generada por la fuga de Pablo Escobar de la cárcel de La Catedral. O más tarde, en la segunda mitad del periodo del presidente Pastrana, cuando se hizo cargo del Ministerio de Hacienda en la grave crisis de esa época.

Recibí en Madrid a Juan Manuel Santos y a García Márquez cuando estaba ya fuera del gobierno, en la segunda mitad de los noventa. Era durante la tormentosa presidencia de Ernesto Samper, comprometido —como los anteriores que siguieron a Betancur— con la búsqueda de la paz, pero con un margen de maniobra estrecho por circunstancias que el libro relata con claridad. El esfuerzo no tuvo continuidad en ese momento. Samper no conocía lo que se estaba haciendo y —creo que con razón— se sintió ninguneado como jefe del Estado y lo hizo saber.

Debo aclarar que García Márquez era irreductible en su deseo permanente de encontrar un camino hacia la paz y la reconciliación entre los colombianos. Su ánimo, su esperanza,

renacía con cada nueva presidencia en Colombia, fuera esta la de
Betancur, la de Gaviria, la de Pastrana, la de Uribe, pasando por
todas las demás. El Gabo hablaba con todos los interlocutores
posibles en el tablero del conflicto y me pedía que yo lo hiciera,
por difícil y complicado que fuera. Por eso sentí tanto que cuando
llegó el momento de la firma del acuerdo de paz con las Farc, él
ya no estuviera.

En la trayectoria personal de Juan Manuel Santos hay una
continuidad peculiar en su compromiso por encontrar el camino,
aun aceptando que interrumpía lo demás cuando asumía una
responsabilidad de gobierno. Ese proceso vital explica su conocimiento profundo de todos los entresijos del conflicto, como
podrán apreciar en esta obra. Naturalmente, como ministro de
Defensa de Uribe en su segundo periodo, su inmersión en la
terrible realidad del enfrentamiento fue total.

En esa etapa, previo a su mandato y como ministro de Defensa
mi relación personal era con el presidente y mucho menos con el
ministro. Cuando asumió la presidencia me puse a su disposición
y se intensificó una relación que pasó la frontera de la política para
convertirse en amistad personal y familiar. Colaboré con todos
los mandatarios colombianos desde Betancur a Santos. Con todos
tuve una relación franca, abierta, que me permitía decir lo que
pensaba dentro de la disposición a ayudar. Con Betancur, desde
antes de llegar a la presidencia, la relación cobró una dimensión
más íntima y amistosa, como con Santos.

Esta presencia sin la perspectiva del distanciamiento que he
visto en muchos de mis colegas internacionales interesados en
el proceso colombiano, me ha llevado a afirmar, reiteradamente,
que todos los presidentes lo intentaron —sean cuales sean sus
posiciones respecto al acuerdo de paz con las Farc— y que Santos
lo hizo irreversible, más allá de las inmensas dificultades de construir la paz después de la firma del fin del conflicto.

El libro que tienen en sus manos explica con claridad el origen
y las complicaciones que se han vivido en estas cinco décadas,
incluyendo el agravamiento posterior al esfuerzo de Betancur,
y la imbricación de guerrillas, narcotráfico y acciones de terror
urbano. En los últimos cuarenta años he tenido una vivencia
directa, como gobernante o como ciudadano comprometido, con
Colombia. Desde aquel primer proceso de Betancur, empañado
por ese terrible episodio del asalto al Palacio de Justicia, pasando
por la tragedia de la Unión Patriótica, hasta la nueva Constitución
de Gaviria o los complejos encargos de Pastrana.

Hasta llegar a la presidencia de Uribe, al que conocí como
candidato y del que anticipé que el efecto devastador en la opinión
pública del comportamiento de las Farc con Pastrana le haría
presidente de Colombia: así se lo dije en ese primer encuentro,
aunque él me contestara que no lo creía en ese momento. A Álvaro
Uribe, como presidente, se debe el haber llevado a los alzados en
armas a la convicción de que por ese camino nunca llegarían al
poder. Ahí empieza el proceso de cambiar las botas por los votos,
como única salida.

Como se sabe y Juan Manuel Santos lo cuenta en su relato, él
mismo protagonizó como ministro de Defensa la lucha más dura
contra la dirección de las Farc, además de las reformas y el fortalecimiento de la capacidad de las Fuerzas Militares y la Policía.
Como presidente, desde ese cambio en la relación de fuerzas,
decidió que la guerra no podía continuar hasta el exterminio de
los adversarios porque no era posible y, aunque lo fuera, no era
el camino en el que creía: el camino de paz, justicia y reparación
que necesitaba Colombia.

Aprendió de la experiencia ajena y la propia. Fue extremadamente cuidadoso en negociar discretamente una agenda cerrada
antes de iniciar una verdadera negociación. Llevó hasta el final

que nada estaba acordado hasta que todo estuviera acordado. Se resistió, con bastante incomprensión de los que no seguían el proceso, a falsas treguas que podían fortalecer a las guerrillas. Y, sobre todo, puso a las víctimas en el corazón del proceso, para conseguir reparación y reconciliación, para avanzar en el futuro posterior a la firma.

Encabezó el proceso más complejo que he conocido y —también hay que decirlo— el más exitoso. El mundo lo vio con esperanza renovada. Los especialistas lo analizan con gran interés en la convulsa situación que vivimos en otras latitudes.

Estas palabras son de gratitud con Santos por su amistad y su confianza que me permitieron la impertinencia de discutir algunas de sus posiciones, pero me mantuvieron disponible para ayudar en lo que me fuera posible. Así ha sido antes de su presidencia y así es ahora con la de Duque. Estoy con Colombia, con sus esperanzas y sus dolores, para lo que pueda ser útil.

Mis últimas palabras de nuevo para las víctimas del horror en el atentado de la Escuela de Policía.

—20 de enero de 2019—

CARTA AL LECTOR

Fui presidente de Colombia por ocho años, entre agosto de 2010 y agosto de 2018, y recibí el Premio Nobel de la Paz el año 2016. Este premio reconoció —en términos del Comité Noruego del Nobel— los "decididos esfuerzos para acabar con los más de cincuenta años de guerra civil en el país, una guerra que ha costado la vida de al menos 220.000 colombianos y desplazado a cerca de seis millones de personas".

Las palabras del Comité reflejan muy bien la realidad. El pueblo colombiano sufrió por más de medio siglo un conflicto interno armado entre la guerrilla de las Farc, un grupo subversivo de orientación marxista, y el Estado colombiano. Las reivindicaciones sociales y políticas de las Farc derivaron en una dura confrontación en la que la población civil, sobre todo en las zonas rurales, se vio especialmente afectada. Masacres, secuestros, extorsiones, asesinatos, voladuras de oleoductos y torres de energía, tomas de pueblos, cultivos de coca y narcotráfico, han estado en las noticias de los colombianos todo este tiempo. Y han desvalorizado la imagen del país ante el mundo. Nos habíamos acostumbrado —o resignado— al estigma de ser un país en guerra.

Mis predecesores intentaron derrotar a la guerrilla y varios de ellos procuraron también, en las últimas tres décadas y media, encontrar una salida negociada al conflicto. Ni lo uno ni lo otro fue posible. Por eso, en 2010, cuando asumí la presidencia de Colombia —luego de haber sido ministro de Defensa y de haber liderado los más duros golpes militares jamás propinados a la guerrilla—, me propuse aprender de los errores cometidos en el pasado y avanzar, con prudencia, firmeza y paciencia, hacia una negociación, un proceso de paz que lograra, por fin, la terminación de la guerra con la más antigua y poderosa guerrilla de mi país y del continente.

Fueron casi dos años de aproximaciones secretas hasta lograr una agenda de negociación. Acordados los puntos, se instaló formalmente en Oslo —en octubre de 2012— la mesa de diálogos que trabajó en La Habana, sorteando toda clase de dificultades e incomprensiones, pero con la firme decisión de llegar a la paz.

Cuatro años después —en octubre de 2016, en Cartagena— se firmó el acuerdo final para la terminación del conflicto con las Farc en presencia del Secretario General de las Naciones Unidas y de jefes de Estado y representantes de varios países del mundo. El acuerdo de paz de Colombia se convirtió en la única noticia positiva de paz en mucho tiempo.

Sin embargo, el camino todavía no estaba libre de obstáculos. A través de un plebiscito que yo mismo convoqué, en una votación definida por una mínima diferencia, los colombianos no aprobaron el acuerdo alcanzado en La Habana y firmado en Cartagena. Llamé, entonces, a un diálogo nacional para escuchar las inquietudes y críticas de quienes votaron por el No y, finalmente, el 24 de noviembre de 2016, en el Teatro Colón de Bogotá, se firmó un nuevo texto que incorporó gran parte de las propuestas y sugerencias recibidas.

Desde entonces, Colombia viene avanzando —con el acompañamiento de la comunidad internacional— en la implementación del acuerdo, una tarea compleja que tomará varios años. Cerca de trece mil combatientes y milicianos de las Farc, una guerrilla que alcanzó a tener más de veinte mil integrantes, se concentraron en campamentos temporales para comenzar su proceso de reincorporación a la sociedad y entregar las armas a las Naciones Unidas en un proceso gradual que terminó en junio de 2017.

Si algunos años atrás hubiéramos preguntado a cualquier colombiano si veía posible una negociación exitosa con las Farc, la mayoría hubiera respondido que era un imposible. Se había intentado muchas veces y siempre se había fracasado. Las diferencias eran irreconciliables y la voluntad escasa. Pero en esta oportunidad, en Colombia, se logró hacer posible lo que parecía imposible. Por eso, la comunidad internacional contempla nuestro proceso con interés y esperanza, porque puede servir de modelo para otros conflictos aún sin resolver en muchos rincones del planeta.

¿Cómo se logró esto? ¿Cuál fue el secreto para que miles de hombres y mujeres alzados en armas contra el Estado decidieran renunciar a la violencia y perseguir sus ideales a través de las vías democráticas? Las respuestas a estas preguntas tienen mucho que ver con lo que he aprendido durante toda una vida dedicada al periodismo y al servicio público.

No he buscado la paz ingenuamente. Sabía que primero había que cimentar unas condiciones para lograrla, y que estas implicaban, por ejemplo, consolidar un poderío militar que desestimulara la rebelión armada. Era necesario generar un entorno internacional favorable a la negociación, y también aprender de las diversas experiencias de paz en mi país y en el mundo.

No hay un manual de instrucciones para hacer la paz. Cada caso es único y se aprende sobre la marcha. Pero sí existen parámetros, condiciones, principios, innovaciones que se convierten en faros que pueden alumbrar cada nuevo esfuerzo de paz en el planeta.

Esta es, a la vez, mi historia y la historia de cómo Colombia logró terminar una guerra interna de medio siglo, superando dificultad tras dificultad, obstáculo tras obstáculo. Es el relato de cómo edificamos un proceso que funcionara, que fuera exitoso, en el complejo contexto del siglo XXI, cuando la nueva era de justicia universal y sus tribunales internacionales exigen un nivel mínimo de justicia para sustentar la paz.

Aquí están las lecciones que aprendí sobre la paz y también sobre la guerra, porque una y otra están intrínsecamente relacionadas. Aquí están las lecciones que me hacen creer en la esperanza de un futuro mejor y de una solución posible para cualquier conflicto. Lo dije en Oslo el 10 de diciembre de 2016, cuando recibí el Premio Nobel:

"El sol de la paz brilla, por fin, en el cielo de Colombia. ¡Que su luz ilumine al mundo entero!"

DOS SIGLOS ENTRE LA GUERRA Y LA PAZ

UN GUERRILLERO EN MI CUARTO

Es uno de mis primeros recuerdos de infancia. Ocurrió a fines de 1956 o comienzos de 1957, cuando tenía cinco años de edad, en la casa de mi abuelo paterno en Bogotá.

Yo acostumbraba dormir a veces donde mi abuelo, a quien siempre estuve muy apegado, y esa noche en particular me quedé en una habitación con dos camas. Estaba dormido cuando sentí que abrieron la puerta y vi la sombra de un hombre que, sigilosamente, se acostó en la cama de al lado. No pregunté ni dije nada, seguí durmiendo y, al otro día, cuando desperté ya se había ido.

Años después fue mi propio abuelo, Enrique Santos Montejo, un periodista, librepensador, anticlerical, el más influyente columnista que tenía el país, conocido por su seudónimo Calibán, quien me contó que el personaje que compartió conmigo esa noche era un famoso guerrillero liberal conocido como Guadalupe Salcedo, a quien él a veces hospedaba cuando estaba en la capital.

Guadalupe era un verdadero mito, símbolo de una época terrible de confrontaciones armadas entre los seguidores de los dos partidos históricos de Colombia: el Liberal y el Conservador.

Desde esa lejana memoria, mi vida —como la de todos los colombianos— estuvo cerca, a veces a centímetros, de la experiencia de la guerra. Cuando viajábamos por carretera a la finca de un tío en una población de tierra caliente llamada Ambalema, en el departamento del Tolima en el centro del país, preguntaba por qué en los caminos y los campos había tantos soldados patrullando. "Es por la violencia", me explicaban. "Para cuidarnos de los bandoleros". Allí, en el Tolima, operaban guerrillas liberales, varias de ellas convertidas en simples grupos de bandoleros, comandadas por hombres recios y crueles cuyos alias —Sangrenegra, Chispas, Desquite, Tarzán— formaban parte de la leyenda popular.

Así supe, desde cuando tuve conciencia, que no vivía en un país normal. Que la guerra era una sombra que nos acompañaba a todos los colombianos y con la cual teníamos que acostumbrarnos a vivir.

UNA NACIÓN EN GUERRA

Colombia ha sido una nación signada por la violencia desde su mismo nacimiento republicano, hace más de dos siglos. No acabábamos de dar el Grito de Independencia del imperio español, en 1810, cuando nuestros líderes ya estaban trenzados en guerras por sus diferencias sobre qué modelo de Estado seguir: centralista o federalista.

Cuando las tropas de la reconquista española llegaron a nuestro territorio en 1815 encontraron un pueblo dividido, con múltiples gobiernos regionales, lo que facilitó volver a someterlo a su mandato y a su régimen de terror.

Luego de nuestra independencia definitiva —sellada en la Batalla de Boyacá por las tropas dirigidas por Bolívar y Santander, el 7 de agosto de 1819—, el panorama no cambió mucho. El siglo XIX se caracterizó por una sucesión casi ininterrumpida de guerras civiles, que nos dejó el penoso récord de ser la nación de América Latina que tuvo más guerras internas en dicha centuria.

Cualquier motivo era bueno para una guerra: bolivarianos contra santanderistas, centralistas contra federalistas, librecambistas contra artesanos, clericales contra anticlericales. Así se nos fue pasando el tiempo en rencillas domésticas que nos alejaban del tren del progreso y que terminaban con la expedición de nuevas constituciones. Estas apenas regían por unos años, hasta la siguiente guerra.

En la transición entre el siglo XIX y el siglo XX sufrimos la peor confrontación de todas, conocida como la Guerra de los Mil Días. Los dos partidos tradicionales —el Liberal y el Conservador— se embarcaron en una disputa, con verdaderas batallas campales, que dejó cerca de cien mil muertos en un país que apenas superaba los cuatro millones de habitantes. Y nos dejó algo más: la separación de Panamá en 1903, propiciada en forma descarada por el presidente de Estados Unidos Teodoro Roosevelt para construir el canal, a la que poco pudimos resistirnos en medio de las cenizas de la confrontación.

Colombia, adolorida, vivió a partir de entonces una época de relativa calma política y de orden público, en la que los conservadores mantuvieron el poder hasta 1930 y los liberales desde ahí hasta 1946. Durante esa primera mitad del siglo XX —por fin sin guerras internas—, el país comenzó a desarrollar su industria, a modernizar su infraestructura y se convirtió en una potencia cafetera.

Ese ha sido el mayor periodo de paz que hemos conocido durante nuestra vida republicana, pero fue apenas eso: un interregno.

LA VIOLENCIA

En 1946, una división en las filas del partido Liberal permitió que regresara al poder el partido Conservador, en cabeza del presidente Mariano Ospina Pérez. Así llegaron a su fin más de cuatro décadas de relativa tranquilidad en el país. Las tropas, y en particular la policía del gobierno conservador, se ensañaron con la población liberal, y esta respondió con igual encono contra sus compatriotas conservadores. Durante más de diez años, conservadores y liberales se mataron en los pueblos y campos de Colombia por el simple hecho de seguir una bandera azul o una roja, alcanzando niveles de sevicia e inhumanidad jamás vistos antes.

Un hecho en particular exasperó más esa ola de violencia sin precedentes: el asesinato, en pleno centro de Bogotá, del líder liberal y populista Jorge Eliécer Gaitán, un caudillo que se perfilaba como el próximo presidente del país. Su oratoria apasionada y su discurso contra las oligarquías le habían generado cientos de miles de seguidores, que el día de su muerte, el 9 de abril de 1948, vieron desfallecer una esperanza y nacer la rabia en sus corazones.

Nunca se esclareció quién mandó a matar a Gaitán o si el asesino obró por motivos personales, pero lo cierto es que ese día el pueblo liberal se levantó iracundo y, en su indignación, arrasó con buena parte del centro de Bogotá. A partir de ahí comenzó una espiral de venganza contra los conservadores, a quienes responsabilizaban del magnicidio, a lo largo y ancho del país. Muchos señalan esa fecha como el inicio del viacrucis de violencia —continuado luego por el conflicto interno armado con las guerrillas— que ha recorrido Colombia desde entonces y hasta nuestros días.

Ese periodo desolador de nuestra historia, en que liberales y conservadores se enfrentaron como enemigos mortales, es conocido como La Violencia. Se calcula que, en solo una década, murieron entre doscientos y trescientos mil colombianos en los campos y pueblos del país.

En 1953, bajo el gobierno conservador de Roberto Urdaneta —quien gobernaba en reemplazo de Laureano Gómez, aquejado por problemas de salud—, el país seguía consumiéndose en las llamas del fuego partidista. Entonces, un golpe de Estado, apoyado por amplios sectores de la sociedad civil, dio un vuelco a la situación. El general Gustavo Rojas Pinilla, acompañado por algunos líderes liberales y conservadores, inició un proceso de pacificación y amnistía que llevó al desmantelamiento de buena parte de las guerrillas liberales. El proceso incluyó a la más temida de todas, la que dirigía Guadalupe Salcedo —mi accidental compañero de cuarto— en los Llanos Orientales del país.

Guadalupe y sus hombres firmaron la paz y se desmovilizaron en septiembre de 1953. Ya era un hombre libre y amnistiado cuando pasaba algunas noches en la casa de mi abuelo, así como en las de otros líderes liberales que lo acogían como un héroe de la resistencia. Para otros, sin embargo, parados en el lado opuesto de la historia, no era más que un bandolero sanguinario. En junio de 1957, cayó abaleado en Bogotá en circunstancias confusas. Guadalupe acababa de salir de una cena que habían organizado en su honor, en el restaurante Bella Suiza, un grupo de aguerridas mujeres liberales denominado "Las Policarpas", del que formaban parte, entre otras, mi madre, mi tía Helena y María Paulina Nieto —abuela de Sergio Jaramillo, quien sería mi comisionado para la paz—. La versión oficial fue que Guadalupe, alicorado, disparó unos tiros al aire y por eso fue abatido por la Policía, pero mi madre nunca la creyó.

El general Rojas, que había comandado el golpe militar para pacificar la nación, con el apoyo casi unánime de la dirigencia política, cayó en esa maldita tentación de los caudillos de querer perpetuarse en el poder. Como todo dictador, acudió a la represión y a la censura de la prensa. De hecho, cerró el diario más importante del país, *El Tiempo*, de propiedad de mi familia. Estas acciones cayeron muy mal en las mismas élites que lo habían apoyado para tomarse la presidencia. En 1957, los líderes de los partidos Liberal y Conservador —enemigos por más de un siglo— pactaron una alianza para sacar a Rojas del poder y regresar a la democracia.

Y así fue. Cayó Rojas por la presión de la sociedad civil y, luego de un plebiscito, comenzó un periodo de dieciséis años de alternación política entre los dos partidos tradicionales, conocido como el Frente Nacional. El pacto lo forjaron el líder conservador Laureano Gómez, exiliado en España, y el dirigente liberal Alberto Lleras Camargo. Entre 1958 y 1974, durante cuatro periodos presidenciales, la jefatura de Estado se alternó entre los dos partidos, lo que generó una era de estabilidad y calma política que acabó definitivamente con la violencia partidista.

Sin embargo, el Frente Nacional tuvo también consecuencias adversas pues, al limitar el acceso al poder tan solo a los liberales y conservadores, dejó por fuera a otras agrupaciones políticas minoritarias como el partido Comunista. Además, produjo una sensación de inmovilidad política que, en la década del sesenta, fue caldo de cultivo para rebeliones estudiantiles y para el inicio de guerrillas ya no partidistas sino revolucionarias.

NACEN LAS GUERRILLAS

Con la pacificación emprendida por Rojas Pinilla se desmante-
laron gran parte de las guerrillas liberales y conservadoras, pero
no todas. Algunos grupos no estuvieron de acuerdo con la entrega
de armas y siguieron manteniendo focos de resistencia en zonas
rurales aisladas del país.

A comienzos de los años sesenta, las guerrillas campesinas
encontraron un sustento ideológico para su lucha en la triunfante
Revolución Cubana y el apogeo de la Guerra Fría, con el muro de
Berlín y la crisis de los misiles. El partido Comunista, por su parte,
había declarado desde 1961 la posibilidad de acudir a la combinación de todas las formas de lucha, incluyendo la lucha armada.

En ese contexto, un antiguo guerrillero liberal, Pedro
Antonio Marín, alias Manuel Marulanda o Tirofijo, lideraba en
Marquetalia, una escarpada zona montañosa al sur del departamento del Tolima, un grupo de autodefensa campesina que
reivindicaba el derecho sobre la tierra de pequeños agricultores
desplazados por la violencia de los años recientes. Marquetalia y
otras zonas similares en lugares alejados de los centros urbanos
fueron denunciadas por el senador conservador Álvaro Gómez
Hurtado, hijo de Laureano Gómez, como "repúblicas indepen-
dientes" en las que el Estado no ejercía ningún control. Y se
convirtieron en un objetivo militar.

En mayo de 1964, bajo el gobierno del también conservador
Guillermo León Valencia, el Ejército lanzó una operación para
acabar con el reducto revolucionario campesino en Marquetalia,
pero el tiro les salió por la culata. A pesar de su inferioridad numé-
rica, Marulanda y la mayoría de sus hombres lograron escapar al
cerco militar.

A las pocas semanas, redactaron su Programa Agrario y constituyeron el Bloque Sur, con lo que nació la primera guerrilla revolucionaria —no partidista— de Colombia. Dos años después, en

1966, dicho grupo se constituyó oficialmente como las Fuerzas Armadas Revolucionarias de Colombia, Farc, si bien siempre ubicaron su nacimiento en la fallida operación de Marquetalia.

Las Farc pronto adoptaron un programa comunista de inspiración marxista-leninista, liderado por su ideólogo Jacobo Arenas que tenía fuertes vínculos con el partido Comunista. Entre tanto, en medio de la efervescencia de los años sesenta surgieron otros grupos guerrilleros.

También en 1964 nació el Ejército de Liberación Nacional, ELN, de inspiración guevarista —seguidores del Che Guevara y de la Revolución Cubana— y muy cercano a los postulados de la Teología de la Liberación, una corriente de la Iglesia católica que proclamaba la opción preferencial por los pobres y la necesidad de tomar acciones directas en la sociedad para hacerla realidad.

Tal vez el más popular de los integrantes del ELN —así hubiera pasado menos de un año en esa guerrilla y nunca hubiera tenido una posición de mando— fue el sacerdote y sociólogo bogotano Camilo Torres, con quien tengo vínculos familiares por parte de mi mamá. Torres abrazó la causa revolucionaria y cayó muerto, a sus 37 años, en la primera acción armada en que participó, en febrero de 1966. Cuando yo tenía unos once años y él era capellán de la Universidad Nacional, serví —junto con Luis Fernando Botero, compañero del Colegio Anglo Colombiano— como monaguillo en el matrimonio que ofició entre mi prima Marsha Wilkie Calderón y Édgar Gutiérrez. Este último luego sería ministro de Hacienda en el gobierno de Belisario Betancur. Después de Guadalupe Salcedo, el padre Camilo fue el segundo "guerrillero" famoso con quien tuve contacto —aunque en ese entonces aún no lo era—, esta vez bajo el olor del incienso y el sonido de la música sacra.

A comienzos de 1967 surgió un tercer grupo guerrillero denominado Ejército Popular de Liberación, EPL, de inspiración maoísta, con influencia en algunas zonas del Caribe colombiano y del norte del departamento de Antioquia.

En 1970, cuando el depuesto dictador, el general Gustavo Rojas Pinilla, ya rehabilitado en sus derechos políticos se postuló para la presidencia y perdió por un mínimo margen frente al candidato conservador del Frente Nacional, Misael Pastrana, las sospechas de fraude generaron la indignación de sus seguidores. Un grupo de estos crearon una cuarta guerrilla, de inspiración populista y nacionalista, a la que llamaron Movimiento 19 de Abril, M-19, en recuerdo de la fecha de las elecciones que consideraban les habían robado.

Otras guerrillas menores —como el Movimiento Armado Quintín Lame, de origen indígena, y el Partido Revolucionario de los Trabajadores, PRT— fueron creadas a comienzos de la década del ochenta.

De las organizaciones guerrilleras mencionadas, las Farc no solo fueron las primeras, sino las que llegaron a concentrar la mayor cantidad de integrantes y a representar una mayor amenaza para la institucionalidad del país. Sin embargo, en sus primeros años, prácticamente hasta 1980, no pasaron de ser un movimiento aislado con menos de mil combatientes. Pronto esta situación habría de cambiar.

LOS SETENTA: UNA DÉCADA DE TRANSICIÓN

A fines de la década del sesenta, cuando estudiaba el bachillerato en el Colegio San Carlos de Bogotá, decidí ingresar a la Escuela Naval de Cadetes, en Cartagena, y terminar allá mis estudios. Fueron dos años largos que transformaron mi vida, me enseñaron la disciplina y la mística de la vida militar, y me permitieron conocer la inmensidad de nuestra geografía y la riqueza de nuestra diversidad cultural, representada en las regiones de donde venían mis compañeros cadetes.

En la Escuela Naval aprendí a navegar, una lección muy importante porque quien navega debe saber adónde se dirige, debe tener un puerto de destino. Allí también consolidé mis conocimientos de matemáticas, y estudié las tácticas y estrategias de la guerra. Sin embargo, el tema de las guerrillas recién formadas no era considerado todavía —al menos no en las aulas de clase— una amenaza grave para nuestras instituciones. Más nos preocupaban la defensa de nuestros mares y nuestra soberanía frente a hipotéticas confrontaciones con países vecinos.

Mientras yo portaba el uniforme militar, mi hermano mayor, Enrique —que había iniciado su camino ideológico hacia la izquierda en la facultad de filosofía de la Universidad de los Andes, de donde se graduó—, hacía una especialización en ciencias políticas en Munich y pasaba temporadas en París, donde vivió las revueltas de mayo del 68. En Europa acabó de impregnarse de las ideas revolucionarias y socialistas que atraían a tantos estudiantes en el mundo. Así terminó fundando, unos años después junto con Gabriel García Márquez y otros intelectuales de izquierda, la revista *Alternativa*. Fue un medio no solo de oposición a los gobiernos de turno sino al sistema, y en abierta contraposición a las ideas liberales, pero moderadas, y a la institucionalidad que defendía *El Tiempo*. Así, en nuestra familia, experimentamos a nivel doméstico lo que se vivía también en el país: mientras unos seguíamos la tradición y defendíamos las instituciones y el orden establecido, otros, contagiados por el espíritu de la época, se unían a los movimientos de protesta y rebeldía.

Una vez graduado de la Escuela Naval, decidí estudiar economía y administración de empresas en la Universidad de Kansas. Mi hermano Luis Fernando —el segundo de cuatro hermanos; yo era el tercero, Felipe el menor— estudiaba en la famosa escuela de periodismo William Allen White de esa universidad y me convenció de ensayarla. "Si no le gusta se transfiere a otra", me dijo. Me gustó, me quedé y me gradué.

Volví al país a trabajar en la Federación Nacional de Cafeteros. No quise entrar al periódico de mi familia, como pretendía mi padre, pues quería mi independencia y pensaba que si aspiraba a ser un buen economista en Colombia, tenía que aprender de café, para ese entonces nuestro principal producto de exportación.

Mi sueño como economista era estudiar en la famosa Escuela de Economía de Londres a la que presenté la solicitud de ingreso sin muchas ilusiones. Fue grande mi sorpresa cuando me recibieron y fue mayor mi suerte cuando el gerente de la Federación me ofreció trabajar para los cafeteros de Colombia en Londres y estudiar al mismo tiempo. Viajé entonces a Inglaterra, donde viví prácticamente toda la década del setenta. Allí trabajé como representante de la Federación —y de Colombia— ante la Organización Mundial del Café e hice estudios de posgrado en el *London School of Economics*. De Inglaterra salí para Boston, donde fui becario Fulbright y obtuve otro posgrado en la Escuela Kennedy de Gobierno de Harvard. Finalmente, regresé a Colombia en 1982 a asumir la subdirección de *El Tiempo*, la empresa familiar.

Mientras tanto, los grupos guerrilleros en Colombia se mantenían en pie de lucha, si bien su campo de acción todavía era limitado. Las Fuerzas Armadas los combatían con los escasos recursos a su alcance, y ellos golpeaban y se retiraban, en el clásico combate de guerrillas, derivando sus propios recursos principalmente del secuestro y la extorsión.

Entre 1978 y 1982 el gobierno del liberal Julio César Turbay optó por una política de dura represión contra las guerrillas y sus simpatizantes, amparado por el Estatuto de Seguridad, una legislación draconiana que daba amplias facultades a los militares y policías para perseguir a los ilegales. Eran tiempos de dictaduras en casi toda América Latina. Nosotros teníamos una democracia, pero los métodos de nuestras Fuerzas Armadas eran los mismos que aprendían los coroneles y generales de todo el continente en la llamada Escuela de las Américas, de Estados Unidos. Allí eran adoctrinados bajo los parámetros de la Guerra Fría para luchar contra la amenaza comunista y enfrentar, a menudo con procedimientos cuestionables, no solo a los subversivos sino también a los movimientos sociales afines a la izquierda.

Paradójicamente, en los últimos meses de ese gobierno de mano dura se constituyó la primera comisión de paz del país, destinada a explorar caminos para la terminación del conflicto de las guerrillas. La comisión, encabezada por el expresidente Carlos Lleras Restrepo, y compuesta por diversas personalidades, incluyendo el entonces comandante de las Fuerzas Militares y un alto prelado de la Iglesia católica, se instaló en noviembre de 1981.

Dicha comisión se disolvió en el primer semestre de 1982, por la renuncia de varios de sus integrantes —incluido el expresidente Lleras—, que no encontraron en el gobierno de Turbay respaldo a sus propuestas.

La comisión de paz fue reconstituida por el siguiente presidente, esta vez conservador, Belisario Betancur, elegido para el periodo 1982-1986, quien quiso consagrarse como el presidente de la paz. Bajo su administración se lanzó el primer gran proceso de diálogo con las guerrillas que se habían formado casi veinte años atrás.

Sin embargo, las guerrillas ya no eran las mismas de la década del setenta. El narcotráfico, un fenómeno nuevo y arrasador, había multiplicado sus ingresos, propiciando su fortalecimiento y crecimiento. Este negocio ilícito, con recursos incalculables, llegó al país a finales de los sesenta —se dice que el primer cargamento de marihuana desde Colombia fue enviado en 1968 por excombatientes de la guerra del Vietnam en una embarcación sueca—, y cobró particular protagonismo a partir de los ochenta, con una expansión que fue funesta para el país. Los narcotraficantes vieron en la cocaína un negocio mucho más rentable que la marihuana y, como ya tenían las rutas, se apoderaron del mercado. Desde entonces, Colombia es el mayor exportador de cocaína a los mercados mundiales, a un costo descomunal en materia de violencia, corrupción y desinstitucionalización.

EL PROCESO DE PAZ DE BETANCUR: DE LA PALOMA AL HOLOCAUSTO

Belisario Betancur, un humanista e intelectual de origen humilde —hijo de un arriero paisa que engendró veintidós hijos con su esposa—, subió al poder bajo la promesa de buscar la paz. Su consigna de campaña "Sí se puede" llenó de esperanza a los colombianos, y las palomas de la paz se pintaban en plazas y paredes del país.

Las Farc, entre tanto, habían iniciado un proceso de expansión que tuvo su punto de inflexión en su séptima conferencia, celebrada en 1982, cuando sus dos líderes —Manuel Marulanda, el estratega, y Jacobo Arenas, el ideólogo— marcaron un nuevo rumbo para esa organización que hasta entonces había tenido un lento crecimiento.

En dicha conferencia las Farc decidieron fortalecer su poderío de combate, duplicar el número de frentes en todo el país (de 24 a 48), y se fijaron la meta de poner fin, en un término de ocho años, al régimen político imperante para constituir un gobierno provisional. Como la prueba fehaciente de su determinación, agregaron a su nombre la sigla EP (Ejército del Pueblo), y desde entonces se conocieron como las Farc-EP.

El reciente triunfo de la revolución sandinista en Nicaragua, que terminó con la dictadura de los Somoza, le dio un nuevo aire a las guerrillas en Colombia, que reafirmaron su convicción de que era posible llegar al poder por las armas.

Betancur volvió a convocar la comisión de paz, más amplia que la del gobierno Turbay. Además, impulsó una generosa ley de amnistía para los integrantes de los grupos insurgentes.

Así comenzó un proceso de paz con las Farc, el EPL y el M-19. Solo el ELN —salvo un par de sus destacamentos que sí negociaron— se abstuvo de formar parte de las conversaciones. En 1984 se pactó un cese al fuego con dichas organizaciones, que era muy precario pues no había concentración de tropas ni tenía mecanismos adecuados de verificación. Por primera vez en décadas, los colombianos volvimos a creer que la paz era alcanzable.

Como ocurre siempre en estos procesos, una parte de la sociedad y no pocas fuerzas oscuras que sacan provecho de la guerra atacaron los esfuerzos de diálogo. Tanto así que el entonces presidente de la comisión de la paz, Otto Morales Benítez, renunció bajo el argumento de que había "enemigos agazapados de la paz" tanto dentro como fuera del Gobierno.

En abril de 1984, mientras el gobierno de Betancur acordaba el cese al fuego con las diferentes guerrillas, un sicario del narcotráfico asesinó al ministro de Justicia Rodrigo Lara, quien estaba dando una valiente batalla contra los capos de la droga, en particular contra Pablo Escobar, el temido criminal al mando del Cartel de Medellín.

La respuesta del presidente Betancur fue autorizar la extradición de narcotraficantes a Estados Unidos, lo que desencadenó una guerra frontal entre el Estado y los carteles de la droga. Una guerra en la que Colombia perdió a sus más valiosos hombres y mujeres, desde candidatos presidenciales, políticos, jueces y periodistas, hasta soldados, policías y gente del común que cayó en atentados terroristas cometidos por la mafia.

La época del narcoterrorismo llevó a Colombia a tener el triste récord de ser el país con el mayor índice de homicidios en el mundo, y convirtió a ciudades como Medellín —hoy ejemplo de pujanza, modernidad y turismo— en símbolos del crimen. Ninguna nación del mundo ha pagado un costo tan alto en la guerra contra el narcotráfico, una guerra declarada por las propias Naciones Unidas hace más de medio siglo que, infortunadamente, no se ha ganado.

Los narcotraficantes, con su dinero manchado de sangre, terminaron por financiar y potenciar a los dos extremos de la violencia.

Por una parte, en la medida en que decidieron convertir a Colombia en el mayor productor y exportador de coca del mundo, se aliaron con las guerrillas en las zonas selváticas y fronterizas del país para que estas protegieran los cultivos ilícitos. Así comenzó el vínculo de la guerrilla, principalmente de las Farc, con el negocio de las drogas, algo que disparó sus recursos económicos y, por consiguiente, su capacidad de combate. No tengo duda de que sin el dinero del narcotráfico las Farc hubieran sido derrotadas o hubieran negociado la paz mucho antes de cuando lo hicieron finalmente.

Por otro lado, algunos capos de la droga, que habían sufrido el secuestro de sus familiares por la guerrilla, crearon o financiaron grupos de autodefensa, que a la postre se convirtieron en comandos de exterminio, no solo de guerrilleros sino de líderes de la izquierda democrática. Estos grupos fueron el germen de organizaciones paramilitares que, bajo el pretexto de defender a la sociedad de la subversión, extorsionaron, ejecutaron masacres y despojaron de sus tierras a millones de campesinos.

De esta forma, la confrontación entre el Estado y la guerrilla, que se había mantenido en un nivel relativamente moderado desde los años sesenta hasta inicios de los ochenta, se convirtió en una guerra inmensamente compleja por la aparición de dos nuevos factores: el narcotráfico y el paramilitarismo.

En medio de esta difícil situación, el presidente Betancur siguió impulsando su proceso de paz, que colapsó de una manera terrible con el M-19: el 6 de noviembre de 1985 esta guerrilla se tomó a sangre y fuego el Palacio de Justicia, una acción temeraria que concluyó, luego de la retoma por parte de las Fuerzas Militares, en un verdadero holocausto. Murieron un centenar de personas, incluida la mayor parte de los magistrados de la Corte Suprema de Justicia. Importantes expedientes judiciales, dentro de los que estaban los procesos de extradición de los narcotraficantes, acabaron reducidos a cenizas.

Fue una catástrofe que quedó grabada, con imágenes de dolor y de asombro, en la memoria del país, y que demostró que la paz no estaba tan cerca como se creía.

TIEMPOS OSCUROS, TIEMPOS DE ZOZOBRA

Todos estos fenómenos los atestigüé y los analicé como columnista y como subdirector de *El Tiempo*, en una época que también fue especialmente difícil para la prensa, por la amenaza que pendía sobre todo aquel que se atreviera a defender la extradición de narcotraficantes. Guillermo Cano, director de *El Espectador*, el otro gran periódico de circulación nacional, fue asesinado por la mafia a fines de 1986. Como él, cayeron otros valientes periodistas que prefirieron exponer sus vidas a sacrificar los valores de la verdad y la libertad.

Recuerdo muy bien que a mi oficina llegó un locuaz personaje, Carlos Náder, amigo de mi hermano Enrique, pero también de los hermanos Ochoa, del Cartel de Medellín, a advertirnos que se estaba planeando un ataque a las instalaciones de *El Tiempo* por vía aérea. Dijo que podía ser una bomba o inclusive un kamikaze. Mi hermano y yo quedamos aterrados, pero aparte de reportarlo a las autoridades, era poco lo que podíamos hacer.

Eran tiempos oscuros, sin duda; tiempos de zozobra.

El presidente Betancur dejó vivo un frágil cese al fuego con las Farc, que fue ratificado en marzo de 1986, con un documento firmado, entre otros comandantes guerrilleros, por alias Timochenko, el mismo que treinta años después suscribiría conmigo el acuerdo que puso fin al conflicto con esa guerrilla. Sin embargo, el cese no duró mucho más, y se rompió a mediados del año siguiente.

Betancur terminó su mandato con la impopularidad y la incomprensión que fatalmente acompaña a quienes buscan la paz.[1] No por nada, Georges Clemenceau, el primer ministro de Francia durante la Primera Guerra Mundial, acuñó una frase que muchos hemos constatado en carne propia: "Es más fácil hacer la guerra que hacer la paz".

A Betancur le sucedió el ingeniero liberal Virgilio Barco, un hombre pragmático bajo cuyo gobierno (1986-1990) no hubo nuevos avances con las Farc, pero sí con la guerrilla del M-19, con la que se firmó un acuerdo de paz y se logró su desmovilización y entrega de armas en marzo de 1990.

Aquí tuvimos un ejemplo de reinserción en la sociedad, en el que los antiguos combatientes regresaron a la vida civil y política, y jugaron de inmediato un papel esencial y constructivo. Su comandante, Carlos Pizarro, fue candidato a la alcaldía de Bogotá el mismo mes de su desmovilización y obtuvo la tercera votación.

---

1   Belisario Betancur falleció el 7 de diciembre de 2018, a sus 95 años de edad, con el unánime reconocimiento de haber sido el primer mandatario en apostarle a una salida dialogada al conflicto armado con las guerrillas. Fue un hombre de paz y un verdadero humanista.

Luego lanzó su candidatura presidencial, que fue truncada por su asesinato en un avión a manos de un sicario del paramilitarismo, en abril del mismo año.

La muerte de Pizarro despertó la solidaridad de un gran sector del pueblo colombiano con el grupo que acababa de desmovilizarse, al punto de que, a fines de 1990, en los comicios para elegir los miembros de la Asamblea Constituyente que daría una nueva carta política al país, obtuvieron un tercio de la votación. Uno de los antiguos líderes del M-19, Antonio Navarro, fue copresidente de esta asamblea y luego ministro, congresista, alcalde y gobernador. Otros exguerrilleros han ocupado, desde entonces, importantes posiciones nacionales o regionales, incluida la alcaldía de Bogotá.

En el cuatrienio de Virgilio Barco la violencia de narcos y paramilitares alcanzó niveles sin precedentes. No solo asesinaron a Carlos Pizarro, sino a otros dos candidatos presidenciales: Luis Carlos Galán, del partido Liberal, y Bernardo Jaramillo, de la Unión Patriótica.

El caso de la Unión Patriótica merece mención aparte. En 1985, en medio del proceso de paz que adelantaba el presidente Betancur con las guerrillas, varios grupos de izquierda constituyeron el partido Unión Patriótica como una forma de ir ambientando la eventual llegada de las Farc a la política. Algunos miembros de las Farc, ya amnistiados, ingresaron a este partido, al igual que varios sindicalistas, comunistas y otras personas afines al ideario de izquierda.

La Unión Patriótica fue una especie de laboratorio para experimentar cómo sería la reinserción política de las Farc. Y no salió bien. El nuevo partido alcanzó a elegir varios congresistas, alcaldes, diputados a las asambleas departamentales y concejales municipales a lo largo y ancho del país. Pero pronto comenzó un proceso sistemático de asesinato de sus miembros, que llevó a su virtual exterminio, y al regreso al monte de los guerrilleros que habían comenzado su trabajo político dentro de las instituciones.

Fuerzas oscuras, lideradas por narcotraficantes y paramilitares, que en ocasiones obraban con la complicidad o la indiferencia de organismos del Estado, llevaron a cabo en los últimos años de la década del ochenta una campaña de asesinatos selectivos de miembros de la Unión Patriótica, que acabó con la vida de su presidente y excandidato presidencial, Jaime Pardo; de su candidato Bernardo Jaramillo; de congresistas, diputados, concejales y alcaldes afiliados a esta organización política, y de cerca de tres mil de sus militantes.

La tragedia de la Unión Patriótica fue también una tragedia y un inmenso retroceso para la paz de Colombia, porque reafirmó en las Farc la convicción de que no era posible una salida política a sus pretensiones.

Más de un cuarto de siglo después, en septiembre de 2016, como presidente, me reuní con los líderes sobrevivientes de la Unión Patriótica en el palacio presidencial, y allí les dije:

Nosotros, como Gobierno, tenemos que cumplir con el compromiso de asegurar que nadie que participe en política sea víctima de las armas y, muy especialmente, que ningún miembro de ningún partido, incluido el nuevo movimiento político que surja del tránsito de las Farc a la vida civil, sea víctima de la violencia.

Es en este momento histórico de nuestro país, cuando encaramos el futuro con tanta esperanza, en el que tenemos que mirar hacia atrás y recordar y reconocer la tragedia de la Unión Patriótica, que el Consejo de Estado ha calificado como exterminio.

Porque la persecución de los miembros de la UP fue eso: una tragedia que conllevó su desaparición como organización política y causó un daño indecible a miles de familias y a nuestra democracia.

(...) Es responsabilidad del Estado dar todas las garantías posibles
para que eso no vuelva a ocurrir, incluyendo la garantía de que sus
agentes y la sociedad en general se abstengan de la estigmatización
que tanto contribuyó a la violencia contra la UP.

Me comprometo solemnemente hoy ante ustedes a tomar todas
las medidas necesarias y a dar todas las garantías para que nunca
más en Colombia una organización política vuelva a enfrentar lo
que sufrió la UP.

LA CONSTITUCIÓN COMO TRATADO DE PAZ

En 1990 asumió la presidencia el economista liberal César
Gaviria, quien recogió las banderas del inmolado candidato Luis
Carlos Galán luego de que su hijo mayor, en el mismo cementerio
donde se celebraba el funeral, lo señalara como el sucesor de su
padre. Gaviria encontró un país convulsionado que exigía un
cambio estructural en sus instituciones, y ese cambio se llevó
a cabo a través de una Asamblea Nacional Constituyente que se
convocó gracias a la presión y la iniciativa de los jóvenes univer-
sitarios de Colombia.

Como subdirector de *El Tiempo* apoyé este proceso desde
su comienzo a través de editoriales y columnas, consciente de
que nuestro país necesitaba con urgencia un timonazo que le
permitiera recobrar el rumbo y la esperanza, luego de la oleada de
violencia que habíamos vivido en la difícil década del ochenta. La
iniciativa estudiantil se hizo realidad gracias a la llamada séptima
papeleta: una papeleta adicional que se introdujo en las urnas en
las elecciones parlamentarias de marzo de 1990. Muchas de esas
papeletas que cambiarían el rumbo del país se imprimieron con
mi autorización en las rotativas del periódico.

La Asamblea Constituyente —con participación de los partidos tradicionales, de la organización política nacida del desmovilizado M-19, de la academia y de representantes de otros estamentos de la sociedad— concluyó con la expedición el 4 de julio de 1991 de una nueva constitución, que reemplazó la que estaba vigente desde 1886.

A la Constitución de 1991 se le ha llamado un tratado de paz; y sin duda lo fue. En ella terminó de sellarse la paz con el M-19, y fue la puerta que facilitó que otros grupos armados abandonaran también la ilegalidad y regresaran a la vida civil. Tanto así que, aparte de los setenta constituyentes elegidos, participaron en la Asamblea, con voz pero sin voto, cuatro delegatarios pertenecientes a esos grupos en proceso de desmovilización.

La Constitución de 1991 es una carta política de avanzada que declaró a Colombia como un Estado social de derecho, amplió las garantías fundamentales de los colombianos, y estableció mecanismos novedosos, como la tutela, para que los mismos ciudadanos puedan exigir del Estado el cumplimiento de sus derechos.

En su artículo 22 consagró un mandato incuestionable, que ha sido desde entonces el sustento de todo esfuerzo de paz en el país: "La paz es un derecho y un deber de obligatorio cumplimiento".

DIÁLOGOS EN MEDIO DEL FUEGO

En el gobierno de Gaviria no solo se promulgó una nueva Constitución sino que se logró la desmovilización de la mayor parte del Ejército Popular de Liberación, EPL; de otras guerrillas más recientes, como el Movimiento Armado Quintín Lame y el partido Revolucionario de los Trabajadores, PRT, y de la Corriente de Renovación Socialista, una disidencia del ELN.

Así las cosas, en la práctica solo quedaban en la ilegalidad y combatiendo al Estado, las Farc y el ELN, las dos mayores guerrillas y las más antiguas. Y el desafío con estas era creciente.

Estas dos organizaciones habían expresado abiertamente su deseo de participar en la Asamblea Constituyente, pero no se concretó por las exigencias del gobierno de que previamente liberaran a los secuestrados, cesaran sus actividades ofensivas y manifestaran su voluntad de desmovilizarse. Una comisión de miembros de la Unión Patriótica, autorizada por Gaviria, se reunió con los dirigentes de las Farc, a comienzos de noviembre de 1990, para tratar por última vez la posibilidad de esta participación. No se obtuvo una respuesta positiva y un mes después, el 9 de diciembre, el mismo día en que se celebraban en todo el país las elecciones de los delegatarios a la Asamblea Constituyente, el Gobierno lanzó una operación militar sorpresiva contra la cúpula de las Farc que se concentraba en el municipio de La Uribe, en la región de los Llanos Orientales, en un campamento mítico denominado Casa Verde.

Los bombardeos destruyeron el lugar, pero los máximos comandantes de las Farc escaparon indemnes, tal como lo habían hecho en Marquetalia más de un cuarto de siglo atrás. Fue una estrepitosa derrota para los militares. El número de soldados muertos fue mucho mayor al que se informó. La guerra, como era de esperarse, arreció.

En medio de esta confrontación, y de una profunda desconfianza entre las partes, el gobierno de Gaviria intentó el diálogo con las guerrillas, que por esta vez obraron de forma conjunta, agrupadas en la llamada Coordinadora Guerrillera Simón Bolívar. Allí estaban las Farc, el ELN y la fracción remanente del EPL.

Estas conversaciones tuvieron lugar en tres etapas, que se cumplieron en medio del conflicto, es decir, sin cese el fuego ni disminución de las hostilidades: la primera, de carácter exploratorio, fue en mayo de 1991, en el municipio de Cravo Norte, departamento de Arauca, en el noroeste del país, muy cerca de la frontera con Venezuela; la segunda etapa se cumplió en Caracas a partir de junio de 1991, y la tercera etapa se realizó en Tlaxcala, México, a comienzos de 1992, pero se suspendió por el asesinato del exministro Argelino Durán Quintero a manos del EPL, que lo tenía secuestrado. Finalmente, los diálogos se cerraron sin resultados en octubre de ese año.

La guerrilla se había fortalecido militar y operativamente gracias a los ingentes recursos que recibía por el negocio del narcotráfico. Si accedieron a negociar en ese momento, no era tanto por la presión militar sino porque veían cómo el M-19, ya desmovilizado, ocupaba los espacios de la izquierda en el sentimiento popular.

El paso del M-19 de las armas a la política no ha sido un caso aislado en el mundo, donde muchos grupos ilegales han llegado a la arena democrática luego de procesos de paz. Así ocurrió con la Resistencia Nacional Mozambiqueña —Renamo—, en Mozambique; el Congreso Nacional Africano, en Sudáfrica; la Unión Nacional para la Independencia Total de Angola — Unita—, en ese país africano; el partido Comunista Unificado, en Nepal; la Unidad Nacional Revolucionaria Guatemalteca, en Guatemala; el Frente Farabundo Martí para la Liberación Nacional —FMLN— en El Salvador, y el Sinn Féin, en Irlanda del Norte, entre otros varios.

Sin embargo, en nuestro país, a comienzos de los noventa, parecía haberse agotado el margen para la negociación con las guerrillas. La sociedad colombiana, que aplaudía la decisión del M-19 y de otros grupos de dejar las armas, ya no tenía paciencia con aquellos que continuaban en la ilegalidad. Y las Farc, en particular, tenían todas las razones para desconfiar del Estado luego de la eliminación de miles de militantes de la Unión Patriótica. La consecuencia natural fue la declaración de "guerra integral" del Estado contra las insurgencias y una profundización del conflicto.

Nada resume más la tragedia de la guerra que la frase que Alfonso Cano, entonces negociador de las Farc, dijo en Tlaxcala al levantarse la mesa de conversaciones: "Nos vemos dentro de diez mil muertos". No sé si lo dijo con tristeza o con cinismo, pero resumió muy bien las consecuencias que tiene renunciar a la vía negociada para lograr la paz: muertos, muchos más muertos. Y su anuncio, trágicamente, se hizo realidad.

Levantados los diálogos, las Farc realizaron, en abril de 1993, su octava conferencia, la primera desde 1982, y allí tomaron dos decisiones fundamentales: por un lado, incrementar la capacidad militar y su presencia en el país mediante la creación de cinco bloques regionales que agruparan los diferentes frentes, comandados cada uno por miembros del secretariado, el órgano máximo de la agrupación. Por otro lado, aprobaron una plataforma política, es decir, una agenda pormenorizada de los temas que aspiraban a cambiar si llegaban al poder e instauraban un "gobierno de reconstrucción y reconciliación nacional".

La búsqueda de la paz había llegado a un punto muerto, del cual sería muy difícil salir.

PRIMERA PARTE

LA CONSPIRACIÓN POR LA PAZ

(1991-1998)

PRIMERA APROXIMACIÓN A LA PAZ

INGRESO A LA VIDA PÚBLICA

Siempre he llevado el periodismo en la sangre. Es un oficio que me apasiona y en el que he encontrado múltiples satisfacciones y desafíos. En los años ochenta fui miembro de la Comisión de Libertad de Prensa de la Sociedad Interamericana de Prensa, SIP, y en esa condición visité El Salvador, en plena guerra civil; a Nicaragua, bajo el régimen de los hermanos Ortega; y a Chile, sometida a la dictadura de Pinochet, para defender el derecho fundamental a una prensa libre, como una de las mayores garantías para el progreso de una sociedad.

No había en ello ningún sesgo político, sino un único objetivo: defender la libertad de expresión. Por eso critiqué con igual firmeza la censura ejercida en Chile por Pinochet y la censura que aplicaba en Nicaragua la victoriosa revolución sandinista, en particular sobre el diario *La Prensa* que dirigía Violeta Barrios de Chamorro, quien luego sería presidenta de ese país. Las *Crónicas de Nicaragua* que escribimos con mi hermano Enrique sobre el nuevo régimen sandinista, sus promesas incumplidas y su corrupción, nos valieron recibir, en 1985, el Premio Internacional de Periodismo Rey de España, en su primera edición en la categoría de prensa.

A comienzos de los noventa, mi futuro parecía claro e inexorablemente ligado a *El Tiempo*, el periódico de mi familia, del que ya llevaba varios años como subdirector. Cuando la generación de mi padre y de mi tío —editor y director, respectivamente— diera un paso al costado, yo era el candidato para asumir la dirección.

Pero la vida tenía otros planes.

En 1991, el entonces presidente César Gaviria me ofreció entrar a la vida pública como ministro de Comercio Exterior. Era un reto monumental, pues dicho ministerio no existía y a mí me correspondería crearlo, organizarlo y liderar desde allí la política de apertura de nuestra economía al mundo, que pondría fin a décadas de proteccionismo.

No fue una decisión fácil. Mi familia se oponía a que se mezclara el periodismo con la actividad pública, y me dejaron muy claro que, si aceptaba el ministerio, no podría volver luego a un cargo de dirección en el periódico. Decidí consultar a buenos y sensatos amigos, como el expresidente Belisario Betancur y el exministro Alfonso Palacio Rudas, conocido como el Cofrade. Ambos me recomendaron aceptar.

Recuerdo con claridad las palabras de Palacio, que quedaron marcadas en mi mente: "Hay una diferencia muy grande entre tener influencia y tener poder", me dijo. "El director de *El Tiempo* tendrá la máxima influencia en el país durante toda su vida, pero eso no equivale al poder. El que tiene poder puede dictar una orden que dice 'comuníquese y cúmplase' y lograr que las cosas se hagan de verdad. Y usted no solo quiere influir; usted quiere hacer cosas, ese es su temperamento".

Una equivocación de un médico acabó por reafirmar mi decisión. Me acababa de hacer unos exámenes porque había llegado de Río de Janeiro con una fiebre altísima que duró varios días. Allí había visitado a un antiguo compañero de colegio, Miguel Pires, a quien había conocido como hijo del agregado militar de ese entonces en Bogotá. Su padre, el general Pires, llegó a ser miembro de la última junta militar en Brasil. Mi amigo, por su lado, se había convertido en la mano derecha de Roberto Marinho, el zar de las comunicaciones brasileñas. Mi viaje fue para explorar posibles alianzas de *El Tiempo* con el grupo O Globo, de propiedad de Marinho.

Pues bien, el doctor, en una lectura errónea, me dijo que era posible que tuviera cáncer. A los pocos días corrigió su diagnóstico, pero esa sola posibilidad me hizo reflexionar, recordando una frase que mi abuelo me decía desde cuando era niño: "Mijito, cuando llegue a mi edad es mejor arrepentirse de lo que hizo que lamentarse por lo que dejó de hacer".

Así pues, con cuarenta años recién cumplidos, asumí el reto de ser el primer ministro de Comercio Exterior del país y renuncié al camino seguro y atractivo de la dirección de *El Tiempo*. Mi vida giró hacia lo público, y allí encontré la fascinación del poder bien entendido: ese poder de hacer cosas, de lograr resultados, de marcar la diferencia, del que me habló mi sabio consejero Palacio Rudas.

No me obsesionaba llegar a ser alguna vez presidente, no era una de mis metas de vida —como muchos han dicho—, no porque no quisiera sino porque lo veía imposible, pero un hecho casi fortuito me hizo comenzar a planteármelo.

La recién aprobada Constitución de 1991 había acabado con la figura del designado —que era la persona llamada a asumir la presidencia de la República ante la falta del presidente— y la había reemplazado por la del vicepresidente, pero dejó claro que habría designado hasta la terminación del gobierno Gaviria, es decir, hasta agosto de 1994.

Humberto de la Calle, quien era el ministro de Gobierno y el designado a la presidencia, renunció para concentrarse en su precandidatura presidencial, y quedó vacante esa posición. Siendo ministro de Comercio Exterior, recién llegado a la vida pública —y de puro aventado—, decidí postular mi nombre, y así lo hizo también el ministro de comunicaciones William Jaramillo, quien, a diferencia mía, llevaba una vida entera en la arena política y era un exitoso barón electoral. El presidente Gaviria, por su parte, se mantuvo neutral. Para sorpresa general, resulté elegido por el Congreso, con un amplio margen sobre mi competidor, como el último designado a la presidencia en la historia del país, y eso de alguna forma me catapultó en el escenario político y me señaló como alguien que podría llegar algún día a la jefatura del Estado. Ese proceso también me enseñó mucho sobre la forma como opera y se consiguen los votos en el Congreso.

Esa fue la primera elección a la que me presenté en mi vida, hasta casi veinte años después cuando me postulé para la presidencia en el año 2010.

"EL CAPITAL NO ES AMIGO DE LAS GUERRAS"

Como primer ministro de Comercio Exterior, tenía un reto inmenso: abrir la economía del país a los mercados internacionales en las mejores condiciones posibles. Y una de esas condiciones era que aumentara la inversión extranjera, pues solo así se puede crecer y ser competitivo en una economía abierta. De alguna manera, mi tarea era vender el país ante las grandes empresas y multinacionales extranjeras, para que trajeran sus capitales a Colombia, generaran empleo y nos transfirieran tecnología.

En desarrollo de esa misión, el Chemical Bank —un banco que ya desapareció pero que entonces era muy grande y tenía muchos negocios en Colombia— organizó una reunión en Nueva York para que el ministro de Hacienda Rudolf Hommes y yo hiciéramos una presentación del país ante un grupo selecto de presidentes de empresas estadounidenses, potenciales inversionistas en el país. Sin imaginarlo, esa conferencia iba a representar el inicio de mi compromiso con la paz de Colombia.

Estábamos en medio de la exposición cuando nos enteramos de que una bomba había estallado en Bogotá, dejando numerosas víctimas. La noticia prácticamente acabó con la reunión porque, con ese entorno de terrorismo, ¡cómo íbamos a vender las bondades de invertir en nuestro suelo!

Hablando después con varios de los presidentes de empresas que asistieron al evento, uno de ellos me dijo con rotunda franqueza: "Ministro, su plan de apertura económica de Colombia es muy interesante, pero mientras ustedes tengan esa guerra en su país va a ser muy difícil que atraigan verdadera inversión, una inversión sustancial". Y concluyó con una frase lapidaria: "El capital no es amigo de las guerras, no es amigo de la violencia, no es amigo de la inseguridad, ni física ni jurídica".

Su mensaje no pudo ser más directo, y caló hondo en mí. Por décadas, desde niño, como tantos colombianos, me había acostumbrado a vivir en medio de un entorno de violencia y confrontación, y a aceptarlo como algo prácticamente normal. Pero el mundo no lo veía así. Tal vez fue entonces cuando comprendí que la consecución de la paz no solo era conveniente, sino absolutamente indispensable para el progreso integral de Colombia.

Es decir, para avanzar hacia el desarrollo económico y hacia la reducción de la desigualdad y la pobreza.

Una idea clara se fijó en mi mente: si Colombia quería ser alguna vez un país desarrollado y con mejores niveles de vida, la primera y más urgente tarea era lograr la paz.

BUEN GOBIERNO Y TERCERA VÍA

Concluido el gobierno de Gaviria, y con él mi primera experiencia en el servicio público, regresé a las lides del periodismo, ya no en calidad de directivo —eso no volvería a pasar por las restricciones impuestas por mi propia familia— sino de columnista, con la disciplina y la responsabilidad de opinar, desde mi rincón en las páginas editoriales, sobre el desarrollo de la vida nacional.

También decidí crear un centro de pensamiento para promover debates y estudios sobre un tema que me apasionaba desde mis estudios en la Escuela de Gobierno John F. Kennedy de la Universidad de Harvard: el buen gobierno. Y así mismo llamé al centro: Fundación Buen Gobierno.

Por esa época, el sociólogo británico Anthony Giddens, quien sería luego director de mi otra alma mater, el London School of Economics, comenzaba a promover en el mundo académico un concepto que me atrajo profundamente: la doctrina de la Tercera Vía, una especie de versión moderna del laborismo británico, sobre la cual años después —en 1999— publiqué un libro con el entonces primer ministro del Reino Unido, Tony Blair.

La Tercera Vía es una concepción sobre el papel del Estado que busca un camino intermedio, pragmático, entre las dos corrientes que lideraron el mundo en el siglo XX: la del liberalismo clásico, que propendía por una libertad económica y del individuo en un sistema basado en la propiedad privada, y la del estatismo o intervencionismo, que defiende la propiedad y el control de los medios de producción por parte del Estado, y la preponderancia de los derechos colectivos sobre los particulares.

La Tercera Vía no considera al Estado y al sector privado como actores antagónicos, sino que los ve como aliados que pueden ayudarse mutuamente para lograr la prosperidad social. Y se ha resumido en una frase sencilla, pero contundente: "El mercado hasta donde sea posible; el Estado hasta donde sea necesario".

Así pues, entre mis columnas y mi fundación, comencé una nueva etapa de mi vida en medio de una de las más graves crisis políticas que haya sacudido al país y a sus instituciones en la historia reciente: el proceso 8.000.

CAPÍTULO II

DESTINO
COLOMBIA

LA REUNIÓN DE LA ABADÍA DE MONSERRAT

Luego de la nefasta década del narcoterrorismo, tres problemas de seguridad seguían a la cabeza de las preocupaciones de los colombianos: el narcotráfico, las guerrillas y los cada vez más fuertes grupos ilegales de autodefensa, conocidos como paramilitares. Tras la muerte, en 1993, de Pablo Escobar, otros carteles y organizaciones del narcotráfico cobraron importancia. El más importante de todos, rival de Escobar, era el Cartel de Cali liderado por los hermanos Rodríguez Orejuela.

En medio de ese complejo escenario, dos candidatos punteaban en la carrera por la presidencia para el periodo 1994-1998: el liberal Ernesto Samper y el conservador Andrés Pastrana. Luego de un virtual empate en la primera vuelta electoral, las campañas arreciaron sus esfuerzos y al final Samper resultó ganador en la segunda vuelta. Pero fue un triunfo agridulce.

A los pocos días de su victoria se conocieron unas grabaciones —que pasarían a la historia como los "narcocasetes"— de
conversaciones telefónicas, en las que se hablaba de una importante colaboración financiera del Cartel de Cali a la campaña del
candidato liberal.

El escándalo fue mayúsculo, por supuesto, y desembocó en
un proceso judicial, conocido como proceso 8.000, en el que se
demostró que sí hubo infiltración de dineros del narcotráfico. El
presidente Samper adujo que, si habían ingresado dineros de la mafia
a su campaña, esto había ocurrido "a sus espaldas". Al final, la investigación que le abrió la Cámara de Representantes fue archivada.

Lo cierto es que buena parte de su gobierno tuvo que dedicarla
a defenderse de estas imputaciones, y que todo este escándalo
influyó para que la comunidad internacional viera a Colombia
como una nación no viable, inundada de droga. Estados Unidos
le quitó la visa al mismo presidente.

El país no hablaba de otra cosa que del proceso 8.000, y el tema
de la paz, entre otros varios, quedó relegado al cajón de los asuntos
pospuestos. El gobierno de Samper intentó aproximaciones a
través de sus consejeros de paz, pero la respuesta de las guerrillas,
sin duda cínica, era que no estaban interesados en hablar con un
gobierno al que no consideraban legítimo.

En ese ambiente de estancamiento, cuando el Gobierno
estaba maniatado para buscar la paz, nos tocaba a los ciudadanos
apropiarnos de ese mandato de la Constitución que la establecía
como un deber de obligatorio cumplimiento.

En 1996, en una comida con el presidente de la Asociación
Nacional de Industriales, Carlos Arturo Ángel, y el embajador de
España, Yago Pico de Coaña, hablamos con preocupación sobre
la situación del país y sobre la necesidad de avanzar de alguna
manera en la búsqueda de la paz.

A Ángel se le ocurrió que trajéramos a un gurú en la materia, que nos aportara nuevas ideas, y mencionó al canadiense Adam Kahane, un exdirectivo de la Shell, experto en resolución de conflictos, que había cumplido un destacado papel en el proceso de Sudáfrica para lograr la reconciliación luego del fin del *apartheid*.

Me pareció una idea muy interesante y puse manos a la obra para convertirla en realidad. Conseguí la financiación de la Fundación Carvajal para traer al afamado conferencista y finalmente logré contactarlo, gracias a la gestión de mi antiguo profesor Roger Fisher, el gran experto en negociaciones de la Universidad de Harvard.

Kahane me dijo que tenía la agenda llena por lo menos por año y medio debido a compromisos en su país, Canadá, relacionados con el movimiento independentista de Quebec, y también en Irlanda del Norte y en Sudáfrica. A los pocos días me llamó, sin embargo, diciendo que se había abierto una ventana de oportunidad. Él iba a estar en Brasil y debía salir hacia Sudáfrica, pero podía hacer una escala en Colombia rumbo al país africano. El único problema es que esto sería muy pronto, en apenas tres semanas, y Kahane no creía que en tan breve tiempo pudiéramos reunir a todos los actores del conflicto colombiano para que el ejercicio fuera realmente productivo.

Nos dimos a la tarea de realizar la convocatoria con la Fundación Buen Gobierno. La sorpresa de nuestro invitado fue mayúscula cuando llegó a Bogotá el 29 de marzo de 1996, y encontró reunidos en un salón de eventos conocido como la Abadía de Monserrat a representantes de prácticamente todos los sectores sociales y políticos del país.

"Ustedes lograron en tres semanas" —me dijo Kahane—, "lo que en Sudáfrica demoró quince años: sentar alrededor de una mesa a los actores del conflicto".

Allí estaban el expresidente López Michelsen; el canciller Rodrigo Pardo y el ministro de Defensa Juan Carlos Esguerra;

los excancilleres Augusto Ramírez y Luis Fernando Jaramillo; el exministro Rudolf Hommes; el presidente de la Cámara de Representantes Rodrigo Rivera; la cúpula de la Iglesia y de las Fuerzas Militares, y el alcalde de Bogotá Antanas Mockus, entre muchos otros.

Había representantes del Gobierno y de la más cerrada oposición, representantes de las asociaciones de campesinos y de los empresarios del campo, industriales y sindicalistas, académicos, políticos y militares retirados. Más aún, también participaron representantes o simpatizantes de las autodefensas, y —vía telefónica— Felipe Torres y Francisco Galán, del ELN, entonces presos en la cárcel de Itagüí, y Raúl Reyes y Olga Marín, de las Farc, desde Costa Rica.

Nunca antes se había logrado una convocatoria tan amplia, tan diversa y tan exitosa de sectores de la sociedad colombiana, muchos de ellos absolutos contradictores o enemigos, en aras de un acercamiento al fin del conflicto.

Recuerdo que Aída Avella, una reconocida y combativa líder de izquierda, sobreviviente de la tragedia de la Unión Patriótica —quien luego de décadas de exilio fue elegida senadora en las elecciones parlamentarias de marzo de 2018—, casi se sale de la reunión cuando vio sentado en la misma mesa a Víctor Carranza, famoso empresario esmeraldero al que muchos asociaban con el paramilitarismo.

—Doctor Santos —me dijo Aída, alarmada—, ¿usted pretende que me siente con este señor que me ha mandado a matar en cinco ocasiones?

Y yo le respondí:

—Aída, pues precisamente para que no la mande a matar la sexta vez, vaya y siéntese.

Y se sentó.

La reunión fue muy interesante por su amplia convocatoria, y porque por fin pudimos debatir abiertamente entre todas las partes en conflicto, no para llegar a acuerdos todavía, pero sí para saber qué estaba pensando cada uno.

EL CONSEJO DE MANDELA

Coincidencialmente, yo había asumido desde cuando había sido ministro de Comercio Exterior la presidencia de la Conferencia de las Naciones Unidas sobre Comercio y Desarrollo, la UNCTAD, y debía viajar, exactamente un mes después del encuentro en la Abadía de Monserrat, a Sudáfrica para entregarla a Nelson Mandela, a quien había conocido unos años antes en Davos, Suiza. Tuve así una oportunidad de oro para preguntarle sobre Kahane.

Fue un momento muy emocionante para mí. Mandela era, sin duda, el símbolo vivo más importante de la paz en el mundo. Luego de veintisiete años de prisión, había salido de su cautiverio sin odio en su corazón y con el compromiso de unir a su nación; y lo había logrado. Había recibido el Premio Nobel de la Paz en 1993, y se había convertido en el primer presidente de raza negra en la historia de Sudáfrica.

Por esos días estaba en pleno funcionamiento la Comisión para la Verdad y la Reconciliación, encabezada por el arzobispo Desmond Tutu, quien también había sido laureado con el Nobel de Paz en 1984. Me impresionó ver por televisión las audiencias públicas donde las víctimas y los victimarios narraban, cada quien desde su punto de vista, las atrocidades ocurridas durante los largos años de violencia y discriminación. Era un ejercicio duro de verdad y confrontación, pero era indispensable para llegar a una reconciliación real. No me imaginaba entonces que veintiún años después, en abril de 2017, sería yo, como presidente, quien firmaría el decreto de creación de una comisión similar —la Comisión para el Esclarecimiento de la Verdad, la Convivencia y la No Repetición— en Colombia.

Luego de entregarle la presidencia de la UNCTAD a Mandela en el auditorio general, me reuní con él en una pequeña sala del centro de convenciones. Nuestra conversación, que estaba prevista para solo quince minutos, se extendió por varias horas.

Le conté sobre la reunión que habíamos tenido en Bogotá con Kahane y le pregunté cuál había sido su aporte al proceso sudafricano. Mandela me confirmó la importancia del trabajo que habían hecho con él para acercar a las antiguas partes en conflicto y lograr escenarios de reconciliación. Es más, me contó que en ese ejercicio había conocido a muchas personas, algunas de las cuales había nombrado luego en su gabinete ministerial.

Mandela, en su discurso inaugural de la Conferencia de la UNCTAD, había pronunciado una frase sencilla y poderosa: "La paz y el desarrollo son indivisibles". Y me ratificó ese concepto en nuestra charla privada, al decirme algo que resonó en mi mente como el eco de las palabras que me había dicho unos años atrás el empresario en Nueva York: "La paz es una condición indispensable para el desarrollo. Sin la paz, Colombia no puede despegar". Ahí comencé a vislumbrar mi puerto de destino.

UN EJERCICIO PROFÉTICO

A mi regreso de Sudáfrica decidí apartarme del proceso de ejercicios teóricos que habíamos empezado con Kahane. No quería que se politizara, pues a la sazón yo sonaba como precandidato presidencial por el partido Liberal —o, más bien, yo mismo me había puesto a sonar porque no tenía el más mínimo chance de alcanzar la candidatura—. Fue así como entregué las banderas al excanciller Augusto Ramírez y a Mario Suárez Melo, entonces presidente de la Cámara de Comercio de Bogotá.

Y los ejercicios siguieron... Al año siguiente, en 1997, se realizó un taller en el Recinto Quirama, en Antioquia, siguiendo la metodología de Kahane, que él denomina "Planificación transformadora por escenarios". Esta consiste en la integración de grupos de trabajo, ojalá conformados por personas que tengan visiones disímiles de la realidad o del problema que se quiera abordar, para que en un ejercicio colaborativo construyan diversos escenarios de futuros posibles. De esta manera, sin que ninguno se imponga sobre el otro, se llega a acuerdos imaginativos y novedosos, y se plantean caminos de solución que tienen en cuenta el punto de vista de todos, superando prejuicios, obstáculos o trabas que antes se consideraban insalvables.

En el taller del Recinto Quirama, que se llamó "Destino Colombia", se reunieron cerca de medio centenar de colombianos, representantes de todos los sectores de la sociedad, y debatieron e imaginaron cuatro escenarios posibles para el futuro del país en los próximos dieciséis años. Sus conclusiones, vistas hoy retrospectivamente, fueron absolutamente proféticas, pues los cuatro escenarios terminaron delineando, sin saberlo, lo que harían cuatro gobiernos, comenzando por el de Samper, pasando por los de Andrés Pastrana y Álvaro Uribe, hasta el mío.

El primer escenario, "Amanecerá y veremos", invitaba a pensar en lo que ocurriría si en vez de hacer una intervención puntual se pretendía que los problemas del país se resolvieran solos. Eso conducía a la pérdida de autoridad estatal, al recrudecimiento de la violencia, a la fragmentación territorial, y a un dramático incremento de las condiciones de pobreza e inequidad social.

El segundo escenario, "Más vale pájaro en mano", aludía a las concesiones ofrecidas a los grupos armados con tal de iniciar un proceso inmediato de reconstrucción de la democracia y de frenar el ciclo ascendente de muerte y violencia. Ya se verá cómo ese escenario —que equivale al proceso de paz del Caguán del gobierno de Pastrana— fracasó.

En el tercer escenario, llamado "Todos a marchar", el liderazgo político acoge la demanda popular para restaurar la seguridad y asume un mandato que se caracteriza por la firmeza contra los violentos. Se trata, sin duda, de una premonición de lo que sería luego el gobierno de Álvaro Uribe.

No deja de ser impactante el constatar que —desde 1997, cuando se realizó el ejercicio— se hubiera anticipado lo siguiente sobre este escenario, entonces hipotético: "Las medidas de estímulo para la economía y para el sector productivo, unidas a triunfos militares, le aseguraron al presidente un segundo periodo, autorizado por una oportuna reforma constitucional".

Eso fue exactamente lo que sucedió.

El cuarto escenario, finalmente, "La unión hace la fuerza", habla de un gobierno legítimo y de una sociedad empoderada que, juntos, consiguen finalmente el resultado deseado: el fin del conflicto armado y el inicio de la reconciliación nacional.

Como en un círculo mágico, la vida me deparó ser protagonista del comienzo y el final de este proceso: cuando empezamos a repensar la paz en 1996 y cuando firmamos la paz con las Farc, veinte años después, en 2016.

CAPÍTULO III

HISTORIA
DE MI
CONSPIRACIÓN

LA SOCIEDAD CIVIL ASUME EL RETO DE LA PAZ

Luego de la reunión de la Abadía de Monserrat, Álvaro Leyva, un líder político conservador, pero progresista, que siempre ha mantenido canales de diálogo abiertos con las Farc, me hizo saber que la dirigencia guerrillera, luego de ver el poder de convocatoria que habíamos tenido, estaba interesada en continuar explorando caminos hacia la paz.

Empezamos, entonces, una serie de conversaciones y contactos discretos encaminados a lograr una propuesta viable que pudiéramos presentar en su momento al Gobierno nacional, cuyos puentes de diálogo con las guerrillas estaban prácticamente rotos.

Trabajando con varias de las personalidades que participaron en la reunión de la Abadía de Monserrat y otras interesadas en terminar el conflicto armado, se comenzó a diseñar una ruta crítica que tuviera en cuenta las pretensiones de los diversos grupos alzados en armas y permitiera un acercamiento de estos con el Estado para ambientar un proceso de paz.

Dadas las frágiles circunstancias en que gobernaba el presidente Samper, consideramos que lo mejor era avanzar discretamente en las aproximaciones, para ir cocinando una propuesta que solo le presentaríamos al Gobierno cuando estuviera suficientemente madura.

Era la primera vez que desde la sociedad civil, por fuera de los cauces oficiales, se intentaba un acercamiento con todos los protagonistas del conflicto: la guerrilla, los paramilitares y, finalmente, el propio Gobierno.

Entre los personajes que conocieron y participaron de esta propuesta estuvieron el arzobispo de Bogotá Pedro Rubiano, el entonces sindicalista y luego vicepresidente de la república Angelino Garzón, y otros líderes del país de diversos sectores, como Nicanor Restrepo, Luis Fernando Jaramillo, Juan Manuel Ospina, Fabio Valencia Cossio, Antonio Gómez Hermida, Luis Carlos Villegas, mi hermano Enrique y, por supuesto, Álvaro Leyva. También fueron enterados de este proceso de acercamientos, y se mostraron totalmente de acuerdo, los expresidentes Alfonso López y Belisario Betancur.

Definimos, además, que era importante contar con la validación de personajes de talla mundial. Pronto, dos nombres surgieron como los mejores candidatos para ser garantes del proceso: nuestro nobel de Literatura Gabriel García Márquez y el expresidente del Gobierno de España Felipe González.

Gabo, quien siempre fue un trabajador incansable y discreto por la paz, aceptó con entusiasmo, y Felipe González también mostró su disposición a aceptar, pero nos puso algunas condiciones. La primera, muy lógica, era que habláramos primero con los diversos actores ilegales y obtuviéramos su aprobación al esquema, para saberquecaminábamossobreterrenofirmeynobasadosensimples expectativas. La segunda era que buscáramos la participación de otros gobiernos latinoamericanos, el aval de Estados Unidos y el de la Unión Europea, específicamente de España.

HABLANDO CON EL ENEMIGO

Comencé, entonces, una intensa correría que me llevó a reunirme personalmente con Carlos Castaño, el tenebroso comandante de los paramilitares; con cabecillas de primer nivel de las Farc, y con líderes del ELN. Dicho en otras palabras: siendo un simple particular me metí de lleno en el trabajo de buscar la paz, sin imaginar que por ese camino iba a transitar durante dos décadas más.

Con Carlos Castaño me reuní en dos ocasiones en una finca en las montañas del departamento de Córdoba, donde él tenía su sede. Castaño, cuyo padre había sido secuestrado y asesinado por las Farc, había fundado, junto con sus dos hermanos, Fidel y Vicente, grupos de autodefensa en el departamento de Córdoba y en la zona del Urabá, al norte del departamento de Antioquia, en la región Caribe del país. Como todos los ilegales, había hecho alianzas con el narcotráfico, y fue el ordenador de innumerables masacres y del asesinato de muchos líderes políticos y sociales, como los dirigentes y candidatos de la Unión Patriótica y el humorista Jaime Garzón. En su delirio criminal, se consideraba a sí mismo como un patriota que luchaba por liberar al país de la plaga de la guerrilla y el comunismo.

Cuando me reuní con él, en 1997, Castaño era el jefe único de las Autodefensas Unidas de Colombia, AUC, es decir, el máximo líder del paramilitarismo. La primera reunión fue de carácter meramente exploratorio, para saber si estaban interesados en participar en un proceso de paz que involucrara a todos los grupos armados ilegales. Llegué a su finca en un helicóptero del líder esmeraldero, y amigo de los paramilitares, Víctor Carranza, que había participado en la reunión de la Abadía de Monserrat. En esa oportunidad me acompañó el periodista y cronista Germán Santamaría, y encontré a Castaño rodeado por buena parte de su cúpula paramilitar, incluido su segundo al mando, Salvatore Mancuso. Fue un encuentro breve en el que apenas tuve oportunidad de explicarle mi propósito de construir una propuesta de paz, con la participación de todos los actores del conflicto para presentar luego al Gobierno nacional. Él quedó de pensarlo.

La segunda reunión fue más larga y allí avanzamos aún más en los detalles de cómo sería el proceso. En días recientes había ocurrido una masacre perpetrada por los paramilitares, y le mostré a Castaño el titular del periódico que daba la noticia. Le dije que mientras esto siguiera pasando iba a ser muy difícil ambientar un proceso de paz. Él argumentó que eso había ocurrido sin su autorización, y al final nos dijo que estaba dispuesto a participar en el esquema de diálogos que estábamos planteando.

En esta ocasión me acompañó Álvaro Leyva, quien siempre había sido considerado como un facilitador con la cúpula de las Farc, y por primera vez se veía cara a cara con los paramilitares. A pesar de la tensión inicial, la reunión se llevó a cabo sin contratiempos.

Hay que anotar que Leyva ha sido un hombre clave en la búsqueda de la paz en Colombia, uno de los que nunca ha claudicado en la convicción de que esta puede lograrse por la vía del diálogo. Él ha participado en prácticamente todos los esfuerzos de negociación, desde el que emprendió el presidente Betancur en 1982, hasta el que logró el acuerdo final con las Farc en 2016. Su experiencia y conocimiento de los actores del conflicto lo han convertido, más de una vez, en la persona indicada para ayudar a destrabar los procesos cuando se presentan obstáculos y dificultades aparentemente insalvables.

Precisamente, Leyva me ayudó a comunicarme con los líderes de las Farc. Con su intermediación conseguí una cita con Raúl Reyes, miembro del secretariado y encargado de sus relaciones internacionales, y con su compañera Olga Marín, en Costa Rica, cita que contó con el aval de la propia cancillería de Costa Rica. Ellos escucharon la propuesta con interés, y quedamos en que yo tendría una reunión directa con Manuel Marulanda, el máximo líder de las Farc, en las selvas de Colombia para concretar la participación de este grupo guerrillero.

Finalmente no pude reunirme con Marulanda, pues había operaciones militares cerca al lugar donde se encontraba y yo tenía afán de viajar a España para concretar a Felipe González. Entonces Leyva me llevó a una casa en el barrio La Perseverancia, en Bogotá, donde estaba el padre jesuita Gabriel Izquierdo, director del Centro de Investigación y Educación Popular, Cinep, quien tenía comunicación directa con el líder guerrillero. Hablamos por radioteléfono con el campamento de Marulanda, donde ya se encontraban Raúl Reyes y su compañera, y obtuvimos su visto bueno para seguir adelante.

En medio de la comunicación le dije a Reyes, en tono de broma, haciendo referencia a la reunión que habíamos tenido en Costa Rica: "Espero que la próxima vez me den mejor vino". Esa frase coloquial, y la conversación en general, me pasarían luego factura, pues la comunicación fue interceptada por la inteligencia militar y dio pie a que se creyera que yo estaba conspirando con la guerrilla para tumbar al gobierno de Samper.

El otro actor ilegal que tenía que participar en el proceso era la guerrilla del ELN. En este caso me sirvió de intermediador el empresario caleño, de origen judío, Morris Ackerman, quien, al igual que Leyva con las Farc, tenía abiertos canales de comunicación con el ELN, en cuyos procesos de diálogos ha estado casi siempre. Gracias a él me entrevisté con dos importantes cabecillas de esta guerrilla, que actuaban como sus voceros y que estaban en ese momento presos en la cárcel de Itagüí, cerca de Medellín: Felipe Torres y Francisco Galán. Ellos, que ya habían participado telefónicamente en la reunión de la Abadía de Monserrat, también manifestaron su disposición de avanzar en la construcción de una propuesta que llevara a unos diálogos de paz.

EL PLAN NAUFRAGA

Con la tarea cumplida —es decir, con la confirmación del interés en hacer parte del proceso por parte de los paramilitares, de las Farc y del ELN—, viajé a España para reunirme con el expresidente Felipe González y con Gabriel García Márquez.

Estábamos comiendo los tres en Casa Lucio, un restaurante tradicional en el viejo Madrid, cuando Lucio, el dueño, me pasó el teléfono pues me estaban llamando urgentemente desde Bogotá. Era Julio Sánchez Cristo, director y conductor de uno de los principales programas radiales matutinos del país, quien me contó que los asesores del gobierno Samper acababan de denunciar que yo estaba fraguando una conspiración para derrocarlo y me preguntó si tenía algo que decir sobre el particular.

Cuando volví a la mesa, les comenté la situación a mis contertulios. "Se jodió esta vaina", fueron las palabras de Gabo, y González fue enfático en aconsejarme que debía regresar inmediatamente a Colombia para aclarar la situación. Allí mismo redactamos, con García Márquez, un comunicado que firmamos los dos, en el que dejamos constancia de que lo que estábamos cocinando era una fórmula constitucional para lograr la paz y que "de ninguna forma se trata de un esquema para producir efectos políticos de corto plazo, sino la única forma viable planteada hasta el momento para que termine el baño de sangre". Además, dimos fe del vivo interés del expresidente español para servir como garante de este incipiente proceso.

Ya de regreso en Bogotá me reuní con los principales participantes de las propuestas, entre los que estaban los voceros de los partidos y líderes gremiales y sindicales, y convocamos a una rueda de prensa para explicar los avances logrados hasta el momento y ratificar que todo se había hecho dentro del marco de la Constitución. Cometí el error de decir, por insinuación de Leyva, que "la paz estaba de un cacho".

Al mismo tiempo, se produjo un cruce de cartas con el presidente Samper, que fue ampliamente difundido por la prensa. En mi comunicación le resumí los puntos fundamentales del proceso y le expliqué que había hecho contactos directos con las Farc, el ELN y los paramilitares, y que todos habían mostrado interés de participar.

Y le dije algo más:

En lo que a mí respecta, por la paz estoy dispuesto a tomar todos los riesgos necesarios. Por fortuna, desde un principio dejé muy claro que si para que este proceso tuviera éxito era necesario hacer cualquier sacrificio, incluyendo el de posponer mis aspiraciones presidenciales, así lo haría. La paz en Colombia es más, muchísimo más importante que cualquier aspiración personal, cualquier dignidad o cualquier persona. Estoy seguro de que usted piensa lo mismo. Por eso soy optimista. Dios quiera que no esté equivocado.

Señor presidente: se nos está despejando el camino para construir ese país tranquilo y en paz que todos añoramos. Por los miles de miles de viudas y huérfanos que podrían evitarse, y por el futuro de sus hijos, de los míos, y el de los de todos los colombianos, le ruego encarecidamente que no se interponga.

El presidente Samper, como era de esperarse, desautorizó mis gestiones, aduciendo que no debí haberlas realizado —y no le faltaba razón— "sin informar ni contar con el Gobierno ni las Fuerzas Militares". Era una reacción natural, más aún si se tiene en cuenta la fragilidad de su gobierno, que había intentado, sin éxito, lograr lo que nosotros —simples particulares— habíamos alcanzado en unos pocos meses.

A partir de entonces vino una gran campaña de desprestigio, en la que se filtró la conversación por radioteléfono que tuve con Raúl Reyes en el campamento de Marulanda. No cabía duda de que la propuesta había quedado herida de muerte.

García Márquez emitió un comunicado reiterando que esto no era ningún complot sino el ejercicio de "el derecho y el deber que tenemos todos los colombianos de buscar la paz a toda costa". Y monseñor Pedro Rubiano dijo públicamente: "No sé por qué cada vez que surgen esquemas serios y objetivos para buscar la paz, el Gobierno sale con bobadas de que existe una conspiración para derrocarlo".

Solo me quedaba dejar constancia histórica de lo que habíamos hecho, y así lo hice en una carta que dirigí en octubre de 1997 a la Comisión de Conciliación Nacional, donde aclaré que el grueso de la propuesta estaba destinado a llevarse a la práctica no en el mandato de Samper, que ya llegaba a su fin, sino en el del próximo presidente, fuera quien fuera.

En esa comunicación resumí los cinco ejes principales de la propuesta. Primero, que el nuevo presidente integrara un gabinete ministerial de unidad nacional, con personalidades de amplia representación política y social. Segundo, que se ordenara el despeje de fuerza pública de un área del territorio nacional para convertirla en zona de distensión y diálogo. Tercero, que se estableciera una agenda que incluyera, entre otros puntos, la convocatoria a una asamblea nacional constituyente, y que concertara una verdadera reforma agraria dentro del marco de una política agraria integral. Cuarto, que, luego de verificado el despeje se decretara un cese al fuego bilateral entre las fuerzas insurgentes y el Gobierno. Y quinto, que se acordara la participación en el proceso de países amigos de Colombia y de personalidades nacionales e internacionales que sirvieran como facilitadores y garantes.

Más tarde —ante la desorganización y excesos del proceso de paz que adelantó el gobierno de Andrés Pastrana en el Caguán— cambié mi opinión sobre la conveniencia del despeje de territorio y de un cese al fuego bilateral en las primeras instancias de los diálogos. De esto se trata, precisamente, la búsqueda de la paz: de un método de prueba y error que se perfecciona poco a poco. Lo que nos propusimos años después, en el proceso de La Habana, fue aprender de las lecciones del pasado, replantear esquemas y corregir las equivocaciones.

Esa fue mi llamada "conspiración". Un proceso de gestiones y conversaciones que no buscaban derrocar ningún gobierno sino aproximarnos a la paz, y no a cualquier paz, sino a una que fuera integral, es decir, que congregara a todos, absolutamente todos los actores del conflicto.

El momento no fue propicio para este empeño. La comprensible paranoia de un gobierno cuestionado desde el mismo día de su elección, que veía conspiraciones donde había un trabajo serio y concertado, nos impidió seguir adelante. No pudimos, infortunadamente, parar el baño de sangre en que siguió el país por muchos años más.

Debo admitir, sin embargo, que el presidente Samper y su ministro del Interior Horacio Serpa tuvieron toda la razón en molestarse con mis gestiones. A ningún jefe de Estado le puede gustar que se realicen acercamientos de semejante envergadura sin su consentimiento. Mirado el caso bajo el prisma de la historia y sin el calor de la coyuntura, yo también los hubiera rechazado. Mi error fue no haberle contado a Samper desde un principio.

Pero no todo se había perdido. La semilla de la paz había quedado sembrada y ya llegaría el tiempo de cosecharla.

CREANDO LAS CONDICIONES PARA LA PAZ

(1998-2009)

CAPÍTULO IV

INICIO DEL PROCESO DEL CAGUÁN

EL MANDATO POR LA PAZ

El clamor por la paz no era solo de un puñado de colombianos: se había convertido en una prioridad nacional. Así quedó demostrado cuando organizaciones sociales y humanitarias lograron que en las elecciones de alcaldes y gobernadores de octubre de 1997 se incluyera la posibilidad de introducir una papeleta adicional a la que se denominó "voto por la paz, la vida y la libertad".

A través de esa papeleta el ciudadano se comprometía a ser constructor de paz y de justicia social, a proteger la vida y rechazar toda acción violenta, y —lo más importante de todo— exigía a los actores del conflicto armado que lo resolvieran pacíficamente.

Esta iniciativa, que se conoció como el Mandato por la Paz, fue apoyada por casi diez millones de colombianos que depositaron la papeleta en las urnas.

¿Qué significaba esto? Que el próximo presidente de Colombia, fuera quien fuera, tendría que responder a este mandato ciudadano y comprometerse a buscar la paz por el camino del diálogo.

Finalmente, la presidencia se decidió en 1998 entre el candidato liberal Horacio Serpa —hacía rato yo había declinado mis aspiraciones a ser candidato del partido porque nunca tuve el más mínimo chance— y el conservador Andrés Pastrana, quien se presentó como un candidato suprapartidista pues recibió el apoyo de liberales que no habían estado del lado del presidente Samper durante su polémico periodo.

Ambos candidatos, Serpa y Pastrana, eran partidarios de entablar diálogos de paz con las guerrillas de las Farc y del ELN, pero Pastrana —luego de haber quedado segundo en la primera vuelta— dio un golpe de imagen cuando un hombre de su campaña, Víctor G. Ricardo —gracias a la intermediación del también conservador Álvaro Leyva—, se reunió en la selva con Manuel Marulanda, el máximo comandante de las Farc, demostrando que estaba más cerca de llevar a esta guerrilla a una mesa de negociaciones que su contrincante.

Víctor G. le regaló a Marulanda un reloj de la campaña de Pastrana y se lo puso en la muñeca al viejo guerrillero. La foto de Marulanda con el reloj puesto, junto al Mono Jojoy —el jefe militar de las Farc— y Víctor G. Ricardo, se convirtió en el símbolo de que Pastrana, más que Serpa, era el hombre indicado para lograr la paz.

Fue así como, en la segunda vuelta electoral, Pastrana resultó elegido presidente de los colombianos por el periodo 1998-2002. Su principal mandato era hacer la paz, y así lo entendió.

Su primera acción en esta dirección, audaz e incluso temeraria, la realizó antes de posesionarse. De forma clandestina, luego de escaparse de su propio esquema de seguridad, Pastrana se reunió en la selva —acompañado por Víctor G. Ricardo— con Marulanda, Jojoy y otros cabecillas de las Farc para concretar las bases de lo que sería un nuevo proceso de paz con esta guerrilla, el más ambicioso desde el que intentó Belisario Betancur en los años ochenta. Era la primera vez que un presidente, así fuera apenas un presidente electo, se reunía cara a cara con el máximo líder de la guerrilla.

El país quería la paz y estas primeras aproximaciones llenaron de esperanza a los colombianos.

LA SALA DE SITUACIÓN DEL PNUD

El Mandato por la Paz, votado en octubre de 1997, tuvo otra consecuencia interesante, y fue la conformación de un grupo de trabajo liderado por el italiano Francesco Vincenti, coordinador residente de Naciones Unidas y representante del PNUD en Colombia, quien creó lo que se llamó la Sala de Situación para generar una propuesta que ayudara a concretar dicho mandato.

Tal como había ocurrido en los talleres de Adam Kahane, se reunieron en la sede de las Naciones Unidas personas de diversos sectores de la sociedad —yo entre ellas— a botar ideas para superar el caos político, económico y social en que se encontraba el país. Allí estaban otra vez el excanciller Augusto Ramírez, Álvaro Leyva, Angelino Garzón y el empresario Nicanor Restrepo, junto con un grupo selecto de intelectuales, politólogos, periodistas y economistas, todos dispuestos a entregar horas de su tiempo para analizar y proponer fórmulas que sirvieran al próximo presidente, incluida la de un proceso de paz. Militares de alto rango también fueron invitados a compartir sus opiniones.

Después de varias reuniones, que se produjeron en el primer semestre de 1998, redactamos un documento al que informalmente denominábamos "Un plan Marshall para Colombia". Fui seleccionado para entregárselo personalmente al presidente electo Andrés Pastrana y así lo hice en la oficina del PNUD en Bogotá, en presencia del equipo de trabajo de la Sala de Situación. Pastrana recibió el documento con mucho interés, y lo calificó como una "hoja de ruta".

Se trataba de una propuesta integral para los problemas del país —no solo para la superación del conflicto armado— que sirvió de inspiración de los diálogos de paz del Caguán y también del Plan Colombia, que serían las dos apuestas más importantes del gobierno Pastrana.

DESMARQUE DEL PROCESO DEL CAGUÁN

Entregado el documento, regresé a mis labores particulares en la Fundación Buen Gobierno y como columnista de varios medios de comunicación. Tenía preparado un viaje a Roma, junto con mis padres, para asistir a una audiencia con el papa Juan Pablo II, pero una llamada de Víctor G. Ricardo —ahora alto comisionado para la paz— me obligó a cambiar de planes. El presidente Pastrana, quien se había posesionado unas semanas antes, me requería "con suma urgencia" en la Casa de Nariño.

Pastrana ya había iniciado el proceso de despeje de la fuerza pública de cinco municipios del país ubicados en la región de los Llanos Orientales y la Orinoquia para adelantar allí los diálogos de paz con las Farc: cuatro municipios en el departamento del Meta y otro más —San Vicente del Caguán— en el departamento del Caquetá. En total la zona despejada, a la que se conoció como la Zona de Distensión del Caguán, comprendía 42 mil kilómetros cuadrados, es decir, era más grande que Suiza o los Países Bajos.

El presidente Pastrana me pidió participar de una comisión de verificación internacional de la zona de despeje, la cual estaría integrada por James LeMoyne, funcionario de las Naciones Unidas, quien había sido por varios años corresponsal del *New York Times*; el canciller de Costa Rica; el senador mexicano Gustavo Carvajal; Juan Gabriel Uribe, en representación del partido Conservador, y este servidor, en nombre supuestamente del partido Liberal.

La comisión internacional nunca se instaló ni operó oficialmente, pues el Gobierno y las Farc no se pusieron de acuerdo sobre su propósito. Sin embargo, alcancé a ir al Caguán, junto con Juan Gabriel Uribe, para iniciar informalmente las tareas de verificación. Antes de hacerlo, visitamos a las diferentes instancias del poder para conocer su participación o su opinión sobre la zona, y mis primeras conclusiones no fueron positivas. Lo que encontré fue un despeje realizado a las carreras, totalmente improvisado, sin planeación ni coordinación, y sin la debida participación del fiscal general de la nación, del procurador, ni siquiera de los altos mandos militares que en su fuero íntimo estaban en desacuerdo con la medida.

Es cierto que en la propuesta que habíamos trabajado discretamente en los últimos años del gobierno Samper, y luego en la Sala de Situación en el PNUD, planteamos la opción de un despeje de fuerza pública de un área del territorio nacional para realizar allí los diálogos de paz. Pero jamás imaginamos que se fuera a despejar una zona de semejante tamaño y menos aún que no solo se despejaría de fuerza pública, sino también de jueces, de funcionarios de la Fiscalía y de la Procuraduría, y de cualquier vestigio de presencia estatal. Es decir, que la zona de distensión se entregaría al completo control de las Farc.

Fui a la Cruz Roja a indagar por antecedentes en el mundo de una zona de despeje que tuviera características similares y me encontré con que no había. El experimento del Caguán de retirar por completo al Estado de una gran porción del territorio y dejarla bajo la administración de un grupo insurgente, era, por decir lo menos, una apuesta exótica y sumamente riesgosa.

De todas formas, viajé un par de veces al Caguán, en desarrollo de esa misión verificadora que me encomendó el presidente, y allí me encontré de nuevo con Raúl Reyes, el miembro del secretariado de las Farc que había conocido en Costa Rica, con quien me reuní en una finca a unos cincuenta minutos por camino destapado desde el centro de San Vicente del Caguán. Recuerdo, como anécdota, que me llevé un buen susto cuando, en medio de la conversación, Reyes se me acercó de pronto, sigiloso, y me puso un cuchillo contra la mejilla. Sudé frío. Pronto descansé pues lo que estaba haciendo era espantarme un bicho que se me había parado en la cara, previniendo que me picara.

Por esos días, hacia octubre de 1998, todavía el Ejército no había desalojado su último bastión en la zona, que era el Batallón Cazadores del Caguán, y había una fuerte discusión sobre qué destino se daría a esa sede. Yo tenía en mi poder la copia de un documento, que me había pasado Leyva, en el que el comisionado de paz Víctor G. Ricardo se comprometía con la guerrilla a dejar el batallón bajo su administración. Sin embargo, de dientes para afuera, Ricardo declaraba que la situación del batallón no estaba definida, lo que suscitaba protestas de las Farc, que alegaban que había un compromiso al respecto.

Acordamos con Juan Gabriel Uribe hablar sobre el tema con el presidente Pastrana, pues se había convertido en el mayor obstáculo para que los diálogos iniciaran. Nos reunimos con él y con el propio Víctor G. en su despacho en la Casa de Nariño. Tratamos el asunto del batallón, sobre el que Víctor G. dio varios rodeos. Entonces saqué el documento y lo pasé al presidente, quien reaccionó con molestia y asombro. Por supuesto, el haber puesto en evidencia al comisionado para la paz implicó un enfriamiento en nuestras relaciones que hizo prácticamente imposible la continuidad de nuestra labor de verificación. Fue así como renuncié a esa misión, que además, a esas alturas, me parecía completamente inútil pues había llegado a la conclusión, luego de muchas reuniones y de mis visitas a la zona, que el Estado estaba obrando frente a las Farc desde una posición de debilidad y que así no se iba a llegar a ninguna parte.

El batallón, finalmente, fue desalojado por el Ejército, quedó bajo administración de la Iglesia católica, con el apoyo de técnicos del Servicio Nacional de Aprendizaje, Sena, y se convirtió en la sede de los negociadores del Gobierno y el lugar de hospedaje de los invitados especiales durante toda la duración del proceso de paz.

LO QUE MAL INICIA...

Lo que mal inicia, mal acaba, y así ocurriría, tristemente, con este proceso. La guerrilla que se instaló en la zona del Caguán para negociar con el Gobierno era una organización militar fortalecida y envalentonada, con más de veinte mil hombres y mujeres en armas. En los últimos meses del gobierno Samper había transformado su estrategia, pasando de la clásica guerra de guerrillas en la que atacaban en pequeños grupos y se replegaban de inmediato, a una guerra de movimientos en la que obraban en contingentes más numerosos, que asestaron duros golpes a la fuerza pública.

Su propósito era alcanzar una etapa superior en el conflicto, que es la llamada guerra de posiciones, para lo cual debían ganar control territorial sobre centros urbanos. Con este objetivo en mente, a comienzos de noviembre de 1998 las Farc se tomaron a sangre y fuego una capital de departamento —Mitú— ubicada en el extremo oriente del país, en una zona selvática muy cerca de la frontera con Brasil, y la mantuvieron en su poder por tres días. Fueron expulsadas finalmente por las Fuerzas Armadas, pero alcanzaron a llevarse como rehenes a decenas de policías.

Para cuando inició el proceso del Caguán, cientos de soldados y policías, incluyendo suboficiales y oficiales, habían sido hechos prisioneros por las Farc, que los mantenían en la selva en verdaderos campos de concentración, en condiciones inhumanas.

El hecho de que las Farc hubieran llegado al proceso no con voluntad auténtica de dejar las armas, sino con la intención de aprovecharlo para fortalecerse, se hizo evidente el 7 de enero de 1999. Ese día se dio inicio oficial en la plaza principal de San Vicente del Caguán a los diálogos de paz, con la presencia de cientos de invitados nacionales e internacionales. Era una ocasión solemne en la que por primera vez las Farc obraban como anfitriones, desplegados sus miembros por todo el pueblo con nuevos uniformes y lustroso armamento.

Todo estaba dispuesto para iniciar, en un ambiente de esperanza, el camino hacia la paz. Sin embargo, el comandante máximo de la guerrilla, Manuel Marulanda, incumplió la cita con Pastrana aduciendo razones de seguridad y no llegó al acto. Se quedó en una finca, a pocos minutos del lugar, y su discurso fue leído por Joaquín Gómez, uno de sus lugartenientes. Esto no fue una sorpresa para el presidente, a quien ya le habían advertido que el jefe guerrillero no tenía intenciones de asistir. Tanto fue así que había llevado dos discursos al evento: uno en caso de que fuera y otro por si no se presentaba. Acabó leyendo el segundo.

La imagen del presidente Pastrana, sentado en la tarima principal, con su rostro reflejando la contrariedad por el desplante de Marulanda, al lado de la silla vacía destinada a su contraparte, le dio la vuelta al mundo.

Lo que mal inicia, mal acaba... Tendrían que transcurrir más de tres años, en los que los atentados y secuestros alcanzaron récords históricos, para que el Gobierno entendiera que el proceso, en la forma irresponsable como fue planteado, no tenía futuro.

JUEGOS DE GUERRA Y PAZ

Dos semanas después de la instalación de los diálogos de paz, la Fundación Buen Gobierno, que yo dirigía, y la Fundación para el Nuevo Periodismo Iberoamericano, creada por Gabriel García Márquez y dirigida por el periodista Jaime Abello, convocamos un taller para periodistas con el apoyo de un equipo de expertos en resolución de conflictos de la Universidad de Harvard, liderados por la profesora Donna Hicks. Le pusimos un nombre muy atractivo: "Juegos de guerra y paz".

El objetivo de este taller, al que asistieron, además de los mencionados, unos treinta comunicadores, la mayoría directores de importantes medios nacionales o regionales, era analizar la forma en que los medios cubrían los conflictos internos y cómo deberían cubrir el incipiente proceso de paz.

No cabe duda —lo digo por experiencia— de que el papel de los medios, como intermediarios entre lo que ocurre en un conflicto o en un proceso de paz y la opinión pública, es determinante a la hora de congregar el apoyo popular que requiere cualquier salida negociada a la guerra.

Lo interesante de este ejercicio es que se realizó un juego de roles en el que cada uno de los participantes asumía el papel de guerrillero, de militar, de gobernante o de mediador. Y lo hicimos basándonos en un caso real, que era el conflicto de Sri Lanka, donde los expertos de Harvard habían participado directamente.

Siempre se dice que la prensa debe ser objetiva y no involucrarse en la noticia que narra al público. Y eso es cierto. Pero también es verdad que para poder dar un cubrimiento equilibrado a algo tan complejo como una guerra o una negociación para terminarla, es indispensable que el periodista tenga la capacidad de entender las motivaciones internas, la narrativa justificadora, de cada una de las partes. Y de eso se trató este ejercicio: de ponernos durante unos días en los zapatos del otro para conocer el trasfondo de su posición. Así lograríamos no solo informar mejor, sino también negociar mejor.

Este taller me recordó las lecciones del profesor Roger Fisher, experto en negociación y manejo de conflictos, de quien tuve la oportunidad de recibir clases cuando estudié en Harvard y cuando regresé a esa universidad como becario de la Fundación Nieman para el Periodismo.

El profesor Fisher fue un verdadero maestro y, además, un amigo para mí. Su enseñanza sobre la importancia de asumir la perspectiva del otro en las negociaciones fue crucial y la he utilizado no solo para buscar la terminación del conflicto armado en Colombia sino para ejercer el complejo arte de gobernar. Una lección parecida —ponerse en los zapatos de la contraparte— me había dado años atrás el gerente de la Federación Nacional de Cafeteros, Arturo Gómez, cuando me designó como representante de Colombia en Londres ante la Organización Internacional del Café. Ahí se negociaban todos los años los precios y el volumen que podía exportar cada país al mercado mundial. Para Colombia, esta era la negociación más importante pues no solo se trataba de nuestro principal generador de divisas sino que éramos el principal exportador después de Brasil.

No cabe duda de que nadie, ni el más temible de los criminales, hace nada sin tener una motivación interior. Por eso siempre, ante cualquier circunstancia, me intereso por entender las motivaciones, inspiraciones, preocupaciones o dolores de mi interlocutor, así sus actos sean terribles y parezcan inexcusables. Detrás de cada acción hay un ser humano y detrás de cada ser humano hay una motivación. Si la entendemos —así lo aprendí de Fisher—, estamos a mitad de camino de una solución.

El taller de "Juegos de guerra y paz" —con la presencia siempre estimulante de Gabo— nos marcó a todos los asistentes, mostrándonos un nuevo enfoque sobre el papel de los medios en el cubrimiento y solución de los conflictos internos.

García Márquez llegó a Cartagena directamente de La Habana, donde había facilitado, como siempre con gran discreción, una reunión entre el histórico líder cubano Fidel Castro, el presidente Pastrana y el recién electo presidente de Venezuela, Hugo Chávez, para buscar apoyo al proceso de paz que acaba de iniciarse en Colombia.

Nunca se acabará de conocer cuánto y de qué variadas formas trabajó en silencio y sin aspavientos nuestro nobel de Literatura para buscar una solución al conflicto interno. A García Márquez le debemos mucho más que libros y la gloria literaria. Le debemos su compromiso permanente y muy efectivo con la paz.

A los pocos días de concluido el taller, escribí una columna sobre esta experiencia. Esta fue mi conclusión:

"El mensaje es que un conflicto como el que tenemos entre manos es mucho más complejo de lo que se percibe, y para resolverlo es necesario analizarlo con mucha profundidad y desde muchos ángulos. Quedarse en el terreno de las posiciones de cada parte y ver en qué momento cede

uno o cede el otro, o como en un partido de fútbol, esperar a ver quién le mete gol a quién, es garantizar el fracaso de las negociaciones. Esta es una lección para negociadores y para periodistas".

CAPÍTULO V

EL PLAN
COLOMBIA

REGRESO A LA VIDA PÚBLICA

Los meses que siguieron continué analizando y comentando, desde mis columnas periodísticas, el desarrollo del proceso de paz con mucha preocupación por su falta de avances concretos. Era previsible. El afán y la improvisación llevaron al Gobierno a aceptar la agenda y los procedimientos que impusieron las Farc. Los guerrilleros, por ejemplo, se sentaban a negociar con sus uniformes camuflados y sus armas en el cinto, y colocaban sus ametralladoras de forma intimidante encima de la mesa.

A comienzos del año 2000, el presidente Pastrana, aprovechando el inmenso desprestigio que vivía el Congreso de la República luego de varios escándalos de despilfarro y corrupción, propuso la realización de un referendo para reformar la Constitución, que incluía entre sus propuestas la revocatoria del Congreso y la elección de uno nuevo. La iniciativa se devolvió como un búmeran en su contra cuando sus opositores plantearon que si se revocaba el mandato de los parlamentarios, también debía revocarse el del presidente. Esto produjo una crisis de grandes proporciones con repercusiones políticas y económicas. La incertidumbre nunca es amiga de la inversión, y menos aun cuando estábamos viviendo el peor momento de nuestra economía en muchísimo tiempo.

Finalmente, Pastrana retiró su propuesta de referendo, pero su gobernabilidad quedó muy afectada. En medio de esta situación, y buscando reconstituir sus relaciones con el partido Liberal, que era la principal fuerza opositora, envió a mi casa una comisión compuesta por varios de sus ministros para invitarme a ingresar en su gabinete en el ministerio que yo escogiera. Le envié razón de que lo pensaría.

En una conversación con un buen amigo, el empresario Samuel Yohai, este me hizo unos comentarios que me ayudaron a decidirme. "¿Usted es economista, no?", me dijo Samuel. "¿Y qué es lo que está peor en este momento? ¡La economía!". En efecto, en 1999 la economía había tenido un crecimiento negativo, el peor desempeño en más de setenta años. "Usted es buen jugador" —siguió Yohai— "y como jugador sabe que a alto riesgo, alto retorno. Mi recomendación es que escoja el Ministerio de Hacienda".

Julio César Sánchez, viejo zorro político y también buen amigo, estaba presente en esa reunión y se agarraba la cabeza diciéndome que sería un suicidio político pues tendría que tomar decisiones muy difíciles.

Otros amigos me aconsejaron que, si pretendía tener un futuro político, escogiera otra cartera, pues no hay nada más impopular que ser ministro de Hacienda en épocas de crisis, responsable de los necesarios recortes presupuestales y de tomar medidas con poca o ninguna acogida en la galería. Sin embargo, decidí hacerlo por el reto que representaba y porque era una oportunidad de probarme en los escenarios más complejos. También era, de cierta forma, la manera de matar de una vez por todas el gusanito de la presidencia.

Tenía programado un viaje para asistir al torneo de Wimbledon en Londres —donde fui testigo del emocionante partido de semifinales entre las hermanas Venus y Serena Williams, la primera vez que se enfrentaban en ese campeonato del que se convertirían en reinas casi absolutas por los siguientes diecisiete años—, y aproveché para hacer allí una última consulta.

Yo era consciente de que solo podía tener éxito en mi gestión en el Ministerio de Hacienda si contaba con el apoyo del partido Liberal —que lo tenía— y con el respaldo de los medios. Tendría que adelantar reformas profundas e impopulares, y necesitaba todos los recursos posibles para sacarlas adelante. Sin embargo, mi relación con el industrial Julio Mario Santo Domingo —uno de los hombres más ricos del país, dueño de la mayor cervecera de Colombia y de influyentes medios de comunicación— estaba resquebrajada por causa de unos editoriales que había escrito años atrás contra el monopolio de la cerveza. Aprovechando que él asistía cada año a Wimbledon, lo visité en su hotel, el Claridges, y le pedí su apoyo para sacar a la economía de la postración en que se encontraba. Su respuesta fue muy positiva, me prometió su respaldo y así acabé de tomar mi decisión.

Todavía en Londres, hablé por teléfono con el presidente Pastrana, quien quedó asombrado ante el hecho de que escogiera una cartera tan impopular e ingrata. Fue así como regresé a la vida pública, a mediados del año 2000, y lo hice en reemplazo de Juan Camilo Restrepo, un abogado y economista conservador que había sido mi jefe y con quien había hecho amistad durante mi experiencia laboral en el mundo cafetero a comienzos de los setenta en Londres.

¿Y cuál era el escenario que debía enfrentar? En 1999 Colombia había sufrido la peor crisis económica desde la gran depresión de los mercados mundiales en 1929: el PIB cayó 4,2 %, la inversión privada se contrajo 66 %, el consumo per cápita de los hogares retrocedió a los niveles de diez años atrás, 800.000 deudores de créditos hipotecarios estaban a punto de perder sus casas por la imposibilidad de pagar sus deudas, y entre 1998 y 2000 cinco millones de colombianos habían entrado a la pobreza.

La difícil situación exigía medidas drásticas, y fue por eso que, una vez me posesioné como ministro de Hacienda, dije a mis compatriotas —recordando la famosa frase de Churchill— que solo podía prometerles "sudor y lágrimas".

Lo expliqué así en una entrevista publicada en la revista *Semana* en agosto del 2000:

> *El pueblo colombiano puede estar tranquilo porque yo no voy a jugar con las finanzas públicas para promocionar mi candidatura presidencial. Todo lo contrario, yo soy consciente de los enormes riesgos y de la impopularidad que posiblemente va a recaer sobre mi prestigio por las medidas que voy a tener que tomar. Durante los próximos seis meses lo único que puedo prometer es sudor y lágrimas. Porque los anuncios van a ser muy drásticos, porque el ajuste no se ha hecho, porque la pela nos la tenemos que dar, y nos la tenemos que dar todos. De lo contrario, sacar esta economía a flote, realmente entrar en el camino del desarrollo sostenible y del crecimiento alto, no sería posible. De manera que el solo hacer eso va a significar que mi popularidad se vaya al suelo y, si ese es el precio por sacar el país adelante, estoy dispuesto a asumirlo.*

Y así fue. Me tocó tomar medidas duras e impopulares, y enfrentarme a sindicatos tan poderosos como el de los maestros o los de la salud. Mis hijos me preguntaban por qué en los noticieros de televisión veían quemar mi imagen en las manifestaciones que hacían prácticamente todos los días en las plazas públicas del país. Ellos estaban muy pequeños y yo les explicaba que se trataba de un homenaje porque el humo subía al cielo, donde estaba Dios. Mi popularidad se desplomó —es más, la poca o mucha que tuviera dejó de existir—, pero se salvó la economía.

EL PLAN COLOMBIA Y EL FORTALECIMIENTO DE LAS FUERZAS ARMADAS

El 4 de febrero de 2016, en el *East Room* de la Casa Blanca, el presidente Barack Obama ofreció una recepción —a la que fui invitado con varios de mis ministros y una nutrida delegación de colombianos— para conmemorar los quince años del Plan Colombia, un plan de cooperación bilateral —con apoyo de demócratas y republicanos— para la lucha contra el narcotráfico que habían lanzado en el año 2000 los presidentes Clinton y Pastrana.

Más de quince años después, el presidente Obama resumió los resultados del Plan Colombia:

Todos recordamos cuando, no hace mucho, Colombia estaba desgarrada por una terrible violencia, en medio de la insurgencia y la guerra civil. Muchos de los aquí presentes vivieron esos tiempos. Algunos de ustedes perdieron a sus seres queridos, a amigos o colegas.

Por eso los Estados Unidos y Colombia forjamos el Plan Colombia —que empezamos con el presidente Pastrana y continuó durante los diversos gobiernos en ambos países—. Nos sentimos orgullosos de haber apoyado a Colombia y a su gente mientras ustedes robustecían sus fuerzas de seguridad, reformaban sus leyes de tierras y fortalecían sus instituciones democráticas. El Plan Colombia ha sido un tributo al pueblo colombiano y a sus esfuerzos para superar tantos desafíos. Después de quince años de sacrificio y determinación, se ha alcanzado un punto de inflexión. La marea ha cambiado.

Muchos coinciden en señalar que el Plan Colombia ha sido la iniciativa bipartidista de cooperación internacional más exitosa emprendida por los Estados Unidos en las últimas décadas. Y subrayo el hecho de que fue una iniciativa bipartidista, porque en eso radicó su continuidad. Si bien el Plan fue lanzado en la presidencia de Bill Clinton, contó con el apoyo de amplias mayorías no solo demócratas sino también republicanas en el Congreso estadounidense. Gracias a este apoyo, la ayuda de Estados Unidos continuó, bajo el paraguas del Plan Colombia, durante las administraciones de George W. Bush y Barack Obama.

En total, Colombia recibió, entre el año 2000 y el 2016, cerca de diez mil millones de dólares por cuenta del Plan Colombia, convirtiéndose en el tercer país receptor de ayuda estadounidense después de Israel y Egipto.

¿Y a qué se dedicó esta ayuda? Principalmente a fortalecer la lucha contra el narcotráfico en territorio colombiano, a través del suministro de aeronaves, equipo militar, radares, asesores y entrenamiento, con el objetivo de optimizar la fumigación de cultivos ilícitos y la interceptación de aeronaves o barcos cargados con droga.

Al mismo tiempo, aunque en una proporción menor, se destinó parte de esos recursos a programas de sustitución de cultivos y de inversión social en las zonas donde se cultiva coca, para ofrecer alternativas lícitas de trabajo y de ingreso a los campesinos. Otro objetivo fue el fortalecimiento del sistema de justicia.

No cabe duda de que el Plan Colombia representó un giro fundamental y positivo en la lucha contra el narcotráfico y el terrorismo.

Pero no todo fue ayuda extranjera. Yo era muy consciente de la situación de precariedad en que estaban nuestras Fuerzas Armadas y de que, mientras no las fortaleciéramos, no sería posible llevar a la guerrilla a la convicción de que no podían tomarse el poder por las armas. Como ministro de Hacienda, y aun en medio de la difícil situación fiscal por la que atravesábamos, me propuse dotarlas del presupuesto mínimo indispensable para aumentar y profesionalizar el pie de fuerza, adquirir armas y equipos, mejorar la dotación de los batallones, y todo lo que fuera necesario para que la correlación de poderío y capacidad bélica comenzara a inclinarse a favor del Estado.

Me reuní varias veces con el ministro de Defensa Luis Fernando Ramírez; con el comandante de las Fuerzas Militares, general Fernando Tapias, y el comandante del Ejército, general Jorge Enrique Mora, y estudiamos rubro por rubro del presupuesto de defensa, para incrementarlo y hacer las inversiones de la forma más efectiva posible.

Este inmenso esfuerzo presupuestal, sumado a los recursos del Plan Colombia, permitió el inicio del fortalecimiento de las Fuerzas Armadas, un proceso que tendría continuidad en los gobiernos del presidente Álvaro Uribe y en el mío.

Un logro de particular importancia fue la modernización de la flota aérea de las Fuerzas Militares y la Policía. Entre el año 2000 y el 2002 se potenció su capacidad aérea, al pasar de cuatro a dieciséis helicópteros artillados de combate y al incrementar en un centenar el número de helicópteros de transporte.

Pero había una restricción que pesaba en contra de la efectividad de nuestras tropas: por instrucciones del Gobierno estadounidense, las aeronaves adquiridas con recursos del Plan Colombia no podían utilizarse en operaciones antiguerrilla sino únicamente contra el narcotráfico. Eso dio lugar a situaciones absurdas y francamente dolorosas. En ocasiones la guerrilla se tomaba poblaciones a media hora de vuelo de la base de Larandia, en el Caquetá, donde estaban parqueados los helicópteros destinados a la misión antinarcóticos, y estos —para frustración de nuestros soldados y policías, que demandaban apoyo para repeler a los subversivos—tenían que quedarse en tierra porque no se podían usar para enviar ayuda o refuerzos militares.

Por fortuna, esto cambió luego de que terminaron los diálogos del Caguán.

CAPÍTULO VI

EL FIN
DEL PROCESO
DEL CAGUÁN

"USTED ME HA ASALTADO EN MI BUENA FE"

Al aceptar ingresar al gobierno del presidente Pastrana como ministro de Hacienda puse una condición especial, que el presidente entendió y aceptó: a diferencia de los demás ministros y de decenas de dirigentes gremiales, empresarios y otros personajes del país y del mundo, yo no estaba dispuesto a ir a la zona del Caguán a participar en interminables sesiones de discusión sobre la economía del país y a rendirles cuentas a las Farc. Esto a todas luces no llevaba a nada.

Luego de haber cumplido en 1998 esa primera tarea de verificación informal de la zona de despeje, había quedado convencido de que el proceso no estaba bien orientado, y su lentísimo y laberíntico desarrollo me lo confirmaba día tras día.

No solo se había dejado en manos de la guerrilla un territorio inmenso y sin ningún control ni presencia estatal, sino que se había pactado una amplísima agenda de negociación que abarcaba todos los temas del país, una agenda que obedecía a las ambiciones de la guerrilla más que a la necesidad de terminar el conflicto armado.

En más de tres años que duró el proceso del Caguán no se logró cerrar ni uno solo de los doce puntos en que consistía la llamada "Agenda común para el cambio hacia una nueva Colombia". De hecho, las conversaciones se habían centrado en un solo punto de la agenda, el relativo al modelo económico del país, sobre el que nunca se llegó a un acuerdo.

El proceso había atravesado y sorteado todo tipo de dificultades. En varias ocasiones se había suspendido, por exigencias de la guerrilla de una mayor acción estatal contra los paramilitares. En febrero de 2001, en medio de una de esas suspensiones, el presidente Pastrana viajó a la zona del Caguán para reunirse con el máximo líder de las Farc Manuel Marulanda. El presidente durmió una noche en el Caguán y solo regresó luego de lograr un acuerdo —el Acuerdo de los Pozos— que le dio nuevo aire al proceso. Pero era como dar oxígeno a un enfermo desahuciado.

Los colombianos estaban cansados y escépticos frente a unos diálogos que no mostraban ningún resultado concreto, ni siquiera parcial. Las primeras que no querían avanzar eran las mismas Farc, pero Pastrana nunca quiso aceptar esa realidad. Él tenía ese defecto: no aceptaba las realidades cuando eran adversas a sus deseos.

La gota que derramó la copa de la paciencia del Gobierno —porque la de la gente se había agotado hacía mucho tiempo— ocurrió el 20 de febrero de 2002. Ese día, miembros de las Farc secuestraron una aeronave comercial en pleno vuelo y la obligaron a aterrizar en una carretera, para luego llevarse como rehén al senador Jorge Eduardo Géchem que iba como pasajero.

Al presidente Pastrana no le quedó más remedio que poner fin a los diálogos de paz y ordenar a las Fuerzas Armadas que retomaran el control de la zona del Caguán. Así lo anunció a los colombianos esa misma noche, en un discurso televisado en el que se dirigió públicamente a Manuel Marulanda con palabras de reproche y desilusión:

> *Manuel Marulanda: yo le di mi palabra y la cumplí, siempre la cumplí, pero usted me ha asaltado en mi buena fe, y no sólo a mí, sino a todos los colombianos. Desde el primer momento usted dejó vacía la silla del diálogo cuando yo estuve ahí, custodiado por sus propios hombres, listo para hablar. Decretamos una zona para sostener unas negociaciones, cumplimos con despejarla de la presencia de las Fuerzas Armadas, y usted la ha convertido en una guarida de secuestradores, en un laboratorio de drogas ilícitas, en un depósito de armas, dinamita y carros robados. Yo le ofrecí y le cumplí con el plazo de las 48 horas, pero usted, y su grupo, no han hecho otra cosa que burlarse del país. Por eso, hoy son ustedes los que tendrán que responder ante Colombia y el mundo por su arrogancia y su mentira.*

De esta forma se puso fin al más ambicioso esfuerzo de diálogo de paz con las Farc jamás intentado hasta entonces. Fue una gran decepción para el país, pero fue también una fuente de importantes lecciones que nos habrían de permitir, casi quince años después, firmar la paz con ese grupo guerrillero.

LO QUE DEJÓ EL PROCESO DEL CAGUÁN

Como colombiano, siempre quise que el proceso de paz adelantado por el gobierno Pastrana, del cual hice parte en su segunda mitad, saliera adelante y culminara con éxito. Nada me hubiera alegrado más y hoy puedo decir que nos hubiéramos ahorrado quince años de guerra, de muertes, de víctimas y dolor. Pero mi anhelo por la paz no opacaba la realidad —que fue patente para mí desde un comienzo— de que el diseño mismo del proceso y el enfoque de las negociaciones hacían muy difícil que se llegara al anhelado objetivo.

Hay que reconocer, sin embargo, que no todo fue tiempo perdido. Gracias al proceso del Caguán, se produjeron avances y se aprendieron lecciones que luego nos serían muy útiles a la hora de intentar un nuevo ciclo de conversaciones.

En primer lugar, el proceso sirvió para desmitificar a las Farc y a sus cabecillas. Hasta ese momento, las Farc era una guerrilla totalmente clandestina, cuyos jefes eran figuras de leyenda, con nombres o alias que causaban temor, y a los que rara vez se les veía las caras. Luego del proceso del Caguán, los colombianos conocimos los rostros, los gestos, los argumentos, la forma de comportarse de los líderes de las Farc, y eso sirvió para humanizarlos y desmitificarlos. Dejaron de ser leyendas para convertirse en unos colombianos más, hombres y mujeres comunes que luchaban contra el Estado, que acudían erróneamente al recurso de la violencia, pero con los cuales era posible debatir y argumentar.

En segundo lugar, si bien las Farc se fortalecieron durante los tres años en que pudieron usar la zona de distensión como un territorio para sus ejercicios militares, para reclutar personal, para esconder a los secuestrados y mantener toda clase de contactos nacionales e internacionales, lo cierto es que el Estado colombiano no se quedó atrás.

Gracias a los recursos del Plan Colombia y al esfuerzo presupuestal que hicimos desde el Ministerio de Hacienda —a pesar de la oposición de los otros ministros, que veían mermar el presupuesto de sus sectores—, al tiempo que se adelantaban los diálogos de paz, las Fuerzas Armadas se fortalecieron en equipo, en tecnología y en pie de fuerza de una manera importante. Ese ejército más fortalecido fue el que recibió el presidente Uribe y el que le sirvió para adelantar su Política de Seguridad Democrática contra las guerrillas.

Adicionalmente, las Farc incrementaron todavía más su nivel de impopularidad. Los colombianos, que los veían todos los días hablando y fanfarroneando ante las cámaras de televisión, sin que avanzaran con seriedad en los puntos de la agenda, se sintieron traicionados. Diez millones de personas habían votado el Mandato por la Paz en 1997 para que la guerrilla y el Gobierno se sentaran a hablar y, pasados más de cuatro años, la sensación era que la guerrilla no estaba en disposición de dejar las armas y que su participación en el proceso había sido una farsa.

Dentro de las varias lecciones que dejó el proceso del Caguán, resalto dos: la primera es la inconveniencia de adelantar unas conversaciones de paz bajo el foco permanente de los medios de comunicación y la opinión pública. Eso hacía que los negociadores se preocuparan más en producir declaraciones que favorecieran sus posturas que en avanzar con seriedad en la mesa de diálogos. Muchas veces el proceso se frenaba porque una declaración pública no coincidía con lo que se estaba discutiendo en privado.

La segunda lección, sobre la que trataré más adelante, es la necesidad de tener una agenda de diálogo acotada y enfocada exclusivamente en los temas propios del conflicto, que no pretenda abarcar todos los temas del país. La mitad del éxito de un proceso de paz radica en la buena negociación de la agenda. Y en el caso del proceso del Caguán, allí radicó la mitad de su fracaso.

LAS FARC EN LAS LISTAS DEL TERRORISMO MUNDIAL

Ya roto el proceso, la diplomacia del gobierno Pastrana, que había estado dedicada a promover el apoyo de la comunidad internacional hacia su esfuerzo de paz —la llamaban "Diplomacia para la Paz"—, cambió de énfasis y se dedicó a explicar al mundo las razones del rompimiento del proceso, y a denunciar el incumplimiento de las Farc y sus acciones terroristas.

El escenario mundial también había dado un giro en su postura frente al terrorismo. Luego de los atentados del 11 de septiembre de 2001 en los Estados Unidos, la tolerancia frente a este tipo de acciones terminó y todos los esfuerzos convergieron en una nueva dirección: la lucha global contra el terrorismo.

Desde 1997, bajo el gobierno de Bill Clinton, el Departamento de Estado de los Estados Unidos había incluido a las Farc y al ELN en su lista de organizaciones terroristas que atentan contra los intereses de ese país. Ahora la diplomacia colombiana se volcó hacia un nuevo objetivo: que la Unión Europea también incluyera a esas guerrillas, y no solo a los paramilitares, en su lista de grupos terroristas.

El 2 de mayo de 2002, el presidente Pastrana escribió una carta a José María Aznar, presidente de España, que entonces ocupaba la presidencia rotativa de la Unión Europea, con las siguientes consideraciones:

> *Poner en duda la calidad de terroristas de las Farc, que día a día violentan y atemorizan con sus actos a la población colombiana; que tienen secuestradas a cientos de personas, incluida una candidata presidencial, un gobernador en ejercicio, un exgobernador, 2 exministros, 5 congresistas y 12 miembros de una asamblea departamental; que han colocado carros bomba, bicicletas bomba, incluso cadáveres bomba para atentar contra la población; que dinamitan torres de energía, oleoductos y acueductos; que vuelan puentes fundamentales para la comunicación; que atacan y arrasan con pueblos enteros, sobre todo los más humildes; que han secuestrado un avión en pleno vuelo para llevarse a algunos de sus pasajeros; que extorsionan a empresarios y comerciantes; que siembran minas antipersonales*

que han causado la muerte o la pérdida de extremidades de niños y
campesinos; que protegen y fomentan la actividad del narcotráfico,
entre muchas otras viles acciones, constituye un mensaje muy dolo-
roso, no sólo para mi gobierno, sino para todo el pueblo colombiano
que sufre cada día las desastrosas consecuencias de sus acciones.

Si todas esas razones fueran pocas, ese mismo 2 de mayo, las Farc
cometieron un acto que terminó de sellar su definición como
terroristas: en medio de unos combates con los paramilitares,
dispararon un cilindro cargado de dinamita que fue a parar a la
iglesia de un pequeño pueblo del Chocó, llamado Bojayá, en el
que se habían refugiado cerca de trescientos habitantes. El saldo
macabro de esta acción irresponsable fue de más de ochenta
muertos, la mayoría niños, y un centenar de heridos.

Frente a hechos tan dolorosos como este, la Unión Europea
incluyó en junio a las Farc en su listado de organizaciones terroristas, donde habrían de permanecer por más de quince años.
Para junio de 2002, las Farc formaban parte —junto con Al Qaeda
y otras organizaciones de similar peligrosidad— del grupo de
mayores enemigos de la humanidad.

Esto tuvo una consecuencia, que habría de multiplicar
exponencialmente la capacidad del Estado colombiano para
combatirlas: en julio de 2002, y luego de un cabildeo importante realizado por el Gobierno colombiano frente al Congreso
estadounidense, este permitió que los equipos militares entregados por Estados Unidos en desarrollo del Plan Colombia se
utilizaran no solo para operaciones antinarcóticos sino también
para combatir al terrorismo, es decir, a todos los grupos armados
ilegales del país, incluyendo a las Farc, el ELN y los paramilitares.

El llamado "cambio de autorizaciones" potenció las operaciones ofensivas desde el aire, pues incorporó decenas de aviones
y helicópteros, con elementos de última tecnología, a la lucha

contra la guerrilla. Las operaciones más exitosas contra las Farc —que me correspondió liderar años después como ministro de Defensa— tuvieron en adelante un denominador común: primero la ubicación del blanco por información de inteligencia; segundo, el bombardeo preciso y eficaz por los aviones de la Fuerza Aérea, y tercero, la consolidación del terreno por parte de las tropas de tierra. Con esa sencilla fórmula, se cambió la ecuación de la guerra.

CAMBIO DE RUMBO EN LA CASA DE NARIÑO

El fracaso de los diálogos del Caguán tuvo también consecuencias políticas: los colombianos se hastiaron de la guerrilla, de su soberbia y sus actos terroristas, y apoyaron en las urnas a un candidato que representaba una posición de mano dura y enfrentamiento militar contra los grupos armados ilegales.

Cinco años atrás millones habían votado con entusiasmo un mandato para promover el diálogo. Esta vez los votantes, al escoger en las urnas al sucesor del presidente Pastrana, eligieron a un exsenador y exgobernador del departamento de Antioquia que había sido uno de los mayores críticos del proceso de paz: Álvaro Uribe Vélez.

El mandato popular había cambiado y se había trasladado al otro extremo del péndulo. Si antes se esperaba que el presidente liderara esfuerzos de diálogo con las guerrillas, ahora la opinión pública exigía que se las combatiera con toda la contundencia. Y esa fue la promesa que Álvaro Uribe hizo bajo el lema "mano firme, corazón grande".

Gracias al Plan Colombia, con el reciente cambio de autorizaciones aprobado, y a los ingentes esfuerzos presupuestales, el nuevo mandatario recibiría unas Fuerzas Armadas no solo fortalecidas y más profesionales, sino con un equipamiento militar moderno y eficaz. Además, tendría carta blanca internacional para luchar contra los grupos guerrilleros y paramilitares, incluidos en las listas globales de terrorismo.

La fecha de su posesión, el 7 de agosto de 2002, marcaría con sangre y bombas el inicio de este nuevo periodo de nuestra historia.

Ese día, el presidente Pastrana nos invitó a los ministros y altos funcionarios de su gobierno a un almuerzo de despedida en la Casa de Nariño, mientras en el Capitolio Nacional, sede del Congreso, a apenas trescientos metros de distancia, se realizaba el acto de posesión de su sucesor.

Antes del almuerzo, el presidente saliente nos impuso a varios de sus ministros la Orden de Boyacá, la más alta condecoración que se otorga en Colombia. Yo asistí al acto con mi esposa María Clemencia, sintiendo la satisfacción de haber cumplido lo mejor que pude con mi tarea al frente del Ministerio de Hacienda. Había recibido una economía con crecimiento negativo y preocupantes señales de alarma en varios de sus sectores, y entregaba una economía en plena reactivación, que había recuperado la confianza de los inversionistas y de la banca multilateral, con un sector financiero fortalecido después de haber estado en cuidados intensivos, y en donde nuevamente el desempleo y la inflación mostraban tendencia decreciente.

Almorzamos en uno de los salones del palacio presidencial en un ambiente distendido y alegre, y antes de las tres de la tarde el presidente se levantó para recoger las últimas cosas de su despacho. Los demás invitados nos quedamos tomando un café y hablando en pequeños grupos a la salida del almuerzo. Entonces se escuchó una explosión potente. Parecía el estallido de una bomba en un lugar cercano. Quedamos expectantes, y un par de minutos después se sintió otra detonación, esta vez sobre el techo mismo de la Casa de Nariño.

En medio de la consternación general —algunos estaban francamente asustados—, nos llevaron a todos al teatro de la Presidencia, ubicado en la planta baja, el lugar más seguro en caso de cualquier peligro, y allí nos enteramos de lo que había sucedido: ¡las Farc habían disparado morteros sobre la Casa de Nariño!

Luego se supo que el ataque había sido perpetrado desde el patio de una casa a más de dos kilómetros de distancia, que la mayor parte de los morteros preparados no alcanzaron a dispararse, y que varios cayeron en una zona marginal, a pocas manzanas de la sede presidencial, causando la muerte de más de veinte personas y heridas a más de setenta.

Mientras tanto, en el Capitolio Nacional, el presidente electo pronunciaba su discurso de posesión frente a todos los congresistas y a importantes invitados internacionales, incluyendo los presidentes de Argentina, Eduardo Duhalde; del Ecuador, Gustavo Noboa; de Honduras, Ricardo Maduro; de Panamá, Mireya Moscoso; de Venezuela, Hugo Chávez, y el entonces príncipe de Asturias —hoy rey de España— Felipe de Borbón. Ninguno se percató en ese momento de lo cerca que habían estado de una tragedia. Porque, así como varios morteros habían errado su rumbo y caído a cientos de metros de la Casa de Nariño, otros hubieran podido alcanzar el Capitolio, con consecuencias que nadie podría prever.

De esta manera dramática se cumplió la transmisión de poder entre el presidente Pastrana, que había buscado la paz por el diálogo, y el presidente Uribe, que prometía ganar la guerra por las armas. Las Farc, con sus bombas, pusieron la música de fondo, subrayando —por si alguien no lo tenía ya claro— su decisión de acudir a acciones terroristas para hacerse sentir. No cabía duda de que, luego del fallido proceso del Caguán, esta guerrilla se había convertido en el mayor factor de desestabilización en el país.

CAPÍTULO VII

HALCÓN ANTES QUE PALOMA

HACER LA GUERRA PARA GANAR LA PAZ

En mi discurso de aceptación del Premio Nobel de la Paz, pronunciado en Oslo el 10 de diciembre de 2016, recordé una frase del gran inventor sueco y creador de este galardón, Alfred Nobel: "la guerra es el horror de los horrores, el más grande de los crímenes".

Y seguí profundizando sobre esa idea:

"La guerra no puede ser de ninguna manera un fin en sí misma. Es tan solo un medio, pero un medio que siempre debemos tratar de evitar.

He sido líder en tiempos de guerra —para defender la libertad y los derechos de los colombianos— y he sido líder para hacer la paz. Por eso puedo decirles, por experiencia propia, que es mucho más difícil hacer la paz que hacer la guerra.

Cuando es necesario, debemos estar preparados para luchar, y a mí me correspondió —como ministro de Defensa y como presidente— combatir a los grupos armados ilegales en mi país. Lo hice con efectividad y contundencia, cuando los caminos de la paz estaban cerrados. Sin embargo, es insensato pensar que el fin de los conflictos sea el exterminio de la contraparte".

Traigo a cuenta estos párrafos porque algunos han considerado como una especie de paradoja que el máximo reconocimiento por el trabajo de la paz en el mundo haya sido entregado a alguien que, como yo, lideró la más grande ofensiva militar contra el mismo grupo armado ilegal con el que luego negociaría la paz.

El mío, sin embargo, no es un caso aislado. Estudiando las carreras y antecedentes de los hombres y mujeres que me precedieron en el Premio Nobel de la Paz, encontré que no todos eran pacifistas natos, ni trabajadores humanitarios, ni campeones de la lucha contra el armamentismo. Algunos —como me tocó a mí— habían tenido que librar cruentas guerras, habían tenido que tomar decisiones duras y complejas que implicaban la pérdida de vidas humanas. En otras palabras, habían sido halcones antes que palomas.

Uno de los primeros ejemplos fue el de Elihu Root, laureado en el año 1912, quien había sido secretario de guerra de los Estados Unidos, cargo desde el cual amplió la Academia Militar de ese país —West Point— y creó el Colegio de Guerra de la Armada. Luego, como secretario de Estado y en su actividad como jurista, fue uno de los primeros promotores de la Política del Buen Vecino que habría de poner en marcha Franklin D. Roosevelt, y exaltó los tribunales de arbitramento y las cortes internacionales como instancias para la resolución de conflictos.

Un caso similar es el del general estadounidense George Marshall, Premio Nobel de la Paz en 1953, quien también fue secretario de defensa de su país. Marshall participó como militar en las dos guerras mundiales del siglo XX. En la Segunda, fue el jefe del Estado Mayor, desde donde coordinó las operaciones militares que llevarían al triunfo de los aliados en Europa. No por nada Winston Churchill lo llamó "el organizador de la victoria".

Marshall fue un gran soldado que luchó por la libertad de su país y de toda Europa. Le tocó liderar una guerra "buena" —si es que alguna puede llamarse así— para confrontar la opresión y la amenaza que representaba el nazismo para el mundo. Ya retirado del Ejército, como secretario de Estado, promovió el plan de reconstrucción económica de Europa que fue conocido con su apellido: el Plan Marshall. Por ese logro, en particular, se hizo acreedor al máximo galardón de la paz.

Otro ejemplo destacado fue el del primer ministro israelí Isaac Rabin, laureado en 1994, junto al entonces canciller israelí Shimon Peres y el líder palestino Yaser Arafat, por la firma de los Acuerdos de Oslo que abrieron un horizonte de esperanza —que tristemente resultó fallida— para resolver el largo conflicto árabe-israelí.

Rabin había sido un aguerrido comandante militar en su país —un verdadero halcón—, responsable nada menos que del triunfo del Ejército israelí sobre Egipto y sus aliados en la Guerra de los Seis Días, en 1967. En su discurso de aceptación del Nobel, Rabin habló sobre su experiencia militar y lo que había representado para él tener que tomar decisiones que implicaban la muerte de su propia gente y de personas en el bando enemigo. Sin embargo, el Comité Nobel reconoció en él no al combatiente sino al líder político que, conociendo el horror de la guerra desde adentro, se esforzó denodadamente por lograr la paz.

Lo cierto es que el pacifismo puro y simple raramente alcanza la paz. En un mundo con tantas amenazas violentas, con altos grados de intolerancia, muchas veces es preciso combinar el arte de la guerra con el arte de la paz. En otras palabras —usando los términos con que alguien describió a Elihu Root—, hay que ser "realista con una saludable dosis de idealismo".

El presidente de Estados Unidos Barack Obama, al recibir el Premio Nobel de la Paz en 2009, resumió así este dilema: "Decir que la fuerza puede algunas veces ser necesaria no es un llamado al cinismo: es un reconocimiento de la historia, las imperfecciones del ser humano y los límites de la razón".

UN NUEVO PARTIDO Y UNA NUEVA MISIÓN

Posesionado el presidente Uribe bajo la lluvia de morteros de las Farc, comenzó una nueva era para el país: la era de la Seguridad Democrática, el nombre que el nuevo mandatario dio a su principal política de gobierno. El objetivo de esta política era mejorar las condiciones de seguridad de los ciudadanos y confrontar con toda la fuerza disponible a las guerrillas y los narcotraficantes. Y contaba con un amplio apoyo popular para lograrlo.

Por mi parte, nuevamente volví a mi actividad de columnista de opinión y a la dirección de la Fundación Buen Gobierno. En mis columnas escribía sobre toda clase de temas, y analizaba la realidad política y económica del país y del mundo, pero hubo un personaje en particular al que dediqué varios de mis textos, con lo que me gané —y muy bien ganada— su enconada animadversión: el presidente de Venezuela Hugo Chávez.

Fuentes de alta fidelidad me hacían llegar desde el vecino país documentos e información confidencial que daban cuenta de los planes y acciones de Chávez contra la democracia y los derechos humanos, y de sus intenciones de expandir su poder o influencia a otros países del continente. Reiteradamente denuncié la amenaza que representaba el régimen chavista para los propios venezolanos y para la región, al punto en que me convertí en el principal contradictor de Chávez en Colombia. No imaginaba entonces que, en aras de la paz y del bien de nuestros pueblos, años después iba a transformar esa enemistad en una relación de colaboración pragmática y constructiva.

La apuesta inicial de Uribe para confrontar a los grupos armados ilegales fue diferenciada: frente a las guerrillas, que se habían fortalecido bajo el gobierno de Pastrana, mano dura y ofensiva militar; con los paramilitares, en cambio, se adelantó un proceso de diálogo y sometimiento que culminó con la desmovilización de sus principales estructuras. Más de treinta mil miembros de estos grupos de justicia privada, verdaderas bandas al servicio del narcotráfico y de los grandes propietarios de tierras, dejaron las armas y se acogieron al programa de reintegración.

Para lograr esta desmovilización, el gobierno de Uribe promovió una ley en el Congreso, la Ley de Justicia y Paz, que les garantizaba a los jefes de los grupos paramilitares —responsables de masacres, secuestros, violaciones, desplazamiento de población y despojos de tierras, además de delitos relacionados con el tráfico de drogas— penas de prisión que no excedían los ocho años, siempre que colaboraran con la justicia. Este aspecto —la colaboración con la justicia para la obtención de beneficios— habría de ser también un componente clave en la justicia transicional que se acordó en el proceso de La Habana con las Farc.

La desmovilización de los paramilitares fue un logro importante que tuvo, sin embargo, tres grandes lunares. En primer lugar, varios capos del narcotráfico, atraídos por las bajas penas, se colaron en las listas de los paramilitares —de hecho, adquirieron una especie de franquicia para hacerse pasar por líderes de estos grupos, y obtuvieron así beneficios que no les correspondían—.

En segundo lugar, miles de los desmovilizados retornaron al delito y se unieron a grupos mafiosos, generando una explosión de bandas criminales que todavía hoy afecta a grandes zonas del territorio.

Finalmente, los procesos judiciales y la reparación de las víctimas contemplados en la Ley de Justicia y Paz fueron, a todas luces, ineficaces. Al cumplirse diez años de la aplicación de esta ley, en el año 2017, la Contraloría General de la República realizó un estudio que dejó preocupantes conclusiones. Tras una década de vigencia de la ley, solo se habían producido 47 sentencias en las que se condenaron 195 postulados, apenas el 8 % de los aspirantes a los beneficios de la legislación especial. En cuanto a la reparación, las cifras no eran mejores: solo el 6 % de los montos pagados por reparaciones a las víctimas habían sido cubiertos con bienes aportados por los victimarios, es decir, por los jefes paramilitares que se acogieron al proceso de desmovilización.

La popularidad del presidente Uribe, sin embargo, era innegable. No solo mostraba resultados en la lucha contra las guerrillas —los colombianos poco a poco volvieron a recorrer carreteras del país que antes estaban vedadas por cuestiones de seguridad, así muchos lo hicieran en caravanas escoltadas por la fuerza pública—, sino que había terminado, al menos en el papel, con uno de los actores armados ilegales más crueles y peligrosos: los grupos paramilitares.

Muchos querían que Uribe continuará su obra de gobierno, pero la reelección estaba prohibida por la Constitución. Por ese motivo, se tramitó en el Congreso una reforma constitucional para permitir la reelección del presidente por un solo periodo, reforma que finalmente fue aprobada en el año 2005.

Uribe era liberal, pero se hizo elegir presidente con el aval de un movimiento independiente. El partido Liberal se opuso a que se aprobara la posibilidad de su reelección. De hecho, unos quince congresistas liberales fueron expulsados de la colectividad por haber votado a favor de la reforma constitucional.

En medio de esta división, asumí, junto con otros disidentes liberales como los senadores Luis Guillermo Vélez, Aurelio Iragorri Hormaza y Óscar Iván Zuluaga, la tarea de crear un nuevo partido que respaldara no solo la reelección sino las políticas que entonces impulsaba el gobierno del presidente Uribe. Fue así como nació el Partido Social de Unidad Nacional, que desde entonces se conoció como el partido de la U.

Esta iniciativa resultó un éxito sin precedentes. No solo fue reelegido el presidente Uribe para el periodo 2006-2010 sino que el partido de la U obtuvo, en su estreno absoluto, con tan solo cuatro meses de existencia, la mayor representación en el Senado —veinte curules, equivalentes a la quinta parte de la corporación— y veintinueve en la Cámara de Representantes. Fue la primera vez, en más de siglo y medio, en que un partido diferente a las dos colectividades históricas del país, el partido Liberal y el partido Conservador, conseguía las mayorías en el Congreso de la República.

Tiempos especiales, que revelan la falta de capacidad de los partidos tradicionales para afrontar las crisis o resolver los problemas nacionales, suelen crear estos cambios de paradigma en la política. En Francia, el partido del presidente Macron, la República en Marcha, ha anulado a los partidos tradicionales; en Israel, el primer ministro Ariel Sharon creó de la nada un nuevo partido de centro con el que llegó al poder, pues su partido de siempre, el Likud, no le ofrecía respuestas idóneas para la situación crítica que se vivía. En Italia, Brasil y México triunfan los candidatos de partidos recientemente creados que toman distancia de las colectividades históricas.

La victoria política que logramos con el partido de la U me llevó nuevamente a trabajar con el Gobierno. El presidente Uribe, ya reelecto, me invitó a acompañarlo en el gabinete como ministro de Defensa, en lo que constituiría el tercer ministerio de mi vida pública. Nuevamente acepté porque se trataba de un inmenso reto: liderar la política de seguridad, la más importante bandera del gobierno Uribe.

El presidente sabía que estaba poniendo a cargo de la principal de sus políticas a alguien que no solo conocía bien las Fuerzas Armadas sino que había portado el uniforme militar y era ducho en el manejo presupuestal. Fueron dos elementos que sin duda influyeron en su decisión.

Mis predecesores, en el primer periodo de gobierno de Uribe, habían sido Marta Lucía Ramírez, una abogada que fue mi primera viceministra en el Ministerio de Comercio Exterior y luego ella misma ministra de Comercio Exterior —y que hoy es vicepresidente de la república—; Jorge Alberto Uribe, un empresario antioqueño, y Camilo Ospina, un abogado que venía de ser secretario jurídico de la Presidencia. Ellos habían puesto en marcha la Política de Seguridad Democrática. A mí me correspondía dar un salto adelante: pasar del planteamiento a la consolidación de esa Seguridad Democrática.

CAMBIOS EN LA INTELIGENCIA MILITAR

La instrucción del presidente Uribe, al designarme ministro de Defensa, fue clara. Como él decía muchas veces refiriéndose al terrorismo, "la culebra seguía viva". Se habían asestado importantes golpes a las guerrillas y al narcotráfico, pero los principales cabecillas y capos seguían escapando a las operaciones de la fuerza pública, y parecían intocables. "Ya es hora", me dijo el presidente, "de que comiencen a caer los miembros del secretariado de las Farc. No he podido; espero que usted sí pueda. Y esa será su principal responsabilidad". Hasta ese momento —en 42 años de existencia de esta guerrilla—, no había caído ninguno de los miembros del secretariado.

Con esa tarea en mente, realicé un último viaje con mi familia antes de posesionarme como ministro. Fuimos a China y, de regreso a Colombia, hicimos una deliberada escala en Londres. Allí hablé con el primer ministro Tony Blair, con quien tenía una cercana relación desde que publicamos en 1999 un libro conjunto sobre la Tercera Vía, y le dije que necesitábamos la asesoría del Reino Unido, cuyos organismos de inteligencia son famosos en el mundo por su profesionalismo y eficacia, para mejorar nuestra efectividad en la lucha contra el terrorismo. Blair me envió a hablar con sir John Scarlett, director general del Servicio Británico de Inteligencia Secreta, el famoso MI6 de las películas de James Bond.

El edificio del MI6 en Vauxhall Cross, sobre el río Támesis, es una construcción muy original que parece hecha con bloques de lego, tanto que algunos la conocen como "Legoland". Allí, Scarlett me dijo que yo tenía razón en darle toda la importancia a la inteligencia para el combate contra el terrorismo y el narco-tráfico, y me ofreció ayuda para la capacitación y asesoría en materias de inteligencia y contrainteligencia. Me recomendó, eso sí, modificar el sistema de nuestra inteligencia basado en el concepto estadounidense de poner a competir a las diferentes agencias —en el caso colombiano cada fuerza y el Departamento Administrativo de Seguridad, DAS, eran ruedas sueltas que hacían su propia inteligencia— por el británico, que todo lo centralizaba para obligar a compartir la información. Eso hicimos.

También por esos días hablé con un buen amigo, excanciller y exministro de seguridad pública de Israel: Shlomo Ben Ami, quien es, además, vicepresidente del Centro de Toledo para la Paz, del cual soy miembro. Ben Ami me recomendó la asesoría en inteligencia de una empresa formada por antiguos generales y miembros del Mossad —el reconocido servicio de inteligencia israelí—, asesoría que recibimos durante el año 2007. Fue fundamental para el desarrollo del concepto de operaciones conjuntas al más alto nivel y produjo los más contundentes resultados en la lucha contra los grupos armados ilegales.

Adicional a la cooperación británica e israelí, siempre contamos con el apoyo de inteligencia, tecnología, capacitación y entrenamiento de las fuerzas de seguridad y defensa de los Estados Unidos, enmarcado dentro del Plan Colombia.

De regreso al país, me posesioné como ministro de Defensa el 20 de julio de 2006, Día de la Independencia nacional, en la imponente parada militar que se realiza para conmemorarlo, todavía en las postrimerías del primer periodo de gobierno del presidente Uribe. Los demás nuevos ministros se posesionaron el 7 de agosto, cuando Uribe asumió la investidura por el periodo 2006-2010.

Para cumplir con la misión de golpear a los máximos cabecillas de los grupos armados ilegales tenía que hacer tres cosas: mejorar la inteligencia, garantizar el adecuado trabajo en equipo y la coordinación entre las diversas fuerzas que componen las Fuerzas Militares y la Policía Nacional, y conseguir los recursos para seguir fortaleciendo la capacidad operativa y ofensiva de nuestras tropas.

Cuando llegué al ministerio, existía dentro de las Fuerzas Militares una organización llamada "Cancerbero" que buscaba reunir la información de inteligencia al más alto nivel y utilizarla para asegurar operaciones exitosas contra los objetivos de alto valor. Pronto se hizo patente —y así me lo hicieron notar los asesores extranjeros— que ese grupo tenía serios problemas de filtraciones y que no contaba con la confianza de quienes arriesgaban su pellejo en las operaciones o en el campo de batalla. Estos últimos preferían hacer su propia inteligencia. Eso duplicaba los esfuerzos e implicaba una demora significativa entre la recepción de la información y la operación militar. Para el momento en que se lanzaba la operación, los objetivos ya se habían movido de su sitio, muchas veces advertidos del ataque que se había planeado contra ellos.

Con el apoyo de los expertos israelíes y la asesoría de la inteligencia británica y estadounidense, hicimos una total transformación de la inteligencia. Se creó un grupo centralizado de planeación —la Jefatura de Operaciones Especiales Conjuntas, JOEC; hoy Comando Conjunto de Operaciones Especiales, CCOES— para que procesara la inteligencia proveniente de diversas fuerzas y coordinara las operaciones que surgieran de ella. Dicho grupo dependía directamente de mí y del comandante de las Fuerzas Militares, y tenía como misión exclusiva concentrarse en los principales objetivos, como los miembros del secretariado de las Farc y otros cabecillas estratégicos de las guerrillas, además de algunos capos del narcotráfico. A cada blanco se le asignaba un responsable de la fuerza —Ejército, Armada, Fuerza Aérea o Policía— que tuviera más información, y todas las demás reportaban a ese mando.

La resistencia al cambio, tan natural al ser humano, se sintió en los primeros meses de trabajo de la nueva jefatura. Recuerdo una reunión que tuvimos en el Club de la Fuerza Aérea con los comandantes, segundos comandantes, jefes de operaciones y de inteligencia de cada una de las tres fuerzas militares, en la que varios plantearon inquietudes y reticencias a cooperar con este proyecto. A algunos me tocó decirles de forma enérgica: "Si usted no colabora, ¡se va! Y si algún jefe de inteligencia no comparte la información, también se va el comandante". Santo remedio. Por fortuna, los resultados comenzaron a verse pronto, pues el lapso entre la obtención de la información de inteligencia y el desarrollo de las operaciones ofensivas pasó de semanas a solo horas o un par de días.

La primera victoria en el terreno que demostró la eficacia de la JOEC, es decir, del sistema de inteligencia y operaciones conjuntas, fue la operación que sacó de combate al Negro Acacio, el máximo responsable de las actividades de narcotráfico y compra de armas de las Farc en el suroriente del país, en septiembre de 2007. Tras él comenzaron a caer, por fin, los peces gordos.

PRESUPUESTO PARA LA GUERRA

Durante el primer periodo del presidente Uribe se aprobó un "impuesto para preservar la seguridad democrática". Este se calculaba sobre el patrimonio de los contribuyentes —debían pagarlo quienes tuvieran un patrimonio superior a 169,5 millones de pesos, equivalente entonces a unos 75 mil dólares—, y tenía como objetivo continuar con el fortalecimiento de las Fuerzas Armadas.

En medio del espíritu guerrerista que vivía el país luego del fracaso del Caguán, dicho impuesto fue bien recibido por la población, que estaba dispuesta a pagar con tal de ver resultados contra los grupos armados ilegales. Sin embargo, los fondos recaudados no fueron suficientes. Se requería triplicarlos para garantizar un verdadero cambio en equipos, tecnología, preparación y ampliación del pie de fuerza.

Por eso, unos de mis principales propósitos como ministro fue la aprobación de un nuevo impuesto al patrimonio que sirviera para consolidar un desarrollo más efectivo de la seguridad democrática, pero con una diferencia esencial: se gravaría únicamente a las mayores fortunas y no al grueso de los ciudadanos. En adelante, este impuesto lo pagarían quienes tuvieran patrimonios superiores a tres mil millones de pesos, vale decir, más de un millón trescientos mil dólares de la época.

Me reuní con los principales dirigentes gremiales y empresarios del país, y les expliqué la situación. Ellos estaban dispuestos a colaborar, pero necesitaban tener la certeza de que los recursos serían bien usados, de manera eficaz y sin corrupción. Fue así como creé, como un cuerpo asesor del Ministerio de Defensa, la Comisión de Ética y Transparencia, compuesta por los principales líderes del sector privado y los organismos de control del Estado, con la secretaría técnica de Fedesarrollo, un reconocido centro de pensamiento. El objetivo era claro: acompañar y supervisar el proceso de decisiones para la ejecución de los recursos extraordinarios para el fortalecimiento de las Fuerzas Armadas.

Se recaudaron más de ocho billones de pesos —cerca de tres mil millones de dólares— sobre cuya destinación y buen uso nunca existió ninguna sombra de duda. Con ellos —más los avances en inteligencia y en trabajo conjunto y coordinado de las fuerzas— pudimos asestar los más duros golpes que jamás hubiera recibido la guerrilla, y en particular las Farc, en toda su existencia.

CAPÍTULO VIII

UN EQUIPO
PARA LA GUERRA
Y PARA LA PAZ

EL AGUA Y EL ACEITE

He sido siempre partidario del trabajo en equipo, creo en la inteligencia colectiva y en la necesidad de delegar, y esa convicción la he llevado a la práctica en todas las posiciones que he desempeñado. Las mejores intenciones se ven frustradas por la lucha de los egos y las individualidades que, en busca de reconocimientos o halagos, desestiman el aporte de los demás. Por el contrario, cuando todos ponen su esfuerzo y talento al servicio de una causa, sin egoísmos ni protagonismos, las metas, por difíciles que parezcan, se alcanzan.

El éxito de cualquier gerente —y toda misión pública requiere de un gerente— radica en rodearse de un buen equipo, y saber liderarlo, haciéndolo marchar como un reloj bien calibrado, donde cada pieza es indispensable para el buen desarrollo de la tarea.

Por lo mismo, desde mi primer día en el ministerio, teniendo bajo mi responsabilidad a cerca de medio millón de hombres y mujeres que forman parte no solo de las Fuerzas Militares y la Policía, sino de todas las entidades del sector defensa, tuve la firme determinación de rodearme por los mejores e implementar un sistema de trabajo en equipo que se tradujera en resultados.

Una elección clave fue la de mis viceministros. Inicialmente existían dos viceministerios y puse al frente de ellos a dos colaboradores que eran, sin exagerar, como el agua y el aceite: Juan Carlos Pinzón y Sergio Jaramillo. Fue una decisión deliberada pues, gracias a este binomio, tuve siempre presentes dos perspectivas diferentes pero complementarias sobre la seguridad, que generaron un adecuado equilibrio.

Pinzón era un joven economista que había trabajado conmigo en la Fundación Buen Gobierno desde sus tiempos de estudiante, había sido luego mi secretario privado en el Ministerio de Hacienda, y había sido representante de Colombia ante el Banco Mundial en Washington. Poseedor de una inteligencia práctica, era un verdadero militar vestido de civil, algo que se reflejaba incluso en su manera de hablar, de andar y de peinarse. Nació en el Hospital Militar, estudió en un colegio militar, es hijo y nieto de militares, y su esposa también es hija de militar. Por eso mismo, se sentía y se movía como pez en el agua en medio de los uniformados. Y era obediente, como todo buen militar.

Con Pinzón diseñamos la reestructuración del sector defensa. Me ayudó en el trabajo para lograr la aprobación del nuevo impuesto al patrimonio, y a diseñar el procedimiento para invertir los recursos de manera eficiente y transparente.

Sergio Jaramillo, por su parte, es el prototipo del intelectual y el académico, con una inteligencia teórica que contrastaba con la practicidad de su colega. Es filósofo y filólogo —de la Universidad de Toronto y la Universidad de Oxford, respectivamente, con estudios también en las universidades de Cambridge y de Heidelberg—, y políglota no solo de lenguas vivas sino de griego antiguo. En una interesante combinación, había dirigido por varios años la Fundación Ideas para la Paz, y luego había sido el autor, bajo el ministerio de Marta Lucía Ramírez, de la Política de Defensa y Seguridad Democrática al comienzo del gobierno Uribe.

La condición fundamental de un ejército victorioso es su legitimidad. Por eso encargué a Jaramillo que liderara un grupo de expertos civiles, militares y policías para producir una política de derechos humanos para las Fuerzas Armadas. El resultado fue la Política Integral de Derechos Humanos y Derecho Internacional Humanitario del sector defensa, que lanzamos a comienzos del año 2008. Hoy por hoy, es difícil encontrar otra fuerza pública en el mundo que, como la colombiana, tenga tal nivel de capacitación y concientización en derechos humanos, y adquirido en tan poco tiempo. Precisamente en esta materia, me tocó enfrentar —con el apoyo de Jaramillo— el más grande y más grave escándalo de las Fuerzas Armadas en la historia reciente del país: los llamados falsos positivos.

LOS FALSOS POSITIVOS

Mi posición frente al tema del ejercicio de la fuerza legítima del Estado y el respeto a los derechos humanos y el DIH fue consistente durante mi paso por el Ministerio de Defensa y luego por la Presidencia de la República. Y así la resumí en un discurso en febrero de 2009:

> *Si no respetásemos los derechos humanos, si nos igualáramos a los agentes del narcotráfico y el terrorismo, que no tienen consideración por la vida de los demás, perderíamos nuestro mayor activo*

operacional, que no son los equipos, ni la tropa, ni la estrategia, sino el apoyo y la confianza de la población.

Un ejército que no se gana, con su actitud recta y respetuosa de la comunidad, el apoyo y la confianza del pueblo, es un ejército derrotado de antemano, que ha perdido su razón de ser. Por el contrario, un ejército que acata la ley y respeta los derechos humanos, tiene consigo la mayor ventaja estratégica posible: la legitimidad.

Sólo con legitimidad moral y obrar impecable podemos vencer a los violentos, a los terroristas y narcotraficantes que se burlan de los principios humanitarios y pisotean sin piedad los derechos más básicos de sus compatriotas. ¡En eso nos diferenciamos! ¡Ahí radica la legitimidad de nuestra fuerza y de nuestras acciones!

Un episodio muy doloroso, y además vergonzoso para la fuerza pública, que me tocó enfrentar como ministro, y que me motivó todavía más para impulsar una política de derechos humanos y DIH en las Fuerzas Armadas fue el conocido como los "falsos positivos".

Cuando llegué al ministerio encontré que estaba montado un sistema de recompensas por el abatimiento de cabecillas o miembros de la guerrilla, y de estímulos a los comandantes militares que produjeran más resultados frente al enemigo. Era el llamado "conteo de cadáveres" que se utilizó en Vietnam con resultados nefastos. Esto terminó por convertirse en un incentivo perverso que algunas personas sin moral utilizaron para beneficiarse.

Comenzaron a aparecer denuncias de posibles situaciones en que militares se extralimitaban en sus funciones y ejecutaban a civiles por fuera del combate. En algunos casos llamaban a estas ejecuciones "falsos positivos", pues los autores presentaban luego a sus víctimas como positivos operacionales, es decir, como bajas legítimas de integrantes de grupos terroristas. Se trataba de una completa aberración, que contrariaba no solo el honor militar sino la más mínima noción de dignidad humana.

Creé un comité de seguimiento a esas denuncias, y ordené que se agotaran todos los recursos disponibles para que, en el caso de muertes en combate, la diligencia de levantamiento y todas las pruebas preliminares fueran realizadas por la policía judicial y no por la tropa.

Luego de que los medios de comunicación denunciaron unos casos de desaparecidos en la población de Soacha, cercana a Bogotá, fuimos aún más contundentes en combatir esta práctica inhumana. Conformé una comisión especial de investigación, liderada por el mismo general que comandaba la JOEC, y una vez recibidas sus conclusiones, tomé la determinación —que avaló el presidente Uribe— de llamar a calificar servicios a veintisiete miembros del Ejército, incluyendo tres generales. No serían los únicos.

Desde entonces, decenas de oficiales, suboficiales y soldados han sido condenados o están siendo procesados por la justicia a raíz de su participación en estos actos atroces, recibiendo penas que en ocasiones han superado los cincuenta años de prisión. Muchos de ellos se están acogiendo ahora a la Justicia Especial para la Paz creada por el acuerdo de paz, con la esperanza de recibir algún beneficio a cambio de contribuir con la verdad y con la reparación de las víctimas.

Fueron meses difíciles y duros, pero también necesarios, en que tuvimos que depurar al máximo los comandos de nuestras fuerzas, y en los que me empeñé —se me volvió prácticamente un mantra que repetía en todas mis intervenciones ante las tropas— en cambiar el paradigma de prioridades en la mente de nuestros soldados. En adelante la consigna sería la siguiente: más vale un desmovilizado que un capturado, y más vale un capturado que un dado de baja.

Esta nueva doctrina la anuncié en un discurso que pronuncié en el Club de Suboficiales del Ejército, y la justifiqué con el argumento de que un desmovilizado trae información y produce desasosiego y desmoralización en el enemigo, mientras que cada muerto se vuelve un mártir más. Además, desde una perspectiva humanitaria, serían vidas salvadas. Así puse fin a la nefasta doctrina "Vietnam" que medía el éxito en la guerra por el número de cadáveres. Por supuesto, esto no cayó muy bien en la Casa de Nariño.

El cambio en la doctrina representó un giro abrupto, pero necesario en el esquema mental de los militares. La mayor conquista no sería ya la muerte del enemigo sino algo mucho más grande: lograr que el antiguo adversario se convirtiera en una persona de bien para la sociedad.

UNA PROFUNDA DESILUSIÓN

Pinzón y Jaramillo fueron dos colaboradores que, en medio de sus diferencias, se complementaron, y me ayudaron a sacar adelante las tareas del ministerio. Luego, dentro de la reestructuración que se hizo de la entidad, se creó un tercer viceministerio encargado de coordinar las diversas entidades que conforman el Grupo Social y Empresarial de la Defensa, GSED. Al frente de él puse al general retirado Fernando Tapias, el mismo alto oficial con quien había trabajado de la mano, siendo él comandante general de las Fuerzas Militares y yo ministro de Hacienda, para dotar de mayor presupuesto a la seguridad y defensa del país.

Ya como presidente de la república, a partir del 2010, volví a confiar en el trabajo y las calidades de mis dos originales —y opuestos en sus personalidades— viceministros. A Jaramillo lo designé como alto consejero de seguridad nacional y posteriormente como alto comisionado para la paz, posición desde la cual coordinó nada menos que el proceso de diálogo con las Farc en La Habana que culminó con el acuerdo de terminación del conflicto.

A Pinzón lo nombré inicialmente como secretario general de la Presidencia y luego como ministro de Defensa, cargo que ocupó por casi cuatro años, entre mediados de 2011 y mediados de 2015. Siempre fue un ministro disciplinado que me apoyó en la guerra y me apoyó —eso pensaba yo— en la búsqueda de la paz sin reparo alguno. Su última posición en mi administración fue como embajador ante el Gobierno de los Estados Unidos.

La relación entre ellos fue siempre respetuosa pero no siempre armónica, precisamente por la diferencia de talante y de perspectiva que tenían. En muchas ocasiones me tocaba obrar como una especie de mediador. Era el precio de contar con dos inteligencias diferentes, dos perspectivas divergentes pero igualmente valiosas que, sumadas, generaban el necesario equilibrio.

Tristemente, la relación con Pinzón se deterioró al final de mi gobierno. Como ministro de Defensa fue siempre recio, en su actitud y en su lenguaje, contra los guerrilleros, y yo entendía que debía ser así. Pero también era cierto que él formaba parte de un gobierno que estaba apostando por una solución dialogada al conflicto, y tenía claro que nuestro esfuerzo terminaría en un acuerdo de paz, sin impunidad pero con ciertos beneficios para quienes dejaran las armas, que son inherentes a este tipo de acuerdos. Varios me advertían que él, como ministro de Defensa, hablaba mal del proceso en círculos privados y militares, pero no quise creerlo. A mí jamás me manifestó esas reservas. Luego les pregunté a los comandantes si Pinzón les había comentado sus reparos frente al proceso de paz. "Nunca", me respondieron.

Pinzón cumplió su labor como embajador en Washington por cerca de dos años, y entonces me dijo que pensaba someter su nombre para ser candidato a la presidencia por el partido de la U, lo que lo obligaba a renunciar, para no inhabilitarse, a más tardar el 25 de mayo de 2017. Entendí sus razones, le dije que me parecía muy bien, y quedamos en que permanecería en la embajada hasta el cumplimiento de mi visita oficial al presidente Trump el 18 de mayo, y que luego renunciaría. Después de mi agenda oficial en Washington, me desplacé a la Universidad de Virginia, en Charlottesville, donde estaba invitado a pronunciar el discurso de graduación ante los estudiantes, entre los cuales se encontraba mi hijo Esteban. Le dije al embajador Pinzón que me acompañara, como un gesto de afecto personal, pero se excusó, aduciendo que su trabajo oficial concluía con mi visita a la Casa Blanca. Después de un airado reclamo de mi secretario privado, terminó por asistir. El 19 de mayo, en Charlottesville, di unas declaraciones a la prensa en las que comenté sobre su inminente salida de la embajada, y parece que esto le causó mucho malestar, a pesar de que era exactamente lo que habíamos hablado. El general Jorge Enrique Maldonado, jefe de casa militar de la Presidencia, me contó luego que Pinzón, al enterarse de mi declaración, exclamó, lleno de rabia: "Esto le va a costar sangre al presidente".

A los pocos días de su renuncia, las primeras declaraciones de Pinzón fueron críticas frente a la administración de la que había hecho parte durante siete años y, sobre todo, frente al proceso de paz. En sus tuits decía que estábamos dando incentivos perversos a los terroristas y ponía en duda la transparencia de la entrega de armas, que estaba vigilada y avalada nada menos que por las Naciones Unidas. Entonces entendí, con profunda desilusión, que lo que tanto me habían advertido era cierto y que, en su rol de candidato, prefería jugar la carta de la crítica —sin duda más popular— que la de la lealtad.

Finalmente el partido de la U —un poco por sugerencia mía, al ver que no se ponían de acuerdo para escoger entre los dos principales precandidatos, que eran Pinzón y el senador Roy Barreras— no presentó candidato a la presidencia. Pinzón se lanzó, entonces, recogiendo firmas, y luego desistió de su candidatura para ser fórmula vicepresidencial de Germán Vargas Lleras, con pobres resultados electorales.

A mí me quedó —y me queda— el sinsabor de ver a una persona que estuvo tan cerca a mis afectos, en quien deposité mi confianza y mi amistad por más de veinte años, pararse en la orilla opuesta de mi gobierno y unirse al amargo coro de mis críticos. Y me recordó la advertencia de los clásicos sobre la lucha por el poder: saca a relucir lo peor de la condición humana.

REMEZÓN EN LA CÚPULA POLICIAL

En el terreno militar, durante mi periodo en el Ministerio de Defensa, me acompañó como comandante de las Fuerzas Militares el general Freddy Padilla de León, un oficial oriundo de la región Caribe del país, especialista en inteligencia y con un amplio récord de logros operacionales. Ya retirado y en los últimos meses de mi segundo periodo presidencial, el general Padilla formó parte, como lo hicieron en su momento otros oficiales conscientes de la necesidad de la paz, del equipo negociador con la guerrilla del ELN.

Como director general de la Policía Nacional tuve inicialmente al general Jorge Daniel Castro y luego al general Óscar Naranjo, una persona excepcional que ha jugado y seguirá jugando un papel positivo en la historia del país.

Su nombramiento como director general, en mayo de 2007, se dio en medio de circunstancias extraordinarias que me obligaron a hacer un verdadero remezón en la cúpula policial. La revista *Semana* había denunciado la existencia de miles de horas de grabaciones producto de interceptaciones ilegales, es decir, realizadas sin orden judicial, de la inteligencia de la Policía a miembros del Gobierno, de la oposición, personalidades públicas y periodistas —entre quienes se incluía el exmagistrado y excandidato presidencial Carlos Gaviria, opositor del presidente Uribe, y la periodista Claudia Gurisatti—.

Alarmado e indignado, acepté la dimisión inmediata del general Castro, director general de la Policía, y del general Guillermo Chávez, jefe de la dirección central de inteligencia. Al margen de la responsabilidad personal de estos oficiales, que descubrí gracias a la colaboración de unos periodistas, este tipo de conductas no podía tener cabida en una institución que debía ser garante y no vulneradora de los derechos de los colombianos.

Al momento de designar el reemplazo del general Castro, tomé una decisión difícil pero que probaría ser la adecuada: pasé por encima de once generales que estaban en la lista de sucesión jerárquica y designé como nuevo director general de la Policía al general Óscar Naranjo, quien desde la Dirección de Investigación Criminal venía produciendo los más contundentes resultados contra el crimen organizado.

Al principio, el presidente Uribe no estuvo de acuerdo con que se produjera un remezón de estas dimensiones, que suponía la salida de trece generales de la Policía —los dos que habían renunciado y los otros once de mayor antigüedad que Naranjo—. Le recordé que él mismo decía que Napoleón nombraba a sus generales teniendo en cuenta sus resultados, su talento y, sobre todo, su suerte. Y le dije que Naranjo contaba con todo eso, argumento que finalmente lo convenció. Esto generó un relevo generacional y un nuevo aire en la Policía que, bajo la dirección de Naranjo, y muchas veces en coordinación con las Fuerzas Militares, aumentó su efectividad y dio durísimos golpes a la subversión y en particular a las mafias del narcotráfico.

El general Naranjo, un oficial muy preparado, y además un gran humanista, tiene una personalidad tranquila y conciliadora pero a la vez firme y determinada contra el crimen y la corrupción, lo que lo convirtió en el hombre indicado para el momento preciso. Se desempeñó como director general de su institución por más de cinco años, y fue reconocido por la Asociación Internacional de Policías, en 2010, como el mejor policía del mundo.

Luego de su retiro del servicio activo, lo incluí como negociador plenipotenciario en la mesa con las Farc en La Habana, donde su serenidad y su don de gentes cumplieron un papel fundamental. A comienzos del 2017, lo designé como vicepresidente de la república —en reemplazo de Germán Vargas, quien renunció para postularse como mi sucesor—, cargo que ocupó hasta el final de mi mandato. Como vicepresidente, Naranjo tuvo a su cargo tareas tan importantes como la implementación del acuerdo de paz con las Farc, la protección de los exguerrilleros y líderes sociales y de derechos humanos, la coordinación del tema de seguridad ciudadana, y la aplicación de la política antinarcóticos.

Nunca me cansaré de destacar la importancia de contar con buenos equipos de trabajo para lograr objetivos complejos, y eso fue lo que tuve en el Ministerio de Defensa. Con comandantes como Padilla de León y Naranjo, avanzamos con firmeza en la consolidación de la seguridad democrática. No es de extrañar que me ayudaran después en la búsqueda de la paz.

LA LECCIÓN DEL GENERAL VALENCIA TOVAR

Luego del fracaso de los diálogos del Caguán y de una sucesión de años en que las Farc se habían dedicado a atacar y causar daño a la población —atentados contra poblaciones, voladuras de torres de energía, extorsión y secuestro indiscriminados—, este grupo guerrillero se había convertido —y más después de la desmovilización de los paramilitares— en el enemigo público número uno.

Tal vez el símbolo más poderoso de ese rechazo contra las Farc fue la marcha ciudadana que se llevó a cabo el 4 de febrero de 2008, no impulsada por el Gobierno ni por organizaciones sociales, sino por los mismos ciudadanos que atendieron el llamado de un grupo de Facebook, denominado "Un millón de voces contra las Farc".

Espontáneamente, millones de hombres y mujeres, familias enteras con sus niños, marcharon por las calles del país y se reunieron en las plazas de ciudades y pueblos, e incluso de ciudades en el exterior, para manifestar, con indumentarias y banderas blancas, su hastío frente a la violencia de la guerrilla y contra la práctica del secuestro.

Desde el Ministerio de Defensa, y con el apoyo, profesionalismo y sacrificio de nuestras Fuerzas Armadas, dimos respuesta a ese clamor nacional, propinando a las Farc los más grandes golpes en toda su historia desde su creación en la década del sesenta.

Pero la guerra contra las Farc, como yo la entendía, no era una guerra de odio, no era una guerra de exterminación, sino una guerra que tenía que conducir al único fin noble de cualquier confrontación armada: la paz.

Recuerdo con especial afecto la filosofía que aprendí del general Álvaro Valencia Tovar, un militar que se destacó en la Guerra de Corea, que llegó a ser comandante del Ejército y finalmente ejerció, como autor y académico, su mayor pasión, que era la historia. El general Valencia decía que no consideraba a los guerrilleros, a quienes había combatido por décadas, como enemigos sino simplemente como adversarios. Y explicaba que la palabra "enemigo" tiene una connotación de lucha pasional y de odio que no corresponde al honor militar.

Esto es fundamental: entender que el contrincante, sea quien sea, es un semejante, un ser humano, y no una cifra más en el conteo de bajas, es el primer paso para humanizar la guerra y, eventualmente, para acabarla. Un verdadero soldado, un soldado de honor, no combate por odio sino para que triunfe la paz.

LAS CONDICIONES PARA UN PROCESO DE PAZ EXITOSO

En los más de diez años durante los cuales me había esforzado por buscar salidas negociadas al conflicto armado, y luego de estudiar otros procesos de paz exitosos y fracasados en el mundo, había llegado a la conclusión de que, para conseguir la paz en Colombia, debían cumplirse cuando menos cuatro condiciones.

La primera condición es que se generara un cambio en la correlación de fuerzas entre la guerrilla y el Estado, a favor del Estado. Mientras la guerrilla siguiera en capacidad de atacar exitosamente a nuestros soldados y policías, de proveerse fácilmente de armas y recursos, de mantener a cientos de colombianos y extranjeros secuestrados bajo su poder; mientras siguieran creyendo en la posibilidad, así fuera remota, de una victoria, no había posibilidad de lograr una negociación justa para el Estado. Solo podíamos sentarnos a negociar si las fuerzas legítimas del Estado alcanzaban un peso militar estratégico muy superior al de la guerrilla.

La segunda condición es que existiera una voluntad auténtica de la guerrilla de hacer la paz, y eso solo se lograba si sus comandantes —que con tanta soberbia se habían paseado en sus camionetas 4x4 por la zona del Caguán— entendían, gracias a los golpes de nuestra fuerza pública, que para ellos personalmente y como organización armada, era mejor firmar un acuerdo de paz que continuar librando una guerra que simplemente no podían ganar. En el fondo se trataba de que vieran claras sus opciones: la negociación, por un lado, o la tumba o la cárcel, por el otro.

La tercera condición era el respaldo internacional y, en especial, el apoyo regional. En las guerras asimétricas de hoy es imposible pensar en una victoria o en una solución negociada justa si no se cuenta con la participación y el apoyo de la región. Eso era algo que no teníamos ni tuvimos durante el gobierno del presidente Uribe y que luego me propuse conseguir como presidente.

La cuarta era reconocer la existencia de un conflicto armado interno para poder aplicar el derecho internacional humanitario y negociar bajo los parámetros de una justicia transicional, como lo autoriza el Estatuto de Roma.

Pero cada día trae su propio afán. Durante mi periodo como ministro de Defensa, entre los años 2006 y 2009, tuve claro que no era el momento de dialogar. Hacerlo, sin tener una correlación de fuerzas a favor del Estado o sin la prueba de la voluntad de paz de los comandantes guerrilleros, hubiera sido tiempo perdido. Entonces era el momento de combatir, de golpear, de asestar con precisión milimétrica los golpes más duros a una guerrilla que no dejaba de amenazar y de atacar a la población colombiana. Era el momento de convertirme —como algunos me llamaron— en "el verdugo de las Farc".

Con los cambios y mejoras realizados en materia de inteligencia, y de trabajo conjunto y coordinado de nuestras fuerzas, unido a los nuevos recursos obtenidos con el impuesto al patrimonio, los resultados no tardaron en llegar.

CAPÍTULO IX

JAQUE AL TERROR

CAÍDA DE LOS PRIMEROS OBJETIVOS DE ALTO VALOR

Este es un libro sobre la paz —ya escribí uno sobre esta etapa de la guerra[2]—, por lo que no voy a entrar en detalle sobre los golpes que cambiaron la correlación de fuerzas y la convirtieron en positiva a favor del Estado. Su característica común es que en ellos intervino una inteligencia sofisticada y oportuna —con elementos como microchips que se instalaban en prendas u objetos de los comandantes para localizarlos y atacarlos con absoluta precisión—, y que generalmente se trató de operaciones conjuntas y coordinadas entre las diversas fuerzas que conforman las Fuerzas Militares y la Policía. Otro factor común fueron los ataques desde el aire, que eran a los que más temían los guerrilleros.

La lista de objetivos de alto valor neutralizados comenzó, como ya se dijo, en septiembre de 2007, cuando se dio de baja en las selvas del suroriente colombiano al Negro Acacio, que era el mayor proveedor de dinero, explosivos y armas para la actividad terrorista de las Farc, todo obtenido a cambio de cocaína.

---

2   Ver el libro homónimo de este capítulo: *Jaque al terror*, de Juan Manuel Santos. Ed. Planeta, 2009.

En otras palabras, era el capo del negocio del narcotráfico dentro de la guerrilla.

Fue Acacio quien lideró la negociación con una red criminal peruana, coordinada por Vladimiro Montesinos, jefe de inteligencia del gobierno de Alberto Fujimori, para que llegara a las Farc un cargamento de diez mil fusiles AK-47 que el Gobierno peruano había comprado a Jordania, valorado en más de once millones de dólares. Las armas fueron arrojadas en paracaídas desde aviones sobre la zona selvática donde operaba Acacio, a finales del año 2000, y constituyen el más grande contrabando de armamento que jamás haya entrado al país.

La operación contra Acacio fue la primera coordinada por la nueva Jefatura Conjunta de Operaciones Especiales, JOEC —que diseñamos y creamos con la ayuda de los israelíes—, y concluyó con un bombardeo certero sobre su campamento. Su cadáver no fue encontrado, pues lo retiraron sus propios hombres, pero días después —en una situación que solo resalta la inhumanidad de la guerra— se hallaron sus vísceras, que habían sacado de su cuerpo para evitar su descomposición, y se logró su reconocimiento por exámenes del ADN.

Al mes siguiente cayó en otra parte de Colombia, esta vez en el norte, en la región Caribe, otro cabecilla histórico de las Farc, Martín Caballero, quien se había convertido en el terror de una hermosa y fértil zona del país conocida como los Montes de María. Caballero no solo era responsable de infinidad de secuestros y extorsiones, y de la voladura de torres de energía y tramos del oleoducto, sino que su actividad terrorista había llegado a blancos inimaginables para cualquier otro guerrillero. En mayo de 2002 había planeado un atentado, que fue descubierto y desmontado a tiempo, contra el expresidente estadounidense Bill Clinton, con ocasión de su visita a Cartagena.

Yo mismo fui, con los altos mandos militares y de policía, a Carmen de Bolívar, un municipio en el centro de los Montes de María, a mostrar los resultados de la operación porque la gente no creía que Martín Caballero hubiese caído. Allí, en el aeródromo, estaban envueltos en bolsas negras los cuerpos de veinte guerrilleros abatidos, incluido el nefasto cabecilla. Lo más impactante de hasta qué punto había llegado la degradación de la guerra fue comprobar el alivio y la alegría de la población, que reaccionó con vivas y aplausos cuando mostramos el cadáver. Luego de muchos años de violencia e intimidación, la región de los Montes de María comenzó a consolidarse como un ejemplo de reactivación económica, de reconciliación y de paz.

Otros comandantes de frente fueron cayendo como si hicieran parte de un castillo de naipes. Uno de ellos fue JJ, que asolaba los departamentos de la región Pacífica, quien había sido el cerebro y ejecutor del secuestro de doce diputados de la asamblea del Valle del Cauca. Se capturó a Martín Sombra, uno de los líderes históricos de la guerrilla, que había estado con Manuel Marulanda desde 1966 y últimamente se había encargado de custodiar a los cientos de secuestrados —civiles y miembros de la fuerza pública— que las Farc mantuvieron por años en su poder. Lo llamaban el Carcelero. También se logró la desmovilización de Karina, una sanguinaria guerrillera que operaba en Antioquia y los departamentos del Eje Cafetero. Estos son solo algunos entre muchos cabecillas y mandos medios que salieron de combate en el lapso de apenas tres años.

Pero lo más importante, la misión que habíamos priorizado con el presidente Uribe, lo que generaría la mayor desmoralización dentro de la guerrilla, era llegar a los máximos líderes, es decir, a aquellos que hacían parte del secretariado de las Farc, la junta directiva de esta guerrilla, compuesta por Manuel Marulanda y otros seis comandantes.

El momento llegó el 1º de marzo de 2008 cuando, en un bombardeo de altísima precisión, se dio de baja a Raúl Reyes, que era una especie de canciller de las Farc, por los contactos internacionales que manejaba. Era responsable de múltiples atentados y secuestros, y estaba solicitado en extradición por las autoridades de Estados Unidos por el delito de narcotráfico. Como he relatado antes, conocí a Reyes en Costa Rica en 1997, cuando conversé con los distintos grupos ilegales para buscar una fórmula que permitiera iniciar negociaciones de paz, y luego lo volví a ver en el Caguán en 1998, cuando visité la zona en la ingrata labor que me encomendó el presidente Pastrana.

La operación Fénix, en la que cayeron Reyes y algunos de sus hombres, y en la que se capturaron computadores con información valiosísima sobre sus operaciones financieras y sus contactos con los Gobiernos de Venezuela y Ecuador, tuvo la participación de la Fuerza Aérea, del Ejército y de la Policía, y una connotación adicional que tendría serias consecuencias diplomáticas: el campamento donde fue bombardeado el jefe guerrillero estaba ubicado en territorio ecuatoriano, a poco menos de dos kilómetros del límite fronterizo con Colombia.

Narraré con más detalle la forma en que se ejecutó esta operación y cómo se manejó el problema generado con Ecuador, en el capítulo en que trataré sobre las complejas relaciones con Venezuela y Ecuador, con sus líderes Chávez y Correa, y sus implicaciones para el proceso de paz. Baste, por lo pronto, destacar que la muerte de Raúl Reyes, el primer miembro del secretariado de las Farc abatido por la fuerza pública, marcó un hito en el conflicto con esta guerrilla, pues demostró, por primera vez en más de cuatro décadas, que sus máximos comandantes no eran intocables y que estábamos en capacidad de llegar hasta ellos.

Apenas tres días después de la operación que terminó con la vida de Reyes, murió otro miembro del secretariado, Iván Ríos, en unas circunstancias peculiares y macabras. Ríos, que se movía con su grupo de combatientes por la zona cafetera del país, había pedido a Karina, quien comandaba otro grupo en la región, que le enviara a un hombre de confianza para que liderara su guardia personal. El enviado de Karina fue Rojas, un guerrillero al que no le temblaba la mano para matar, quien desde entonces se mantuvo al lado de su nuevo jefe como si fuera su sombra.

La presión militar sobre Ríos y sus hombres era muy fuerte y, cuando se enteraron del bombardeo sobre el campamento de Reyes, la poca moral que tenían se vino abajo. Fue entonces cuando Rojas, su lugarteniente, decidió asesinarlo y entregarse al Ejército. Y así lo hizo, en la noche del 3 de marzo. Mientras Ríos y su compañera Andrea dormían en su carpa, Rojas se acercó sigiloso y los ultimó con sendos balazos a quemarropa. Lo más insólito de la historia es que Rojas, para probar que había matado a su jefe, le cortó una mano, que luego entregó en un pañuelo al coronel del Ejército que recibió su desmovilización. Así de cruel y de absurda es la guerra.

Pero no pararon ahí las malas noticias para las Farc. A fines del mismo mes de marzo de 2008, en medio de continuos ataques de la Fuerza Aérea sobre sus círculos de seguridad, murió de un infarto al corazón Manuel Marulanda, su fundador y máximo comandante. Marulanda, a quien se conocía también como Tirofijo, falleció a los 77 años de edad, la mayoría de los cuales los había dedicado a combatir al Estado desde la ilegalidad. En mayo, las Farc anunciaron que su nuevo comandante supremo, en reemplazo de Marulanda, sería Alfonso Cano, otro miembro del secretariado.

Así que en menos de un mes las Farc —cuyos principales jefes habían escapado por décadas a la acción de la fuerza pública— perdieron a tres de los siete miembros de su secretariado: Manuel Marulanda, su líder y fundador; Raúl Reyes, su canciller, e Iván Ríos.

Pero faltaba el golpe de gracia, el más contundente y espectacular que jamás se haya producido en la historia militar de Colombia: la Operación Jaque.

OPERACIÓN JAQUE: UN ORGULLO NACIONAL

Hay un día en especial —de los más de mil en que lideré la cartera de Defensa— que jamás se borrará de mi memoria, por lo que significó para quince seres humanos, para todo el país y para mí mismo, que había arriesgado todo mi capital político en una apuesta muy riesgosa: el 2 de julio de 2008, cuando se ejecutó, con éxito rotundo, la operación Jaque.

Ese miércoles inolvidable, un comando élite —conformado por oficiales y suboficiales de la inteligencia militar, agentes civiles de inteligencia, pilotos y técnicos aéreos del Ejército, e incluso un desmovilizado de la guerrilla— llegó en helicóptero a un paraje perdido en las selvas del departamento del Guaviare, junto al río Inírida, y, fingiendo ser una misión humanitaria internacional, sacó de manos de las Farc, sin disparar un solo tiro, a quince secuestrados, incluyendo a la excandidata presidencial Íngrid Betancourt, a tres contratistas estadounidenses y a once militares y policías que llevaban años muriendo en vida en la selva.

Fue un golpe maestro, una operación perfecta —como la denominó la misma Íngrid Betancourt cuando dio sus primeras declaraciones en libertad— y significó un inmenso alivio, una inyección de esperanza y de alegría para todos los colombianos, que habíamos estado por años atentos a la suerte de estos y otros secuestrados.

Mucho se ha escrito, dicho y visto sobre la operación Jaque, que ha sido objeto de varios libros y documentales nacionales e internacionales, e incluso de una serie de televisión.[3] Ello me excusa de hacer un recuento exhaustivo de la forma en que se planeó y ejecutó esta operación, considerada como modelo por las agencias de inteligencia militar del mundo entero.

Tan pronto se conoció la operación se aventuraron hipótesis de que esta había sido liderada y ejecutada por fuerzas de inteligencia extranjeras, pues algunos no consideraban posible que se hubiera logrado semejante resultado con recursos humanos y técnicos nacionales.

Sobre este tema debe hacerse una distinción. A nivel general, la inteligencia militar colombiana debe mucho, en capacitación y aportes técnicos, al apoyo y la asesoría prestados por países como Israel, el Reino Unido y, en particular, los Estados Unidos. Gracias a ellos, alcanzamos niveles de precisión y sofisticación en el área de la inteligencia que hubieran sido impensables unos años atrás. Sin esos años de entrenamiento y cooperación hubiera sido imposible ejecutar una operación como la que se llevó a cabo.

Dicho esto, hay que precisar que, en el caso concreto de la operación Jaque, su diseño y gestación, la ejecución del engaño electrónico que permitió infiltrar y suplantar las comunicaciones de las Farc, y la preparación y realización del rescate en el terreno, corrieron exclusivamente por cuenta de personal colombiano.

En un momento dado, faltando una semana para la operación de rescate, cité en mi apartamento al embajador de Estados Unidos William Brownfield a contarle lo que se tenía planeado. El presidente Uribe se había comprometido con el presidente George W. Bush a tenerlo al tanto sobre cualquier operación que involucrara a los tres estadounidenses, y de esta forma cumplíamos con esa promesa. A la reunión asistieron también

---

3   La crónica más completa de esta operación, basada en los testimonios de sus protagonistas, se encuentra en *Operación Jaque, la verdadera historia*, de Juan Carlos Torres. Ed. Planeta, 2008.

el general Freddy Padilla de León, y dos funcionarios de la embajada: el encargado de la CIA y un oficial experto en operaciones.

La primera reacción del embajador fue de incredulidad y
escepticismo. Sin embargo, dijo que haría las consultas del caso y
que en 24 horas nos tendría una respuesta. En cambio, la reacción
del agente de la CIA fue de gran optimismo.

—Si lo que acaban de describir es cierto, me le quito el
sombrero a la inteligencia colombiana... ¡Wow, increíble!

El embajador Brownfield, después de realizar sus consultas
con la Casa Blanca, ofreció la ayuda que consideráramos necesaria, la cual se plasmó en dos aportes concretos: la instalación de
sofisticados elementos que permitían una comunicación entre
los pilotos del helicóptero y los hombres que bajarían al terreno
haciéndose pasar por cooperantes internacionales, y un avión
plataforma de inteligencia que, fuera de la vista de los guerrilleros, monitoreó las comunicaciones y sirvió de puente entre el
helicóptero y los centros de comando.

Esta ayuda puntual fue aprobada, dos días antes de la
operación, en una reunión extraordinaria en la Casa Blanca del
Consejo Nacional de Seguridad, en la que estuvieron presentes
el vicepresidente Dick Cheney; el secretario de defensa Robert
Gates; el comandante de las Fuerzas Armadas Conjuntas de
Estados Unidos, almirante Mike Mullen; el director de la Agencia
Central de Inteligencia, general Michael Hayden; el secretario de
Seguridad Nacional Michael Chertoff; el subsecretario de Estado
John Negroponte, y el consejero nacional de seguridad Stephen
J. Hadley. Participó también, mediante teleconferencia, el jefe
del Comando Sur de Estados Unidos, almirante James Stavidris.

Otro importante político estadounidense que se enteró de
la operación, con apenas horas de anticipación, fue el senador
John McCain, quien era entonces candidato a la presidencia por
el partido Republicano, enfrentado a la candidatura demócrata

del senador Barack Obama. McCain había llegado el 1º de julio a Cartagena en una gira relámpago que hizo a Colombia y a México, y se reunió esa noche en la Casa de Huéspedes con el presidente Uribe, el canciller Fernando Araujo, la embajadora en Washington Carolina Barco y conmigo. Él venía acompañado por su esposa Cindy, el senador demócrata Joe Lieberman y el senador republicano Lindsey Graham, además del embajador Brownfield.

Yo tenía una buena relación con McCain. Lo había visto en mis varias visitas a Washington y habíamos coincidido en la Conferencia Internacional sobre Seguridad de Múnich que se había reunido en febrero de 2007, donde ambos enfatizamos la importancia de la lucha contra las drogas para quitar combustible al terrorismo.

Esa noche mi mente estaba en otra parte: en la riesgosa operación de rescate que tendría lugar al día siguiente. Después del encuentro de trabajo, cuando nos levantamos para cenar, le pregunté al presidente Uribe si le parecía oportuno contarle a McCain, nada menos que un posible próximo presidente de los Estados Unidos, sobre la inminente misión. Uribe estuvo de acuerdo, y fue así como, mientras caminábamos hacia el comedor, le dije a McCain que tenía algo muy importante que contarle. Él llamó a sus colegas Lieberman y Graham, y a los tres les expliqué, a grandes rasgos, la operación que íbamos a ejecutar al otro día.

—*My God!* —recuerdo que dijo McCain—. ¡Eso es espectacular! ¡Les deseo todos los éxitos!

Enfaticé en la confidencialidad de lo que les había dicho, y pasamos a la mesa, en medio de manifestaciones de apoyo y de buenos deseos por parte de los senadores.

Al otro día, al fin de la tarde, cuando McCain volaba desde Cartagena hacia México, recibió una llamada del presidente Uribe, quien le anunció que los secuestrados, incluidos los tres contratistas estadounidenses, habían sido liberados. Por unas pocas horas McCain hubiera podido llevarse a sus compatriotas de regreso a su país, lo que hubiera dado, sin duda, un impulso positivo a su campaña.

Esa fue toda la participación extranjera. Hay que resaltar que la operación Jaque —en la que confluyeron la creatividad, el talento y el coraje de oficiales, suboficiales y agentes de la inteligencia del Ejército, bajo el liderazgo de sus máximos comandantes, los generales Montoya y Padilla de León, con mi decisión política como ministro y el respaldo del presidente Uribe— fue una operación orgullosamente colombiana que no tiene nada que envidiar a las más sofisticadas o audaces operaciones de rescate de rehenes a nivel internacional. Por el contrario, tuvo un componente que casi ninguna puede acreditar: que no hubo ninguna víctima y se ejecutó sin armas, es decir, fue una genuina operación de inteligencia.

LOS MINUTOS MÁS LARGOS DE MI VIDA

La operación, tal como se planeó, no ponía en riesgo la vida de los secuestrados, pero tenía muchos elementos que podían fallar. Era una apuesta audaz y muy compleja, que teníamos la obligación de intentar. Los que sí arriesgaban sus vidas eran los hombres y mujeres que participaban en la misión de engaño y rescate, y eso era algo que no dejaba de preocuparme. Yo tenía claro, además, que, si la misión fracasaba, tendría que renunciar, asumiendo la responsabilidad política por la operación. Pero en ese momento, el capital político era lo de menos. Se trataba de rescatar a quince personas de una pesadilla de años y de quitar a la guerrilla su botín más preciado.

Ese miércoles 2 de julio fue un día de mucha tensión y finalmente de mucha alegría. Desde las seis de la mañana estuve en contacto con el general Montoya, quien controlaba la operación desde San José del Guaviare, y con el general Padilla de León, comandante de las Fuerzas Militares, que supervisaba desde el Centro de Comando y Control de las Fuerzas Militares. Yo permanecí en mi despacho del ministerio, suspendí todas las citas y estuve recibiendo reportes continuos, que me daban utilizando frases en clave. Recuerdo que a primera hora del día hablé con mi señora María Clemencia, que estaba con nuestra hija María Antonia en París, y por supuesto no tenía idea de la operación, que era un tema de máximo secreto. Le dije que ese día iba a pasar algo grande y le pedí que fuera a la iglesia de la Virgen Milagrosa, en la Rue du Bac, a rezar por que todo saliera bien.

Era tal el secreto que ese mismo día llamé a mi despacho al almirante David René Moreno, jefe de Estado Mayor Conjunto de las Fuerzas Militares, y al general Óscar Naranjo, director de la Policía, y les conté sobre la operación. Con ellos almorcé en el despacho, esperando las noticias finales. Le pedí a mi jefe de comunicaciones que fuera convocando una rueda de prensa sin contar el motivo, pues sabía que, fuera cual fuera el resultado, tendría que poner la cara al país. Hacia la una y media de la tarde, el general Padilla me informó que el helicóptero había aterrizado en el lugar de encuentro. Se suponía que no debía estar en tierra más de diez minutos. Por eso, cuando pasaron más de veinte minutos, la angustia estaba en su máximo punto. Han sido los minutos más largos de mi vida. Finalmente, un poco antes de las dos, Padilla me llamó y me dijo: "¡Despegó!". Y tres minutos después me informó: "¡Neutralizados!".

Inmediatamente llamé a reportarle el éxito de la operación al presidente Uribe, quien me alcanzó a decir: "¡Bendito sea Dios! ¡Qué maravilla! Lo felicito...", pero no más, pues se cayó la comunicación. La segunda llamada fue a su esposa, la primera dama Lina Moreno, a quien le había prometido tenerla al tanto de cualquier buena noticia, y la tercera a Yolanda Pulecio, la mamá de Íngrid, que esa tarde tenía previsto volar a Francia, pero a la que habíamos alcanzado a disuadir de su viaje, sin poder decirle nada concreto. A María Clemencia le mandé un chat: "Éxito total. Secuestrados rescatados". Ahí entendió por qué había tenido que rezar tanto a la Milagrosa.

Así anuncié a los colombianos, en la tarde del 2 de julio, la noticia que todos habíamos estado esperando por tantos años:

> Me complace comunicarle a la opinión pública nacional e internacional lo siguiente:
>
> En una operación especial de inteligencia, planeada y ejecutada por nuestra inteligencia militar, fueron rescatados sanos y salvos 15 de los secuestrados que se encontraban en manos de las Farc. Entre los secuestrados rescatados se encuentran Íngrid Betancourt, los tres ciudadanos norteamericanos, y 11 miembros de nuestra fuerza pública.

En un gesto que nunca antes había visto en una conferencia de prensa, los periodistas aplaudieron cuando mencioné a quiénes se había rescatado. Continué:

> Fueron rescatados en una operación en donde se logró infiltrar la primera cuadrilla de las Farc, comandada por alias César, la misma cuadrilla que ha mantenido durante los últimos años a un grupo numeroso de secuestrados en su poder.
>
> A través de diferentes procedimientos se logró también infiltrar al secretariado. Como los secuestrados estaban divididos en tres grupos, se logró que se reunieran en un solo sitio y luego se facilitara su traslado al sur del país para que supuestamente pasaran directamente a órdenes de Alfonso Cano.

Se coordinó para que los secuestrados fueran recogidos en un sitio predeterminado por un helicóptero de una organización ficticia. Se coordinó también que el propio alias César y otro miembro de su estado mayor viajaran personalmente con los secuestrados para entregárselos a Alfonso Cano..

El helicóptero, que en realidad era del Ejército Nacional y tripulado por personal altamente calificado de nuestra inteligencia, recogió a los secuestrados en inmediaciones del departamento del Guaviare hace unos minutos y están volando libres, sanos y salvos a San José del Guaviare. Allá abordarán un avión que los llevará a la base militar de Tolemaida.

Alias César y el otro miembro de su cuadrilla fueron neutralizados en el helicóptero y serán entregados a las autoridades judiciales para que sean procesados por todos sus delitos. A los miembros de la cuadrilla que acompañaron a César en la operación de entrega (...), como al resto que se encontraban a unos kilómetros, decidimos no atacarlos y les respetamos la vida en espera de que las Farc, en reciprocidad, suelten al resto de los secuestrados.

Esta operación, que se denominó Jaque, es una operación sin precedentes que pasará a la historia por su audacia y efectividad, y que deja muy en alto la calidad y el profesionalismo de las Fuerzas Armadas colombianas.

Quince secuestrados rescatados sin disparar un solo tiro.

Mis felicitaciones muy sinceras a nuestros hombres de la inteligencia del Ejército, al general Mario Montoya, su comandante, y al general Freddy Padilla, quien estuvo al frente de la operación de principio a fin. El país, el mundo y los seres queridos de los secuestrados no tendrán cómo agradecerles a estos generales y a sus hombres semejante operación de rescate.

Seguiremos trabajando día y noche para lograr la liberación del resto de los secuestrados. Una vez más hacemos un llamado a los nuevos cabecillas de las Farc para que depongan las armas, para que no se hagan matar ni sacrifiquen a sus hombres, para que se desmovilicen. (...)

EFECTOS DE LA OPERACIÓN JAQUE

El secuestro de Íngrid Betancourt, ocurrido el 23 de febrero de 2002, tres días después de que el presidente Pastrana diera por terminado el proceso de paz del Caguán, había tenido una especial repercusión internacional. Íngrid no solo era candidata a la presidencia, sino que era también ciudadana de Francia, donde era muy reconocida por sus libros y su lucha frontal contra la corrupción. Ella había trabajado conmigo en el Ministerio de Comercio Exterior y era una buena amiga personal.

La noticia de su liberación, luego de más de seis años de infame cautiverio, había conmovido no solo a Colombia sino a Francia y a toda la comunidad internacional. Yo mismo hablé por teléfono con el presidente francés, Nicolás Sarkozy, desde la pista del aeropuerto militar a donde llegaron los liberados, para compartirle la buena nueva. También en Estados Unidos había gran satisfacción por la libertad de los tres contratistas que habían permanecido secuestrados en la selva por casi cinco años.

Luego de la larga rueda de prensa en la que intervinieron los rescatados, los comandantes de las Fuerzas Militares y del Ejército, y yo mismo, en la pista del aeropuerto militar de Catam, en Bogotá, salí hacia el ministerio, donde me esperaba una llamada para que participara en vivo en el programa de entrevistas de Larry King de la cadena CNN de Estados Unidos. Ya estaba King al aire, comunicado con el avión en el que el embajador Brownfield y los tres estadounidenses liberados se dirigían hacia San Antonio, Texas, y apenas si alcancé a llegar a mi despacho para participar en su programa.

El reconocido periodista me preguntó si yo consideraba esta operación a la altura del famoso rescate ejecutado por comandos israelíes en Entebbe, Uganda, en 1976, a lo cual le respondí que la nuestra había sido mucho mejor porque no se había derramado ni una sola gota de sangre. King titubeó unos segundos y dijo:

"Tiene toda la razón". Al finalizar su programa concluyó: "Es un gran día para los estadounidenses". Y así era. Pero no solo para ellos. Era un día de júbilo para los colombianos y para todos los defensores de la libertad en el mundo.

Larry King, me comentó después, fuera del aire, que toda su vida había estudiado operaciones de inteligencia militar —era una especie de *hobby*— y que esta era tal vez la más espectacular de todas, precisamente porque se hizo sin armas y sin que se perdiera una sola vida humana.

Eso me dio mucha satisfacción porque comprobaba hasta qué punto estaba cambiando en nuestras Fuerzas Armadas su cultura en materia de derechos humanos. Fueron los propios comandantes —los generales Padilla y Montoya— los que me propusieron que al final no atacáramos a los más de trescientos guerrilleros que quedarían en tierra después de que despegara el helicóptero. "A ellos les dolerá más y nosotros quedaremos y nos sentiremos mejor", me dijo el general Padilla.

La operación Jaque representó un golpe moral para las Farc tanto o más grande que la muerte de Raúl Reyes, Iván Ríos y Manuel Marulanda —todas en marzo del mismo año 2008— o la desmovilización de Karina en mayo. Fue el punto de quiebre que las llevaría a sentarse, cuatro años después, en una mesa de negociaciones, sin la arrogancia de quien se cree invencible.

Por una parte, las Farc se dieron cuenta de que sus sistemas de comunicación, sus claves y frecuencias, que venían desarrollando durante años, eran vulnerables y estaban siendo monitoreados por los cuerpos de inteligencia. Si después del bombardeo al campamento de Reyes habían dejado de utilizar teléfonos satelitales para comunicarse entre sí, ahora tampoco podían confiar en sus propias comunicaciones radiales, lo que los hizo retroceder a antiguos sistemas de correos humanos, que muchas veces no llegaban o llegaban demasiado tarde. Esta situación se tradujo en la profundización de un problema que ya venían sufriendo desde antes: pérdida de comando y control sobre sus propios hombres.

En el campo del chantaje político que pretendían ejecutar a través de los denominados secuestrados "canjeables", la pérdida fue inmensurable para las Farc. De los cerca de sesenta rehenes que llegaron a tener dicha denominación, ya habían perdido a once diputados de la Asamblea del Valle del Cauca, porque la misma guerrilla los había asesinado, y habían entregado a otros como una concesión unilateral para fortalecer el papel del presidente Chávez y la senadora Piedad Córdoba como interlocutores. Con la operación Jaque perdieron a quince más, que incluían a los cuatro que la guerrilla consideraba más valiosos por su resonancia internacional: la ciudadana colombo-francesa Íngrid Betancourt y los tres estadounidenses.

La guerrilla había logrado un cierto grado de protagonismo internacional gracias a la interlocución que logró con jefes de Estado y Gobiernos como los de Francia, Venezuela y Ecuador, que mediaron para la liberación de los secuestrados. Los jefes guerrilleros estaban convencidos de que así alcanzarían el estatus de beligerancia, una especie de reconocimiento jurídico por parte de la comunidad internacional, pero esta esperanza también se vino abajo con el rescate del 2 de julio.

Francia ya tenía a su ciudadana en libertad, Estados Unidos tenía libres a los suyos, y Venezuela y Ecuador —después de conocidos los emails del computador de Raúl Reyes, cuya autenticidad fue avalada por la Interpol— comenzaron a marcar distancia frente a la guerrilla colombiana, al menos de dientes para afuera.

El objetivo de la beligerancia —que en la práctica era inviable, pues las Farc no tenían control de un territorio ni acataban las normas del derecho internacional humanitario, requisitos indispensables para obtener este estatus— quedó archivado, y la pretensión de exigir la desmilitarización de dos municipios en las inmediaciones de Cali, con una extensión cercana a los 800 kilómetros cuadrados, para negociar un acuerdo humanitario que permitiera la liberación de los secuestrados, también pasó al olvido.

De hecho, a cambio de la liberación de los secuestrados, en 2007 el presidente Uribe había llegado a ofrecer a las Farc una zona de encuentro por noventa días. Nada de esto fue necesario, gracias a la operación Jaque.

LA GUERRA QUE LIBRÉ, LA LIBRÉ POR LA PAZ

En el libro que escribí en el año 2009 sobre los golpes propinados a las Farc durante los tres años en que estuve al frente del Ministerio de Defensa, terminé con la siguiente conclusión:

> Los 'años horribles' de las Farc, el largo Annus horribilis del que he dado cuenta en estas páginas, comenzó en las postrimerías del año 2006 y es de esperarse que no termine sino hasta el momento en que esta organización entre en razón —por su debilitamiento militar y por la presión de la comunidad nacional e internacional— y acceda a iniciar un proceso sincero, sin cartas marcadas, para abandonar de forma definitiva las armas, el secuestro, los actos terroristas y la violencia contra sus compatriotas y contra la infraestructura nacional.
>
> La democracia colombiana hace tiempo adquirió la madurez para incorporar en su seno a quienes, habiendo saldado su deuda con la sociedad, están dispuestos a participar en el debate político y en la construcción de un país en paz. Constituyentes, ministros, gobernadores, alcaldes, congresistas, directores de entidades públicas, diplomáticos, candidatos a la presidencia, que alguna vez empuñaron las armas contra el Estado y que tomaron la decisión de regresar a la vida civil, son el mejor ejemplo de que esto es posible.

Recordé atrás algunos párrafos de mi conferencia Nobel en Oslo, en diciembre de 2016, en los que explico que a veces es necesario hacer la guerra, pero digo también que esta no puede ser nunca un fin sino un medio. ¿Un medio para qué? La respuesta es una sola: para llegar a la paz.

La guerra que no lleva a la paz, así se gane, es una guerra perdida. Por eso, mi periodo de "halcón", en el que confronté con toda la decisión y toda la firmeza a quienes atacaban al pueblo colombiano y socavaban sus recursos, en que me convertí en "el verdugo de las Farc", no entra en contradicción con mi convicción de siempre de que la paz verdadera, la paz estable y duradera, solo se consigue a través del diálogo.

Como ministro de Defensa, logré avanzar en las dos primeras condiciones que podían llevar a una negociación de paz exitosa: que la correlación de fuerzas se inclinara a favor del Estado y que los comandantes guerrilleros entendieran que jamás conseguirían sus objetivos por las armas.

La guerra que libré, la libré por la paz. Luego de años de acompañar a las viudas y huérfanos de mis soldados y policías a despedir a sus seres queridos caídos en combate, luego de constatar en cada rincón del territorio colombiano el dolor y la miseria que dejaba la violencia, no podía pretender que la guerra fuera la solución última para acabar con la guerrilla.

Es cierto que la habíamos debilitado, es cierto que la habíamos reducido de más de veinte mil hombres en armas a menos de diez mil, pero para extinguirla totalmente, para lograr su rendición, nos tardaríamos años, tal vez décadas, y eso representaba más años y décadas de muerte, de dolor, de pobreza, de falta de oportunidades para millones de compatriotas en los campos, las selvas y las zonas de frontera del país.

Mi paso por el Ministerio de Defensa me dio gran popularidad entre los colombianos, porque no hay nada más popular

que mostrar al pueblo los trofeos de la guerra, la cabeza ensangrentada del enemigo. Pero no me llevó, de ninguna manera, a la
conclusión de que había que continuar la guerra hasta las últimas
consecuencias. Todo lo contrario, me reafirmó en mi decisión
de buscar la paz a través de la negociación, más aún cuando las
condiciones para un diálogo fructífero comenzaban a cumplirse.

Varios años después, cuando la paz con las Farc era un
hecho cumplido, reafirmé esta convicción personal en mi
discurso de Oslo:

> *La victoria final por las armas —cuando existen alternativas no
> violentas— no es otra cosa que la derrota del espíritu humano.*

LECCIÓN 1

LOGRAR UNA CORRELACIÓN FAVORABLE DE FUERZAS

Nunca las Farc se vieron tan fuertes, ni se creyeron tan fuertes, como cuando inició el proceso de paz del Caguán, a comienzos del año 1999. Tenían el mayor número de combatientes de su historia; los recursos del secuestro, la extorsión y el narcotráfico llegaban a raudales a sus arcas; sus integrantes lucían con orgullo armamento y uniformes nuevos, y habían pasado exitosamente de la guerra de guerrillas a la guerra de movimientos. Incluso, habían avanzado temporalmente a la guerra de posiciones, cuando tuvieron en su poder, por tres días, a la ciudad de Mitú, una capital de departamento. Adicionalmente, tenían la sartén por el mango en el tema de rehenes, pues en sus últimas incursiones armadas habían capturado a cientos de soldados y policías, incluidos varios oficiales y suboficiales.

Las Fuerzas Armadas colombianas, por su parte, estaban obrando más a la defensiva que a la ofensiva, operaban con las restricciones propias del presupuesto nacional, y mantenían un antiguo esquema de cuarteles y batallones donde los soldados estaban acantonados mientras la guerrilla se movía a sus anchas por todo el país. Los comandantes guerrilleros se consideraban intocables.

En esas condiciones, no es de sorprenderse que las negociaciones de paz hubieran fracasado. Una guerrilla arrogante y
envalentonada, con más triunfos que derrotas en su historial
reciente, no se sienta en una mesa de negociaciones para discutir
con seriedad su desmovilización, su desarme y su reintegración a
la sociedad civil. Si acepta dialogar, lo hace bajo sus condiciones,
para imponer su agenda y, muy seguramente, para aprovechar la
voluntad de paz del Estado mientras se fortalece militarmente y
gana notoriedad pública e internacional.

Esa fue una lección muy clara del proceso del Caguán: mientras la correlación de fuerzas entre la guerrilla y el Estado no se
inclinara a favor del Estado, cualquier diálogo de paz sería infruc-
tuoso. ¿Por qué? Porque mientras la guerrilla —o cualquier otro
actor armado ilegal— esté convencida de que puede obtener,
así sea a largo plazo, su objetivo por las armas, no va a avanzar
hacia una solución negociada que implica concesiones como
abandonar esas armas, responder ante la justicia y reparar a las
víctimas. Esta es una verdad de Perogrullo.

Una diferencia esencial entre el proceso del Caguán (1999-
2002) y el proceso de La Habana (2012-2016) radica en que, para
cuando inició este último, se había alcanzado una clara correlación de fuerzas a favor del Estado.

Para ello, fue necesario dotar de más presupuesto a las Fuerzas
Armadas, lo que se logró con los recursos que llegaron de Estados
Unidos a través del Plan Colombia, con las importantes desti-
naciones presupuestales que tuve ocasión de autorizar como
ministro de Hacienda, y con el impuesto para preservar la seguridad democrática del primer periodo del gobierno del presidente
Uribe y el impuesto al patrimonio que hicimos aprobar en su
segundo periodo y que tuvo continuidad durante mi gobierno.
Con estos mayores recursos, se multiplicó y se profesionalizó el

pie de fuerza, se mejoraron las instalaciones militares y policiales, y se adquirieron equipos y armamento de última tecnología.

Adicionalmente, se requirió voluntad política de combatir frontal y decididamente a las guerrillas, la cual se sostuvo durante los gobiernos del presidente Uribe y el mío, aun en medio de los diálogos de paz, pues la mayor parte de ellos se desarrollaron en medio del conflicto.

Y, finalmente, se necesitó de una verdadera reestructuración de la inteligencia y del esfuerzo operacional de las Fuerzas Armadas, para ganar efectividad y alcanzar por fin a los objetivos de mayor valor estratégico. Esto se logró con la asesoría de los más expertos cuerpos de inteligencia del mundo, y con la aplicación de un esquema centralizado de coordinación contra dichos blancos estratégicos que garantizó un trabajo armónico entre las Fuerzas Militares y la Policía. Ese —junto con la Política de Derechos Humanos y Derecho Internacional Humanitario— es el mayor legado de mi paso por el ministerio de Defensa.

Con todos estos elementos combinados en un periodo suficiente de tiempo, se cambió la balanza de la correlación de fuerzas y se inclinó a favor del Estado.

En últimas, no se trata de ganar la guerra exterminando o capturando hasta el último miembro de la organización enemiga. Eso puede llevar décadas y acarrea una infinidad de víctimas y de dolor que cualquier estadista está en la obligación de evitar. Se trata de inclinar la balanza y de que los comandantes de la insurgencia entiendan que su mejor camino —o mejor, su único camino viable— es negociar.

TERCERA PARTE

LA FASE SECRETA

(2010-2012)

CAPÍTULO X

LA "TRAICIÓN"

ESA MALDITA TENTACIÓN

El problema de los caudillos —ya lo anoté, cuando hice referencia a la dictadura del general Gustavo Rojas Pinilla a mediados del siglo pasado— es que siempre terminan cayendo en la tentación de perpetuarse en el poder. De alguna manera comienzan a sentirse indispensables o hacen creer a la gente que lo son, y así se produce esa convicción mesiánica y antidemocrática de que solo una persona tiene la capacidad para dirigir las riendas del Estado.

En África hay varias naciones que han soportado y siguen soportando el mandato de un único líder por dos, tres o más décadas, en regímenes casi siempre cuestionados por corrupción o violación de derechos humanos. Pero este estigma no es solo africano. Hoy vemos a grandes potencias afectadas por el síndrome de apego al poder de sus dirigentes: Vladimir Putin lleva al frente de Rusia desde el año 2000 y fue reelegido para un nuevo periodo que termina en el año 2024, y en China acaban de derogar el límite de dos mandatos consecutivos para un presidente, lo que anticipa un larguísimo periodo como timonel de su destino a Xi Jinping.

América Latina no se queda atrás. En los últimos tiempos, el decano en esta práctica ha sido Cuba, donde los hermanos Fidel y Raúl Castro detentaron el poder por casi seis décadas, desde enero de 1959, y de alguna forma este último lo sigue manteniendo a través del recientemente designado Miguel Díaz-Canel. Otros países de la región van por la misma senda, comenzando por Venezuela, cuyo régimen chavista está en el poder desde 1999, y donde el presidente Maduro, en el cargo desde el año 2013, se hizo reelegir en unas elecciones abiertamente ilegítimas para un nuevo periodo que iría hasta el 2025. Algo similar ocurre en Nicaragua, con el oprobioso régimen de Daniel Ortega —quien ya había sido presidente entre 1985 y 1990, y está de nuevo en el cargo desde el año 2007, ahora compartido con su esposa como vicepresidenta—. Y también en Bolivia, donde Evo Morales, que ocupa la presidencia desde el 2006, busca obtener un cuarto mandato pasando por encima de una prohibición constitucional. En Ecuador tuvieron que convocar un referendo para suprimir la reelección indefinida y frenar las aspiraciones del expresidente Rafael Correa —quien ya había tenido el poder por más de diez años— de regresar al Palacio de Carondolet.

Colombia no ha sido tierra propicia para el florecimiento de caudillos. Nuestra raigambre democrática y la multiplicidad de líderes con capacidad y posibilidad de dirigir la nación han servido de antídotos a esta tentación. Durante el siglo XX, mientras rigió la Constitución de 1886, solo era permitido un periodo de reelección no consecutivo, y el único que lo logró fue Alfonso López Pumarejo, quien, luego de ser presidente entre 1934 y 1938, se reeligió para el periodo 1942-1946, si bien no terminó su segundo mandato. Alberto Lleras Camargo, en su calidad de designado a la presidencia, lo reemplazó y gobernó por un año, y luego fue elegido, esta vez en las urnas, como presidente para el primer periodo del Frente Nacional entre 1958 y 1962. Otros, como Carlos Lleras Restrepo y Alfonso López Michelsen, reconocidos por su capacidad política e intelectual, intentaron sin éxito regresar al poder. Hasta que la Constitución de 1991 prohibió rotundamente cualquier reelección.

Como ya se dijo antes, el presidente Álvaro Uribe, elegido inicialmente para el periodo 2002-2006, logró que el Congreso reformara la Constitución —cambiando un simple "articulito"— para reelegirse por un periodo más, y así obtuvo su segundo periodo. Yo mismo, desde el partido de la U, acompañé esa iniciativa pues, como muchos colombianos, estaba convencido de que la seguridad democrática que impulsaba Uribe merecía otros cuatro años de vigencia para consolidar la necesaria correlación de fuerzas a favor del Estado.

Sin embargo, el bicho del caudillismo hizo estragos, y Uribe— como otros presidentes del vecindario— decidió buscar la forma de reelegirse para un tercer periodo. Él había dicho alguna vez, en una reunión con congresistas de la coalición de gobierno, que no consideraba conveniente que un presidente se perpetuara en el poder y que una nueva reelección la vería necesaria "solo si hay una hecatombe".

Pues bien, parece que consideró que existía el riesgo de la hecatombe —que es el pretexto de todos los caudillos: que el país se derrumba si no continúa bajo su liderazgo—, y vio con buenos ojos que se adelantara un proceso de recolección de firmas, liderado por el partido de la U, para promover la convocatoria de un referendo que volviera a cambiar la Constitución y permitiera su segunda reelección. El proyecto de referendo fue votado favorablemente en el Congreso y pasó al estudio de la Corte Constitucional, la cual, el 26 de febrero de 2010, declaró inexequible la ley que lo convocaba.

En concepto del alto tribunal, se presentaron irregularidades en la campaña de recolección de firmas y en el trámite en el Congreso, que constituían graves vicios de forma. Ya en el fondo, la Corte consideró que una segunda reelección violaba principios como la separación de poderes, la igualdad, la alternancia democrática y el sistema de pesos y contrapesos establecido por la Constitución de 1991.

Para eso, entre otras cosas, es la división de poderes: para evitar que uno de los tres poderes constituidos se arrogue excesivas atribuciones y ponga en peligro el indispensable balance democrático. La Corte Constitucional, por fortuna, salvó a Colombia de caer en el contagio regional del caudillismo.

En el año 2014 presenté una reforma constitucional —que fue aprobada en el 2015— para eliminar de nuevo la reelección presidencial, y así regresamos a la prohibición que existía desde la Constitución de 1991. Con un blindaje adicional: que solo se podrá cambiar esta prohibición mediante un referendo de iniciativa popular o una asamblea constituyente, ya no por el Congreso.

Tal vez, visto desde el prisma de la historia —eso han dicho algunos analistas—, de una manera excepcional fueron necesarias la reelección de Uribe en 2006 y la mía en 2014, pues permitieron que hubiera un lapso de ocho años de aplicación prioritaria de la política de seguridad democrática, que debilitó a la guerrilla, seguido de otros ocho años en que, sin abandonar esta política, se logró la negociación y puesta en marcha del acuerdo de paz con las Farc. Concluida esta tarea esencial para el futuro del país, tuve la convicción de que había que regresar el río de la democracia a su cauce normal, con diferentes gobiernos que se sucedan el uno al otro, y que se basen en instituciones y no en personas. Así se garantiza un sistema de pesos y contrapesos más eficiente, y una sana rotación en el liderazgo político.

Confieso que hubiera preferido que el periodo presidencial, ya sin reelección posible, fuera de cinco años y no de cuatro, para que cada presidente tuviera más margen de maniobra. Pero esta idea no tuvo acogida en el Congreso, así que, en materia de reelección —o, mejor dicho, de no reelección—, acabamos regresando al estado de cosas de 1991.

FRENTE AL MAR DE CARTAGENA

Por mi parte, luego de 34 meses como ministro de Defensa, renuncié al cargo en mayo de 2009 para no inhabilitarme y poder presentarme como candidato presidencial en las elecciones del 2010. Era perfectamente consciente de que, si Uribe lograba su propósito de reformar de nuevo la Constitución para buscar una segunda reelección, no había chance posible para ningún otro candidato. Él mantenía una alta popularidad, sustentada en gran parte por los golpes que habíamos asestado a la guerrilla y el narcotráfico, gracias a los cambios implementados en la inteligencia y en las operaciones.

Pero también sabía que el tema de la segunda reelección era un camino difícil —se requería recolectar las firmas, la aprobación del Congreso y la validación de la Corte Constitucional— y que, si Uribe no podía presentarse, el camino estaba abierto para otros aspirantes, entre los cuales podría estar yo.

Me dediqué a escribir un libro sobre los golpes estratégicos que habíamos dado a las Farc durante mi ministerio, que se lanzó en diciembre de 2009, y esperé tranquilamente a que el destino jugara sus cartas. Asumí, además, el 26 de enero de 2010, la presidencia del partido de la U que había fundado hacía cuatro años y medio. Siempre que me preguntaban si me iba a lanzar como candidato a la presidencia, respondía lo mismo: solo si el presidente Uribe no puede ser candidato, contemplaría esa posibilidad. Contrario a lo que muchos han sugerido, yo no estaba —nunca estuve— totalmente convencido de que ese fuera mi objetivo en el fondo de mi corazón. O dicho de otra forma: si no cuajaba esa posibilidad, no me hubiera sentido frustrado ni me hubiera echado a la pena.

Exactamente un mes después, el 26 de febrero, cuando se hizo público el fallo de la Corte Constitucional que declaró inexequible la ley que convocaba el referendo para aprobar la segunda reelección, me encontraba en un evento en el Centro de Convenciones de Cartagena. Cuando conocí la noticia, me aparté y me quedé unos minutos absorto, mirando la bahía de Cartagena. Fue entonces cuando pensé, por primera vez, que era posible, verdaderamente posible, que yo fuera presidente de Colombia.

Hasta ese momento había jugado con la idea, había puesto a sonar mi nombre como precandidato, formaba parte de las listas de presidenciables que de tanto en tanto sacaban los medios de comunicación, pero jamás había sentido, con seriedad, que iba a llegar a tan alto cargo. Yo había sido ministro tres veces, pero nunca había sometido mi nombre a la votación popular. El único proceso electoral en que había participado fue cuando el Congreso me escogió como designado a la presidencia. Es más, muchas veces pensé que mi apellido, relacionado con el presidente Eduardo Santos, un recordado mandatario de mediados del siglo XX, y con la familia que había sido propietaria del periódico más influyente y leído en el país, era un peso, más que una ventaja, para lograr el apoyo del pueblo en las urnas. Para muchos, independientemente de mis realizaciones personales, yo representaba las élites que siempre habían gobernado a Colombia. Tenía un tufillo de nepotismo.

Traigo a colación una anécdota con mi amigo y también profesor Carlos Fuentes, quien ha debido ser nobel de literatura. Una vez, estando con nuestras esposas almorzando en uno de los mejores restaurantes de Londres, *Simpson's in the Strand*, disfrutando de sus famosos rosbifs, le reclamé porque en su novela futurista *La silla del águila* —publicada en 2003— había dicho que yo sería presidente de Colombia para el año 2020, lo que causaba las burlas de mis amigos. Fuentes se paró y me preguntó:

—¿Cuántos años crees que tengo yo? —era indudable que se veía en perfecta forma—. Tengo más de los que tú tendrás en el 2020. ¿Y no crees que yo a esta edad no podría ser mejor presidente que ese pelele que tenemos en México?

Se refería a Vicente Fox, que no era propiamente de sus preferencias.

—Pero ese no es el punto. Diles a tus amigos que cuando uno va a ser presidente, todo el mundo lo invita, lo consiente, lo elogia; cuando uno es presidente, todos lo critican y le dan palo porque no cumplió con lo que prometió en la campaña, y, cuando uno sale de la presidencia, nadie ni siquiera le pasa al teléfono. ¡De manera que lo que estoy haciendo es prolongándote tu vida feliz!

De pronto eso era, en el fondo, lo que yo quería: vivir con el sueño, con la expectativa, pero sin semejante responsabilidad. Sin embargo, en ese instante, contemplando el majestuoso mar Caribe, sentí que aquel sueño, que siempre consideré lejano, se podía convertir en realidad.

Recordé las palabras de mi admirado amigo y consejero Alfonso Palacio Rudas, casi veinte años atrás, cuando me dijo que había una diferencia muy grande entre influir, como puede influir un director de periódico, y tener poder, como lo tiene quien firma decretos, y que mi vocación era la de lograr que las cosas se hicieran. Supe que me había llegado el momento de intentarlo desde el más alto cargo de la nación.

LA CAMPAÑA PRESIDENCIAL

Y las estrellas se alinearon. El 9 de marzo de 2010 fui proclamado como candidato a la presidencia por el partido de la U y el 14 de marzo —siendo todavía presidente de la colectividad— obtuvimos un resultado muy positivo en las elecciones legislativas. El partido se consolidó como la primera fuerza política en el Congreso, pasando de 20 a 28 senadores y de 28 a 48 representantes.

La campaña por la presidencia —debido al tiempo que habíamos tenido que esperar la decisión de la Corte Constitucional— fue una campaña relámpago de tan solo dos meses y medio. Mis principales contrincantes fueron Antanas Mockus, del partido Verde; Germán Vargas Lleras, de Cambio Radical; Noemí Sanín, del partido Conservador; Gustavo Petro, del Polo Democrático Alternativo, y Rafael Pardo, del partido Liberal.

La principal característica de mi candidatura —avalada por el partido que había promovido la reelección del presidente Uribe y que más defendía su legado— era la continuidad de las políticas de Uribe en materia de seguridad, de promoción de la confianza inversionista y de inclusión social. Y lo hacía con absoluta convicción. Yo representaba, por mis resultados en el Ministerio de Defensa, una posición de mano fuerte frente a los grupos armados ilegales, comenzando por las Farc. Y, en materia económica y social, tenía propuestas reformadoras y progresistas que partían de un concepto que he considerado siempre responsable: construir sobre lo construido.

Si algo hace daño a una sociedad es que cada nuevo mandatario llegue al poder con lo que se ha llamado "el complejo de Adán", creyendo que parte de un punto cero y que el país se construye a partir de su posesión. Esa mentalidad es la que impide que se adelanten políticas de largo plazo, que son las más efectivas para transformar una nación. De mi parte, estaba dispuesto —y así lo

hice—a continuar y mejorar los buenos programas y políticas de
mi antecesor, y a lanzar otros nuevos que dieran una personalidad
propia a mi gobierno.

Como mi fórmula vicepresidencial designé a Angelino Garzón,
un líder social, exsindicalista y exgobernador del departamento
del Valle del Cauca, con quien había compartido gabinete en el
gobierno Pastrana, siendo él ministro de Trabajo y yo ministro de
Hacienda, y quien me había acompañado en varios de los grupos
de análisis para buscar soluciones dialogadas al conflicto armado.
Lo escogí con la teoría del complemento contrario, pues él —como
representante de otro sector de la sociedad, por su origen humilde
y sindical— aportaría votos que yo no tendría tan fácilmente.

Pocos saben que, antes que a Angelino, le ofrecí acompañarme
como vicepresidente al empresario barranquillero Antonio Celia,
que reunía las ventajas de ser costeño —y por eso también un
buen complemento para mí, que soy de la capital— y un gerente
de reconocida probidad y eficiencia, con gran sensibilidad social,
que había convertido a Promigás en la compañía más importante
del negocio del gas en el país. Celia me agradeció el ofrecimiento
pero no aceptó, pues estaba muy comprometido con el desarrollo de su empresa. Fue una lástima porque Angelino Garzón
no estuvo a la altura.

Así las cosas, el 30 de mayo quedé en primer lugar en las elecciones de primera vuelta con el 46,7 % de los votos —si hubiera
superado el cincuenta por ciento no hubiera sido necesaria la
segunda vuelta—, seguido por Antanas Mockus, el candidato del
partido Verde, que obtuvo el 21,5 % de la votación. Mockus, un
matemático y profesor universitario de ascendencia lituana, que
había sido rector de la Universidad Nacional y alcalde de Bogotá
en dos ocasiones, representaba un aire fresco en la política, con
propuestas innovadoras basadas en el respeto de la legalidad y en la
promoción de la cultura ciudadana. Lo respeté como mi contendor,

y lo sigo respetando y admirando —aún más— como un hombre transparente, siempre bien intencionado, y comprometido con la defensa de la vida y de la paz. Ha sido el gran promotor de una mejor cultura ciudadana, que tanta falta le hace al país.

Para las elecciones de segunda vuelta —en las que solo participamos el profesor Mockus y yo— conté con la adhesión no solo del partido de la U sino también del partido Conservador; de Cambio Radical y quien había sido su candidato, Germán Vargas Lleras, y de muchos miembros del partido Liberal. Con este amplio abanico de apoyos, mi llamado fue el de construir un gobierno de unidad nacional para avanzar en la solución de los principales problemas del país. Finalmente, el 20 de junio de 2010 resulté elegido a la presidencia con una votación superior a los nueve millones de votos, la más alta obtenida, hasta ese momento, por cualquier candidato en la historia de Colombia.

"LA PUERTA DEL DIÁLOGO NO ESTÁ CERRADA CON LLAVE"

Hay que reconocer que el tema de un eventual diálogo con las guerrillas para intentar un nuevo proceso de paz no fue algo que tratara ni en mis debates ni en mis discursos durante la campaña. Fui elegido, básicamente, porque los colombianos reconocían mi gestión como ministro de Defensa —en particular los contundentes golpes a las Farc— y me veían como el indicado para continuar debilitando militarmente a los grupos armados ilegales. Por supuesto, también pesaron mi experiencia en el campo económico —por haber sido el primer ministro de Comercio Exterior del país, encargado de abrir nuestra encapsulada economía al mundo, y el ministro de Hacienda al que le tocó enfrentar y superar la peor crisis económica de los últimos ochenta años—y también por mi visibilidad en la vida nacional durante las últimas tres décadas.

No es de extrañar, por eso, que, cuando me referí a la posibilidad de abrir la puerta del diálogo en mi discurso de posesión, muchos ojos se abrieran con asombro, comenzando por los de mi predecesor, el ahora expresidente Uribe.

Aquel sábado 7 de agosto de 2010 madrugué para viajar a la Sierra Nevada de Santa Marta, donde, en un acto de respeto hacia nuestras comunidades indígenas —nuestros hermanos mayores—, pedí permiso a los mamos de los pueblos koguis, arhuacos, kankuamos y wiwas para posesionarme. Ellos me entregaron un bastón de mando simbólico y me dijeron: "Busque la paz y busque la reconciliación con la madre tierra, que está sufriendo". Siempre procuré estar a la altura de este encargo.

Esa tarde, la plaza de Bolívar de Bogotá estaba a reventar con los invitados a mi acto inaugural. Se respiraba el ambiente festivo que siempre acompaña estos eventos. En la tarima principal se encontraban, entre otros, una docena de presidentes de países de América Latina, el entonces príncipe de Asturias Felipe de Borbón, los expresidentes de Colombia y, en un lugar destacado, detrás de mí, el presidente saliente Álvaro Uribe Vélez. No solo mi familia, sino también la suya, estaban en puestos de honor. Esto era algo inusual pues normalmente el presidente que deja el cargo no participa en la posesión de su sucesor. Pero quise cambiar esta costumbre como un homenaje al mandatario de quien había sido ministro y con quien tanto habíamos hecho por recuperar la seguridad del país. En mi discurso dediqué varios párrafos a exaltar su labor y también la figura de la primera dama saliente, doña Lina Moreno de Uribe, una mujer sencilla y discreta que se había ganado el corazón de los colombianos.

Lo hice entonces con convicción, y no me desdigo ahora, a pesar de la dura y muchas veces injusta oposición que he sufrido por parte del expresidente Uribe. Sus principales líneas de gobierno —seguridad, confianza inversionista e inclusión social— las continué, muchos de sus programas beneficiosos los reforcé, y cumplí con mi máxima de construir sobre lo construido. Por supuesto, el Gobierno que comenzaba era mi gobierno y no una copia del suyo, y por eso mismo tendría una impronta personal y única. Tal vez eso fue lo que no me perdonó.

Y tampoco me perdonó que asumiera la bandera de la paz, algo que, por cierto, no es una opción para un presidente de Colombia, sino un mandato constitucional consagrado en el artículo 22 de nuestra carta política, según el cual "la paz es un derecho y un deber de obligatorio cumplimiento".

¿Y cuál fue la mayor sorpresa en mi discurso de posesión? Que contemplara la posibilidad de llegar a la paz a través del diálogo.

Los párrafos que dediqué a este tema son de crucial importancia, y por eso los transcribo a continuación:

> En medio de la voluntad y el tesón de más de cuarenta y cinco millones de buenos colombianos, subsiste, sin embargo, una ínfima minoría que persiste, con el terrorismo y el narcotráfico, en obstruir nuestro camino hacia la prosperidad.
>
> A todas las organizaciones ilegales las seguiremos combatiendo sin tregua ni cuartel. No descansaremos hasta que no impere plenamente el Estado de derecho en todos y cada uno de los corregimientos de nuestra patria.
>
> Con la consolidación de la seguridad democrática hemos avanzado en esta dirección como nunca antes, pero falta camino por recorrer. Llegar a este final seguirá siendo prioridad, y desde ya le pido a la nueva cúpula de nuestras Fuerzas Armadas que continúe dando resultados y produciendo avances contundentes.
>
> Al mismo tiempo quiero reiterar: la puerta del diálogo no está cerrada con llave.

Yo aspiro, durante mi gobierno, a sembrar las bases de una verdadera reconciliación entre los colombianos. De un desarme real de los espíritus, construido sobre cimientos perdurables que no alimenten falsas esperanzas, que no permitan más engaños y que no conduzcan a nuevas frustraciones en un país que, desde lo más profundo de su alma ensangrentada, lo que más desea es la paz.

Tenemos que asimilar las lecciones del pasado y aprender de los errores cometidos en esta brega por superar una confrontación que hace demasiado tiempo nos desgarra.

Es cierto que quienes no aprenden de la historia están condenados a repetirla. Pero el pueblo colombiano ha asimilado muy a fondo la suya. Y por eso expresa, todos los días y en todas las formas, su rechazo a quienes persisten en una violencia insensata y fratricida.

A los grupos armados ilegales que invocan razones políticas y hoy hablan otra vez de diálogo y negociación, les digo que mi gobierno estará abierto a cualquier conversación que busque la erradicación de la violencia, y la construcción de una sociedad más próspera, equitativa y justa.

Eso sí —insisto— sobre premisas inalterables: la renuncia a las armas, al secuestro, al narcotráfico, a la extorsión, a la intimidación. No es la exigencia caprichosa de un gobernante de turno. ¡Es el clamor de una nación!

Pero mientras no liberen a los secuestrados, mientras sigan cometiendo actos terroristas, mientras no devuelvan a los niños reclutados a la fuerza, mientras sigan minando y contaminando los campos colombianos, seguiremos enfrentando a todos los violentos, sin excepción, con todo lo que esté a nuestro alcance. ¡Y ustedes, los que me escuchan, saben que somos eficaces!

Lo he dicho, y lo repito: es posible tener una Colombia en paz, una Colombia sin guerrilla, ¡y lo vamos a demostrar! Por la razón o por la fuerza.

¿TRAICIÓN?

No ocurrió inmediatamente, pero sí fue un tema del que comenzó a hablarse poco a poco, hasta que se convirtió en una convicción casi inamovible en el imaginario popular: "Santos traicionó a Uribe y, de alguna forma, a sus electores".

Ese título de traidor lo usó la oposición dirigida por el presidente Uribe —con verdadera efectividad, hay que reconocerlo— como una estrategia continuada y deliberada para lograr lo que en inglés se denomina *character assassination* (el asesinato de la reputación), que consiste en asociar permanentemente el nombre de alguien a rumores falsos o afirmaciones tendenciosas con el fin de malograr su imagen. Cómo será de obvia esta estrategia que, en 2014, uno de los hijos del expresidente Uribe, Tomás, escribió un tuit con esta consigna a sus seguidores: "Sugiero que unifiquemos terminología para que el mensaje cale. Cambiar el adjetivo traidor por tramposo. El primero se justifica a la luz del beneficio percibido; el segundo no". Así fue —de esa calaña— la implacable oposición con la que tuve que lidiar durante todo mi gobierno.

¿Y cuál es el principal motivo para hablar de esta supuesta traición? Que, habiendo sido elegido para continuar la política de seguridad democrática y derrotar militarmente a las guerrillas, hubiera abierto la puerta del diálogo con ellas. Olvidan, los que así argumentan, que la ofensiva contra los violentos que prometí adelantar se cumplió al pie de letra, al punto de que en mi gobierno siguieron cayendo muchos más de los máximos comandantes y cabecillas de las Farc.

¿Fue una traición intentar —y además lograr— la salida negociada al conflicto armado con esta organización guerrillera? Por supuesto que no, y aquí hay dos razones principales que desmienten este calificativo maquiavélicamente utilizado.

En primer lugar, mi propia trayectoria. Es cierto que venía de ser el ministro de Defensa que más había golpeado a las guerrillas, pero nadie podía desconocer ni soslayar mi largo recorrido en la búsqueda de una solución negociada al conflicto.

Traje en 1996 a Adam Kahane, el experto canadiense que había ayudado al proceso de reconciliación en Sudáfrica, con lo que inició un proceso de reflexión de la sociedad civil que condujo al taller y los escenarios del ejercicio que se denominó *Destino Colombia*. En 1997, por buscar un consenso entre los jefes guerrilleros y paramilitares para iniciar un proceso amplio e integral de paz, acabé acusado de conspirador. Entregué personalmente a Andrés Pastrana, a mediados de 1998, cuando ya era presidente electo, el documento que resumía las conclusiones del trabajo de la llamada "sala de situación" que habíamos conformado varios colombianos, con el auspicio del representante de las Naciones Unidas en el país, para buscar una solución civilizada al conflicto armado. Organicé, a comienzos de 1999, un taller internacional para periodistas sobre cómo cubrir el conflicto armado y el proceso de paz. Y muchas veces en mis columnas de opinión había hablado del tema.

Por todo lo anterior, a nadie podía sorprender que contemplara, además de la confrontación militar, la posibilidad de iniciar un proceso de paz para acabar con una pesadilla de violencia de medio siglo. De alguna forma, desde hacía catorce años mis esfuerzos en la vida pública —ya fuera consiguiendo recursos económicos para las Fuerzas Armadas o liderando una exitosa campaña de debilitamiento de la guerrilla— tenían un único fin: la paz de Colombia, esa paz que, sabía muy bien, tarde o temprano tendría que pasar por una mesa de conversaciones.

Pero el segundo motivo que desmiente la supuesta traición es tal vez más contundente: ¿cómo se puede decir que traicioné el legado de mi antecesor, si él mismo buscó denodadamente, y en varias ocasiones, abrir espacios de diálogo con las guerrillas e incluso iniciar un proceso de paz?

A Uribe tampoco lo eligieron para dialogar con los insurgentes. Todo lo contrario: el contundente mandato de sus electores —desilusionados por el fracaso del Caguán— era derrotarlos por las armas, pero eso no fue obstáculo para que intentara dialogar con ellos. Y es normal, así tiene que ser. A uno no lo tienen que elegir para buscar la paz, ni uno tiene que prometerlo: ese es un deber moral y una obligación constitucional de todo gobernante en Colombia.

Por lo menos desde el año 2004 y hasta el primer semestre de 2010, el presidente Uribe, a través de sus comisionados para la paz —primero Luis Carlos Restrepo y luego Frank Pearl— envió mensajes a las Farc y recibió mensajes de ellas, con el objetivo de lograr un acuerdo humanitario para canjear secuestrados por presos de la guerrilla. Pero no solo eso: también buscó la posibilidad de hablar, con agenda abierta, "con el propósito de construir confianza entre las partes (...) que pueda conducir a una agenda de paz más detallada y profunda a futuro". Esta última propuesta, enviada el 5 de marzo de 2010 por el comisionado de paz del gobierno Uribe al máximo comandante de las Farc Alfonso Cano y a su segundo, Pablo Catatumbo, planteaba, además, que el lugar para "un encuentro directo y secreto" podría ser Brasil. A esta propuesta siguió otra comunicación de Pearl a los mismos comandantes, de fecha 8 de abril de 2010, con la que les anexó cartas de la embajada de Suecia en Bogotá y el Comité Internacional de la Cruz Roja en las que tanto el Gobierno sueco como la organización humanitaria manifestaban su disposición para acompañar un encuentro entre el Gobierno colombiano y las Farc en un país amigo, con el fin de brindar confianza a las partes y servir como testigos de las conversaciones. Las Farc al final no aceptaron, alegando que la propuesta era tardía pues solo faltaban cuatro meses largos para el cambio de gobierno.

Estas aproximaciones se realizaron, en su gran mayoría, por intermedio de Henry Acosta, un economista quindiano residente en Cali, con amplia trayectoria en el mundo de las cooperativas cafeteras, quien, por diversas circunstancias, entabló una relación de amistad y confianza con Pablo Catatumbo y se convirtió en el mensajero ideal para llevar y traer las propuestas del Gobierno y de la guerrilla. Acosta nunca llevó una razón a las Farc sin contar con una autorización escrita del alto comisionado para la paz, que estableciera que obraba con la autorización del presidente de la república para realizar labores de facilitador dirigidas a lograr un intercambio humanitario o a avanzar en la consecución de la paz.[4]

El presidente Uribe, incluso, fue más allá de simplemente enviar o recibir propuestas para un encuentro con las Farc: les ofreció no extraditar a Simón Trinidad y a Sonia, dos líderes estratégicos de esta guerrilla, a cambio de que liberaran a los secuestrados; excarceló unilateralmente a 150 guerrilleros que estaban presos en las cárceles colombianas, y liberó también sin contraprestación alguna, atendiendo una petición del presidente de Francia Nicolás Sarkozy, a Rodrigo Granda, miembro del estado mayor de las Farc, quien había sido capturado en Venezuela y estaba en una prisión colombiana.

Yo estaba presente cuando Uribe recibió la llamada de Sarkozy en su despacho. Estaba también la secretaria privada del presidente, Alicia Arango. Recuerdo que Uribe despotricó de Miguel Gómez, su embajador en París, por no manejar adecuadamente el tema del secuestro de Íngrid Betancur, y nos comentó luego que el presidente francés fue duro y agresivo en la forma como hizo la solicitud. Uribe, por el contrario, fue más bien condescendiente y hasta sumiso, en lo que pudimos oír de su respuesta. Pudo ser también un problema de idioma.

---

4   En su libro *El hombre clave* (Penguin Random House, Bogotá, 2016), Acosta narra con lujo de detalles y completa documentación su papel como facilitador entre las Farc y el Gobierno colombiano durante la administración del presidente Uribe y comienzos de la mía.

Y algo más: ante la petición de las Farc de despejar de fuerza pública a los municipios de Pradera y Florida, en el Valle del Cauca —cerca de 800 kilómetros cuadrados— para establecer una zona de encuentro en la cual discutir un eventual intercambio humanitario (canje de prisioneros, lo llamaba la guerrilla), Uribe llegó a aceptar, en diciembre de 2005, la propuesta de España, Suiza y Francia de despejar un área más pequeña, de 180 kilómetros cuadrados. Finalmente el despeje no se ejecutó, no por falta de voluntad del Gobierno sino por falta de aceptación de la guerrilla, que respondió con un destemplado comunicado:

> *Con Uribe no habrá intercambio humanitario. (...) Entendemos que en su afán de explotar electoralmente una iniciativa de los países facilitadores del acuerdo de canje, que aún no conocemos, ha lanzado al despeñadero todo un esfuerzo diplomático. Al tiempo que lamentamos esta actitud precipitada y ligera del presidente, hacemos un reconocimiento a los buenos oficios de los Gobiernos de Francia, Suiza y España (...).*

Debo decir que yo, como ministro de Defensa, y los altos mandos militares y de policía, nos opusimos con firmeza a este despeje, a pesar de que el presidente se inclinara por concederlo. La experiencia nefasta del Caguán nos demostraba que un despeje de territorio solo servía para fortalecer a la guerrilla, más aún en esos dos municipios que tenían una posición estratégica para las Farc, pues les permitía retomar el control que habían perdido sobre corredores del narcotráfico hacia el océano Pacífico.

Y si con las Farc hubo todas estas concesiones, acercamientos e intentos de diálogo, con el ELN los esfuerzos fueron aún mayores. A través del comisionado Restrepo, el gobierno Uribe adelantó conversaciones con esta guerrilla en Cuba y también en Venezuela, que llegaron incluso a la redacción, en diciembre de 2007, de una propuesta de acuerdo base que incluía un cese de fuego y hostilidades, la instalación de una mesa de diálogo entre el Gobierno y el ELN, y la realización de una convención nacional para la participación de la sociedad civil. La crisis en las relaciones con Venezuela, además de la exigencia inamovible del Gobierno de que el ELN concentrará a sus combatientes en zonas delimitadas antes de iniciar los diálogos formales, llevaron al congelamiento de estos avances.

No se entiende, entonces, que Uribe repitiera tantas veces que con los terroristas no se puede negociar.

De algunas de las aproximaciones del gobierno Uribe con las Farc y el ELN tuve conocimiento como ministro de Defensa, y de otras más fui enterado por Henry Acosta y por Frank Pearl, el último comisionado de paz del gobierno saliente. Lo que sí tenía claro cuando pronuncié mi discurso de posesión el 7 de agosto de 2010 es que existía un conjunto de esfuerzos previos y una ruta de diálogos con estas dos guerrillas —que había iniciado mi antecesor— que podían retomarse para lograr un resultado positivo para los colombianos.

¿Abrir la posibilidad del diálogo con las guerrillas —sin renunciar a su persecución militar mientras fuera necesario— fue una traición? El veredicto lo dará la historia.

LA SORPRESA BAJO LA MANGA

Valga hacer acá una reflexión política e histórica. Un líder, con mucha frecuencia, debe tener una sorpresa bajo la manga, porque no siempre puede uno decir a la nación exactamente lo que tiene en su mente para el bien del país. A De Gaulle lo designaron como primer ministro y ministro de Defensa de Francia en 1958, y lo eligieron otra vez como presidente en 1959, para que retuviera a Argelia, pero él acabó otorgándole la independencia en 1962. Rabin, en Israel, declaró en la campaña electoral que le llevó al poder que quien se retirara de los Altos del Golán, incluso a cambio de paz, "estaba fuera de sus cabales". Pero lo primero que hizo al llegar al poder fue negociar la devolución del Golán a cambio de paz. A Uribe lo eligieron para combatir y derrotar a las guerrillas, pero eso no fue obstáculo para que dialogara con ellas e intentara iniciar procesos de paz con el ELN y con las Farc. Otra cosa es que no hubiera tenido éxito en estos empeños.

En mi caso, la paz era una visión y un propósito que siempre había tenido. Pero hay circunstancias —como reconciliarse con Chávez, dar la mano a Timochenko, que los guerrilleros que digan la verdad y reparen a sus víctimas no vayan a la cárcel— que no le pasan al pueblo por la cabeza cuando se les habla de una política de paz. El liderazgo se prueba en ese momento en que, así no sea popular, uno decide sacar la sorpresa de la manga. El mismo De Gaulle decía: "Prefiero traicionar al electorado y no a Francia". Es una frase muy dura y, en mi convicción, no creo que buscar la paz en un país agobiado por la guerra pueda considerarse como una traición, pero siempre existe una brecha entre la visión del líder y la forma como el pueblo percibe sus decisiones.

A menudo, los ciudadanos creen que la paz se puede conseguir a cambio de nada, como si se tratara de la rendición incondicional de un enemigo aniquilado, y cuando se empieza a pagar el precio —porque toda paz tiene un precio— se sienten "traicionados".

Muchos de los que me eligieron en 2010 se asustaron o indignaron cuando saqué la "sorpresa" de la manga, que no era otra que la búsqueda de la paz a través de una negociación. Otros, en cambio, entendieron su valor y se sintieron representados por este ideal. Por eso, en 2010 me eligió una base política de centro-derecha y en 2014 me reeligió un electorado de centro-izquierda.

COMIENZAN A CUMPLIRSE LAS CONDICIONES

Ahora bien, ¿por qué incluí la posibilidad de entablar diálogos de paz con las guerrillas en mi discurso? ¿Por qué dije que la puerta del diálogo no estaba cerrada con llave? Pude no haberlo anunciado y simplemente haberlo intentado en la práctica, tal como lo hizo mi predecesor, pero consideré que era el momento para notificar al país y a los grupos insurgentes de mi voluntad de avanzar en esa dirección. Proclamé en el discurso que íbamos a lograr la paz "por la razón o por la fuerza". Mi instinto, mi corazón y mi conciencia me decían que, después de haber apelado por tantos años a la fuerza, había llegado la hora de dar una nueva oportunidad a la razón.

Dos hechos, en particular —a los que me referiré luego—, me mostraron la viabilidad del camino de la negociación: primero, que días antes de mi posesión se había abierto un canal de acercamiento con el presidente venezolano Hugo Chávez, quien era mi enemigo jurado pero también un actor fundamental para crear confianza con la guerrilla, y, segundo, que fui enterado por fuentes de primera mano de lo que había avanzado el gobierno Uribe en su esfuerzo para abrir un diálogo con las guerrillas.

El 7 de abril de 2010, el secretariado de las Farc dirigió —a través del facilitador Henry Acosta— una carta al comisionado de paz Frank Pearl, en la que declinaban la oferta del Gobierno de tener "un encuentro directo y secreto" en Brasil. Esta carta se filtró y fue divulgada por Telesur, incluso antes de que Acosta la entregara a su destinatario. Así la conocimos todos los colombianos. Y en ella había un párrafo del que, como candidato a la presidencia, tomé atenta nota:

Reiteramos que las puertas de las Farc-EP permanecen abiertas, queremos insistir en nuestra opinión de que diálogos como el que nos propone el Gobierno conviene hacerlos en Colombia y de cara al país.

¿Qué significaba esto? Que se estaban reuniendo, poco a poco, las cuatro condiciones que siempre consideré necesarias para que un diálogo de paz pudiera intentarse con éxito: una correlación de fuerzas en combate a favor del Estado; respaldo de los países de la región; voluntad real de la contraparte para dialogar, generada por el convencimiento de los comandantes guerrilleros de que les iba mejor —en lo personal y a su organización— con la paz que con la guerra, y reconocimiento de la existencia de un conflicto armado.

CAPÍTULO XI

HUGO CHÁVEZ: ACUERDO SOBRE EL DESACUERDO

EL DESAFÍO DE CONVERTIR AL ENEMIGO EN UN ALIADO
Tal como lo dije en mi discurso de aceptación del Premio Nobel de la Paz, hay que estar dispuesto a tomar decisiones difíciles, muchas veces impopulares, para lograr el objetivo final de la paz. En mi caso —enfaticé—, esto implicó aproximarme a gobiernos de países vecinos con los cuales tenía y sigo teniendo hondas diferencias ideológicas.

Alcanzar la paz es mucho más importante que cualquier disputa personal o política, no solo a nivel internacional sino también en el ámbito doméstico. Para Colombia hubiera sido imposible tener éxito en nuestros esfuerzos de paz sin el respaldo de los países vecinos. En el mundo de hoy es indispensable el apoyo regional para la resolución política de cualquier guerra asimétrica. Y apoyo regional era, precisamente, lo que no había cuando asumí la presidencia en agosto del 2010.

Entonces no teníamos relaciones diplomáticas con Venezuela ni Ecuador y, de alguna manera, éramos vistos por la mayoría de las naciones de la región como la oveja negra, un país que prefería ser aliado de Estados Unidos que un socio de sus propios pares. Esta opinión se vio fortalecida por la suscripción de un acuerdo para incrementar la cooperación en seguridad entre Colombia y los Estados Unidos. Chávez se empeñó en exagerar el alcance del acuerdo, repitiendo por doquier que permitía el uso ilimitado, por parte de las Fuerzas Armadas estadounidenses, de siete bases militares en nuestro suelo. Eso era falso. El acuerdo se enfocaba en la cooperación para enfrentar las redes del crimen organizado y no era, en modo alguno, una amenaza para nuestros vecinos. Sin embargo, Venezuela atacó con vehemencia este avance en la cooperación militar bilateral, y logró movilizar a otros países de América Latina para que se unieran en el rechazo a esta medida.

Fui el ministro de Defensa que trabajó para mejorar los vínculos de cooperación militar con la potencia del norte; había denunciado alto y fuerte el apoyo que daba Venezuela a las guerrillas colombianas, y la falta de cooperación que encontrábamos en el Gobierno del Ecuador para combatirlas; además, había autorizado el bombardeo a un campamento de las Farc ubicado en suelo ecuatoriano. No era de extrañar que dos líderes en particular me tuvieran en el centro de sus odios y me consideraran como uno de sus principales enemigos: el presidente de Venezuela, Hugo Chávez, y el presidente del Ecuador, Rafael Correa.

¿Era posible para mí lograr la paz en Colombia mientras subsistieran esas enemistades? Ciertamente, no. La paz no se construye en el vacío. Somos parte de una comunidad internacional; las naciones son interdependientes, y yo no podía ignorar el hecho de que Venezuela y Ecuador, nuestros vecinos, eran en ese momento actores claves en el juego estratégico regional. Cuando se persigue un bien superior, hay que trabajar con personas que pueden no gustarle a uno, o algo más: puede ser necesario convertir al enemigo en un amigo, en un aliado.

Ese fue mi máximo desafío internacional. También en este campo —como en el mismo proceso de paz con la guerrilla— era necesario hacer posible lo imposible.

UN EXTRAÑO FUNERAL

El viernes 8 de marzo de 2013, en la Academia Militar de Venezuela, en Caracas, en medio de un ambiente de tristeza y solemnidad, escuché el llamado de mi nombre. Di unos pocos pasos y me situé al frente, al lado derecho, del féretro que contenía los restos de quien había sido en vida un feroz contendor y, finalmente, un respetuoso aliado: el teniente coronel Hugo Rafael Chávez Frías, presidente de Venezuela, quien había muerto tres días antes, aún en ejercicio de su cargo, tras una batalla de casi dos años contra el cáncer.

Junto a mí, en ese segundo turno de la llamada 'guardia de honor', se pararon otros jefes de Estado de América Latina y el Caribe. Fueron casi dos minutos de callado homenaje, y no pude menos que reflexionar sobre la inmensa paradoja que suponía, para mí, ser el presidente de Colombia que acompañara el funeral de un líder popular y polémico a la vez, como había sido Chávez, pero, sobre todo, del personaje internacional con el que había tenido el mayor enfrentamiento en toda mi carrera pública como político y periodista.

En menos de tres años la relación había dado un vuelco total, por una razón fundamental: la paz de Colombia y el bienestar de nuestras naciones. Hoy puedo decir que, sin la participación y apoyo que dieron Chávez y Venezuela al proceso de paz, hubiera sido muy difícil —de pronto hasta imposible— lograr la confianza de la guerrilla en el proceso y alcanzar el resultado exitoso que se obtuvo.

Lo cierto es que Chávez había sido mi enemigo y cuando me posesioné como presidente, en agosto de 2010, él había roto relaciones diplomáticas con Colombia. Además, estábamos situados en las antípodas políticas e ideológicas. No podíamos ser más diferentes ni creer en conceptos más opuestos: Chávez promovía una ideología de izquierda, a la que denominó "bolivariana", basada en la confrontación con el capital extranjero, y la desconfianza en el mercado y el sector privado. Yo, por mi parte, defendía una posición de centro, sustentada en la doctrina de la Tercera Vía, según la cual se debe permitir "el mercado hasta donde sea posible y el Estado hasta donde sea necesario". Es decir, lograr el justo medio entre una economía liberal y una intervención del Estado para asegurar temas fundamentales como la equidad, la seguridad y la justicia.

Pero no se trataba solo de diferencias ideológicas. Chávez y yo nos habíamos dicho de todo. En mis columnas como periodista en *El Tiempo*, a comienzos de siglo, muchas veces expresé mi preocupación por las políticas y acciones del mandatario venezolano y sus repercusiones sobre Colombia, algo que me dolía especialmente pues, como ministro de Comercio Exterior, a inicios de los noventa, uno de mis mayores logros había sido la negociación del tratado de libre comercio con Venezuela y México —el llamado G-3—, y el incremento del intercambio comercial con el país vecino. Y ahora veía desmoronarse todo eso.

En una columna de esa época escribí:

Colombia tiene un problema que no podemos ignorar: tenemos el deber y la obligación de al menos analizarlo con cabeza fría y serenidad. Se llama Hugo Chávez y su denominado proyecto bolivariano. Es un problema porque no solo está destruyendo una integración económica y comercial que hasta hace poco era señalada como

ejemplo por el resto del mundo, sino que son demasiados los indicios,
los señalamientos y muchas veces las evidencias de sus simpatías por
la guerrilla colombiana.

Especial resonancia tuvo un artículo mío que publicó la *Revista Diners* en el año 2004, bajo el provocativo título "Arde Venezuela... y puede quemar a Colombia". A mí, que entonces presidía la Fundación Buen Gobierno y era columnista en varios periódicos, me llegaba mucha información sobre lo que estaba sucediendo en Venezuela, y me sentí en la obligación de ordenarla, analizarla y difundirla.

Los términos de este artículo no fueron mejores que los de mis columnas previas. Afirmé que la democracia venezolana había sido secuestrada por Hugo Chávez, que el desempeño económico de su gobierno era un estrepitoso fracaso, que brindaba amistad y apoyo a las guerrillas de las Farc y el ELN, y advertí sobre los peligros de la internacionalización de su revolución bolivariana. Y fui más allá: describí al mandatario venezolano como "un teniente coronel profesionalmente gris, con inocultables resentimientos sociales", un populista y un tirano que "ha ejercido el poder con un estilo típicamente autocrático y cada vez más alejado del Estado de derecho".

Me convertí, de esa forma, en el más acérrimo crítico en Colombia de Chávez y de su régimen, y él, por supuesto, no ahorraba epítetos contra mí. Por eso, consideró como un acto inamistoso, o por lo menos provocador, que el presidente Uribe me designara, a mediados del 2006, como ministro de Defensa nacional. Y no eran infundadas sus prevenciones, pues en esa condición fui una piedra en el zapato frente a su deseo de convertirse en un actor activo, una especie de salvador frente al conflicto colombiano. Un caso en particular ilustra esta situación: el del niño Emmanuel, nacido en cautiverio.

LA DEVELACIÓN DEL ENGAÑO EN EL CASO DE EMMANUEL

En los últimos meses del año 2007, el presidente Uribe, preocupado y presionado por el calvario de las personas que las Farc mantenía secuestradas —incluidos políticos, extranjeros y miembros de la fuerza pública—, autorizó a su colega venezolano Hugo Chávez, de quien se sabía que contaba con contactos e influencia en las filas de la guerrilla, para que actuara como facilitador con el fin de lograr un acuerdo humanitario que permitiera la liberación de los rehenes.

La intermediación de Chávez no tuvo resultados y fue cancelada por el presidente Uribe, lo que suscitó la indignación del mandatario venezolano. Terminada dicha intermediación, a mediados de diciembre de 2007, las Farc anunciaron su intención de liberar unilateralmente a la exrepresentante Consuelo González; a la exjefe de campaña de Íngrid Betancourt, Clara Rojas, y a su pequeño hijo, Emmanuel, de tres años y medio de edad, que había nacido en cautiverio. La condición planteada por la guerrilla era que solo los entregarían al presidente Chávez o su enviado, y a la senadora liberal Piedad Córdoba, quien era cercana y buena amiga de Chávez.

En el Gobierno recibimos la noticia con prudente optimismo y procedimos a realizar las gestiones para facilitar la entrega de los secuestrados. Se autorizó el ingreso de helicópteros venezolanos con la insignia de la Cruz Roja Internacional y de funcionarios de dicho país, así como de garantes internacionales de siete naciones —Argentina, Bolivia, Brasil, Cuba, Ecuador, Francia y Suiza—, incluyendo el expresidente argentino, Néstor Kirchner, y el asesor en asuntos exteriores y mano derecha del presidente Lula, del Brasil, Marco Aurelio García. Además, se ordenó la suspensión de operaciones militares en el área donde se realizaría la liberación para evitar cualquier tropiezo a la operación humanitaria.

Pero algo no cuadraba. La inteligencia del Ejército tenía indicios que demostraban que la promesa de las Farc era imposible de cumplir. Según dichos indicios, un niño de la edad y características de Emmanuel había sido entregado en San José del Guaviare, una pequeña población ubicada en la zona de conflicto, al sistema de protección del Instituto de Bienestar Familiar desde mediados del 2005. La entidad estatal lo había enviado a un hogar sustituto en Bogotá, donde lo cuidaban y conocían bajo otro nombre.

El general Mario Montoya, comandante del Ejército me informó del caso, que al comienzo me pareció disparatado. Si las Farc no tenían a Emmanuel, ¿por qué ofrecían liberarlo?

Lo cierto es que no lo tenían. La guerrilla había dejado al niño, desde hacía casi dos años, al cuidado de un campesino y su familia, pero unos meses después dicho campesino, preocupado por el estado del pequeño que tenía síntomas de leishmaniasis y una fractura en el brazo izquierdo, tuvo que llevarlo a un centro de salud. Allí los médicos, alarmados por la condición de Emmanuel, quien además sufría de desnutrición crónica, decidieron remitirlo al Bienestar Familiar.

Por eso, cuando los guerrilleros buscaron de nuevo al campesino y le pidieron que les devolviera al niño para entregarlo, junto con su madre, a la comisión humanitaria, se encontraron con la sorpresa de que ya no lo tenía. Y, a pesar de esto, siguieron ofreciendo su devolución, mientras lo buscaban.

Nuestra información de inteligencia nos mostró que la guerrilla había comenzado a buscar desesperadamente el hogar sustituto donde podría estar el niño, por lo que el 28 de diciembre de ese año 2007 ordené que lo retiraran del hogar del Bienestar Familiar y lo pusieran bajo custodia de personal especializado en un lugar secreto. En tan solo dos o tres días sería la pretendida devolución por las Farc a la comisión humanitaria liderada por Chávez, de las dos secuestradas y el pequeño niño. De nuestra parte, aún no teníamos total certeza de que el niño en nuestro poder fuera Emmanuel.

El 29, antes de viajar a Cartagena, donde tenía planeado pasar el fin de año, me reuní con Bárbara Hintermann, jefa del Comité Internacional de la Cruz Roja en Colombia, en su apartamento en el norte de Bogotá, para ponerla al tanto de nuestras sospechas. Le dije que si la guerrilla no liberaba a Emmanuel, lo más probable era que el niño que teníamos a nuestro cuidado fuera el hijo de Clara Rojas. Bárbara recibió la información con verdadero asombro, y quedamos en que todo se mantendría bajo la más estricta confidencialidad.

Mientras tanto, llegaron las delegaciones internacionales, procedentes de Venezuela, a Villavicencio, capital del Meta, la ciudad intermedia que se había escogido como sede logística de la operación, considerada como la puerta a los Llanos Orientales del país.

Ellos esperaban recibir a un rehén que las Farc no podían entregarles, pues no lo tenían en su poder. Como si la situación no fuera ya suficientemente surrealista, también arribó con las delegaciones, invitado por el Gobierno venezolano, el reconocido director de cine Oliver Stone, quien venía a filmar el regreso de los liberados para contribuir así a la construcción de la leyenda del presidente venezolano. Solo faltaba que las Farc hicieran saber a Chávez las coordenadas y hora de la liberación para que el operativo se pusiera en marcha.

Pero las horas transcurrían y nada pasaba. En Villavicencio el ambiente era tenso y se habían propagado versiones que culpaban al Gobierno colombiano de mantener operaciones militares que dificultaban la entrega, lo que no era cierto en absoluto.

Enterado de la situación, llamé al presidente Uribe a su finca en Córdoba donde había ido a pasar el fin de año con su familia, y le sugerí que fuéramos ambos a Villavicencio y contáramos lo que sabíamos, antes de que siguiera avanzando la campaña de difamación. El presidente aceptó sin vacilación.

Cuando me estaba subiendo al avión presidencial en Cartagena me llamó la directora del Instituto de Bienestar Familiar, con quien habíamos coordinado todo lo referente al niño, a informarme que un hombre muy angustiado lo había ido a reclamar y que, con voz temblorosa, había dicho que si no le devolvían el niño lo matarían a él y a su familia. Esa llamada me dio una gran tranquilidad porque confirmaba nuestra hipótesis. Emmanuel no estaba en manos de la guerrilla. ¡Lo teníamos nosotros!

Llegamos en la tarde a la base aérea en el Meta y de inmediato nos reunimos con el grupo de delegados internacionales que coordinaba el expresidente Kirchner. Allí estaba también el canciller Maduro, de Venezuela. No imaginábamos entonces que sería el sucesor de Chávez luego de su fallecimiento. Todos, casi al unísono, comenzaron a responsabilizar al Ejército colombiano por el fracaso de la entrega. Le pedí al comandante del Ejército que, con mapa en mano, explicara dónde estaban concentradas sus tropas para dejar claro que no estaban interfiriendo en absoluto con la operación humanitaria.

En medio de la reunión, me avisaron que el presidente Chávez, por televisión, estaba difundiendo la versión de los supuestos operativos militares que impedían la entrega. Le sugerí al presidente Uribe que era hora de destapar esa farsa, y me autorizó a hacerlo. Entonces expuse, ante el asombro de los presentes, la hipótesis de que las Farc no tenían a Emmanuel y que esa era la verdadera razón por la cual no habían procedido a las liberaciones. Recuerdo muy bien el comentario del expresidente Kirchner al enterarse del engaño de la guerrilla: "Si eso es así, entonces ¡quedamos como unos boludos!".

Uribe dio de inmediato una rueda de prensa, y declaró: "Las Farc no se han atrevido a cumplir con el compromiso de liberar a los secuestrados porque no tienen en su poder al niño Emmanuel". La perplejidad de los periodistas y del público en general fue total. Lo que estábamos develando ante el mundo era una de las mentiras más grotescas de la guerrilla, que demostraba, además, sus graves problemas de comunicación. A los pocos días, las pruebas de ADN, que mandamos a hacer a un laboratorio especializado en España, dejaron claro que el niño que había llegado al sistema de protección del Bienestar Familiar era en realidad Emmanuel, el primer niño nacido en cautiverio en la historia del secuestro en Colombia.

Finalmente, el 10 de enero de 2008 fueron liberadas, con todas las garantías dadas por el Gobierno colombiano y sus Fuerzas Armadas, Clara Rojas —la mamá de Emmanuel— y Consuelo González de Perdomo en una zona selvática. Fueron recogidas por una delegación venezolana, acompañada por miembros de la Cruz Roja Internacional, y llevadas al vecino país donde Chávez las esperaba. Esta vez no hubo espectáculos, ni delegados de siete países, ni director de Hollywood.

Si bien el engaño fue obra de la guerrilla, no cabe duda de que Chávez no albergaba buenos sentimientos hacia el ministro de Defensa de Colombia que no solo era su crítico más acérrimo, sino que le había quitado la oportunidad de brillar como un intermediario eficaz de paz. Y debo decir que los sentimientos eran recíprocos.

CUANDO LOS GOBIERNOS DISPUTAN SON LOS PUEBLOS LOS QUE SUFREN

Durante mi tiempo en la cartera de Defensa, entre 2006 y 2009, con la información de inteligencia a mi disposición, tuve siempre muy claro que el Gobierno de Venezuela, por simpatías ideológicas, protegía y auxiliaba a la guerrilla, que encontraba en su suelo un refugio seguro. Por supuesto, cada vez que el presidente

Uribe o yo denunciábamos esto públicamente recibíamos una andanada de insultos de Chávez o sus funcionarios.

Meses después de terminar mi gestión como ministro, mi nombre comenzó a sonar como candidato presidencial, y Chávez declaró en tono de amenaza: "Si Juan Manuel Santos es presidente, puede haber una guerra en la región". De ese tamaño era su prevención contra mí. Fui elegido en junio de 2010 y, siendo ya presidente electo, aún sin posesionarme, se presentó la más grave crisis diplomática con el vecino país.

El gobierno del presidente Uribe, hastiado de la connivencia entre la guerrilla y las autoridades de Venezuela, reunió información de inteligencia, incluidos videos y fotos de presuntos campamentos de las Farc y el ELN en territorio venezolano, y denunció al Gobierno venezolano ante el Consejo Permanente de la Organización de Estados Americanos, en Washington, por su injerencia indebida en el conflicto colombiano. Esta denuncia, realizada por nuestro embajador ante la OEA, Luis Alfonso Hoyos, se hizo faltando dos semanas para mi posesión, sin consultarme o contarme, y acabó de exacerbar la situación entre los dos países, al punto de que el Gobierno venezolano rompió relaciones diplomáticas con Colombia. Chávez dio 72 horas al personal de la embajada colombiana para salir de Venezuela y anunció el traslado de tropas a la línea limítrofe. Y remató su decisión con una frase poco tranquilizadora: "Si se presentara una guerra con Colombia iríamos llorando, pero acudiríamos".

Fue así como me enfrenté a una realidad inminente: iba a asumir la presidencia en un ambiente de animosidad bélica con Venezuela, un país con el que tenemos más de 2.200 kilómetros de frontera y donde viven, además, millones de colombianos y sus familias. Los registros oficiales hablan de un millón, pero se calcula que podían superar los cuatro millones —aunque han disminuido mucho en los últimos años por el éxodo generado por la crisis social, económica y política de ese país—. El escenario era de una fragilidad inmensa: cualquier chispa podría desencadenar una guerra.

Recordé entonces algo que leí alguna vez: una persona puede tener sus opiniones y sus convicciones, pero si esa persona se convierte en gobernante, en adelante esas opiniones y esas convicciones deben estar al servicio no de su propia personalidad y de sus prejuicios, sino del pueblo al que gobierna. Es cierto que había enfrentado a Chávez en todos los tonos, como ministro y como periodista, pero ya como presidente tenía la obligación de calmar las aguas y evitar una confrontación que solo podía ser catastrófica para las dos naciones.

Yo sabía —como todos sabían— que él era más cercano a las guerrillas que a las instituciones democráticas colombianas. De hecho, las Farc y el ELN consideraban al suelo venezolano como una especie de santuario donde podían descansar, curar sus heridas, y planear ataques contra la fuerza pública colombiana y nuestra infraestructura energética y de transporte. Pero también era consciente de que una confrontación abierta con Venezuela no solo sería inútil sino extremadamente peligrosa y dañina para nuestros pueblos. Por eso tenía que ser pragmático. Era preferible construir una relación constructiva con Chávez, en beneficio de la paz de Colombia, que tenerlo cada día atacando a nuestro gobierno y nuestra nación en cada escenario posible.

Cuando me enteré de la denuncia del Gobierno colombiano al Gobierno venezolano en el seno de la OEA, yo estaba en México, acompañado por mi futura canciller María Ángela Holguín, en una gira de amistad que realicé por varios países de América Latina antes de tomar posesión.

Pocos días después, en esa misma gira, visité Argentina, donde tuve un almuerzo muy cordial con la presidenta Cristina Fernández de Kirchner, afecta y muy próxima al régimen venezolano. Esa misma noche, en la residencia del embajador colombiano, asistí a una cena con el expresidente Néstor Kirchner, recientemente nombrado como secretario general de la Unión de Naciones Suramericanas, Unasur.

Sabía que Kirchner era hincha apasionado del equipo de fútbol Racing Club de Avellaneda, donde jugaba un colombiano, Teo Gutiérrez, quien me hizo llegar una camiseta suya firmada, que le entregué al exmandatario. Ese tipo de detalles siempre rompen el hielo.

En medio de la cena, Kirchner, como si hubiera leído mi mente y conociera mis reflexiones de esos días, me preguntó:

—¿Y usted no ha pensado en arreglar las relaciones con Chávez?

Mi respuesta lo dejó perplejo, pues no se la esperaba:

—La verdad, sí. La situación entre nuestros países no le conviene a nadie.

Autoricé a Kirchner para transmitir ese mensaje a Chávez, y a las pocas horas me llamó:

—Chávez está listo para hablar, y dice que si lo invita a su posesión él va.

En ausencia de relaciones diplomáticas y luego de sus amenazas de guerra, me parecía exagerada e inconveniente su presencia en ese acto solemne, al que finalmente asistió su canciller Maduro, pero le hice una propuesta alternativa:

—Dígale —le pedí a Kirchner— que más bien lo invito tres días después de mi posesión, el 10 de agosto, a reunirnos en un lugar que yo sé que a él le gusta: la Quinta de San Pedro Alejandrino, en Santa Marta.

Es un lugar simbólico pues allí murió el libertador Simón Bolívar, héroe personal de Chávez, en 1830.

De esta manera quedó concertado el próximo encuentro. Entre tanto, el 7 de agosto de 2010, en la plaza de Bolívar de Bogotá, tomé posesión como presidente de Colombia. Entre el público, muy serio y sin mostrar un solo gesto de aprobación o desaprobación a mis palabras, estaba sentado el canciller venezolano Nicolás Maduro.

Mi mensaje en el discurso inaugural fue claro:

Queremos vivir en paz con todos nuestros vecinos. Los respetaremos para que nos respeten. Entendemos que sobre las diferencias ideológicas se impone el destino compartido de hermanos de historia y de sangre; que nos unen propósitos comunes para trabajar por nuestra región y nuestra gente.

Y enfaticé:

Así como no reconozco enemigos en la política nacional, tampoco lo hago en ningún gobierno extranjero. La palabra guerra no está en mi diccionario cuando pienso en las relaciones de Colombia con sus vecinos o con cualquier nación del planeta.

Finalmente, agregué:

Les agradezco a tantas personas de buena voluntad que se han ofrecido a mediar en la situación con Venezuela, pero debo decir honestamente que, dadas las circunstancias y mi forma de ser, prefiero el diálogo franco y directo. Y ojalá sea lo más pronto posible. Eso sí: un diálogo dentro de un marco de respeto mutuo, de cooperación recíproca, de firmeza contra la criminalidad, y de comunicación sincera y abierta.

Las buenas relaciones nos benefician a todos, porque cuando los gobiernos disputan son los pueblos los que sufren.

"EMPEZAMOS CON EL PIE IZQUIERDO, PRESIDENTE CHÁVEZ"

Llegó el 10 de agosto, día del primer encuentro como colegas entre Chávez y yo, dos personas que se habían criticado de todas las formas posibles y que ahora se veían para intentar resolver una crisis que tenía en vilo a nuestros pueblos. Coincidencialmente, era el día de mi cumpleaños.

Junto con la canciller, esperamos la llegada de Chávez en la Quinta de San Pedro Alejandrino. Estaba también el expresidente Kirchner, en su condición de secretario general de Unasur y facilitador de la reunión.

El presidente Chávez llegó a Santa Marta con un impresionante dispositivo de seguridad, dio declaraciones en el aeropuerto y luego en un barrio popular donde detuvo la caravana para saludar a la gente. Yo seguía su trayectoria por la televisión, pensando en cómo sería nuestro encuentro, en cómo romper el hielo. Y entonces Chávez, en su estilo coloquial de siempre, dijo ante las cámaras:

—Me alegra mucho venir a este pueblo hermano de Colombia a encontrarme con el presidente Santos, y mucho más hoy, un día muy especial para él, cuando está cumpliendo 49 años.

Tomé nota de la frase, y recordé un recurso que es clave para distensionar cualquier situación, por complicada que parezca: el humor.

Cuando Chávez llegó al sitio del encuentro, se bajó de su carro y se dirigió hacia mí, con su temperamento siempre expansivo, con el ánimo de darme un abrazo. Estiré la mano para saludarlo, y le dije con toda seriedad, en un tono de cierta molestia:

—Presidente Chávez, creo que empezamos con el pie izquierdo.

El mandatario venezolano quedó desconcertado.

—¿Por qué? ¿Qué pasó? —preguntó confundido.

—Usted, a su llegada —continué, usando mi mejor cara de póker—, dio unas declaraciones a la prensa que me ponen en serios problemas.

—Pero, presidente Santos —repuso Chávez—, si yo solo dije que venía con la bandera de la paz, a estrechar nuestras relaciones, y que lo felicitaba por su cumpleaños.

—¡Pues precisamente! —le dije—. Usted me puso en serios aprietos porque dijo que yo cumplía 49 años, cuando en realidad estoy cumpliendo 59. Y a raíz de su afirmación, ¡mi señora me va a exigir mucho más!

Chávez se atacó de la risa, y desde ese momento nuestro trato fue cordial y relajado, siempre presidido por el humor y el entendimiento, sin desconocer jamás nuestras profundas diferencias.

Comenzamos a discutir sobre lo divino y lo humano y, por supuesto, afloraron nuestras posiciones contrarias. Acudiendo a la historia, le propuse lo mismo que Reagan a Gorbachov cuando se reunieron por primera vez para discutir la disminución del arsenal nuclear. Reagan le dijo a su colega soviético que ni él se iba a volver un comunista ni esperaba que Gorbachov abrazara el capitalismo, pero que podían trabajar juntos por un objetivo superior como era salvar al mundo de un desastre nuclear. Yo también le dije a mi colega venezolano: "Ni yo me voy a volver un revolucionario bolivariano, ni usted un demócrata liberal, pero podemos trabajar juntos por un bien superior, el de la paz, que beneficiará a nuestros pueblos". Y así lo hicimos.

Con humor rompimos el hielo y así mantuvimos una relación cordial hasta su último día, a pesar de que éramos como el agua y el aceite. Nos tomábamos permanentemente del pelo sobre nuestras diferencias. Yo le repetía que su revolución bolivariana iba a dejar muy mal a Bolívar porque iba a fracasar. Él me decía que Santander, el otro gran héroe de nuestra independencia —nacido en territorio colombiano, en la Villa del Rosario de Cúcuta, a diferencia de Bolívar que era caraqueño—, era un oligarca neoliberal igual que yo. Pero, tal como lo hicieron Reagan y Gorbachov, nos propusimos no criticar nuestros respectivos modelos (el socialismo del siglo XXI versus la Tercera Vía), para dejar que la historia rindiera el veredicto final. Y hay que reconocer que el experimento bolivariano no ha salido nada bien económica, social o políticamente. Es más: ha sido una verdadera catástrofe.

A los pocos días se reanudaron las relaciones diplomáticas, se logró un acuerdo para el pago de una deuda millonaria que Venezuela tenía pendiente con los exportadores colombianos, y comenzó un proceso de acercamiento respetuoso, que derivó en una mejora de relaciones con varias naciones de la región.

Pronto, la controversia sobre el acuerdo de cooperación en seguridad con los Estados Unidos para el uso de nuestras bases militares dejó de ser un obstáculo en el camino. Diez días después de mi reunión con Chávez, la Corte Constitucional de Colombia determinó que el acuerdo no tenía efecto pues no había sido aprobado por el Congreso. Esto sirvió a Chávez para justificar, ante su gente y sus aliados en América Latina, su decisión de restablecer y fortalecer las relaciones con Colombia.

Fue una situación de gana-gana: yo conseguí un aliado clave en la búsqueda de la paz para mi país y él pudo decir —así se hubiera tratado de una decisión interna de una corte colombiana, con pocos efectos prácticos, pues la cooperación siguió igual— que logró evitar el incremento de la presencia militar de Estados Unidos en la región. En ambos casos, pudimos dar tranquilidad a nuestros pueblos y calmar las aguas.

"MI NUEVO MEJOR AMIGO"

Unas semanas después, en la asamblea de la Sociedad Interamericana de Prensa que tuvo lugar en Mérida, México, el reconocido periodista uruguayo Danilo Arbilla me hizo una pregunta sobre la recomposición de relaciones con Chávez, y yo le contesté, en tono de broma: "¿Me está preguntando por mi nuevo mejor amigo?", apelando a una expresión que usan jocosamente en Estados Unidos. Por supuesto, las críticas de quienes no saben distinguir una broma de una afirmación literal no se hicieron esperar en Colombia. Lo que quise resaltar entonces era lo excepcional que resultaba que dos personas tan diferentes, que se habían enfrentado e insultado, como lo habíamos hecho él y yo, pudiéramos trabajar ahora en armonía, como "buenos amigos". Pero mis opositores nunca me perdonaron el chiste.

Para nadie era un secreto la gran ascendencia de Chávez sobre otros mandatarios que simpatizaban con su ideología y cuyos países recibían, además, beneficios económicos de Venezuela. Así que la distensión con este país sirvió para afianzar aún más las relaciones de Colombia con el presidente Lula en Brasil, con la presidenta Fernández de Kirchner en Argentina, con el presidente Morales en Bolivia, y con el presidente Correa en Ecuador, aunque en este último caso la situación era más delicada.

También nos acercamos más a la Unasur, una organización frente a la cual Colombia —y yo el primero, pues había aconsejado al presidente Uribe no unirnos a ella— había tenido reservas iniciales, por considerarla innecesaria dada la existencia de la OEA. Pero los tiempos y las circunstancias habían cambiado. Tanto fue así que, luego del sorpresivo fallecimiento del expresidente Kirchner en octubre de 2010 —apenas dos meses luego del encuentro en Santa Marta—, la secretaría general de la Unasur se turnó entre dos candidatos de Colombia y Venezuela: María Emma Mejía, por Colombia, y Alí Rodríguez, por Venezuela.

El paso de los años siempre esconde paradojas: así como fomenté el acercamiento a Unasur cuando fue necesario, acabé impulsando también su virtual desactivación. En la más reciente cumbre de las Américas, que se realizó el 13 y 14 de abril de 2018 en Lima, y ante la falta de trascendencia y operatividad que ha tenido la Unasur en los últimos años, les propuse, en una charla informal previa a una reunión oficial, a los presidentes Michel Temer, de Brasil; Sebastián Piñera, de Chile; Mauricio Macri, de Argentina, y al mandatario anfitrión, Martín Vizcarra, recién posesionado luego de la dimisión de Pedro Pablo Kuczyinski, que acabáramos de una vez por todas con esa entelequia de la Unasur. Todos estuvieron de acuerdo. Consultado el tema con nuestros cancilleres, estos nos propusieron que lo hiciéramos gradualmente.

Fue así como el 20 de abril, apenas una semana después de la conversación en Lima, los cancilleres de nuestros cinco países, a los que sumó el canciller de Paraguay, dirigieron una carta a su homólogo boliviano —por ostentar Bolivia la presidencia de la organización—, con una notificación contundente: "Dadas las circunstancias actuales, los países firmantes hemos decidido no participar en las distintas instancias de Unasur a partir de la fecha hasta tanto no contemos, en el curso de las próximas semanas, con resultados concretos que garanticen el funcionamiento adecuado de la organización". Siguiendo esta línea, el gobierno de mi sucesor, Iván Duque, anunció desde su primera semana la decisión de Colombia de retirarse de esta organización.

Hay que reconocer que, en su momento, el proceso de paz con las Farc sirvió también como catalizador para reunir la solidaridad y la amistad de los países de América Latina en torno a Colombia. Venezuela, en particular, fue uno de los cuatro países —junto con Cuba, Noruega y Chile— que acompañaron el proceso desde sus inicios, y ayudó, gracias a su afinidad con la guerrilla, a resolver no pocas dificultades y desencuentros.

El presidente Chávez, con quien tuve unas relaciones tan difíciles por muchos años, y finalmente buenas, fue un aliado leal del proceso de paz, en el que creía profundamente. De eso estoy convencido. Por eso, el 8 de marzo de 2013, cuando formé en la guardia de honor junto a su féretro, sentí que estaba haciendo algo más que un acto de diplomacia, tan contaminada por la hipocresía. Estaba despidiendo a un complejo y formidable rival que supo ser un aliado de la paz cuando las circunstancias lo exigieron.

UNA DICTADURA AL OTRO LADO DE LA FRONTERA

Lo que ha ocurrido con su sucesor, el presidente Nicolás Maduro, merecería un capítulo aparte. Mis relaciones con él, así como las que tuve con Chávez, han tenido sus altas y bajas. Maduro, un devoto discípulo de Chávez, es tan altisonante y pasional como su antecesor pero con menos carisma, escaso sentido del humor y pobre capacidad intelectual. Estando en pleno proceso de paz chocamos en varias ocasiones, sobre todo por problemas fronterizos. Sin embargo, mantuvimos intacta la cooperación en la búsqueda de la paz de Colombia, algo en lo que Maduro fue fiel al legado de Chávez hasta que el acuerdo de paz fue firmado. Eso también debo reconocerlo.

La relación se agrietó definitivamente cuando Maduro, luego de propinar golpe tras golpe a la institucionalidad democrática de su país, le dio el tiro de gracia: la convocatoria, en mayo de 2017, de una Asamblea Constituyente ilegítima, a la que puso por encima de los demás poderes constituidos. En la práctica, Maduro consolidó una dictadura sobre su pueblo, muy al estilo de las repúblicas "democráticas" de la antigua Unión Soviética:

un pueblo con hambre, cada vez más desesperado, y víctima de censura y otros atropellos.

Ni yo ni mi gobierno podíamos quedarnos callados. Mientras miles y miles de venezolanos cruzan cada día la frontera buscando refugio y oportunidades en Colombia —se calcula que alrededor de un millón han ingresado a nuestro suelo—, nuestro país sufre las consecuencias de la inestabilidad en la nación vecina. La posición del gobierno colombiano, como la de la mayoría del continente, ha sido la de ayudar a buscar una salida incruenta, pacífica, a la encrucijada venezolana. Cuando escribo estas líneas, Venezuela sigue en la cuerda floja, sometida a un régimen que es repudiado por gran parte de las democracias del mundo. Hasta el momento se ha evitado —y ojalá siga siendo así— lo que más es de temer: un baño de sangre.

Maduro, por supuesto, me tildó de traidor y no ahorró, en los últimos meses de mi mandato, insultos o amenazas en mi contra, porque Colombia denunciaba las crecientes violaciones de los derechos humanos y democráticos en su país. Pensaba que, por habernos ayudado en el proceso de paz, nos íbamos a tapar los ojos y a ser cómplices de sus arbitrariedades. Pero el necesario pragmatismo en las relaciones internacionales no da para tanto. A Chávez y al propio Maduro nunca dejaré de agradecerles su aporte a la paz de mi país. La presencia de Maduro en La Habana el 23 de junio de 2016, cuando se protocolizó el acuerdo de cese al fuego bilateral y definitivo, y en Cartagena el 26 de septiembre del mismo año cuando se firmó el acuerdo final de terminación del conflicto con las Farc, fue bienvenida y respondió a un justo reconocimiento por su apoyo al proceso. Pero nunca estuve ni podré estar de acuerdo con la supresión de las libertades y la violación de los derechos ciudadanos en Venezuela, ni en ningún lugar del mundo.

La última vez que hablé con Maduro fue el 23 de marzo de 2017, a raíz de una incursión ilegal de tropas venezolanas en territorio colombiano. Unos sesenta miembros del Ejército bolivariano habían ingresado al departamento de Arauca, en la frontera, e instalado un campamento provisional. Una vez confirmados los detalles, convoqué a la canciller, al ministro de Defensa y a los altos mandos militares. Le pregunté al comandante del Ejército, el general Alberto Mejía, si tenía suficientes tropas cerca que fueran capaces de copar a los soldados venezolanos. Me dijo que sí y le ordené que las moviera de inmediato. Llamé entonces a mi colega venezolano, y tuvimos una conversación muy tensa, en la que le reclamé con la mayor firmeza por la violación de nuestra frontera y le exigí el retiro inmediato de sus tropas.

Maduro intentó argumentar que sus hombres estaban en territorio venezolano —cosa que desmentí de inmediato, citándole los tratados limítrofes— y me dijo que sus tropas no se moverían mientras no se instalaran las comisiones binacionales de límites y demarcación. Por si fuera poco, se quejó por la posición crítica de nuestro embajador ante la OEA, Andrés González, frente a la grave situación de la democracia y los derechos humanos en su país.

Le respondí que las comisiones solo se reunirían cuando el último de sus soldados abandonara suelo colombiano, y que nuestra posición frente a la crisis democrática en Venezuela no era el tema de esa conversación.

Soy una persona muy calmada, pero por primera vez en una comunicación de este tipo, me exalté y le grité a Maduro. Los comandantes de las Fuerzas Armadas y la canciller María Ángela Holguín quedaron atónitos pues nunca me habían visto tan alterado. Le dije que nuestro Ejército tenía rodeada la zona de la invasión y que, si no retiraba a sus hombres en un plazo de tres horas, los pondría presos.

Y justo en ese momento, cuando las voces habían subido de tono y las posiciones parecían irreconciliables, se cortó la llamada telefónica. ¿Por alguna falla técnica? No creo. Me recomendaron volverlo a llamar, pero no insistí. Les dije a los generales: "Si Maduro tiene un gramo de sensatez, será él quien me vuelva a llamar". Y así fue. A los pocos minutos recibí la llamada de Maduro, mucho más calmado. Me aseguró que Venezuela siempre estaría con la paz y que iba a ordenar el retiro inmediato de sus tropas. Y cumplió. De no haberlo hecho, yo estaba listo para ordenar el arresto de los soldados venezolanos. Por fortuna, las vías diplomáticas prevalecieron.

Nunca más hablé con el ahora dictador venezolano —porque otra denominación no le cabe, y así lo reconoce la inmensa mayoría de las naciones democráticas del mundo—. Él se dedicó a insultarme con epítetos cada vez más ofensivos y descabellados, y a achacar a Colombia los males que sufre el pueblo venezolano, desconociendo que son su propia creación. Yo no caí en su juego de insultos y preferí, en cambio, enfocarme en dar la mano, de la mejor manera posible, a los cientos de miles de venezolanos que han llegado a Colombia escapando de la miseria a que los ha sometido un régimen autista y autoritario.

La última infamia del autócrata bolivariano llegó faltando apenas tres días para terminar mi gobierno, luego de que sufriera el 4 de agosto de 2018 un peculiar y poco claro atentado con drones en medio de una ceremonia militar. No pasaron muchas horas para que Maduro me señalara como el autor intelectual del pretendido intento de asesinato. Nadie con dos dedos de frente ha tomado con seriedad sus palabras, pero no dejan de revelar su desequilibrio y capacidad de mentira. Preferí ponerle algo de humor y respondí en un tuit que el día del supuesto atentado estaba dedicado a cosas mucho más importantes que conspirar para matar a mi colega venezolano: estaba celebrando con mi familia el bautizo de mi primera nieta, Celeste.

Maduro, en su afán por emular a Hugo Chávez —quien lo llevó a la vida política y lo ascendió a cargos de la mayor responsabilidad en el Estado— ha incurrido en la exageración de los malos imitadores. Su negacionismo frente a la terrible realidad a que ha conducido a su pueblo, su paranoia que lo lleva a adjudicar todos los problemas a factores externos, y su megalomanía de considerarse la encarnación misma del pueblo venezolano, una especie de redentor al que su dios personal, Chávez, le susurra secretos en forma de pajarito, han hecho de él la encarnación grotesca y anacrónica de los dictadores tropicales que pulularon en América Latina y el Caribe durante el siglo XX.

Sería risible, si no fuera una pesadilla real para los venezolanos y para toda la región. Una pesadilla que —como todo mal sueño— más pronto que tarde tendrá que terminar.

CAPÍTULO XII

RAFAEL CORREA: DE LA HOSTILIDAD A LA COOPERACIÓN

BOMBARDEO SOBRE TIERRA ECUATORIANA

Si mi relación con Hugo Chávez había sido difícil por nuestras diferencias ideológicas, la situación con el presidente del Ecuador, Rafael Correa, no era mejor. Incluso tenía un precedente que hacía casi imposible una reconciliación. Por fortuna, nuevamente, la paz y el bienestar de nuestros respectivos pueblos estuvieron por encima de cualquier otra consideración.

¿Por qué era tan difícil nuestra relación? La respuesta no puede ser más contundente. Porque el 29 de febrero de 2008 fui yo, como ministro de Defensa, quien autorizó un ataque desde el aire al campamento de uno de los miembros más importantes del secretariado de las Farc, alias Raúl Reyes, en territorio selvático ecuatoriano, a 1.800 metros de la frontera con Colombia.

Fue una de las decisiones más difíciles de mi gestión como ministro, y de mi vida, pero la tomé convencido de que era

necesario golpear a la guerrilla en cabeza de sus líderes estratégicos en lugar de seguir combatiendo, capturando y abatiendo
mandos medios, que eran reemplazados con facilidad. De
hecho, Raúl Reyes fue el primer integrante del secretariado en
ser neutralizado por nuestra fuerza pública. Y no era cualquier
guerrillero. Se trataba de una persona con inmensa influencia
en las Farc, apenas superado en jerarquía por su comandante
máximo de entonces, Manuel Marulanda, y del mismo nivel del
jefe militar de la guerrilla, alias el Mono Jojoy.

Reyes —cuyo nombre real era Luis Édgar Devia— había jugado
un papel determinante y muy visible en el frustrado proceso de
paz del Caguán, y luego había quedado a cargo de la coordinación
de actividades del bloque sur de las Farc, en la Amazonía colombiana, y también de los contactos internacionales de la guerrilla.
Sobre Reyes pesaban incontables órdenes de captura por terrorismo, secuestro, rebelión y otros delitos, y estaba solicitado por
la justicia de los Estados Unidos por cargos de narcotráfico.

Conocíamos su zona de operaciones, pero se había convertido
en un objetivo escurridizo por un motivo que escapaba a nuestro
control: cruzaba constantemente la frontera con el Ecuador,
donde se refugiaba en diversos campamentos que la guerrilla
mantenía en dicho país.

El Gobierno colombiano alertó en varias ocasiones al Gobierno
ecuatoriano o a sus autoridades militares o de policía sobre la
presencia de campamentos de las Farc en su frontera norte. Sin
embargo, la actividad de las tropas ecuatorianas sobre dichos
asentamientos guerrilleros no había sido particularmente efectiva. Luego vinimos a saber que altos funcionarios del gobierno
del presidente Correa y algunos militares retirados ecuatorianos
se reunían en la clandestinidad con Raúl Reyes.

Lo cierto es que no era un blanco fácil. Entre el 2007 y febrero
de 2008 se lanzaron por lo menos cuatro operaciones para

capturarlo, que se frustraban cuando se internaba en territorio vecino o por otros motivos. Finalmente, en los últimos días de febrero de 2008, la inteligencia de la Policía, que por mucho tiempo había estado detrás del cabecilla, obtuvo una información que resultó determinante: Reyes estaba en su campamento base en el Ecuador, a menos de dos kilómetros de la frontera con Colombia, pero se esperaba que en la noche del viernes 29 de febrero cruzara el río que separa los dos países para encontrarse con un contacto suyo del narcotráfico, en territorio colombiano.

Con esta información se planeó una sofisticada operación, a la que se llamó Fénix, con participación de fuerzas especiales de la Policía, el Ejército, la Armada y la Fuerza Aérea. Yo estaba, por supuesto, al tanto de la operación, y así mismo lo estaba el presidente Uribe.

De casualidad, ese mismo día fui, con los miembros de la comisión de ética y transparencia, que acompañaba y vigilaba el proceso de contratación y adquisición de equipos militares con los recursos extraordinarios, a la base de Tres Esquinas, en Caquetá, desde donde saldrían los aviones Súper Tucano que ejecutarían el ataque contra Reyes. Les mostramos a los miembros de la comisión —empresarios y dirigentes como Luis Carlos Sarmiento, José Alejandro Cortés, Gustavo Adolfo Carvajal, Luis Carlos Villegas, Carlos Angulo y Juan Luis Mejía, junto con el procurador Edgardo Maya y el contralor Julio Cesar Turbay— las aeronaves de fabricación brasilera sin que tuvieran ni idea de que esos mismos aviones iban a ser los que en pocas horas habrían de producir la muerte, por primera vez en la historia de la guerra con las Farc, de uno de los siete miembros de su secretariado. A Luis Carlos Villegas, presidente de la Asociación Nacional de Industriales, le dije: "Pronto verá cómo los impuestos de los empresarios dan resultados. Rece bastante que a lo mejor mañana les damos una gran noticia".

Hacia las diez de la noche, cuando los aviones que salían de otras bases más lejanas ya iban volando hacia la zona fronteriza entre Colombia y Ecuador, en la central de inteligencia se recibió una llamada que cambió todos los planes:

—El hombre no fue, no cruzó la frontera. Pero tenemos absoluta certeza de que está en su campamento.

La señal del teléfono satelital de Reyes, que por meses había estado apagada, aparecía activa otra vez y no dejaba lugar a dudas. En ese momento, como ministro de Defensa, me correspondió tomar una decisión que, más que personal, fue una decisión de Estado. Teníamos, después de muchos años de perseguirlo sin éxito, la ubicación precisa y confirmada de Raúl Reyes, de un jefe guerrillero que había orquestado atentados contra los colombianos y que ahora se dedicaba a crear vínculos internacionales para continuar la ofensiva contra la nación, y no quedaba otro camino que continuar la operación. Dentro de las reflexiones de ese momento estuvo la de que operaciones de este tipo no solo se enmarcaban dentro del debatido principio de legítima defensa, como lo han afirmado destacados juristas, sino que debíamos obrar siguiendo las normas del derecho internacional humanitario, que son las reglas de juego dentro de un conflicto armado interno.

Con mi visto bueno, los pilotos de las aeronaves solo tuvieron que hacer un leve movimiento en sus controles para cambiar las coordenadas de su blanco y, a las 12:02 de la madrugada del sábado 1º de marzo de 2008 dispararon sus bombas de precisión, sin necesidad de cruzar la frontera, desde el espacio aéreo colombiano, sobre el punto exacto donde quedaba no solo el campamento sino el catre mismo de Raúl Reyes, en un lugar donde sabíamos que no había población civil. Ningún avión de ala fija cruzó o sobrevoló territorio ecuatoriano.

El bombardeo fue absolutamente preciso e impactó el campamento ubicado en la zona selvática de Angostura, en la provincia ecuatoriana de Sucumbíos. Se enviaron tropas especiales del Ejército a asegurar el lugar, pues quedaban varios guerrilleros vivos que intentarían ocultar el cadáver de Reyes, y también a hombres de la Policía para que cumplieran las funciones de policía judicial y garantizaran la cadena de custodia de cualquier bien incautado, y todos los procedimientos de ley.

Luego de un arduo avance por la selva, en plena noche, la avanzada militar reportó el hallazgo de los cadáveres de Reyes y de su compañera, que otros guerrilleros ya habían arrastrado unos metros con el fin de esconderlos. Si hubieran demorado una hora más en su difícil travesía es posible que los hombres de Reyes hubieran logrado su cometido, y la historia, sin su cadáver, hubiera sido muy distinta.

El capitán que dirigía el grupo de avanzada, una vez comprobó que Reyes había caído, envió un mensaje por radio a su oficial superior:

—¡Viva Colombia, viva Colombia!

Ese era el santo y seña previsto para informar el éxito de la operación. Pasadas las tres de la mañana, llamé al presidente Uribe para comunicarle la noticia que cambiaba la perspectiva militar del conflicto interno: por primera vez habíamos alcanzado un objetivo de tan alto valor, y se había roto el mito de la invulnerabilidad de los miembros del secretariado de las Farc.

El presidente estaba eufórico por el resultado, pero no perdió de vista que estábamos apenas ante un eslabón de la cadena. Por eso, más allá de felicitarme, me planteó un nuevo desafío:

—¿Y el Mono Jojoy? ¿Cuándo va a caer?

LA INDIGNACIÓN DE CORREA

Ahora quedaba lo más difícil: notificarles a las autoridades ecuatorianas del bombardeo que se había realizado en su territorio para neutralizar un campamento de las Farc, en desarrollo de una operación que también tenía la característica de ser una operación antinarcóticos.

La Policía colombiana se comunicó con su similar ecuatoriana y le dio aviso sobre la operación, aclarando que había muertos y heridos en el campamento y que los policías colombianos se quedarían custodiándolo hasta que llegaran los ecuatorianos. Al mismo tiempo, temprano en la mañana, el presidente Uribe llamó al presidente Correa y le informó sobre la incursión, explicándole que el objetivo estaba previsto inicialmente en territorio colombiano pero que, en el curso de la operación, se había tenido que golpear a los guerrilleros en suelo ecuatoriano. Correa, que estaba participando en un programa de radio, en un principio tomó con calma la información suministrada por el presidente Uribe y pidió verificarla a sus militares y policías. Al fin y al cabo el ataque había sido a un campamento de terroristas colombianos que estaba violando la soberanía ecuatoriana. Horas más tarde —y es mi impresión que luego de hablar con el presidente Chávez—, se produjo un estallido de cólera e indignación por parte del mandatario ecuatoriano que llevó a la ruptura de las relaciones diplomáticas entre los dos países.

El campamento donde estaba ubicado Raúl Reyes con los hombres y mujeres bajo su mando no era un campamento transitorio o de paso, como inicialmente dijeron las autoridades ecuatorianas, comenzando por el presidente Correa, quien afirmó que era "un campamento ambulante, hecho con plásticos, sólo para pasar la noche". Era un campamento madre, de carácter permanente, con construcciones en madera y en cemento, caminos, lugares para reuniones y campos de entrenamiento, desde donde se orquestaban secuestros y atentados contra la población colombiana y se armaban complots internacionales para derrocar nuestro gobierno y nuestro sistema democrático. El mismo secretario de la Organización de Estados Americanos, el chileno José Miguel Insulza, cuando visitó el campamento bombardeado unos días después, en una misión de verificación, declaró que "éste no era un campamento que estuviera instalado recién, que probablemente llevaba varios meses".

Pero el lugar ocultaba mucho más que al jefe guerrillero y su cuadrilla. Allí Reyes tenía tres computadores y varias memorias externas, que fueron rescatados y puestos en custodia por los policías, los cuales contenían un verdadero tesoro: nada menos que el registro de todas las actividades del cabecilla en los últimos años, sus comunicaciones con los demás miembros del secretariado y jefes de frente, con personajes de la política nacional y del exterior, fotografías y videos que involucraban a muchas personas con su actividad criminal.

Ese fue el mayor éxito de la operación Fénix, incluso por encima del hecho de haber dado de baja, por primera vez, a un miembro del secretariado. Se trataba de un arsenal de información estratégica del que se sacó enorme cantidad de datos para combatir la guerrilla y sus nexos internos e internacionales. La veracidad y no manipulación o modificación de los archivos encontrados en los computadores fueron certificadas por el mismo secretario general de la Interpol, Ronald K. Noble.

Por supuesto, la indignación del Ecuador no tardó en contagiarse a sus aliados en el continente, particularmente aquellos que compartían su ideología de izquierda, como Venezuela, Bolivia y Nicaragua. El 2 de marzo el presidente Chávez, en tono altisonante y de manera pública, ordenó movilizar diez batallones de tropas a la frontera con Colombia, hizo devolver a Caracas a los diplomáticos venezolanos acreditados en Bogotá y, en un acto sin duda provocador, en su programa de televisión "Aló, Presidente" pidió guardar un minuto de silencio en memoria de Raúl Reyes. Nunca perdía Chávez una oportunidad para mostrarse como un líder duro dispuesto a todo para defender a la región.

La situación se tornó en extremo peligrosa, y no fue desactivada sino hasta el 7 de marzo, cuando, en una reunión del Grupo de Río en República Dominicana, y gracias a la eficaz mediación del presidente de ese país, Leonel Fernández, se logró una distensión y un acuerdo de diálogo entre los mandatarios de las naciones afectadas. Cuando el presidente Uribe se levantó de su puesto para buscar al presidente Correa y darle la mano como gesto de paz, en medio de los aplausos de sus colegas de la región, Correa le apretó la mano con firmeza pero las cámaras dejaron ver a los espectadores de todo el continente una mirada desafiante y severa que enviaba un mensaje claro a Uribe y a Colombia: en lo que concernía a Ecuador, la ofensa no estaba olvidada.

RECUPERANDO LAS RELACIONES CON ECUADOR

El blanco de la ira del presidente Correa no era solo el presidente Uribe sino también el ministro de Defensa que había autorizado el ataque sobre el campamento guerrillero en la selva ecuatoriana, el mismo Santos que despertaba tanta suspicacia y prevenciones en su colega venezolano.

A los pocos días, el máximo tribunal de justicia de la provincia de Sucumbíos abrió investigación penal contra mí y contra los altos mandos de las Fuerzas Armadas de Colombia —el general Freddy Padilla de León, comandante de las Fuerzas Militares; el general Mario Montoya, comandante del Ejército; el general Jorge Ballesteros, comandante de la Fuerza Aérea; el almirante

Guillermo Barrera, comandante de la Armada, y el general Óscar Naranjo, director de la Policía—, por el bombardeo que terminó con la vida de Reyes. Siempre fui claro en decir que, si había un responsable de tomar la decisión, ese era yo.

Finalmente, en medio de esta tensión permanente entre nuestros países, asumí la presidencia de mi país en agosto de 2010, acto al que asistió el presidente Correa en un gesto de buena voluntad que aprecié en su justo valor.

Ya he citado atrás algunos apartes de mi discurso inaugural, y aquí hay otro párrafo que dediqué al Ecuador, junto con Venezuela:

> *Me enorgullece haber sido el arquitecto, en la década de los noventa, como ministro de Comercio Exterior, de la integración con Venezuela, con Ecuador y con muchos otros países del mundo; una integración que generó cientos de miles de empleos que trajeron prosperidad y bienestar a nuestros pueblos. Uno de mis propósitos fundamentales como presidente será reconstruir las relaciones con Venezuela y Ecuador, restablecer la confianza, y privilegiar la diplomacia y la prudencia.*

Tal como lo había hecho con Chávez, estaba dispuesto a mejorar, en lo que fuera posible, mis relaciones con Correa y con el pueblo ecuatoriano, una nación con la que Colombia siempre ha mantenido sentimientos de amistad y solidaridad.

La ocasión se presentó el 26 de noviembre de 2010, cuando ambos asistimos, junto con otros seis jefes de Estado de Suramérica —incluyendo a Chávez—, a la IV Cumbre de Unasur en Georgetown, la capital de Guyana.

Hay que destacar que el mejoramiento de las relaciones con Chávez y con el Gobierno venezolano fueron muy bien recibidas por los otros líderes de la región, cansados de las tensiones que solo generaban incertidumbre y desasosiego. Chávez y yo nos saludamos amablemente y este tono cordial tuvo un impacto positivo en el ánimo de la cumbre. En el fondo, todos sabíamos que era una cuestión de tiempo y de que se diera la coyuntura apropiada para que se produjera un acercamiento con el presidente Correa. Si dos enemigos jurados como Chávez y yo habíamos encontrado la forma de dejar atrás las rencillas pasadas, ¿no era lógico que pasara lo mismo con el presidente de una nación como Ecuador, con la que teníamos tantos lazos históricos de amistad?

Al comienzo, Correa y yo nos saludamos con frialdad y cierta prevención. Sin embargo, en un momento dado de la reunión nos hicimos a un lado y sostuvimos una conversación breve y franca. Fueron solo unos pocos minutos pero inmensamente productivos. Pienso que ambos estábamos predispuestos a encontrar una solución y a superar los agrios reproches para avanzar en el restablecimiento de las relaciones entre nuestros países. No tenía sentido quedarnos estancados en una situación que había pasado hacía más de dos años, que afectaba negativamente a nuestras economías, nuestras comunidades fronterizas y los lazos siempre cercanos entre nuestros pueblos. En lugar de esto, podíamos cooperar en nuestra lucha común contra el crimen organizado, podíamos revitalizar la inversión y el comercio, podíamos mejorar la situación de cientos de miles de personas a ambos lados de la frontera, tan solo con sentarnos a hablar y a buscar acuerdos benéficos para ambas naciones.

En resumen: en esos pocos minutos acordamos trabajar juntos, lo mejor que pudiéramos, por el bien de nuestros pueblos. Y debo decir que nos mantuvimos fieles a este propósito mientras los dos fuimos gobernantes. Tengo que destacar la hidalguía que tuvo Correa en esta reconciliación. Al fin y al cabo, era el ofendido.

En medio de la cumbre, anuncié públicamente a los otros jefes de Estado que el presidente Correa y yo habíamos decidido restablecer plenamente las relaciones diplomáticas entre nuestros países y que nos habíamos comprometido a designar embajadores antes de que llegara la Navidad. No hay que decirlo, exclamaciones de júbilo y felicitación brotaron en todo el salón. El presidente Correa también habló: "Este es un día de alegría para toda América Latina. Hemos decidido formalizar y normalizar totalmente las relaciones diplomáticas que ustedes saben se rompieron en marzo del 2008, por los acontecimientos que todos conocen (...). Tengo que reconocer la apertura del gobierno del presidente Santos que con buena voluntad ha tratado de restablecer las relaciones". Y agregó: "Todavía hay caminos por trabajar juntos pero hemos empezado a caminar en la dirección correcta".

Muy entusiasmado, el presidente Lula, de Brasil, declaró: "Estoy satisfecho. Estoy convencido de que conseguimos hacer en estos años lo que varios compañeros intentaron hacer durante décadas y no lo lograron: aprendimos a respetarnos, a convivir democráticamente en la diversidad". Sus palabras generaron una ovación de pie. Fue un momento muy emotivo que marcó, para Colombia, un punto de quiebre favorable en la normalización de sus relaciones con todos sus vecinos.

DEL ANTAGONISMO A LA ARMONÍA

La personalidad del presidente Correa es muy diferente a la de Chávez, quien se caracterizaba por esa simpatía y extroversión caribeña que ayudaba a entrar rápidamente en confianza. El temperamento de Correa es más serio, más reservado, pero a la vez más directo, y en eso nos identificamos. Pero en una afición sí coincidían Chávez y Correa: ¡a ambos les gustaba cantar! Yo, en cambio, nunca aprendí, me daba pena y no tengo oído.

Desde mi conversación con Correa en Guyana, nuestra relación se hizo cada vez más fuerte y amistosa, siempre caracterizada por el respeto mutuo, la franqueza y el profesionalismo. Las órdenes de captura que alcanzaron a librarse, por la Corte de Sucumbíos, contra los comandantes militares y de policía de Colombia, que participaron en la operación Fénix, se levantaron. Y en 2016 se cerró el último proceso contra mí que se adelantaba en Ecuador.

Infortunadamente, en abril de 2018, cuando todo indicaba que el proceso judicial había terminado, la misma Corte de Sucumbíos volvió a llamar a declarar a los comandantes colombianos —incluido el general Óscar Naranjo, quien era en 2008 director general de la Policía y fue, durante los últimos dieciséis meses de mi segundo periodo, vicepresidente de la república—, vinculándolos al fallecimiento de cuatro ciudadanos mexicanos, estudiantes de la Universidad Autónoma de México, que resultaron muertos en el bombardeo por encontrarse en el campamento de Reyes. Confío en que todo quede debidamente aclarado y superado, entendiendo que esta operación fue un acto de legítima defensa del Estado colombiano frente a la presencia continuada en la zona fronteriza de terroristas que atacaban a nuestros nacionales y nuestra infraestructura.

Lo que construimos con el presidente Correa durante el resto de nuestros mandatos —luego de un incidente tan serio como fue el bombardeo sobre el campamento de Reyes— fue una relación positiva que llevó a un nivel de cooperación entre nuestros gobiernos, en asuntos económicos, comerciales y de seguridad, que no se había visto nunca antes. Nos reunimos con cierta frecuencia, en Ecuador o Colombia, para realizar gabinetes bilaterales y así evaluar nuestra coordinación en todos los aspectos de la relación, privilegiando, sobre todo, el bienestar y progreso de la población fronteriza.

Y logramos algo más. Correa, al igual que Chávez, se convirtió en un aliado y promotor de la paz en Colombia. Apoyó con determinación el proceso de paz con las Farc y fue facilitador del proceso de paz que se inició a comienzos de 2017 con la última guerrilla en territorio colombiano, el ELN. De hecho, la fase pública de conversaciones con este grupo subversivo se instaló en Quito en febrero de 2017, donde se llevaron a cabo las primeras rondas de negociación hasta abril de 2018, cuando el presidente Lenin Moreno, sucesor de Correa, dio por terminado el papel del Ecuador como garante de esos diálogos.

Esta última decisión fue consecuencia del dolor y la conmoción que produjo en el vecino país el secuestro y posterior asesinato de dos periodistas y un conductor ecuatorianos en la zona de frontera con Colombia, ejecutados por un grupo disidente de las Farc liderado por un ecuatoriano conocido bajo el alias de Guacho. Esa región fronteriza entre nuestros países, colindante con el océano Pacífico, es un corredor muy importante para el negocio del narcotráfico, en el cual estaban involucrados Guacho y sus hombres. Este tipo de hechos no son frecuentes en el Ecuador y, por eso mismo, generaron una gran indignación y también una presión sobre el presidente Moreno, quien, de forma sorprendente y apresurada, dio un plazo perentorio de diez días para que se capturara a Guacho, lo que acabó costando su puesto a dos de sus ministros cuando se cumplió el término sin que se lograra el objetivo. Esas operaciones llevan tiempo —lo sé por experiencia propia— pero tarde o temprano dan fruto. Así se lo dije a mi colega ecuatoriano: "No se preocupe, Lenin, que Guacho caerá antes de terminar el año". Y así fue. Gracias a la operación que pusieron en marcha el general Alberto Mejía, comandante general de las Fuerzas Militares, y el general Jorge Luis Vargas, director de investigación criminal e Interpol de la Policía Nacional, el sangriento cabecilla fue finalmente abatido en combate en la zona rural de Tumaco, Nariño, el 21 de diciembre de 2018.

Entendí las motivaciones y el sentimiento del presidente Moreno, por lo que trasladamos la mesa de diálogos con el ELN de Quito a La Habana, una sede que ya había probado su capacidad y disposición para albergar nuestros esfuerzos de paz.

Con Hugo Chávez, en Venezuela, y Rafael Correa, en Ecuador, hice realidad, en la práctica, un principio que se puede aplicar a todo esfuerzo destinado a alcanzar un objetivo superior: hay que deponer cualquier diferencia personal, cualquier antagonismo, por hondo que sea, para conseguir la paz. Siempre que se respeten las diferencias y se haga énfasis en los temas donde existen coincidencias, es posible, e incluso necesario, trabajar con los rivales.

Y esto que conseguí en el ámbito internacional, lo hice también a nivel interno dentro de mi gobierno.

UN EQUIPO DE RIVALES

Siempre he sido amante de las biografías políticas —de personajes decisivos en la historia mundial, como Disraeli, Lincoln, Franklin D. Roosevelt, Churchill o Kennedy—, y en los meses previos a mi campaña presidencial del 2010, leí una que ciertamente me sirvió de inspiración: *Team of Rivals: The Political Genius of Abraham Lincoln*, de la historiadora Doris Kearns Goodwin.

Cualquiera que conozca la historia, que haya leído el libro o visto la magnífica película de Steven Spielberg basada en esta obra, recordará que Lincoln, luego de haber ganado la nominación presidencial por el partido Republicano en 1860, ya como presidente designó a quienes fueron sus rivales por esa nominación en altos cargos de su gabinete: nombró a uno secretario de Estado, a otro secretario del Tesoro y a otro fiscal general. Su objetivo, muy claro, fue mantener la unidad de su partido y ganar algo sin lo cual se hace imposible cualquier gestión presidencial: gobernabilidad. En esa misma película se ve cómo Lincoln tuvo que transar con los congresistas y conquistar su apoyo a través de lo que todavía hoy denominan "el barril de los puercos" —lo que en Colombia satanizaron bajo la equívoca denominación de "mermelada"—, para lograr el más noble y más importante de sus objetivos: terminar con la oprobiosa institución de la esclavitud.

Durante mi desempeño como ministro de Comercio Exterior, como ministro de Hacienda y como ministro de Defensa, comprendí que la suerte de un gobierno depende en gran parte de su gobernabilidad frente al órgano legislativo. En cada uno de esos cargos tuve que impulsar en el Congreso reformas cruciales y complejos proyectos de ley, y comprobé que, sin una apropiada y constructiva cooperación entre el Ejecutivo y el Legislativo, los esfuerzos prioritarios de cualquier administración pueden verse frustrados. Recuerdo, entre las más duras batallas que tuve que dar en el Congreso como ministro de Hacienda, la reforma constitucional a las transferencias territoriales y la Ley 617 del 2000, que limitó el crecimiento de la burocracia estatal.

Esa gobernabilidad la necesitó Lincoln para sacar adelante la decimotercera enmienda a la Constitución americana, que abolió oficialmente la esclavitud en los Estados Unidos, y la requirió Lyndon B. Johnson para hacer aprobar la Ley de Derechos Civiles, para citar tan solo dos ejemplos muy conocidos. Y esa gobernabilidad la iba a necesitar yo para tramitar la Ley de Víctimas y de Restitución de Tierras, para reformar y hacer más equitativo el sistema de reparto de regalías provenientes del petróleo y la minería, o para garantizar la sostenibilidad de las finanzas nacionales, entre otros temas que no daban espera.

Cuando gané la presidencia, avalado por el partido de la U, mi colectividad, a pesar de ser este el partido con mayor presencia en el Congreso, no tenía las mayorías suficientes para sacar adelante la ambiciosa agenda legislativa que teníamos en mente para transformar a Colombia.

Entonces vi el ejemplo de Lincoln como un precedente inspirador. Además del partido de la U, necesitaba del concurso de otros partidos diferentes pero afines, como el partido Liberal, que es el partido de mis orígenes políticos; el partido Conservador, y el partido Cambio Radical, que habían competido contra mí en las elecciones presidenciales.

Durante la campaña, nos habíamos enfrentado con respeto, pero también con dureza, como en toda contienda electoral, con Rafael Pardo, candidato liberal, y Germán Vargas Lleras, candidato de Cambio Radical. Luego de la primera vuelta electoral, cuando quedamos en el partidor únicamente Antanas Mockus, del partido Verde, y yo, propuse un gobierno de unidad nacional e invité a mis antiguos contendores Vargas y Pardo a acompañarme en ese esfuerzo por el país. Les propuse, además, adoptar en mi administración algunas de las buenas iniciativas que habían presentado al país en materia de empleo y de justicia, por ejemplo. Y aceptaron, al igual que el partido Conservador.

En mi primer discurso como presidente electo, el mismo día de mi victoria, el 20 de junio de 2010, afirmé: "Demos vuelta a la página de los odios. Demos vuelta a la página de las divisiones. A Colombia le llegó su hora, y esta es la hora de la unidad".

Siguiendo, entonces, el buen ejemplo de Lincoln, designé a Vargas Lleras como ministro del Interior y de Justicia, un cargo de enorme peso político, y a Rafael Pardo como ministro de Trabajo, responsabilidad que asumió en octubre de 2011 pues nos tocó volver a crear ese ministerio que el presidente Uribe había eliminado. Desde esas posiciones tuvieron la oportunidad de poner en práctica sus mejores propuestas de campaña. Nombré, además, a varios conservadores en puestos claves en el gabinete, como ministros de Hacienda, de Minas y de Agricultura.

Vargas Lleras fue, luego, ministro de Vivienda y, en las elecciones del 2014, cuando fui reelegido para mi segundo periodo, lo llevé como mi fórmula para la vicepresidencia, cargo en el que estuvo por casi tres años hasta que renunció para iniciar su campaña a la presidencia, como aspirante a sucederme.

Estos nombramientos tuvieron dos efectos contradictorios: por una parte, contribuyeron a generar gobernabilidad en el Congreso, donde logramos sacar adelante reformas indispensables y positivas para el país que habían sido negadas o aplazadas por años, incluso por décadas. Por otro lado, causaron la ira de mi predecesor Álvaro Uribe, quien consideraba a varios de los ministros que designé —en particular a Vargas Lleras y al conservador Juan Camilo Restrepo— como sus enemigos políticos. Era tal el odio de Uribe contra Vargas Lleras que me mandó a decir con Gabriel Silva, un gran amigo y quien me había reemplazado en el Ministerio de Defensa, que si yo llegaba a nombrar a Vargas en la cartera de Defensa, él se asilaría en el exterior.

No hice estos nombramientos con la intención de contrariar a mi predecesor, pero ciertamente algo quedó claro en ese momento: el nuevo presidente —como debe ser— obraba con total autonomía.

En esa autonomía, decidí acercar a mis antiguos rivales —en el continente y también dentro del país— para trabajar unidos por fines superiores. La historia probó que había escogido el camino correcto.

LECCIÓN 2

CONVIERTA EN ALIADOS A SUS ENEMIGOS

Una reciente película, *El viaje*, del director irlandés Nick Hamm, recrea una historia que ocurrió en 2006 y que ayudó a poner en marcha la paz en Irlanda del Norte. Se trata de una anécdota que ocurrió a dos líderes de este país, que representaban posturas absolutamente opuestas y se consideraban enemigos jurados: Ian Paisley, líder unionista, y Martin McGuinness, exintegrante del IRA y líder del partido Sinn Féin. Por diversas circunstancias, estos antagonistas de toda la vida se ven forzados a compartir un largo trayecto en carro, y la conversación que tienen termina acercándolos y haciendo realidad lo que años atrás se hubiera considerado como un imposible: la coexistencia de sus dos partidos en el poder. Durante el viaje, McGuinness le dice a Paisley: "Estamos a punto de hacer algo que el mundo entero aplaudirá, pero que nuestra gente va a odiar". Y lo hicieron. Un año después, en 2007, el partido Unionista aceptó compartir el poder con el partido Sinn Féin, quedando Paisley como primer ministro y McGuinness como viceprimer ministro. Su relación fue tan cordial que los apodaron *The Chuckle Brothers*, haciendo referencia a una pareja de comediantes que siempre aparecía riendo y haciéndose bromas el uno al otro.

Es solo un ejemplo entre muchos, que ilustra una verdad sencilla pero ciertamente difícil de aplicar: cuando se persigue un bien superior —¡y qué mayor bien que la paz!—, se debe y se puede trabajar incluso con aquellos con quienes se tienen las mayores diferencias y disputas. Es cuestión de encontrar puntos de interés comunes, de entender que ninguno va a convencer al otro y de respetarse dentro de las diferencias.

Cuando decidí buscar caminos de aproximación con los presidentes Chávez y Correa, o con mis antiguos rivales por la presidencia, no tuve que renunciar a mis principios ni claudicar a mis ideales, ni tampoco tuvieron que hacerlo ellos. Lo que se buscó y se logró —en aras de la paz y el progreso de Colombia, y también de Venezuela y Ecuador— fue una cooperación armónica sobre los temas fundamentales en los que estábamos de acuerdo. En otros temas —como el modelo político y económico de cada país— nos distanciaban abismos insondables, y allí decidimos tratar con respeto nuestras diferencias. Dicho de una manera muy simple y utilizando un lugar común: nos enfocamos en lo que nos une y no en lo que nos divide.

Trabajar con rivales o antiguos enemigos puede ser objeto de incomprensiones y reproches. Muchos lo ven como una acción débil o inconsecuente, incluso como una traición, pero se trata, llanamente, de una actitud pragmática dirigida a alcanzar fines superiores. Además, la paz —no hay que olvidarlo— se hace con los enemigos, no con los amigos.

Nada más opuesto —para seguir con otro ejemplo histórico— que las personalidades e ideologías de líderes como Churchill, De Gaulle, Roosevelt y Stalin, pero si estos hombres no hubieran acordado una alianza para contener el avance del nazismo, Europa y el mundo no se hubieran librado de esa amenaza.

Y termino esta reflexión con otra anécdota que se atribuye a Abraham Lincoln. Cuentan que alguna vez alguien lo criticó por el trato benevolente que, como presidente de los Estados Unidos, daba a los rebeldes del sur en medio de la cruenta guerra de secesión. La respuesta de Lincoln dejó callado a su interlocutor: "¿Acaso no destruimos a nuestros enemigos cuando los hacemos nuestros amigos?"

CAPÍTULO XIII

PRIMERA APROXIMACIÓN CON LAS FARC

LA CARTA DE HENRY ACOSTA

Antes de mi posesión como presidente, realicé dos giras internacionales para estrechar lazos e intercambiar opiniones con los mandatarios de diferentes países, acompañado por quien sería mi canciller durante mis ocho años de mandato, María Ángela Holguín. En un primer itinerario, visité el Reino Unido, Alemania, Francia y España. Luego me concentré en la región y estuve en México, Panamá, Costa Rica, Chile, Argentina, Perú, República Dominicana y, por último, Haití, donde quedé impactado por los efectos devastadores del terremoto que habían sufrido en enero y constaté que la gran ayuda internacional que se había anunciado para este país caribeño no había llegado o, por lo menos, no se veía por ningún lado. Ello hizo que incluyera dentro de la agenda internacional de mi gobierno un compromiso permanente con el pueblo haitiano, que nos llevó incluso a proponer y liderar una sesión del Consejo de Seguridad de Naciones Unidas sobre el tema.

A mi regreso a Bogotá, el 30 de julio de 2010, faltando apenas una semana para mi posesión, Lucía Jaramillo, una colaboradora de confianza que había trabajado conmigo en la Fundación Buen Gobierno y en la campaña presidencial, me dio una carta que le había dejado Frank Pearl, el alto comisionado para la paz del gobierno saliente, quien le había pedido que me la entregara tan pronto volviera de mi gira.

Era una carta dirigida a mí por Henry Acosta, la persona que había servido de facilitador e intermediario del gobierno de Álvaro Uribe con las Farc. La carta, fechada el 12 de julio hacía un recuento de la labor adelantada por Acosta en los últimos años:

En la última época, durante los dos periodos presidenciales del Dr. Álvaro Uribe Vélez, he tenido la responsabilidad de ayudar patrióticamente a facilitar los posibles acercamientos entre el Gobierno nacional y las Farc, en la búsqueda de la paz, el perdón y la reconciliación. Durante este tiempo, y en calidad de facilitador autorizado por escrito por el señor presidente Uribe y por las Farc, he sido testigo de las muestras de voluntad política de las Farc en la búsqueda de la negociación política del conflicto armado que vive nuestro país. Igualmente he visto cómo, de manera intermitente, el Gobierno nacional va desde el accionar para la derrota militar hasta la búsqueda de diálogos con las Farc. Y el desangre continúa. Tanto los soldados de la nación como la guerrillerada de las Farc pertenecen a los estratos sociales más pobres y excluidos, socioeconómicamente, de la república. Negociar políticamente que este pueblo armado, de lado y lado, no se siga matando, es posible. De hecho, en el pasado próximo hemos estado más cerca que lejos de esta posibilidad.

Acosta proponía en su carta retomar el camino por el que se había avanzado en el gobierno que terminaba, y hacerlo "a través de un encuentro secreto en el exterior, con el fin exclusivo de fijar la hoja de ruta de la negociación política del conflicto interno armado".

Y concluía con un llamado concreto:

> *Dr. Juan Manuel Santos, mi opinión es que ni el Gobierno derrotará militarmente a las Farc ni estas derrotarán militarmente al Gobierno. Lo único que cabe es una negociación política del conflicto interno armado, con dignidad, equidad y justicia social. La alternativa es el desangre y la pobreza, arraigándose y creciendo en nuestra patria.*

Yo ya había oído hablar de Acosta y me había enterado de las diversas aproximaciones del gobierno de Uribe con las guerrillas a través de Frank Pearl. Así que la carta del facilitador cayó en terreno fértil.

LO QUE ME CONTÓ FRANK PEARL

Frank Pearl, un economista con una larga lista de realizaciones en el sector privado, había sido alto consejero presidencial para la reintegración social desde el año 2006. En dicha posición, le correspondió coordinar la reinserción en la sociedad de cerca de cincuenta mil excombatientes: paramilitares que se habían desmovilizado colectivamente en el proceso impulsado por el presidente Uribe, y guerrilleros que, cansados de la guerra, se desmovilizaban individualmente o en pequeños grupos. A comienzos del 2009, Pearl se convirtió en alto comisionado para la paz, en reemplazo del psiquiatra Luis Carlos Restrepo, quien había ocupado ese cargo desde comienzos del gobierno Uribe.

Pearl heredó los contactos con las Farc a través de Henry Acosta y continuó avanzando en las aproximaciones con esta guerrilla.

Por eso Pearl fue una de las primeras personas con las que quise hablar apenas resulté elegido, para que me pusiera al tanto sobre dichos adelantos. Él había trabajado conmigo en la Fundación Buen Gobierno y su hermano William me había ayudado en mi breve campaña como precandidato liberal a la presidencia, en 1998. Habíamos hecho parte del mismo gobierno y teníamos una buena relación, adobada por su amistad con mi cuñado Mauricio Rodríguez, con quien había trabajado años atrás en Dow Chemical, una multinacional de productos químicos. El lunes 21, al día siguiente de mi triunfo en los comicios de segunda vuelta, llamé a Frank y le pedí que nos reuniéramos. Él consultó con el presidente Uribe, quien le dio su aprobación para que me contara todo lo referente a su trabajo.

Para mí fue interesante enterarme del nivel de avance al que se había llegado en los acercamientos entre el Gobierno y las guerrillas. Con el ELN, como dije antes, se llegó a redactar un preacuerdo para lanzar oficialmente los diálogos en 2007. Y con las Farc se había pasado de un cruce de mensajes sobre un eventual intercambio humanitario de secuestrados por guerrilleros presos a la invitación concreta del gobierno de Uribe a ese grupo insurgente para tener un encuentro directo en Brasil, "con una agenda abierta (...) que pueda conducir a una agenda de paz más detallada y profunda a futuro".

Frank me contó que, si bien la guerrilla desistió de ese encuentro con su comunicación del 7 de abril cuyo contenido se había filtrado a través de Telesur, él se había alcanzado a reunir con el canciller de Brasil, Celso Amorim, en Brasilia, y había hablado también con el ministro de Defensa de ese país, encontrando la mayor disposición para acoger un encuentro exploratorio discreto entre el Gobierno y las Farc. Es más, el 24 de marzo de 2010 la embajada de Brasil le había entregado una lista con cuatro sitios posibles para realizar el encuentro, con sus respectivos mapas. Agregó que gestiones similares se habían realizado con Suecia, y que ese país también se había ofrecido a ser anfitrión de las primeras reuniones dirigidas a ambientar un proceso de paz.

También me insistió Pearl, basado en su experiencia, en que era indispensable recomponer las relaciones con Chávez, pues la historia muestra que los conflictos internos no se resuelven sin un mínimo de apoyo de los países vecinos.

Y me comentó algo que me sorprendió bastante: cuando el anterior comisionado para la paz, Luis Carlos Restrepo —hoy prófugo de la justicia por el montaje de la falsa desmovilización de un inexistente frente paramilitar—, renunció en febrero de 2009, se llevó todos los documentos, archivos y videos sobre los contactos de paz que había adelantado. En la oficina que recibió Pearl no había carpetas ni consecutivo de correspondencia, no solo sobre los intentos de acercamiento y negociación con las guerrillas sino tampoco sobre el proceso de desmovilización de los paramilitares y la negociación que se hizo con ellos en la zona de Santa Fe de Ralito, en el departamento de Córdoba. Todo había desaparecido, y a Pearl le tocó empezar de cero.

Con estos elementos en mis manos —la información detallada que me dio Frank Pearl sobre el avance en las aproximaciones con las guerrillas, la carta de Henry Acosta y, además, la cita ya convenida con el presidente Chávez, por intermedio del expresidente argentino Néstor Kirchner, para vernos en Santa Marta el 10 de agosto— fue como decidí declarar abiertamente en mi discurso de posesión, para sorpresa de muchos, que la puerta del diálogo no estaba cerrada con llave.

Esa llave había estado por ocho años en manos del presidente Uribe y sus comisionados para la paz, y ahora yo estaba dispuesto a usarla cuando las condiciones fueran propicias.

MI MENSAJE A LAS FARC

Al inicio de mi gobierno, no le nombré sucesor en propiedad a Frank Pearl. En ese momento no había ningún proceso de paz activo y decidí asumir personalmente la búsqueda de caminos para iniciar el diálogo.

A Sergio Jaramillo, mi antiguo viceministro de Defensa, lo designé en septiembre como alto consejero para la seguridad nacional, teniendo siempre en mente que era una persona que tenía todas las capacidades y la disposición para trabajar en el tema de la paz cuando fuera necesario. Pearl, por su parte, se fue a realizar unos estudios complementarios en la Universidad de Harvard pero siempre me hizo saber de su disposición a colaborar cuando lo necesitara.

A fines de agosto —no había pasado ni un mes desde mi posesión— llamé a Henry Acosta directamente desde mi celular. Sabía que cualquier nueva aproximación con las Farc debía hacerse de forma muy discreta y preferí manejar el tema sin intermediarios. Le dije que había recibido su carta y que estaba interesado en conversar con él. Unos días después lo volví a llamar y lo cité en la Casa de Nariño el lunes 6 de septiembre.

Acosta cuenta que al principio dudó de que fuera realmente yo quien lo llamaba, pues le parecía extraño que no lo hiciera a través del conmutador de la Presidencia. Su esposa Julieta —su compañera de aventuras, a quien él llama cariñosamente Dulcinea, sobrenombre que le puso el comandante guerrillero Pablo Catatumbo— llamó a mi despacho para confirmar la cita, y solo entonces estuvieron seguros de que no se trataba de una broma o una suplantación.

Henry Acosta llegó puntual a la cita y lo recibí en mi oficina en compañía de Lucía Jaramillo. Me dijo Acosta que me había conocido treinta y cinco años atrás —no lo recordaba— a mediados de la década de los setenta, cuando yo era representante de Colombia ante la Organización Internacional del Café en Londres y él era un dirigente de las cooperativas cafeteras. Ahora era un hombre trajinado por la vida, de casi sesenta años, de contextura gruesa, cintura ancha y andar pausado, y la impresión que me dio fue la de una persona bonachona, sincera, comprometida con la paz y con el papel de emisario que le había tocado en suerte.

Conversamos por un par de horas, durante las cuales Acosta me hizo el relato de las diversas tareas de intermediación que había cumplido entre el gobierno de Uribe y las Farc, y del punto en que habían quedado las cosas, luego de la propuesta del Gobierno de tener un encuentro directo en Brasil. Fue enfático al decirme que él veía un buen ambiente en la guerrilla para iniciar un camino que llevara a una mesa de conversaciones.

Así las cosas, ese día, prácticamente dos años antes del anuncio del inicio formal de conversaciones de paz con las Farc, decidí enviarle un primer mensaje a Alfonso Cano y a Pablo Catatumbo a través de Henry Acosta, el intermediario en quien ellos más confiaban.

Mi mensaje, transmitido verbalmente a Acosta, fue más o menos el siguiente:

"*Quiero hacer la paz con ustedes y les propongo que empecemos con un encuentro secreto, que puede ser en Brasil o en Suecia, entre dos delegados de ustedes de alto nivel y dos delegados míos, para acordar la forma de avanzar hacia una solución negociada al conflicto. Mis delegados serían mi hermano Enrique, a quien ustedes ya conocen, y el excomisionado para la paz Frank Pearl. No habrá intermediarios porque la paz de Colombia la podemos y debemos hacer los colombianos. Eso sí, este encuentro debe ser secreto y, si ustedes lo llegan a filtrar, nosotros entenderemos que no hay verdadera voluntad de diálogo de parte de ustedes. Solo cuando lo veamos conveniente y las cosas estén maduras, haremos públicas nuestras conversaciones*".

Acosta redactó una carta con el contenido de mi mensaje y la entregó a Catatumbo una semana después en algún lugar de las montañas del Valle del Cauca. Catatumbo dijo que iba a consultar la respuesta con Alfonso Cano, el máximo comandante de las Farc.

El balón quedó entonces en la cancha de la guerrilla. Pero el conflicto seguía y las reglas de la guerra son duras. Nadie imaginaba que en unos pocos días, el 23 de septiembre, ese grupo subversivo iba a sufrir una de las mayores pérdidas estratégicas de su historia.

NO HAY MEJOR EMBAJADOR QUE UN HERMANO

Una persona que fue importante para mí en esos momentos, por su consejo y experiencia, fue mi hermano mayor Enrique. Como conté al inicio, en ese año de revoluciones y utopías que fue 1968, mientras yo estudiaba en la Escuela Naval de Cadetes, Enrique hacía su posgrado en Alemania y se empapaba de los sueños e ideales que defendían —con proclamas, grafitis y marchas— los estudiantes en Berlín, en París, en Chicago, en Praga, en Londres o Ciudad de México.

Al regresar de Europa, su posición política era claramente de izquierda, y eso se reflejaba en las crónicas y columnas que publicaba en *El Tiempo*. Enrique se convirtió en uno de los columnistas más influyentes del país a través de su columna *Contraescape*. En 1974, emprendió, junto con Gabriel García Márquez, Orlando Fals Borda, Jorge Restrepo, Antonio Caballero, José Vicente Kataraín, Roberto Pombo y Hernando Corral, entre otros periodistas e intelectuales de izquierda, el proyecto de la revista *Alternativa*, crítica del Frente Nacional que llegaba a su fin ese año, un experimento político que acabó con la violencia bipartidista pero que, a la vez, ahogó las demás expresiones políticas en el país. *Alternativa* se convirtió, hasta su cierre en 1980, en la voz de la izquierda democrática en Colombia.

Desde entonces, Enrique continuó con sus colaboraciones en *El Tiempo*, periódico del cual fue subdirector cuando yo me retiré, y luego codirector, junto con nuestro primo Rafael Santos, entre 1999 y el 2009.

Su ideología, como les pasó a muchos en su generación, fue derivando de la izquierda al centro del espectro político, pero nunca abandonó su compromiso con las ideas progresistas y las libertades —muy especialmente la libertad de prensa, que defendió con ahínco como vicepresidente y luego presidente de la Sociedad Interamericana de Prensa, SIP— y con la paz.

A comienzos de los ochenta hizo parte de la comisión de paz del gobierno de Belisario Betancur, y en esa condición visitó Casa Verde, la sede de las Farc en el municipio de Uribe, Meta —la misma que luego sería bombardeada por el gobierno Gaviria en diciembre de 1990—, donde habló por largas horas con Jacobo Arenas, el ideólogo y cofundador de las Farc, y con Alfonso Cano, que entonces era un joven miembro del secretariado.

Cuenta Enrique que Arenas le dijo que había prestado el servicio militar en el batallón Guardia Presidencial durante el gobierno de Eduardo Santos, y que concluyó en tono sarcástico: "Ese sí era un demócrata; no como su papá y su tío Hernando, que son unos fachos".[5]

Años después volvería a ver a Alfonso Cano, quien lo invitó a conversar una noche de junio del 2000, en la zona de distensión del Caguán. Allí tuvo oportunidad de debatir hasta el amanecer, al calor de unas copas de coñac y de *whisky*, con este jefe guerrillero

---

5   Estas y otras historias y reflexiones sobre la búsqueda de la paz, en particular sobre la fase explo-ratoria de los diálogos con las Farc durante mi gobierno, hacen parte de su libro *Así empezó todo*, Intermedio Editores, Bogotá, 2014.

—un antropólogo radical, culto e intransigente a la vez, que habría de convertirse en el sucesor de Manuel Marulanda— y con su hombre de confianza Pablo Catatumbo.

Con todos estos antecedentes, Enrique ha sido un interlocutor obvio cuando busco una opinión o un consejo sobre el manejo de la guerrilla y la búsqueda de la paz. Somos bastante diferentes, no siempre estamos de acuerdo, pero sus palabras, su sensatez e incluso su escepticismo me han servido muchas veces para calibrar expectativas y ayudarme a tomar decisiones cruciales.

Enrique, recién retirado de *El Tiempo*, no participó en mi campaña presidencial, pues nunca le gustó que su hermano estuviera metido en la política. Es más, para el momento de mi elección, estaba viviendo, con su esposa Gina, en Miami y venía a Colombia solo por cortas temporadas. Sin embargo, me había dejado claro que podía contar con él y con su experiencia en cualquier gestión en la que considerara que pudiera ser útil.

Cuando llegó a Bogotá en los primeros días de agosto de 2010, para asistir a mi acto de posesión, le pedí que redactara unas ideas sobre la forma en que trataríamos el tema de la guerrilla, y varias de ellas las utilicé en mi discurso.

Luego, en los primeros días de septiembre, le conté que iba a hablar con Henry Acosta, el facilitador con las Farc, y que pensaba proponer su nombre como mi delegado personal para el primer encuentro secreto en el que se iba a explorar la verdadera voluntad de las partes para hacer la paz. Enrique aceptó sin titubear, y ambos acordamos en que la prueba más importante de que la guerrilla estaba obrando con seriedad era que mantuviera la confidencialidad de ese encuentro y de cualquier otro avance que lográramos hasta que decidiéramos hacer público el proceso. Ya en otras ocasiones ellos se habían encargado de filtrar a los medios los intentos de aproximación, haciéndolos fracasar prematuramente. Si esta vez eran capaces de guardar el secreto, sería un indicio de que la tercera condición para tener un proceso de paz exitoso —una voluntad real de paz de los jefes de la contraparte— estaba cumplida.

Hay que decir que las Farc recibieron positivamente, como un gesto que les dio confianza y que les ratificó mi compromiso con el diálogo, el hecho de que nombrara como mi delegado ante ellos a mi propio hermano. Yo no tenía ninguna duda, a pesar de despreciar el nepotismo: ¡qué mejor embajador para este oficio que mi hermano Enrique!

CAPÍTULO XIV

LA CAÍDA
DEL NÚMERO 2

EL PODER DE LA INTELIGENCIA

Desde mi primer día como presidente asumí la supervisión directa sobre las operaciones de la fuerza pública contra la guerrilla y las mafias del narcotráfico. Era una especie de deformación profesional pues lo había hecho por tres años como ministro de Defensa y por eso era natural para mí continuar ejerciendo esa tarea. Al frente de la cartera de Defensa designé a Rodrigo Rivera, un abogado liberal, expresidente de la Cámara de Representantes durante el proceso 8.000, con prestigio, buen político, de buenas maneras, quien había sido uno de los coordinadores de mi campaña.

Desde el año 2006 —como ya se contó en capítulos anteriores— habíamos puesto en marcha una profunda transformación en la forma de operar de las Fuerzas Armadas, que se basó en dos aspectos fundamentales: por un lado, el fortalecimiento y modernización de la inteligencia, como el arma fundamental para llegar a los escurridizos objetivos de alto valor estratégico y, por otro lado, el énfasis en el trabajo conjunto y coordinado entre las diversas fuerzas militares y la Policía, al más alto nivel.

Esta transformación había producido resultados importantes como la muerte de Raúl Reyes, el primer miembro del secretariado de las Farc en ser abatido por nuestra fuerza pública, y la caída de muchos otros jefes de esta guerrilla, como el Negro Acacio y Martín Caballero.

No es de extrañar, entonces, que una de mis prioridades al llegar a la presidencia fuera la de continuar avanzando en este camino de éxitos operacionales, para consolidar las condiciones que siempre pensé que se requerían para lograr la paz: una correlación de fuerzas a favor del Estado que convenciera a los líderes guerrilleros —porque les podíamos llegar a ellos, algo que en cuarenta años no se había logrado— de que también personalmente les iba mejor con la paz que con la guerra.

En ese entonces, y luego de la muerte de Manuel Marulanda en marzo de 2008, los dos principales líderes de las Farc eran Alfonso Cano, su jefe máximo, que se movía en la zona montañosa del Tolima y el Cauca al suroccidente del país, y el Mono Jojoy —también conocido como Jorge Briceño, aunque su nombre real era Víctor Julio Suárez—.

Mientras Cano detentaba el liderazgo general de la organización, y era considerado un ideólogo, Jojoy era el gran jefe militar de las Farc. Con más de treinta y cinco años en la guerrilla, a la que había ingresado cuando era un niño de doce años, había ascendido bajo la protección de Manuel Marulanda y se había convertido con el paso del tiempo en el hombre con más poder de la organización. Era el comandante del bloque oriental, que constituía la principal fuente de recursos de las Farc, pues operaba en la zona de los Llanos Orientales y la Orinoquía donde se concentraba la mayor parte del negocio del narcotráfico. Ese bloque llegó a tener, en tiempos del Caguán, entre cinco mil y seis mil hombres en armas.

Jojoy, un hombre frío y sanguinario al que no le temblaba la mano para mandar fusilar a sus propios hombres, era responsable de la estrategia de secuestros y extorsiones de las Farc. Ordenó decenas de ataques a poblaciones con cilindros de gas, buscó en su momento cercar a Bogotá desde la cordillera Oriental, y se comportaba, en la práctica, como el mandamás en amplias zonas del territorio donde no llegaba la presencia del Estado. Hay que reconocer, por otra parte, que era un buen estratega militar y un líder carismático que contaba con el respeto y la admiración de sus hombres, que lo protegían mediante anillos concéntricos de seguridad en los que participaban entre mil y dos mil guerrilleros.

Por más de tres décadas, las Fuerzas Armadas colombianas lo habían perseguido sin éxito, pues el curtido jefe guerrillero cambiaba constantemente de posición y tenía una red de alertas que hacía imposible llegarle por sorpresa. Se había creado el mito de que era inalcanzable.

Así las cosas, uno de los primeros informes que pedí a los comandantes de las Fuerzas Armadas fue sobre cómo íbamos en la persecución de Jojoy. El general Óscar Naranjo, quien venía desempeñándose como director de la Policía desde el gobierno anterior —por insinuación mía, por ser de mi plena confianza— y a quien ratifiqué en su cargo, me contó cómo iba la compleja operación de infiltración que se venía ejecutando desde que la lanzamos siendo yo ministro de Defensa, y que estaba a punto de dar resultados.

Varios hombres de la Policía habían infiltrado a las estructuras cercanas a Jojoy, y había uno que había llegado particularmente lejos. Se trataba de un suboficial que desde el año 2005 llegó a la zona haciéndose pasar por un comerciante que vendía productos de miscelánea en los pequeños pueblos del Meta. Este valiente espía se fue ganando poco a poco la confianza de los hombres del bloque oriental, que lo convirtieron en su proveedor favorito, y terminó trabando amistad con uno de los guerrilleros que cumplía con las funciones de ideólogo y adoctrinador. Finalmente, se incorporó a las filas de la guerrilla, donde cada día más se iba acercando a las estructuras que rodeaban al jefe guerrillero.

El general Naranjo me dijo: "En cualquier momento tendremos la ubicación exacta", y así fue. En agosto, el infiltrado llegó a estar a unos pocos metros del campamento de Jojoy y consiguió una completa georreferenciación de su ubicación. Cuando los datos llegaron a la inteligencia de la Policía, se trabajaron en una "burbuja de inteligencia" —una figura que habíamos creado cuando fui ministro de Defensa, en la que la información obtenida por las diferentes fuerzas sobre cada objetivo de alto valor se compartía, analizaba y procesaba por un grupo de expertos, bajo la coordinación de un oficial de alto rango—. Fue así como los especialistas de inteligencia llegaron a una certeza absoluta: Jojoy estaba en un punto ubicable de la zona selvática de la serranía de la Macarena, en el departamento del Meta.

Pero no se contentaron con esto, pues sabían que el comandante guerrillero se movía constantemente y no podían darse el lujo de equivocarse. Oficiales de inteligencia de la Policía ya habían contactado a un comerciante de la zona que llevaba encargos especiales al bloque oriental. Jojoy sufría de diabetes y, por eso, parte de esos encargos incluía medicinas y botas de campaña con diseño ortopédico que le permitían soportar las largas caminatas a pesar de los estragos de su enfermedad. El comerciante accedió a colaborar a cambio de la recompensa de cinco mil millones de pesos que el Gobierno había ofrecido a quien ayudara a localizar a Jojoy, y les contó a los oficiales sobre las características del pedido que debía entregar en las próximas semanas.

La Policía consiguió los elementos del pedido, incluyendo unas botas con las especificaciones exactas de las que utilizaba el

"Mandela me dijo: 'La paz es una condición indispensable para el desarrollo. Sin la paz, Colombia no puede despegar'. Ahí comencé a vislumbrar mi puerto de destino".

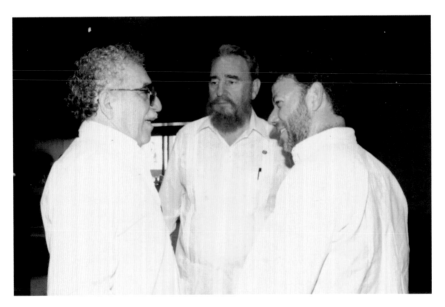

"Fui testigo directo de la amistad entre Fidel y Gabo desde los tiempos en que me dediqué a buscar un diálogo directo con los diversos actores del conflicto para construir una propuesta de paz — los tiempos de mi 'conspiración'—". (La Habana, 1997)

"Con el ex primer ministro británico Tony Blair defendimos, desde cuando él estaba en el gobierno, las tesis de la Tercera Vía". Blair apoyó el proceso de modernización de nuestra inteligencia militar y fue un gran aliado del proceso de paz.

"La operación Jaque fue un golpe maestro, una operación perfecta —como la denominó la misma Íngrid Betancourt cuando dio sus primeras declaraciones en libertad— y significó un inmenso alivio, una inyección de esperanza y de alegría para todos los colombianos". (Bogotá, 2 de julio de 2008. Foto: Fernando Vergara/AP)

"Chávez se atacó de la risa, y desde ese momento nuestro trato fue cordial y relajado, siempre presidido por el humor y el entendimiento, sin desconocer jamás nuestras profundas diferencias". (Santa Marta, Quinta de San Pedro Alejandrino, 10 de agosto de 2010)

"Antes de iniciar el encuentro oficial, dimos una rueda de prensa conjunta en la que el presidente Obama se refirió a los resultados de la operación Sodoma, donde cayó el jefe militar de las Farc, que era la noticia del momento no solo en Colombia sino en el continente". (Nueva York, 24 de septiembre de 2010)

"Si hemos tenido víctimas, si aún siguen produciéndose víctimas, vamos a ubicarnos y a pararnos en la orilla que nos corresponde: al lado de ellas, de su parte, abrazando y comprendiendo su sufrimiento". (Sanción de la Ley de Víctimas y Restitución de Tierras, con la presencia del secretario general de las Naciones Unidas, Ban Ki-moon. Bogotá, 10 de junio de 2011)

"Hoy les quiero anunciar que esas reuniones exploratorias han culminado con la firma de un acuerdo marco entre el gobierno nacional y las Farc que establece un procedimiento para llegar a un acuerdo final que termine, de una vez por todas, esta violencia entre hijos de una misma nación" (Anuncio a los colombianos sobre el inicio del proceso de paz, rodeado por la cúpula de las Fuerzas Armadas y el gabinete ministerial. Bogotá, 4 de septiembre de 2012)

"No pude menos que reflexionar sobre la inmensa paradoja que suponía, para mí, ser el presidente de Colombia que acompañara el funeral de un líder popular y polémico a la vez, como había sido Chávez, pero, sobre todo, del personaje internacional con el que había tenido el mayor enfrentamiento en toda mi carrera pública". (Caracas, 8 de marzo de 2013)

"En un giro singular de la historia, en 2010 me eligieron los votos de la derecha y en 2014 me eligieron los votos de la izquierda, sumados con los del centro político". Celebración de la reelección para el segundo periodo presidencial. De izquierda a derecha: María Clemencia de Santos, María Antonia, Martín, Juan Manuel y Esteban Santos. (Bogotá, 15 de junio de 2014. Foto: León Darío Peláez/Semana)

La comisión de juristas que construyó la propuesta de justicia transicional, trabajando en el apartamento de Juan Carlos Henao. De izquierda a derecha: Enrique Santiago, Manuel José Cepeda, Juan Carlos Henao, Douglas Cassel, Diego Martínez y Álvaro Leyva. (Bogotá, septiembre de 2015)

"Timochenko estiró su mano hacia mí, que el presidente Raúl Castro acabó de aproximar, poniendo sus manos sobre las nuestras para sellar la importancia de ese momento". (Firma de las bases del acuerdo sobre el tema de justicia. La Habana, 23 de septiembre de 2015)

"Se constituyó un equipo de excelencia, cuyo trabajo consagrado permitió alcanzar el acuerdo final para la terminación del conflicto con las Farc". (De izquierda a derecha: Dudley Ankerson, Jonathan Powell, Frank Pearl, María Paulina Riveros, general Óscar Naranjo, María Ángela Holguín, Gonzalo Restrepo, Humberto de la Calle, presidente Santos, William Ury, Sergio Jaramillo, Joaquín Villalobos, Juan Fernando Cristo, Shlomo Ben Ami y general Jorge Enrique Mora. Cartagena, 8 de enero de 2016)

Visita a la delegación del gobierno en su casa y lugar de trabajo en el conjunto del Laguito. Al lado izquierdo de la mesa, de izquierda a derecha: María Ángela Holguín, Humberto de la Calle y Frank Pearl. Al lado opuesto, de izquierda a derecha: Sergio Jaramillo, general Jorge Enrique Mora, presidente Santos y general Óscar Naranjo. (La Habana, 23 de junio de 2016)

"María Ángela me dio la mejor noticia de mi vida: ¡Se había cerrado la negociación con las Farc!". De izquierda a derecha: Jesús Santrich, Iván Cepeda, Pastor Alape, María Ángela Holguín, Rafael Pardo, Sergio Jaramillo, Iván Márquez, Juan Fernando Cristo, Álvaro Leyva, Roy Barreras, Humberto de la Calle, Timochenko, Frank Pearl, general Óscar Naranjo, Rodrigo Granda, Joaquín Gómez, Pablo Catatumbo y Enrique Santiago. (La Habana, 23 de agosto de 2016)

"Tal vez el mejor resumen del amplio apoyo regional, y también mundial, se dio cuando se firmó en Cartagena el acuerdo con las Farc con la presencia de representantes de todas partes del planeta". Visibles atrás, de izquierda a derecha, Borge Brende, canciller de Noruega; Ban Ki-moon, secretario general de la ONU; Enrique Peña Nieto, presidente de México; Pedro Pablo Kuczynski, presidente del Perú; Raúl Castro, presidente de Cuba, y Juan Carlos I, rey emérito de España. (Cartagena, 27 de septiembre de 2016)

"Yo prefiero un acuerdo imperfecto que salve vidas a una guerra perfecta que siga sembrando muerte y dolor en nuestro país, en nuestras familias". Presidente Santos y Timochenko, máximo líder de las Farc, muestran los acuerdos firmados. (Cartagena, 27 de septiembre de 2016)

"Subí a dar mi discurso al país, una intervención de apenas tres minutos que debía generar tranquilidad y confianza en todos los colombianos: los que habían ganado a duras penas con el No, los que habían perdido a duras penas con el Sí, y esa mayoría que no había votado". De izquierda a derecha: Frank Pearl, María Ángela Holguín, general Óscar Naranjo, Humberto de la Calle, presidente Santos, Sergio Jaramillo, Gonzalo Restrepo, Juan Fernando Cristo, general Jorge Enrique Mora y Roy Barreras. (Bogotá, 2 de octubre de 2016)

"Hacía muchos años que Uribe —desde cuando había decidido calificarme como traidor y aplicarme una implacable oposición— no pisaba la Casa de Nariño. Luego de un saludo amable, pero frío, tuvimos una reunión de unas tres horas en el salón de estrategia". Observan Carlos Holmes Trujillo, hoy canciller de Colombia, y Óscar Iván Zuluaga, mi rival en las elecciones presidenciales del 2014. (Bogotá, 5 de octubre de 2016)

"El Premio Nobel llegó en el momento más oportuno, como un regalo del cielo, y se sintió como un espaldarazo del mundo que nos daba alientos para culminar con éxito el proceso de paz". María Clemencia de Santos celebra la noticia, junto con el presidente Santos y su hija María Antonia. (Bogotá, 7 de octubre de 2016)

"Fue una ceremonia sobria pero igualmente emocionante, porque habíamos superado la más inesperada de las dificultades y estábamos firmando un acuerdo que estuvo moribundo". (Firma del nuevo acuerdo final, Teatro Colón de Bogotá, 24 de noviembre de 2016)

"Allá estaban, en el recinto más solemne de la capital noruega, los representantes de más de ocho millones de víctimas en Colombia celebrando el fin de un conflicto que les había robado a sus seres queridos o años de su vida". De pie, de izquierda a derecha: Héctor Abad Faciolince, Pastora Mira, Liliana Pechené, Leyner Palacios, Clara Rojas, Fabiola Perdomo e Íngrid Betancourt. (Oslo, 10 de diciembre de 2016. Foto: Haakon Mosvold Larsen/AFP)

"Nuestro pueblo se llama el mundo. Y nuestra raza se llama humanidad". (Discurso de aceptación del Premio Nobel de la Paz. Oslo, 10 de diciembre de 2016)

"Había muchas banderas tricolores y se escuchaban los gritos de 'Viva, Colombia', que me llenaron el alma de alegría". (Marcha de antorchas. Oslo, 10 de diciembre de 2016)

"Me preguntaron si tendría alguna objeción en que el expresidente Uribe se uniera a la audiencia que yo tenía programada con el papa. Me pareció una petición un poco insólita pero, por otro lado, consideré que podía servir para limar asperezas con Uribe y bajar el nivel de polarización del país". (Reunión del presidente Santos y el expresidente Uribe con el papa Francisco. El Vaticano, 16 de diciembre de 2016)

"Yo estoy muy orgulloso de conocerlo y lo felicito sinceramente. No hay nada más difícil que la paz y queremos lograr la paz del mundo, y ustedes son un gran ejemplo de alguien que empezó a hacerlo". (Presidente Donald Trump en rueda de prensa conjunta en la Casa Blanca. Washington, 18 de mayo de 2017)

"De manera muy discreta, hicimos gestiones que sirvieron para aproximar a esos dos enemigos jurados que habían sido Estados Unidos y Cuba. Personalmente hablé del tema con el presidente Obama y el presidente Castro, con el expresidente Bill Clinton y el senador demócrata Patrick Leahy, siempre buscando facilitar ese acercamiento". En la foto, con Bill Clinton en el Foro Mundial de Productores de Café. (Medellín, 11 de julio de 2017)

"Contamos con la verificación de una comisión de notables, conformada por mi buen amigo —y luchador conmigo por la paz desde hace más de veinte años— el expresidente español Felipe González y el expresidente uruguayo José "Pepe" Mujica". (Cali, 13 de junio de 2017)

"Timochenko alzó a la bebé mientras yo le tomaba su manita. Era difícil creer que hace tan poco nos estuviéramos matando, y que lo hubiéramos hecho por más de cincuenta años, cuando tenemos tanto en común: somos colombianos y, sobre todo, somos seres humanos". (Finalización del proceso de dejación de armas. Mesetas, Meta, 27 de junio de 2017)

"Estas armas, que escondían la muerte y el dolor en sus oscuros cañones, ya nunca serán usadas". (Cierre y envío del último contenedor de armas de las Farc para custodia y destrucción por las Naciones Unidas. Pondores, La Guajira, 15 de agosto de 2017)

"Fueron incontables mis encuentros con víctimas, en todas partes del país, en eventos en los que les entregábamos viviendas gratis o alguna otra clase de ayuda del Estado, y en todos ellos ratifiqué su valentía, generosidad y solidaridad. Sus historias me conmovían el corazón".

Días después de presentar la Fundación Compaz, dedicada a ayudar a reparar las víctimas con los recursos del Premio Nobel, visité el contra-monumento *Fragmentos*, hecho por Doris Salcedo con 37 toneladas de armas que pertenecieron a las Farc. (Bogotá, 14 de diciembre de 2018)

jefe guerrillero, y se los entregó al proveedor de las Farc para que cumpliera su encargo, lo cual hizo el 18 de septiembre. Lo que no sabía el comerciante es que dentro del tacón de una de las botas se había colocado un dispositivo electrónico —un microchip— de GPS que permitiría detectar con precisión la localización de Jojoy.

Luego de una paciente infiltración humana de años y de utilizar la más sofisticada tecnología, todo estaba dado, por fin, para que cayera el hombre que había comandado los peores ataques de las Farc no solo contra las Fuerzas Armadas sino contra la población colombiana.

———————————

EL RATÓN QUE PRETENDE SER LEÓN

El viernes 17 de septiembre me reuní en el fuerte militar de Larandia, en el departamento de Caquetá, ubicado en la misma zona donde operaba el bloque oriental de las Farc, con el ministro Rivera y los comandantes de las Fuerzas Armadas: el almirante Édgar Cely, comandante general de las Fuerzas Militares; el general Alejandro Navas, comandante del Ejército; el almirante Álvaro Echandía, comandante de la Armada; el general Julio Alberto González, comandante de la Fuerza Aérea; el general Óscar Naranjo, director de la Policía, y los comandantes de la Fuerza de Tarea Conjunta Omega y de las divisiones del Ejército con influencia en la zona. La fuerza Omega se había creado, precisamente, para golpear el centro logístico y corazón de las Farc en los Llanos Orientales y la Orinoquía, y llegó a tener más de veinte mil hombres reunidos tras ese objetivo.

Allí me informaron de los avances que tenían sobre la ubicación de Jojoy, y los detalles de la operación conjunta que tenían planeada para llegar a su campamento en los próximos días, y les di luz verde para que la llevaran a cabo. Por supuesto, en la declaración de prensa que di ese día desde Larandia no hice ninguna referencia a este tema. Anuncié, en cambio, que iba a crear el Consejo Nacional de Seguridad y el cargo de asesor de seguridad nacional, muy al estilo del asesor de seguridad nacional en Estados Unidos, y que en esa posición designaría a mi exvice-ministro de defensa Sergio Jaramillo.

Y agregué: "Las Farc son un ratón que con terrorismo pretende rugir como un león, y vamos a seguir persiguiendo ese ratón hasta que deje de respirar. Esa es la consigna. Los comandantes tienen todo el respaldo del presidente de la república. Las Fuerzas Militares contarán con todo mi apoyo".

Yo viajaba la siguiente semana a Nueva York, donde inter-vendría por primera vez como presidente de Colombia ante la Asamblea General de las Naciones Unidas y tenía agendada una serie de encuentros bilaterales, incluyendo uno con el presidente Barack Obama. Por lo mismo, el lunes 20 en la tarde, horas antes de mi viaje, cité al ministro de Defensa y a los comandantes militares y de policía a una nueva reunión en la Casa de Nariño. Allí me informaron que todo estaba dispuesto para el ataque al campamento de Jojoy, y que este se llevaría a cabo tan pronto se alistaran todos los equipos y el personal involucrado. Iba a ser la operación militar más grande y mejor coordinada que se hubiera llevado a cabo jamás contra un jefe guerrillero, con la participa-ción de tropas y helicópteros del Ejército, de la Armada y de la Policía, y aviones de la Fuerza Aérea.

El martes en la tarde, ya a punto de tomar el vuelo hacia Nueva York, volví a comunicarme con los comandantes y les reiteré la orden: Jojoy debe caer.

OPERACIÓN SODOMA

La operación contra el número dos de las Farc fue bautizada como operación Sodoma por dos motivos: porque se llevaba a cabo en septiembre y se acostumbra designar las operaciones empezando con la primera letra del mes en que se ejecuta, y porque se trataba de destruir el campamento madre de la guerrilla que, como las ciudades bíblicas de Sodoma y Gomorra, era un símbolo de los grandes males de la humanidad.

Fue una operación conjunta y coordinada en la que tropas y aeronaves salieron desde diferentes bases militares: de San José del Guaviare, de Tolemaida (en Cundinamarca), de Tres Esquinas (en Caquetá), y de La Macarena y Villavicencio (en el Meta).

El primer ataque ocurrió entre la una y las dos de la mañana del miércoles 22 de septiembre. Dos cuadrillas de aviones Súper Tucanos descargaron bombas inteligentes, de altísima precisión, sobre las coordenadas que se tenían del campamento. Luego, llegaron helicópteros arpías para asegurar la zona y helicópteros Black Hawk con comandos de asalto que fueron desembarcados por sogas, en medio de los disparos de la guerrilla. Era una lucha a muerte.

Ya en tierra, hubo enfrentamientos directos con los anillos de seguridad, que se hicieron más cruentos con la luz del día. Finalmente, los comandos especiales entraron a un campamento, donde encontraron indicios de la presencia de Jojoy: había papeles, dinero quemado, material de intendencia, fusiles M4, unos quince computadores portátiles y cerca de setenta memorias USB. El día transcurrió, sin embargo, sin que pudieran encontrarlo, en medio de intensos combates entre guerrilleros y soldados que se atrincheraban en las mismas barreras construidas por la guerrilla.

A las once de la noche se realizó un segundo bombardeo, con nuevas coordenadas a unos 200 metros del campamento que se había ocupado, y hubo un tercer bombardeo hacia las cinco de la mañana, acompañado del desembarco de más hombres de las fuerzas especiales. Finalmente, al despuntar el sol, en la madrugada del jueves 23, los comandos del Ejército encontraron los cadáveres de dos guerrilleros. Uno de ellos, con su arnés puesto y su fusil terciado, estaba cubierto de tierra, pues había sido aplastado por el peso de su búnker, destruido por las bombas. Al principio no estuvieron ciento por ciento seguros pero pronto, luego de cotejar sus huellas dactilares, se pudo dar el parte de victoria: ¡había caído el Mono Jojoy!

Fue una verdadera batalla campal, por aire y tierra. Murieron dos soldados del Ejército, otros varios quedaron heridos y falleció también Sasha, una perra antiexplosivos. De parte de la guerrilla, además de Jojoy, murieron al menos otros veinte guerrilleros, y quedó al descubierto un inmenso complejo de campamentos que albergaba once estructuras de la guerrilla, con túneles, áreas de escape y un búnker de concreto. El complejo campamentario ocupaba una zona selvática entre dos cerros, con una extensión cercana a los 1.500 metros cuadrados. Sin duda, era el campamento madre entre todos los refugios de las Farc.

Al final, el cadáver de Jojoy fue sacado de la zona en un helicóptero de la Policía —en reconocimiento a la labor de inteligencia que habían desarrollado los hombres de esta institución—, que fue escoltado por un helicóptero del Ejército y otro de la Fuerza Aérea. De esta forma se simbolizaba el trabajo conjunto y coordinado entre las Fuerzas Militares y la Policía que había sido la clave del éxito de esta operación.

EN LAS CALLES DE MANHATTAN

En la madrugada del jueves 23 salí a trotar por el Parque Central de Manhattan, acompañado por unos pocos hombres de mi seguridad. Sabía que en cualquier momento me avisarían de los resultados de la operación, de la que había estado pendiente durante todo el día anterior. Cuando se tuvo confirmación de la baja de Jojoy, el general Naranjo llamó al general Luis Gilberto Ramírez, jefe de seguridad de la Presidencia, y le pidió que lo comunicara urgentemente conmigo. No serían las siete de la mañana cuando Ramírez, en un exceso de diligencia, tomó el ascensor del edificio de la misión de Colombia ante las Naciones Unidas, donde nos estábamos quedando, y oprimió el botón del quinto piso que llevaba directamente a las habitaciones privadas. Cuando se abrió la puerta, se encontró frente a frente con mi esposa, que se encontraba como Dios la trajo al mundo. No se sabía quién estaba más avergonzado, si María Clemencia o Ramírez. Finalmente, fueron a buscarme al Parque Central y allí recibí la noticia más esperada en mucho tiempo.

Ese jueves, por la mañana, iba a hablar el presidente Barack Obama ante la Asamblea General de las Naciones Unidas —yo lo haría al día siguiente, pero tenía previsto asistir a su discurso—. Así que me alisté a toda carrera con el propósito de anunciar al país, desde la sede del organismo internacional, la caída del que entonces podría considerarse como el enemigo público número uno.

Salimos de la misión, ubicada en la calle 76, entre la quinta avenida y la avenida Madison, en los vehículos de la caravana oficial, utilizando la ruta habitual que nos conducía por la avenida primera hacia el edificio de Naciones Unidas, pero pronto quedamos detenidos en un monumental trancón de tráfico. Como es usual cuando el presidente de los Estados Unidos está en Manhattan, cierran todas las vías por donde va a transitar, y resulta imposible avanzar por carro. ¡Y yo con semejante chiva, que más pronto que tarde se filtraría a los medios! No me quedó otra alternativa que bajarme y caminar, prácticamente trotar, con algunos de mis acompañantes, las pocas manzanas que faltaban para llegar al edificio de Naciones Unidas. Allí, en un patio exterior donde se ubican los medios de comunicación, di la rueda de prensa en la que anuncié al país y al mundo la caída del Mono Jojoy.

Esa misma tarde grabé una alocución que fue transmitida por televisión y radio al país, y allí dije:

> Jojoy era el símbolo del terror en Colombia; Jojoy era el símbolo de la sevicia, de la crueldad, de la inhumanidad de una organización que por casi medio siglo ha jugado con la vida y la libertad de los colombianos.
>
> El mundo recuerda con horror las escalofriantes imágenes en las que este cabecilla terrorista humillaba a sus indefensos secuestrados recluidos en atroces campos de concentración.
>
> Así terminan los terroristas. Como Tirofijo, acosado por las bombas; como Raúl Reyes; como Iván Ríos, traicionado por sus hombres; como tantos más que mueren en su ley, que es la ley del crimen y la violencia.
>
> Este es un triunfo de la seguridad democrática, que no ha terminado, sino que, por el contrario, estamos fortaleciendo para seguir nuestro camino hacia la prosperidad democrática.
>
> Tengan la certeza de que no bajaremos la guardia. No bajaremos la guardia contra el narcoterrorismo. Personalmente seguiré al frente de la ejecución de la estrategia que nos permita consolidar la seguridad de todos los colombianos.

Siempre tuve claro que el objetivo último era la paz. Por eso agregué en mi alocución:

Con más moral, con más espíritu, con más determinación, seguiremos buscando la paz. Ese es nuestro objetivo: una Colombia en paz para poder dedicar todos nuestros esfuerzos a la búsqueda del bienestar de todos los colombianos, en especial de los más necesitados.

Esta operación es una gran victoria, pero no es hora de triunfalismos. Es el momento de seguir luchando hasta que todos los violentos entiendan que el único camino es la desmovilización y la dejación de las armas y del terrorismo.

PRIMER ENCUENTRO CON EL PRESIDENTE OBAMA

Al día siguiente, el viernes 24, intervine ante la Asamblea General y tuve un encuentro bilateral —el primero de varios— en el hotel Waldorf Astoria con el presidente Barack Obama. Había hablado por teléfono con él, pero nunca nos habíamos visto personalmente. Mi primera impresión fue la de un hombre lleno de energía, con un carisma desbordante, que hablaba y actuaba desde el corazón, con autenticidad, alejado de los formalismos diplomáticos. En la labor cotidiana de un jefe de Estado es normal conocer a muchos líderes del mundo, con los que se comparten cumbres, almuerzos, cenas y reuniones. Solo con algunos se desarrolla una cierta química inmediata, una conexión especial. Así ocurrió con el presidente Obama desde el primer momento, y esa buena química se mantuvo en adelante.

Lo felicité por el Premio Nobel de la Paz que había recibido en diciembre del año anterior y, antes de iniciar el encuentro oficial, dimos una rueda de prensa conjunta en la que se refirió a los resultados de la operación Sodoma, que era la noticia del momento no solo en Colombia sino en el continente:

Ayer fue un gran día para el pueblo de Colombia y para los que buscan la paz en la región, debido a la destacada labor de las fuerzas de seguridad colombianas, que fueron capaces de embarcarse en una misión que resultó en la muerte del líder de las Farc.

La nación colombiana ha estado plagada de esta insurgencia terrorista por mucho tiempo, y ahora, como consecuencia del éxito de las fuerzas de seguridad colombianas, creo que tenemos la oportunidad de ver una estabilidad continua en Colombia y en la región, que creará perspectivas de paz y desarrollo bajo el liderazgo del presidente Santos. Así que lo felicito.

En la misma conferencia de prensa, el presidente Obama recordó un detalle jocoso de la conversación telefónica que sostuvimos cuando él me llamó para felicitarme por mi triunfo en las elecciones presidenciales. En esa oportunidad, Obama, quien estaba al tanto de que yo había estudiado en la Universidad de Kansas, famosa por su buen equipo de baloncesto, los *Jayhawks*, me dijo:

—Yo sé que usted estudió en Kansas y es hincha de los *Jayhawks*, pero debo decirle que estoy muy desilusionado pues en la última temporada aposté por ellos y perdí mi apuesta. Por favor, adviértame la próxima vez...

Y yo le respondí:

—Lo lamento mucho, presidente. Pero, ya que menciona el tema de mi educación, ¿sabe usted qué dicen los republicanos sobre mi educación?

—No. ¿Qué dicen?

—Que yo fui educado en Kansas, pero que luego me corrompieron en Harvard.

Obama, quien también es egresado de Harvard, estalló en una carcajada, pues en efecto la Universidad de Kansas tiene fama de conservadora en tanto Harvard es conocida por su tendencia liberal.

Cuando recordamos esa anécdota en la conferencia de prensa del Waldorf Astoria, agregué:

—Estoy seguro de que eso solo lo piensan los republicanos, no los demócratas...

Y Obama concluyó en tono de broma:

—Bueno, realmente ellos piensan que a mí me corrompieron en alguna parte.

"POR LA RAZÓN O POR LA FUERZA"

Visto en perspectiva, el Gobierno había comenzado con avances promisorios en muchos frentes. En tan solo mes y medio habíamos recompuesto las relaciones con Venezuela, habíamos arreglado también las relaciones entre el poder ejecutivo y el judicial —que habían quedado seriamente resquebrajadas al final del gobierno Uribe—, y teníamos listo para presentar al Congreso un proyecto de ley de víctimas que había sido largamente aplazado, pagando de esta manera una deuda moral de la sociedad con quienes más habían sufrido los efectos del conflicto.

Y con las Farc había noticias de paz y de guerra: por una parte, habíamos hecho la primera aproximación para intentar un encuentro privado en el exterior sobre una posible agenda que condujera a un proceso de paz y, por la otra, habíamos asestado un valioso golpe militar, el más duro que hasta entonces le hubiéramos infringido a ese grupo subversivo. Parece contradictorio, pero no lo era.

Como dije en mi discurso de posesión y reiteré en mi alocución al país del 23 de septiembre, tenía un objetivo al que me proponía llegar por uno u otro camino: "Colombia puede ser un país sin guerrilla, un país sin terrorismo. Y lo vamos a demostrar por la razón o por la fuerza".

CAPÍTULO XV

EL RECONOCIMIENTO DEL CONFLICTO ARMADO

NO HAY MAYOR FANÁTICO QUE UN CONVERSO

En el año 2005, el entonces presidente Álvaro Uribe esbozó, en el tradicional discurso que dan los mandatarios ante el cuerpo diplomático al comienzo de cada año, una tesis que marcaría su pensamiento y su actuación frente a la guerrilla y la eventual búsqueda de la paz. La tesis, simple y llanamente, declaraba que en Colombia no había un conflicto interno armado sino una amenaza terrorista y que, por consiguiente, el único camino frente a las Farc y el ELN era el de la confrontación.

Esta tesis fue acuñada por José Obdulio Gaviria, principal asesor ideológico de Uribe, en su libro *Sofismas del terrorismo en Colombia*, publicado ese mismo año. Gaviria, quien, al igual que el expresidente Uribe, es desde el 2014 senador por el partido Centro Democrático, ha sido el cerebro detrás de lo que él mismo ha denominado el cuerpo de doctrina del uribismo, y es el mayor impulsor de la negación del conflicto, un concepto que caracterizó al gobierno del presidente Uribe y que sigue inspirando la actuación de su bancada en el Congreso.

José Obdulio es un personaje, por decir lo menos, paradójico. De la misma edad que el expresidente, antioqueño y abogado como él, militó en su juventud en el partido Comunista y fue uno de los fundadores, a finales de los setenta, del movimiento Firmes, de orientación marxista, liderado por Gerardo Molina, uno de los representantes históricos de la izquierda en Colombia. También fue colaborador de la revista *Alternativa* que habían fundado Gabriel García Márquez, mi hermano Enrique Santos Calderón y otros intelectuales. Incluso, en algún momento me estuvo ayudando desde Medellín cuando di mis primeros pasos en la política con la Fundación Buen Gobierno. Sobrelleva, además, el incómodo estigma de ser primo hermano de Pablo Escobar Gaviria, el más aterrador símbolo del narcotráfico en Colombia y el mundo, algo que, por supuesto, no pasa de ser una anécdota, pues a nadie se le puede considerar responsable por los crímenes de sus parientes.

Con ese pasado de izquierda, resulta interesante ver cómo Gaviria acabó convertido en un adalid e ideólogo de la derecha en Colombia, un giro que se debe a su vinculación con Álvaro Uribe desde mediados de la década del ochenta. Gaviria —como Saulo de Tarso en el camino a Damasco— encontró en el entonces joven líder liberal a su *alter ego* y su vía a la conversión. Fue asesor de Uribe cuando este se desempeñó como gobernador de Antioquia y luego fue su consultor en la Presidencia de la República, con oficina en la Casa de Nariño, desde donde le escribía al mandatario algunos de sus discursos. Pero, más que eso, se convirtió en el creador, promulgador y guardián de la "doctrina uribista". Dicen que no hay mayor fanático que un converso, y la parábola existencial de Gaviria es un buen ejemplo de esto.

De hecho, en 2006 fundó el Centro de Pensamiento Primero Colombia con el objetivo de consolidar en el largo plazo las propuestas doctrinarias de Álvaro Uribe. Dentro de ellas está la creación de un Estado de opinión, como una fase superior del Estado de derecho, y —cómo no— la negación del conflicto interno armado. Gaviria, incluso, ha afirmado que en Colombia no hay desplazados sino migrantes internos.

Si el uribismo es, para muchos de sus seguidores, una especie de religión en la que el expresidente Uribe funge como mesías y salvador, José Obdulio Gaviria, sin duda, es su san Pablo.

RAZONES PARA NEGAR EL CONFLICTO

La negación del conflicto interno armado en Colombia, ideada por Gaviria y puesta en práctica por Uribe, se gestó en el más propicio de los ambientes, como fue la lucha global contra el terrorismo impulsada por el gobierno de George W. Bush en los Estados Unidos, a partir de los atentados del 11 de septiembre de 2001. Este hecho terrible generó una reacción de miedo y prevención en el planeta que terminó por reducir todo a términos de blanco o negro, buenos o malos, terroristas o demócratas. La simplificación que genera la guerra. No existían términos medios y, si había que arrasar a un país para perseguir a un grupo terrorista, como ocurrió con Irak y Afganistán, todo estaba permitido.

En medio de este entorno de paranoia mundial, y luego del fracaso de los diálogos del Caguán con las Farc, que llevó a la inclusión de esta guerrilla en la lista de terroristas de la Unión Europea, impulsada por el mismo gobierno que había negociado con ellas por tres años, el término terrorista se hizo más usual para denominar a los guerrilleros. Era una especie de guerra semántica, en la que se descalifica al oponente a través de las palabras que se usan para nombrarlo.

Durante el gobierno Uribe se dejaron atrás y prácticamente se proscribieron denominaciones como guerrilleros o subversivos, que podían dar cuenta del origen político de su lucha, y se cambiaron por otras más a tono con los tiempos, como terroristas, narcoterroristas o simplemente bandidos. Y aquí es donde entra la doctrina de la negación del conflicto.

De acuerdo con ella, en Colombia no había conflicto interno armado por razones como las siguientes:

Primero, porque Colombia tiene una democracia sólida enmarcada en un Estado de derecho, y no es una dictadura ni ninguna clase de régimen tiránico o de facto. Por eso, cualquier levantamiento armado contra el Estado es un acto de terrorismo y no una sublevación con motivos valederos.

Segundo, porque cualquier justificación política de unas guerrillas que se proclaman como comunistas pierde piso luego de la caída del muro de Berlín en 1989, y lo que queda simplemente son grupos criminales dedicados a percibir rentas producto del secuestro y el narcotráfico.

Tercero, porque más que ejércitos irregulares que se enfrentan a las fuerzas legítimas del Estado, las guerrillas se habían convertido en verdugos del pueblo, que atacaban y hacían daño más a la población civil que a los propios militares. En otras palabras, simples terroristas.

Partiendo de estas premisas, Uribe y su ideólogo de cabecera concluían que en Colombia no había una guerra civil —nunca se pretendió que lo fuera, pues una guerra civil implica una división de la sociedad que no se configuraba en el caso de las guerrillas[6]— ni un conflicto armado, sino una amenaza terrorista.

6　　Una guerra civil supone, casi siempre, la división del ejército, no solo de la sociedad, como ocurrió en España, Estados Unidos y Siria. El Ejército colombiano nunca se dividió a lo largo del conflicto ni del proceso de paz; es más, lo incorporé dentro del proceso y ese fue uno de los factores que hizo la diferencia.

¿Y qué implica hablar de amenaza terrorista en lugar de conflicto armado? Básicamente que a una amenaza terrorista se le combate con toda la contundencia de la fuerza legítima del Estado y que no se plantea frente a ella ninguna posibilidad de negociación política ni mucho menos de un proceso de paz, salvo el diálogo que sea necesario para acordar su rendición, entrega de armas y sometimiento a la justicia.

Si no existe conflicto armado, no hay opción de buscar salidas políticas al mismo. Y algo peor: no hay forma de aplicar —ni exigir la aplicación por parte de la contraparte— el derecho internacional humanitario, en particular el Protocolo II adicional a los Convenios de Ginebra, cuyas normas están diseñadas precisamente para humanizar el conflicto. Tampoco tendrían cabida el Estatuto de Roma y la jurisdicción penal internacional.

Otras consecuencias de negar el conflicto armado es que pierde sentido la participación de entidades internacionales humanitarias o defensoras de derechos humanos y de la aplicación del DIH, y se entiende que toda la población debe tomar partido y que puede exigírsele cooperación para enfrentar a los terroristas.

Esto en la teoría, porque, no obstante lo anterior, el presidente Uribe negoció con los paramilitares, les concedió beneficios judiciales e incluso aceptó, en el artículo 71 de la Ley de Justicia y Paz de 2005 que "conformar o hacer parte de grupos guerrilleros o de autodefensa cuyo accionar interfiera con el normal funcionamiento del orden constitucional y legal" constituye delito de sedición, que es un delito político, algo no muy coherente con la tesis del terrorismo.

Es más, como ya se vio antes, en marzo de 2010, el gobierno de Uribe planteó a los comandantes de las Farc un encuentro informal en Brasil que pudiera conducir a una agenda de paz. Además, sostuvo conversaciones por más de un año en Cuba con el ELN, dirigidas a comenzar un proceso de paz. Nada de esto concuerda con la teoría de que no existe conflicto interno armado, porque un proceso de paz se hace para terminar un conflicto, no para conjurar una amenaza terrorista.

En el fondo, lo que pasaba es que la realidad terminaba imponiéndose. Por más que cambiaran los términos no se podía alterar la verdad. Es cierto —nadie lo pone en duda— que las Farc cometían muchas acciones terroristas, como ataques a pueblos, atentados contra oleoductos o torres de energía, bombas en lugares públicos, y que quien ejecuta una acción terrorista por definición se convierte en terrorista. Pero las Farc eran más que eso. Eran un verdadero ejército irregular, con miles de hombres y mujeres en armas, con un sustento ideológico, y con una serie de reivindicaciones sociales y económicas que, realistas o no, formaban parte de la esencia de su organización.

El presidente Uribe nunca quiso, sino hasta los últimos meses de su mandato, avanzar en una agenda real de paz con las Farc, y por mucho tiempo solo les ofreció hablar para acordar los términos de un cese al fuego unilateral por parte de la guerrilla, la entrega de los secuestrados y de las armas, y la desmovilización de sus tropas. En la práctica, una rendición. Era una "agenda" ideal para el Estado, pero absolutamente inviable frente a una organización con cinco décadas de existencia, con presencia en gran parte del territorio y que respondía a unos ideales revolucionarios que no estaban dispuestos a claudicar a cambio de algún beneficio penal. Por eso no llegaron a nada.

"SI PASAMOS ESTA LEY, HABRÁ VALIDO LA PENA SER PRESIDENTE"

Desde el 2005 hubo una directiva expresa de la Presidencia hacia el resto del Gobierno y hacia nuestros representantes diplomáticos en el exterior prohibiendo el uso del término "conflicto armado" para referirse a la situación nacional. Era como si, mágicamente, lo hiciéramos desaparecer por no nombrarlo.

Yo mismo, en mis años como ministro de Defensa de la administración Uribe, entre 2006 y 2009, acaté la instrucción y en ninguno de mis discursos o declaraciones me referí al conflicto, y cuando hablaba de los guerrilleros los llamaba —como lo hacían los militares y policías, y todos en el Gobierno— terroristas o bandidos. Era la descalificación por medio del lenguaje.

Años después —como ya referí antes—, un gran militar e historiador, el general Álvaro Valencia Tovar, me enseñó todo lo contrario: al contendor no se le descalifica con las palabras sino que se le confronta como lo que es, un ser humano. Por eso él, que combatió a las guerrillas y a los narcotraficantes con contundencia, no los llamaba enemigos sino adversarios, entendiendo que en el honor militar no cabían el odio ni las bajas pasiones.

Cuando llegué a la presidencia, aun antes de iniciar la fase exploratoria del proceso de paz, entendí que si queríamos poner fin a la guerra en Colombia —y había que llamar guerra a un conflicto armado que nos había costado cientos de miles de muertos y millones de víctimas y desplazados— tenía que reconocer la existencia del conflicto. Uno no puede terminar algo si no lo reconoce. Para que haya paz hay que reconocer al contrario.

Y la ocasión se dio con ocasión de la Ley de Víctimas y Restitución de Tierras. Entre el año 2007 y el 2009, la bancada del partido Liberal —con el liderazgo del senador Juan Fernando Cristo y el representante Guillermo Rivera, que serían luego los dos últimos ministros del Interior de mi gobierno— impulsó en el Congreso un proyecto de ley que establecía medidas de reparación para las víctimas de décadas de violencia en Colombia. El proyecto fue aprobado en Cámara y Senado, pero terminó hundido por los votos de los congresistas gobiernistas en la votación del proyecto final de conciliación. El motivo que adujo el gobierno de Uribe para no apoyar esta ley es que tenía un impacto presupuestal demasiado grande. Por supuesto, reparar a las víctimas cuesta mucho, muchísimo, pero esto, como todo en el presupuesto, es cuestión de prioridades.

Con este antecedente, al iniciar mi gobierno me propuse enmendar la situación. Fue así como el 27 de septiembre de 2010 —con menos de dos meses en la presidencia— radiqué en el Congreso, con el acompañamiento de los congresistas que conformaban la coalición de unidad nacional, el proyecto de ley de víctimas. Ya se había presentado unos días antes otro proyecto de restitución de tierras que favorecía a los campesinos despojados de sus parcelas por los actores violentos. Finalmente, ambos proyectos se fundirían y se convertirían en una sola ley: la Ley de Víctimas y Restitución de Tierras.

En un acto sin precedentes, di un discurso en la plaza de armas del Palacio de Nariño, explicando la motivación de la Ley de Víctimas, y luego caminé con los congresistas y ministros hasta el Capitolio Nacional, donde personalmente radiqué el proyecto.

Ese día comencé mis palabras así:

¿Cómo es posible que nos hayamos provocado tanto dolor entre los colombianos? Es difícil concebir que por décadas haya existido tanta sevicia y maldad entre hijos de una misma nación. Aun los que no hemos empuñado un arma contra nuestros hermanos, los que nunca hemos participado en esos actos de crueldad, tenemos una deuda con quienes lo han perdido todo: la vida, la salud, las tierras, el amor y la compañía de sus seres queridos.

Y dije luego una frase que resumía la inmensa trascendencia del paso que estábamos dando:

> *Si logramos pasar esta ley, y cumplirla, en beneficio de todas nuestras víctimas, ¡si sólo hacemos esto!, habrá valido la pena para mí ser presidente, y para ustedes, congresistas, haber sido elegidos en sus curules.*

En ese momento, la brecha con mi antecesor se amplió aún más. Si no le había gustado que declarara abiertas las puertas del diálogo para buscar la paz, si le había chocado que hubiera nombrado a personas que consideraba sus enemigos políticos en mi gabinete, ahora le caía muy mal que impulsara con tanta decisión iniciativas para resarcir a las víctimas y para restituir tierras a los despojados, que él había vetado en su momento. Pero faltaba un punto más de desacuerdo, tal vez el que más le dolió: el reconocimiento del conflicto armado.

"HACE RATO HAY CONFLICTO ARMADO EN ESTE PAÍS"

En la discusión en el Congreso del proyecto de ley de víctimas y de restitución de tierras pronto se vio la incoherencia de reconocer el daño causado por la violencia a millones de colombianos y la necesidad de que sean resarcidos con el apoyo del Estado, y al mismo tiempo mantener la negación del conflicto armado. Porque lo que nos mostraba la historia era una sucesión de hechos violentos en las últimas décadas, con la participación de diversos victimarios: guerrillas, paramilitares y, en algunas ocasiones, agentes del Estado, vale decir, miembros de la fuerza pública, ya sea por acción o por omisión. Si seguíamos con la teoría de la amenaza terrorista, solo podríamos hablar de las víctimas de actos terroristas, excluyendo a una gran cantidad de colombianos que sufrieron por el contexto del conflicto, y se podrían colar, en cambio, los afectados por acciones de la delincuencia común.

Por otro lado, sin el reconocimiento del conflicto, como ya se dijo, no habría lugar a la aplicación del Estatuto de Roma ni del derecho internacional humanitario, fundamental no solo para la humanización de la guerra sino para el reconocimiento de los derechos de las víctimas de esa misma guerra.

El 4 de mayo de 2011 me reuní en la Casa de Nariño con parlamentarios de la coalición de unidad nacional que impulsaban el proyecto de ley en el Congreso, y acordamos que era necesario reconocer dentro de la ley la existencia del conflicto armado en nuestro país. No tuve ninguna duda de que era el paso correcto y de que había llegado el momento de dejar de tapar el sol con las manos, como se había pretendido en los años anteriores.

Ese mismo día, en Tumaco, mientras activaba un plan contra las bandas criminales en la región Pacífica, un periodista me preguntó sobre el tema. Mi respuesta fue simple y contundente: "Hace rato hay conflicto armado en este país".

La ira del expresidente Uribe, por supuesto, no se hizo esperar. Ese mismo día lanzó varios trinos, como estos:

> *Seguridad democrática: terroristas no reúnen elementos para estatus de beligerancia, ¿por qué les abren la puerta?. Quienes amenazan contra la vida, honra y bienes de la población civil no están en conflicto con el Estado. Son una amenaza criminal. No hay razón legal para vincular reparación de víctimas con reconocimiento de terroristas.*

Sin embargo, y a pesar de la férrea oposición del uribismo, la Ley de Víctimas y de Restitución de Tierras fue aprobada por abrumadora mayoría, con el beneplácito no solo de las millones de víctimas que esperaban este apoyo, sino también de la comunidad internacional y las organizaciones de derechos humanos.

Fue tal la importancia de esta iniciativa que el mismo secretario general de Naciones Unidas, Ban Ki-moon, vino a Bogotá, al acto de sanción de la ley, que se cumplió en un evento multitudinario y muy emotivo el 10 de junio de 2011.

Ese día memorable, expresé en mi discurso el sentimiento no solo mío, sino de millones de colombianos que veían por fin una luz en el horizonte:

> *Si hemos tenido víctimas, si aún siguen produciéndose víctimas, vamos a ubicarnos y a pararnos en la orilla que nos corresponde: al lado de ellas, de su parte, abrazando y comprendiendo su sufrimiento.*
>
> *Entendámoslo de una vez, y ojalá lo entiendan esos pocos que insisten en el lenguaje de las armas y el terror: nuestro país no está condenado —no estamos condenados— a cien años de soledad ni a cien años de violencia.*
>
> *Dije el 7 de agosto que le llegó la hora a Colombia, y ahora, más que nunca, sentimos que esa hora se aproxima. Porque al fin nos miramos y nos reconocemos sin caretas, sin eufemismos, sin falsas consolaciones.*
>
> *Porque asumimos nuestra responsabilidad como sociedad. Porque nos hemos propuesto que el sol de la prosperidad salga para todos, pero primero —antes que nada— salga para los más olvidados, para los más sufridos, para los inocentes que hasta hoy han cargado en soledad el peso de su dolor.*
>
> *Hoy es un día histórico; todos lo sabemos. Hoy es un día de esperanza nacional en el que no solo los colombianos sino el mundo entero son testigos del propósito de un Estado que —en nombre de la sociedad— está dispuesto a pagar una deuda moral, una deuda largamente aplazada, con las víctimas de una violencia que tiene que terminar, ¡que vamos a terminar!*

RECONOCER EL CONFLICTO NO ES
OTORGAR BELIGERANCIA

Uno de los argumentos de quienes negaban la existencia del conflicto armado era que, si se reconocía, se abría la puerta para que otros Estados y actores internacionales otorgaran a la guerrilla el estatus de beligerancia, dándole un protagonismo político inapropiado e incluso permitiéndole tener oficinas y medios de divulgación en sus territorios.

Ese estatus de beligerancia había sido una vieja aspiración de las Farc y, de hecho, solo habían conseguido que un mandatario extranjero se los concediera: el presidente venezolano Hugo Chávez. Lo cierto es que dicho estado de beligerancia es una antigua figura internacional ya en desuso, que no produce mayores efectos, y que no se deduce necesariamente del hecho de que se reconozca la existencia del conflicto.

Por eso, en el mismo discurso que di en el acto de sanción de la Ley de Víctimas, dejé claro este asunto:

> Logramos una definición de víctima que no discrimina ni tiene en cuenta quién es el victimario. De acuerdo con ella, serán beneficiarias de esta ley todas las personas que, en forma individual o colectiva, hayan sufrido daños como consecuencia de infracciones al derecho internacional humanitario o violaciones a los derechos humanos, ocurridas con ocasión del conflicto armado interno.
>
> Y que nadie se engañe: el reconocimiento del conflicto que sufrimos desde hace casi medio siglo no supone —y así lo aclara la misma ley— un reconocimiento político a los grupos armados ilegales, a los que seguiremos combatiendo como narcoterroristas en tanto sigan atentando contra la paz y seguridad de los colombianos.

Estaba claro que reconocer la existencia del conflicto armado no se equiparaba a conceder el estatus de beligerancia al grupo que hacía parte de este conflicto. Pero sí abría la puerta para que se le considerara como un actor de dicho conflicto, como una contraparte con la que se podían discutir las condiciones de un acuerdo de paz. Y eso estaba bien. Para hablar con un adversario hay primero que reconocer que existe un conflicto que lo involucra y, luego, reconocer a dicho adversario como un eventual interlocutor. Había llegado la hora de quitarnos la venda de los ojos y de afrontar con realismo la posibilidad de avanzar hacia la paz mediante una negociación que pusiera fin al conflicto. Sí, al conflicto armado.

Con esta misma tesis —la de la necesidad de reconocerse mutuamente para resolver los conflictos— fue que años más tarde, al finalizar mi mandato, tomé la decisión de reconocer a Palestina como Estado. Muchos lo consideraron como una acción contra Israel, país con el que siempre he tenido —al igual que mi familia— una gran solidaridad. Nada más alejado de la realidad. Fue una acción en favor de la paz, que ojalá llegue algún día a esa región tan conflictiva.

LA DEUDA QUE ESTAMOS PAGANDO

La presentación, discusión y sanción de la Ley de Víctimas y de Restitución de Tierras se dio antes de iniciar el proceso de paz con las Farc, incluso antes de iniciar la fase exploratoria en La Habana. No nos esperamos a adelantarlo y culminarlo para comenzar a pagar la deuda histórica de la sociedad con las víctimas ignoradas de una violencia que había agobiado por décadas a los colombianos. Por eso, cuando discutimos el punto de las víctimas en La Habana, el Gobierno pudo llegar con una tarea muy avanzada en esa materia y con una institucionalidad creada y operando, como la Unidad para las Víctimas y la Unidad de Restitución de Tierras.

Al momento de terminar mi mandato, en agosto de 2018, teníamos un registro histórico de ocho millones setecientos mil víctimas del conflicto armado, de las cuales casi siete millones son sujeto de asistencia y reparación. Alcanzamos a entregar asistencia y ayuda humanitaria a cuatro millones de víctimas, y a indemnizar económicamente a cerca de novecientos mil. En cuanto a las tierras, dejamos restituidas, mediante sentencia judicial, a campesinos que habían sido despojados de sus parcelas, trescientas mil hectáreas, y quedaron otras setecientas mil hectáreas en manos de los jueces, pendientes de fallo para ser devueltas.

La tarea de indemnizar y restituir las tierras, según la ley, debe concluirse para el año 2021. Tal vez toque prorrogar ese plazo, pero lo cierto es que comenzamos a pagar la deuda moral e histórica con quienes más sufrieron la violencia en Colombia —las viudas y huérfanos, los heridos y mutilados, los secuestrados y sus familias, las víctimas de agresiones sexuales y los hijos producto de estos actos, los millones de desplazados—. Y todo esto fue posible porque cumplimos con la cuarta condición para intentar la paz. Reconocimos una verdad que por años se intentó negar: la existencia del conflicto armado en Colombia.

CAPÍTULO XVI

LA MUERTE
DE ALFONSO CANO

LA RESPUESTA DE LAS FARC

La muerte del Mono Jojoy fue un golpe tremendo para las Farc pero no descarriló las conversaciones de paz que apenas comenzaban a tomar forma. La guerrilla —y así hay que reconocerlo— fue consecuente con la lógica de la guerra que habíamos sostenido desde 1964, y entendía claramente que, mientras el conflicto armado subsistiera, todos los líderes y combatientes, de ambos lados, éramos objetivo militar y podíamos caer en cualquier momento. Guerra es guerra.

El 15 de octubre de 2010 —un mes después de haber recibido mi mensaje, y apenas veintidós días después del bombardeo sobre el campamento de Jojoy—, Pablo Catatumbo, quien desde el fallecimiento de Marulanda en marzo de 2008 formaba parte del secretariado de las Farc, respondió a mi propuesta con una carta que envió a través del facilitador Henry Acosta.

En su comunicación, Catatumbo afirmaba que los dirigentes de la guerrilla veían con buenos ojos la realización de un primer encuentro secreto fuera del país entre dos miembros de su estado mayor y dos delegados del Gobierno. El objetivo de esta primera cita sería establecer el procedimiento para la realización de una reunión —la llamábamos encuentro exploratorio— entre delegados plenipotenciarios en la que se discutiera la agenda y la puesta en marcha de un eventual proceso de paz. En cuanto al país sede para esta primera reunión, proponían, en lugar de Brasil o Suecia, que esta se realizara en Venezuela o Cuba, países que les daban más confianza y tranquilidad de que no caerían en ninguna trampa.

Cuando Henry Acosta me llevó la carta a mi despacho en la Casa de Nariño supe que se abría un compás de esperanza para lograr una solución dialogada al conflicto. Me llamó la atención, sin embargo, que en la carta de Catatumbo este dijera que las Farc apreciaban que yo encontrara justos los planteamientos de su plataforma bolivariana —la que habían aprobado en su octava conferencia en 1993— y que considerara esa plataforma como una base para la negociación. Nada más contrario a mi pensamiento e intenciones. Si por algo falló el proceso del Caguán, fue por haber adoptado una agenda maximalista que coincidía punto por punto con esa plataforma. Fue otro de los grandes errores de Pastrana, y yo no iba a caer en él. Mi conclusión fue que Acosta, en un exceso de entusiasmo, había ido más allá de mis palabras para conseguir el sí de las Farc. Son los riesgos inherentes a obrar a través de un emisario.

El hecho es que, con poco más de dos meses en el Gobierno, y a pesar de haber dado de baja al máximo jefe militar de la guerrilla, habíamos logrado reconstruir los contactos para iniciar el camino hacia la negociación. Gracias al descongelamiento de las relaciones con Venezuela, este país resultaba perfectamente viable para realizar en él los primeros encuentros preparatorios. Y Cuba era también una buena opción, por el respeto que los guerrilleros sentían hacia los hermanos Castro y las buenas relaciones que mantenía con Colombia, más allá de las hondas diferencias ideológicas.

En los meses que siguieron, tuve varias reuniones en Presidencia con Henry Acosta, en las que fuimos discutiendo los detalles de lo que sería el primer encuentro. Desde noviembre del 2010, involucré en esas reuniones a mi exviceministro y consejero presidencial de seguridad Sergio Jaramillo, a quien encargué de las funciones de alto comisionado para la paz. Incluí en el pequeño grupo que estaba al tanto de estos contactos a Alejandro Éder, un joven empresario vallecaucano, experto en resolución de conflictos, quien había trabajado con Frank Pearl en la consejería para la reintegración, y a quien puse precisamente al frente de dicha oficina. Y a Jaime Avendaño, que llevaba ocho años trabajando en Presidencia dirigiendo los esfuerzos para llevar la acción integral del Estado a las zonas afectadas por el conflicto armado.

Determiné que, para las primeras reuniones, en las que se iban a fijar las condiciones para el encuentro de plenipotenciarios en el exterior, me representarían Éder y Avendaño. Ya como plenipotenciarios para acordar las bases de un nuevo proceso de paz, obrarían Sergio Jaramillo, Frank Pearl y mi hermano Enrique. Solo los arriba mencionados, y mi secretario privado, conocían de estos avances.

PRIMERAS REUNIONES

Finalmente, y luego de tener que posponerla varias veces por diferentes problemas logísticos, el 2 y 3 de marzo de 2011 tuvo lugar la primera reunión preparatoria en un campamento de las

Farc ubicado en la zona fronteriza entre Colombia y Venezuela, cerca de Río de Oro, un caserío del municipio de Tibú, en Norte de Santander, separado por un río del vecino país. Con mis delegados Éder y Avendaño se reunieron dos miembros del estado mayor de las Farc: Andrés París y Rodrigo Granda, el mismo que había sido liberado por el presidente Uribe a mediados del 2007 por petición del presidente Sarkozy.

La principal conclusión de esta primera reunión fue que el encuentro entre los plenipotenciarios del Gobierno y de las Farc para discutir los términos y la agenda de un eventual proceso de paz sería en Cuba. Yo ya había hablado con el presidente cubano Raúl Castro, quien me mostró su mayor disposición para acoger este diálogo exploratorio. Lo había hecho durante el gobierno Uribe, en las conversaciones que hubo entre el Gobierno y el ELN, y me dijo que tenía toda la voluntad de hacerlo en esta nueva oportunidad.

Cuba, que fue la gran exportadora de la revolución armada en América Latina durante las décadas del sesenta y el setenta, terminó convirtiéndose, con el paso de los años, en la gran facilitadora de los diálogos para terminar dichas revoluciones.

Ya desde 1998, Fidel Castro había dicho —refiriéndose al alzamiento del Ejército Zapatista de Liberación Nacional, en México— que él "No recomendaría la lucha armada" en la época actual. Y había agregado: "En América Latina existieron condiciones diez veces como las de Cuba para hacer una revolución como la de Cuba. (...) No es hoy lo que predicamos. Ha cambiado el mundo mucho en estos tiempos".

También había afirmado Fidel —que siempre estuvo atento a los diálogos de paz en nuestro país, al punto de que publicó en 2008 un libro al que tituló *La paz en Colombia*— que no estaba de acuerdo con el secuestro de civiles ni con el trato que daban las Farc a los prisioneros.

Como otra coincidencia del destino, este ícono de la revolución falleció en La Habana el 25 de noviembre de 2016, un día después de que en Bogotá se firmara el acuerdo definitivo de paz entre las Farc y el Gobierno.

En mi cuenta de Twitter escribí, luego de lamentar la noticia y extender mis condolencias a su hermano Raúl y a su familia: "Fidel Castro reconoció al final de sus días que la lucha armada no era el camino. Contribuyó así a poner fin al conflicto colombiano".

La otra conclusión de la reunión preparatoria del 3 de marzo fue que los plenipotenciarios de las Farc se desplazarían a Cuba, directamente o a través de un país vecino, mediante coordinación del Gobierno nacional con el Comité Internacional de la Cruz Roja y con acompañamiento de funcionarios de Cuba, Noruega y Colombia. También se estableció que podrían ser necesarias reuniones adicionales para ultimar los detalles de lo que sería el encuentro de plenipotenciarios, y de hecho así fue.

Dos nuevas reuniones preparatorias —para determinar las condiciones de seguridad en que se desplazarían a Cuba los representantes de las Farc— se realizaron en julio de 2011 en la isla de Orchila, en el Caribe venezolano, donde hay una base naval y una casa que el presidente Chávez usaba como residencia presidencial alterna. En esa casa se hicieron las reuniones, en las que comenzaron a participar, además de los delegados del primer encuentro de marzo —Éder y Avendaño, por el Gobierno, y París y Granda, por la guerrilla—, representantes de los Gobiernos de Cuba, Venezuela y Noruega, que actuaron como garantes internacionales de estos acercamientos.

Las Farc escogieron como sus plenipotenciarios para el encuentro exploratorio en La Habana a dos miembros del secretariado: Mauricio Jaramillo, conocido por su profesión como alias el Médico, y Timoleón Jiménez o Timochenko (su nombre real es Rodrigo Londoño). El Médico había asumido, luego de la muerte del Mono Jojoy, el liderazgo del bloque oriental, y Timochenko estaba al frente del bloque del Magdalena Medio, si bien pasaba largas temporadas en Venezuela.

Por lo mismo, el tema más complicado —y en el que se concentraron los esfuerzos de ambas partes entre marzo y noviembre de 2011— era cómo movilizar al Médico desde las selvas del Guaviare, en el oriente de Colombia, junto con Sandra, la viuda de Manuel Marulanda, hasta Cuba, sin poner en riesgo su seguridad ni dejar al descubierto estos encuentros preliminares. Se plantearon muchas fórmulas, que incluían el transporte del Médico y Sandra desde el Guaviare hasta Venezuela en un helicóptero de la Cruz Roja, con acompañamiento de delegados de Cuba, de Noruega y de la Presidencia de Colombia. Ya desde Venezuela volarían hacia La Habana.

Parece increíble, pero en la determinación de este recorrido, por las dificultades logísticas y la desconfianza de los guerrilleros, se consumieron casi todos los meses del 2011. Esto demuestra las complejidades que hay detrás de un proceso de paz de esta envergadura, donde la simple movilización de un delegado puede convertirse en un problema mayor.

Durante todo este tiempo me reunía periódicamente con Sergio Jaramillo, Alejandro Éder y Jaime Avendaño, que me informaban de cada avance y también de cada obstáculo. En algunas ocasiones estaba presente Henry Acosta, quien seguía siendo emisario entre el Gobierno y las Farc, a través de su contacto con Pablo Catatumbo.

Mientras avanzábamos a paso lento hacia el inicio de los diálogos, la guerra continuaba sin cuartel, y los cabecillas de la guerrilla seguían cayendo. En marzo, la fuerza pública dio de baja a Oliver Solarte, enlace de las Farc con los carteles mexicanos, y a Jerónimo Galeano, miembro del estado mayor y mano derecha de Alfonso Cano. En abril capturamos a Alberto Martínez, director de la agencia internacional de noticias de las Farc, y en mayo fueron capturados Julián Conrado, también conocido como el Cantante, uno de los cabecillas del bloque sur, y el Abuelo, quien había reemplazado a Jerónimo Galeano.

Eran las reglas de un conflicto cruento que seguía cobrando muchas vidas de colombianos, y en el que no podíamos bajar la guardia. Mi responsabilidad como presidente era buscar la paz —y eso estaba haciendo— y salvaguardar a la vez el orden público y la seguridad de los colombianos —y esto también tenía que hacerlo, liderando el combate permanente de la fuerza pública contra los grupos armados ilegales—.

Tenía claro que, mientras subsistiera la guerra, había que confrontar a las Farc con toda la contundencia. Y pronto me tocó tomar la que fue una de las decisiones más difíciles no solo de mi periodo como presidente sino de mi vida.

LA PERSECUCIÓN DE ALFONSO CANO

Luego de la caída del Mono Jojoy, en septiembre de 2010, el objetivo estratégico de mayor valor era Alfonso Cano, el máximo líder de las Farc. Cano —cuyo verdadero nombre era Guillermo León Sáenz—, a diferencia de Jojoy y de Marulanda, no tenía un origen campesino sino urbano. Nacido en Bogotá, en el seno de una familia de clase media, estudió antropología en la Universidad Nacional y allá entró en contacto con las Juventudes Comunistas, Juco, y poco a poco fue simpatizando con las Farc. Con más de treinta años de edad, decidió unirse a la lucha armada y se internó en las montañas. Su formación académica y su conocimiento de la doctrina comunista le garantizaron un rápido ascenso dentro de la organización, primero a la sombra de Jacobo Arenas, el cofundador y principal ideólogo de esta guerrilla, y luego del mismo Manuel Marulanda. Fue el líder negociador de las Farc en los diálogos de paz de Caracas y Tlaxcala en 1991 y 1992 con el gobierno Gaviria; en cambio, prefirió mantener un bajo perfil durante el proceso del Caguán. Su rostro barbudo, con gruesas gafas, era familiar para los colombianos, que lo veían como el intelectual de la subversión.

A la muerte de Marulanda, en marzo de 2008, Cano —a pesar de ser más ideólogo que guerrero— fue elegido como su sucesor, y en esa condición se convirtió en un blanco principal para la fuerza pública. Su centro de operaciones era una zona montañosa de difícil acceso en el cañón de las Hermosas, al sur del departamento del Tolima, y allí se concentraron por años las operaciones militares en su contra. Poco a poco, y a costa de muchas vidas de soldados y guerrilleros, el Ejército fue copando espacios en la zona, lo que obligó a Cano a desplazarse, con sus hombres de confianza, hacia el departamento del Cauca, aún más al sur.

Fueron años de persecución implacable y constante en los que el líder guerrillero fue perdiendo cada vez más margen de maniobra. De esas operaciones yo estaba totalmente enterado. Me reunía con frecuencia con los comandantes y generales, y —tal como lo hacía cuando era ministro de Defensa— revisábamos caso por caso, con las respectivas burbujas de inteligencia, cómo íbamos aproximándonos a los cabecillas de la guerrilla, los llamados objetivos de alto valor.

En el caso de Cano, como en el de muchos otros, al hostigamiento de los militares se unió un largo trabajo de filigrana de la inteligencia policial y militar que infiltró por años a varios de sus hombres y mujeres en la zona, que se hicieron pasar por comerciantes, vendedores de minutos de celulares e incluso administradores de prostíbulos —bien se sabe que bajo las sábanas se revelan los mayores secretos—. También se contaba con datos que proporcionaban miembros de sus anillos de seguridad que, sintiendo que el Ejército les respiraba en la nuca, se habían desmovilizado. Estos guerrilleros contaron, por ejemplo, que su jefe, ante el acoso militar, se había afeitado la barba que lo caracterizó por tantos años. Toda la información recogida se compartía entre las diferentes fuerzas y, de esta manera, se logró tener una idea muy aproximada sobre dónde podría encontrarse el líder de las Farc.

Uno de sus lugartenientes más cercanos era Pacho Chino, su jefe de seguridad. A fines de octubre de 2011, gracias a la información de unos infiltrados, se supo que Chino estaba en una casa en la zona rural del municipio de Morales, en el Cauca. Se montó un operativo militar para ubicarlo y neutralizarlo, pero lo que encontró el grupo de comando que hizo la avanzada de reconocimiento fue más allá de las expectativas: en otra casa vecina a la de Chino había dos perros, que eran los perros que siempre acompañaban a Alfonso Cano desde los tiempos del Caguán. Además divisaron a una mujer, Jennifer, que era su enfermera y cocinera personal. Esta misma Jennifer hizo varias llamadas a su hermano desde su celular, que fueron interceptadas, en las que mencionaba a Pirulo, uno de los dos perros consentidos del comandante guerrillero. Todo indicaba que Pacho Chino no estaba solo: a unos cuantos metros de su casa, en otra vivienda campesina, se ocultaba nada menos que Alfonso Cano.

De todo esto me informaron los generales de la cúpula militar —el general Alejandro Navas, que era comandante de las Fuerzas Militares; el general Sergio Mantilla, comandante del Ejército; el general Tito Pinilla, comandante de la Fuerza Aérea— y el general Óscar Naranjo, quien seguía al frente de la Policía. Prácticamente nadie más sabía, aparte de unos dos generales más del Ejército y mi antiguo viceministro —ahora recién posesionado como ministro de Defensa— Juan Carlos Pinzón, cuál iba a ser el verdadero objetivo de esta operación.

Mi instrucción siguió la línea que impuse durante mis años al frente de la cartera de Defensa: "Hagan todo lo posible por capturar vivo a Cano". Tenía muy presente el caso de Abimael Guzmán, el comandante máximo de la guerrilla peruana Sendero Luminoso, cuya captura en 1992 había conducido a la desmoralización y desintegración de este grupo, e imaginaba que algo así podría ocurrir con la captura del máximo líder de las Farc.

OPERACIÓN ODISEO

El Ejército y la Fuerza Aérea montaron una operación conjunta —a la que se denominó Odiseo, comenzando con la letra "o", que correspondía al mes de octubre, cuando comenzó a planearse— y, precaviendo cualquier filtración, concentraron sus hombres y aeronaves en la base militar en Palmira, en el Valle del Cauca, y no en Popayán, que era una ciudad más cercana. Al mando de la operación estaba el general Juan Pablo Rodríguez, quien entonces comandaba la quinta división del Ejército, y había perseguido a Cano por años. Luego sería comandante del Ejército y también de las Fuerzas Militares.

En la mañana del viernes 4 de noviembre, cuando finalmente las condiciones climáticas, que habían sido de niebla hasta entonces, lo permitieron, los aviones de la Fuerza Aérea salieron de Palmira hacia la zona donde se encontraba el máximo líder de la guerrilla, su lugarteniente Pacho Chino y algunos de sus hombres de confianza. Un poco después de las ocho de la mañana comenzó el bombardeo. Observadores del Ejército apostados en tierra, a unos 900 metros del lugar, detectaron a una sombra que salió corriendo de la casa donde presuntamente se ocultaba el jefe guerrillero y que se dirigió, entre la maraña de árboles, hacia la parte alta de las montañas. También vieron a Conan, el otro perro de Cano, corriendo en la misma dirección.

Terminado el bombardeo, los helicópteros trajeron a los soldados de operaciones especiales, que se descolgaron por sogas y rodearon el lugar, obrando con especial cautela pues la tierra estaba sembrada de minas antipersonal. Francotiradores de la guerrilla les disparaban desde la parte alta de la montaña, pero fueron mantenidos a raya por los helicópteros arpía de la Fuerza Aérea. Ya en tierra, los soldados encontraron dos guerrilleros muertos —Jennifer y Daniel Zorro, que era el operador de radio de Cano— y capturaron a otros más, incluido el Indio Efraín, que era uno de sus asistentes más cercanos. Pacho Chino había huido, y de Cano no se sabía nada. Se corría el riesgo de que, como había ocurrido en varias ocasiones anteriores, hubiera logrado escapar.

Acompañados de perros que ayudaban a detectar las minas, los soldados lo buscaron infructuosamente por más de once horas, incluso cuando oscureció. Pero con el paso del tiempo el ánimo declinaba.

Esa noche yo estaba en la casa de huéspedes de Cartagena, donde ofrecía una comida a miembros de The Nature Conservancy, TNC, una de las más grandes organizaciones ambientales del mundo, que habían escogido a Colombia para realizar la primera reunión de su Consejo de Conservación para América Latina. Se encontraban conmigo Mark Tercek, el presidente de TNC, y Luis Alberto Moreno, presidente del BID. También estaban los miembros del recién creado consejo, entre ellos: Henry Paulson Jr., quien había sido presidente ejecutivo del grupo Goldman Sachs y secretario del Tesoro durante la administración del presidente George W. Bush; Roberto Hernández Ramírez, un importante empresario mexicano, exdirector del Banco Nacional de México; Alain Belda, director general del fondo de inversión Warburg Pincus, y el colombiano Alejandro Santo Domingo, cabeza del Grupo Santo Domingo.

En medio de esta reunión, mi pensamiento estaba en las montañas del Cauca, donde en ese momento se desarrollaba la acción. Al anochecer, llamé al general Rodríguez, quien dirigía la operación desde el batallón Codazzi en Palmira. El general me reportó que, a pesar de todos los esfuerzos y de cientos de hombres desplegados en el área, Cano no aparecía y que, como estaba oscureciendo, comenzaría a retirar las tropas. Yo tenía una certeza del corazón, e incluso tuve una pequeña ayuda sobrenatural. Después de recibir el informe de Rodríguez, me llamó mi cuñada María Cecilia, hermana de mi esposa, quien me había impresionado en más de una ocasión por predecir a través de las cartas ciertas situaciones. La Mona, como la llaman —yo le decía mi brujita—, me dijo con total convencimiento que Cano estaba escondido cerca del lugar donde lo estábamos buscando, que perseveráramos.

Entonces le dije a Rodríguez: "General, no se retiren, no desfallezcan, sigan adelante, que esta vez no se nos va a escapar".

Y así fue. Rodríguez dio la orden de continuar la búsqueda en medio de la penumbra. Y la persistencia pronto dio frutos. Cerca de las ocho de la noche, luego de pasar un buen tiempo sin escuchar el sonido de los helicópteros, Cano, que había permanecido escondido en medio de la maleza, salió de su escondite. Un soldado que estaba cerca sintió el movimiento, escuchó el sonido de hojas secas crujiendo bajo unas pisadas, y solicitó el santo y seña acordado entre los miembros del operativo para reconocerse entre sí. El jefe guerrillero, en lugar de rendirse, salió corriendo, a lo que el soldado le gritó: "¡Alto! ¡Alto!". Como Cano no se detuvo, el militar disparó. Ese joven soldado no tenía idea, en ese momento, de que había dado de baja al número uno de las Farc.

"HOY HEMOS DERROTADO LA INTRANSIGENCIA POLÍTICA DE LAS FARC"

En cuestión de minutos, expertos del cuerpo de investigación técnica de la Fiscalía, que también habían sido desembarcados en la operación, llegaron al cadáver de Cano y confirmaron su identidad. De inmediato recibí la llamada del general Rodríguez, muy emocionado, confirmando el logro operacional más importante en la lucha contra las Farc en toda su historia. Desde cuando llegué al Ministerio de Defensa, en julio de 2006, habían pasado más de cinco años en los que la persecución de Cano había estado en el centro de mis preocupaciones. Y esa noche, en Cartagena, recibiendo los reportes de los generales, se me aguaron los ojos al pensar que el objetivo perseguido lo habíamos alcanzado y que eso nos acercaba al fin de la guerra.

Así como, en mayo de ese año 2011, las fuerzas especiales de Estados Unidos habían abatido en Pakistán a Osama bin Laden, máximo líder del grupo terrorista Al Qaeda, también nuestras fuerzas especiales, el 4 de noviembre del mismo año, habían dado de baja, en un operativo militar de alta complejidad y precisión, al máximo comandante del grupo guerrillero que más había afectado el orden público y la tranquilidad de los colombianos en los últimos cuarenta y siete años.

Compartí la noticia con mis invitados internacionales, que estaban naturalmente asombrados ante la magnitud del acontecimiento, y esa misma noche di una declaración de prensa, desde la Casa de Huéspedes, notificando al país la caída de Cano.

El sábado 5 volé a Popayán, la capital del departamento del Cauca, y allí presidí un consejo de seguridad y di una rueda de prensa. Desde Popayán, dirigí una alocución televisada a los colombianos, donde hice un balance sobre la situación en que quedaba la guerrilla:

Las Farc —y su carrera absurda de violencia que ya alcanza casi medio siglo— han llegado a un punto de quiebre. Cayó Martín Caballero, cayó el Negro Acacio, cayó Martín Sombra, cayó Raúl Reyes, cayó Iván Ríos a manos de sus propios hombres, murió Tirofijo asediado por la ofensiva de nuestras tropas, cayeron César y el Paisa, cayó Jojoy... y hoy contamos a la historia que cayó su número uno, Alfonso Cano. Porque la cúpula de las Farc se va derrumbando como un castillo de naipes.

Este certero golpe no será el único, y no es motivo de triunfalismo en el Gobierno ni en nuestras Fuerzas Armadas. El Gobierno continúa con su campaña de restablecer la autoridad del Estado en todo nuestro territorio. Seguiremos llegando hasta el último rincón de nuestra geografía, y no sólo con nuestras Fuerzas Armadas sino con todo el Estado y sus servicios sociales y de justicia.

Quedan muchos todavía, en los rincones de Colombia, que insisten en el camino equivocado de las armas y el terror, y deben saber que también les vamos a llegar. A los guerrilleros les digo: el Gobierno no quiere que se derrame más sangre de colombianos en nuestro suelo.

El tiempo de las Farc se sigue agotando. No ofrezcan sus vidas por un proyecto fracasado, por defender a unos jefes intransigentes. ¡Desmovilícense!

Porque eso es lo que estamos acabando de derrotar hoy: la intransigencia. Hace un año derrotamos la intransigencia militar de las Farc con la baja del Mono Jojoy. Hoy hemos derrotado la intransigencia política de las Farc con la caída de su máximo cabecilla, Alfonso Cano.

LA DECISIÓN MÁS DIFÍCIL

En las entrevistas a menudo me preguntan cuál ha sido la decisión más difícil que tuve que tomar en la presidencia. Fueron muchas, por supuesto. Gobernar exige tomar decisiones complejas y de impredecibles consecuencias. De Gaulle decía que gobernar es tener que escoger permanentemente entre muchos males el mal menor. Cuando uno es presidente, se pueden pedir consejos y escuchar análisis pero, al final, la decisión y la responsabilidad es solo de uno. Esta es la verdadera soledad del poder.

Una de esas decisiones difíciles, si no la que más, fue la que tuve que tomar cuando el ministro de Defensa y el alto mando militar me informaron que habían ubicado a Alfonso Cano y que todo estaba dispuesto para lanzar una operación en su contra. En cualquier otro momento no hubiera tenido la menor vacilación, pero entonces había algo que yo sabía y mis generales y el ministro no: con Cano estábamos avanzando, cautelosamente, en unas reuniones exploratorias para discutir la posibilidad de iniciar un proceso de paz. Ya llevábamos tres encuentros con sus delegados —uno en la zona fronteriza y dos en la isla de Orchila—, en los que participaban también representantes de países garantes, y estábamos concluyendo la coordinación para que nuestros plenipotenciarios se encontraran en La Habana.

En medio de estas circunstancias me dijeron que habían localizado a Cano —un objetivo que veníamos persiguiendo desde hace años— y fue ahí cuando tuve que tomar solo, absolutamente solo, la crucial decisión. Fue difícil. Era consciente de que podía poner en riesgo el camino avanzado hacia una negociación de paz, pero al final di el visto bueno para la ejecución de la operación Odiseo, y lo hice con serenidad y tranquilidad de conciencia, basado en un análisis racional de costos y beneficios. Varias razones presidieron mi decisión:

La primera tenía que ver con la moral de la tropa, es decir, con ese estímulo intangible que tienen los militares y policías para cumplir día a día con su arriesgada labor. Yo los conocía bien, había trabajado con ellos, y me constaba el largo trabajo de inteligencia y de infiltración que se había desarrollado por años, el costo en vidas humanas, en soldados mutilados, para dar con el paradero de Cano. No podía ahora, que lo tenían en la mira, cancelar su misión sin que esto tuviera efectos desastrosos en su voluntad de lucha.

Estábamos avanzando secretamente hacia una negociación de paz, y sabía que a muchos militares, que habían padecido el proceso del Caguán, no les iba a caer bien este nuevo intento. Por eso, mal podría frenarlos cuando el objetivo de mayor valor estratégico estaba a su alcance.

La segunda razón tenía que ver con las características mismas de Cano. Varios han cuestionado que se haya dado de baja al comandante más preparado que haya tenido las Farc, pensando que su condición de intelectual e ideólogo hubiera hecho más fácil la negociación. Esto no es necesariamente cierto, como había anticipado la revista *Semana* en su artículo de portada de la última edición de mayo de 2008, titulado "El radical":

> *Si Tirofijo era un campesino zorro, pragmático, y no un marxista convencido, Cano es un hombre de doctrina, inflexible y dogmático, bien informado, pero con más respuestas que preguntas. Un hombre que no ha cambiado sus ideas ni su discurso, cuya lectura de la realidad es la misma hoy que hace veinte años. Lo que en el movimiento comunista todos le admiran es exactamente lo que afuera se ve como un defecto: es un hombre que no cambia. Un inamovible.*

La misma impresión me habían transmitido muchas personas que lo conocieron. Héctor Riveros, por ejemplo, quien fue viceministro del Interior en el gobierno Gaviria y a quien le tocó negociar con Cano en las rondas de diálogo de Caracas y Tlaxcala, en 1991, lo describe así en una columna de prensa:

> *Alfonso Cano estudió antropología en la Universidad Nacional, lo que lo convertía en el letrado de una guerrilla de origen fundamentalmente*

campesino, pero evidentemente hace décadas había dejado de leer y nunca evolucionó en su pensamiento, lo que lo convertía en obstáculo en una mesa de negociación.

Cano era un hombre profundamente desconfiado y absoluta-mente escéptico de que el 'establecimiento' colombiano estuviera dispuesto a hacer las concesiones necesarias para facilitar un acuerdo que permitiera que la guerrilla de las Farc renunciara al uso de las armas para imponer su lectura de la sociedad y aceptara discutir la de todos por medios democráticos.[7]

Tal vez Cano hubiera sido el líder más difícil para llevar a feliz término una negociación. Otros piensan todo lo contrario. La verdad queda en el terreno de las hipótesis y, en lo que a mí concierne, es un interrogante que me llevaré a la tumba.

Finalmente, hubo otra razón que me ayudó a sustentar mi decisión. Tanto las Farc como el Gobierno sabíamos bien cuáles eran las reglas del juego. Estábamos avanzando en una explo-ración que podía llevar a una negociación, pero, mientras no se pactara un cese al fuego y de hostilidades, era claro que la guerra continuaba y que todos, absolutamente, todos —incluido yo mismo, como presidente, pues conocí de varios planes de la guerrilla para acabar con mi vida— éramos blancos. Esa es la dinámica de la guerra, y para salir de ella, precisamente para salir de ella, teníamos que sentarnos a conversar, fuera quien fuera el líder. Si las Farc realmente querían la paz, tendrían que continuar el proceso de aproximación en el que estábamos. Esta sería la máxima prueba de su voluntad.

No niego que llegué a temer lo peor: que mandaran todo al diablo y se perdieran los esfuerzos hechos hasta ese momento. Fue una apuesta riesgosa como pocas, pero tal vez me salió el alma

---

7   "Alfonso Cano, delirio mortal", por Héctor Riveros Serrato, publicado en *El Espectador*, 5 de noviembre de 2011.

de jugador que muchos dicen que tengo. Lo que he comprobado en la vida es que solo arriesgando se logran los mayores triunfos.

A los pocos días de la operación Odiseo, la periodista Claudia Palacios, que trabajaba en el canal de noticias CNN, fue a entrevistarme a la Casa de Nariño, y me preguntó:

—Presidente, ahora que se ha llevado la cabeza del máximo líder de las Farc, ¿qué sigue?

En mi respuesta estaba la carta de navegación de lo que serían los próximos años:

—¿Qué sigue? En el lado militar, perseverancia. Ahí no podemos bajar la guardia. Y en el lado político, la apertura a un posible diálogo si ellos demuestran que efectivamente quieren llegar a un acuerdo.

LECCIÓN 3

ALGUNAS VECES HAY QUE NEGOCIAR EN MEDIO DEL CONFLICTO

Nunca conocí al líder israelí Isaac Rabin, pero su historia siempre me ha conmovido. Rabin, antes de ser primer ministro de Israel en dos ocasiones, fue general del Ejército israelí y comandó las tropas de su nación durante la Guerra de los Seis Días en 1967. Luego sería galardonado con el Premio Nobel de la Paz en 1994, en reconocimiento a su papel como suscriptor de los acuerdos de Oslo, que buscaban una solución permanente al conflicto árabe-israelí. Y firmó el tratado de paz entre su país y el reino de Jordania. Fue halcón y paloma, como nos ha tocado serlo a algunos: un guerrero y, al mismo tiempo, un arquitecto de la paz.

Así lo reconoció en una plaza pública de Tel Aviv el 4 de noviembre de 1995, pocos minutos antes de ser asesinado por un fanático: "Fui hombre de armas durante veintisiete años. Mientras no había oportunidad para la paz, se desarrollaron múltiples guerras. Hoy estoy convencido de la gran oportunidad que tenemos de realizar la paz. La paz lleva intrínseca dolores y dificultades para conseguirla. Pero no hay camino sin esos dolores".

Fue mi buen amigo Shlomo Ben Ami, excanciller de Israel y vicepresidente del Centro Internacional de Toledo por la Paz, quien atrajo mi atención sobre una de las citas más famosas de Rabin, una frase que asimilé de inmediato, por su filosofía práctica, y a la que he llamado, en mis discursos, la "doctrina Rabin". Dijo el gran líder israelí cuando se sentó a negociar con Arafat: "Seguiremos combatiendo el terrorismo como si no hubiera un proceso de paz, y nos sentaremos a negociar la paz como si no hubiera terrorismo".

¡Cuántas veces recordé esta máxima durante los años del proceso de paz! Fue el mantra que nos permitía perseverar en los esfuerzos de diálogo cuando los hechos de la guerra golpeaban el ánimo.

Es cierto que lo ideal es negociar en un ambiente de no confrontación, pero esto no siempre es realista y, aunque suene paradójico, a veces es contraproducente. En varios procesos de paz, los esfuerzos por alcanzar un cese al fuego al tiempo que se negocian los temas de fondo acaban generando una distracción mayor y no se logra ni lo uno ni lo otro. Así ocurrió en Colombia con el proceso del Caguán: durante los más de tres años que duró este empeño de paz, al tiempo que se discutía el primer punto de la agenda, se estuvo buscando la concreción de un cese al fuego. Cuando terminó el proceso en febrero de 2002, no se había alcanzado acuerdo sobre ninguno de los dos temas.

Por otro lado, un cese al fuego pactado al inicio de un proceso de paz puede tener efectos desfavorables: estimula la prolongación del proceso, pues no hay mayor incentivo para llegar al final cuando no se tiene la presión militar, y puede permitir que la contraparte se fortalezca, aprovechando la tregua para reclutar y entrenar nuevos integrantes, para adquirir armamento, para renovar sus fuerzas y su estrategia.

Siempre es difícil explicar a la opinión pública por qué a veces es preferible dialogar en medio de la guerra en lugar de embarcarse prematuramente en la búsqueda de un cese al fuego y de hostilidades, que implica debates complejos sobre áreas de concentración de las tropas y mecanismos de verificación. Lo cierto es que, en la lógica de un conflicto armado, a menudo es necesario, como decía Rabin, combatir como si no se estuviera hablando y hablar como si no se estuviera combatiendo.

Eso lo acordamos las Farc y el Gobierno desde un comienzo, y así logramos blindar a la mesa de negociaciones de La Habana frente a las vicisitudes de la guerra que se seguía librando en Colombia. Si los negociadores hubieran tenido que rendir cuentas unos a otros por cada muerto o herido en combate de la guerrilla o de las Fuerzas Armadas, por cada atentado, por cada hecho de violencia, simplemente no hubieran podido negociar nada. Por duras que fueran las noticias que llegaran del conflicto, su obligación era abstraerse de ellas y avanzar en la discusión de la agenda. Al fin y al cabo, el objetivo final de la negociación era terminar con la guerra, y no podía permitirse que la guerra misma impidiera llegar a la meta.

Durante los diálogos de paz, la fuerza pública continuó combatiendo con toda la contundencia a la guerrilla. Esas fueron mis órdenes como presidente y comandante en jefe de las Fuerzas Armadas: mientras no se firme la paz o un acuerdo de cese al fuego, hay que confrontar militar y policialmente a todo grupo o persona que atente contra la seguridad, tranquilidad y bienestar de los colombianos, independientemente de que estemos o no sentados en una mesa de negociación. Ningún ministro de Defensa, comandante o general puede decir que alguna vez les pedí frenar la lucha contra los factores de violencia en el país.

Y debo decir que de la misma manera lo entendieron las Farc. Por eso, a pesar del abatimiento de sus dos principales líderes: el Mono Jojoy en 2010 y Alfonso Cano en 2011, los diálogos exploratorios continuaron. Y no solo fueron ellos: más de sesenta cabecillas de frente o de columna de esta guerrilla fueron neutralizados durante el tiempo en que se adelantaron las conversaciones de paz. Y también nuestras Fuerzas Armadas sufrieron bajas.

Gracias a que aplicamos la "doctrina Rabin", se logró que los hechos del conflicto no afectaran las negociaciones en La Habana, y llegamos, finalmente, al puerto de la paz.

CAPÍTULO XVII

PRIMER ENCUENTRO
EN LA HABANA

CAMBIOS Y REAJUSTES

El 5 de noviembre de 2011, al día siguiente de la muerte de Cano, el secretariado de las Farc expidió una declaración pública en la que anunciaba que se mantenían en pie de lucha, con una frase que resumía su obstinación revolucionaria: "La paz en Colombia no nacerá de ninguna desmovilización guerrillera, sino de la abolición definitiva de las causas que dan nacimiento al alzamiento".

Pocos días después, recibí una llamada desde Cali del facilitador Henry Acosta, quien me dijo que tenía un mensaje de las Farc para transmitirme. Lo cité el 9 de noviembre en la Casa de Nariño, y allí me dijo que Pablo Catatumbo mandaba a decir que ellos eran serios y que seguían firmes en el proceso de aproximaciones en que nos encontrábamos.

Fue un gran alivio, pero al tiempo era algo que esperaba. Tanto los comandantes guerrilleros como nosotros sabíamos que Cano había caído en su ley y que, mientras no se pactara otra cosa, las reglas del juego eran las de la guerra.

Le pedí a Acosta que les dijera que el Gobierno también mantenía la decisión de avanzar hacia un proceso de paz, y que estábamos listos para realizar la reunión exploratoria en La Habana entre nuestros plenipotenciarios y los de la guerrilla, tal como se había planeado.

El 15 de noviembre las Farc anunciaron en otro comunicado que Timoleón Jiménez, también conocido como Timochenko, sería el nuevo comandante de la organización, en reemplazo de Cano.

Timochenko, cuyo nombre real es Rodrigo Londoño, nació en el departamento de Quindío en 1959. Sus padres, que tenían una pequeña tienda en el pueblo de La Tebaida, eran unos comunistas convencidos, por lo que prácticamente bebió de esa ideología desde la cuna. Lector empedernido, pronto se afilió —como Cano— a las Juventudes Comunistas, Juco, y tuvo entrenamientos en Cuba. Se incorporó a las Farc en 1986, con apenas veintitrés años, donde se convirtió en el miembro más joven de su estado mayor. Desde entonces, ocupó varias posiciones en la organización, entre actividades militares y administrativas, y finalmente pasó a formar parte del secretariado. Su figura se hizo pública para los colombianos cuando apareció en un video, en mayo de 2008, confirmando la muerte de su fundador y máximo líder Manuel Marulanda.

Ahora se había convertido en el tercer comandante máximo en la historia de las Farc —luego de Marulanda y de Cano— y tendría bajo su responsabilidad adelantar el proceso de paz con mi gobierno.

A comienzos de diciembre asistí a la Cumbre de la Comunidad de Estados Latinoamericanos y Caribeños —Celac— en Caracas, y allí el presidente Chávez, que estaba al tanto de las aproximaciones que veníamos realizando con la guerrilla, me pidió autorización para hablar con Timochenko. Le di mi permiso, y ese mismo mes se reunió con el jefe guerrillero en Caracas, quien quedó mucho más confiado luego de que Chávez le reiterara el apoyo de Venezuela al camino que estábamos recorriendo.

Por supuesto, los cambios desencadenados por la muerte de Cano generaron demoras en el cronograma que se había planteado para la reunión exploratoria. Así me lo hizo saber Pablo Catatumbo, por intermedio de Henry Acosta, con un mensaje de fecha 23 de diciembre de 2011, en el que reiteraba el compromiso de la guerrilla con la búsqueda de una solución política al conflicto y anunciaba que los últimos acontecimientos implicaban unos reajustes que demandaban tiempo. Lo mismo había mandado a decir Timochenko a través de Chávez.

Así llegamos al año 2012, cuando se realizó —entre el 22 y el 23 de enero— una última reunión preparatoria para ultimar los detalles del encuentro de plenipotenciarios. Esta reunión tuvo lugar en la casa de Ramón Rodríguez Chacín —un capitán de navío retirado, que había sido ministro del Interior de Chávez y gozaba de la máxima confianza del mandatario venezolano y de las Farc—, en los llanos de Barinas, Venezuela, con la presencia de representantes de Noruega, Cuba y Venezuela, y de delegados del Comité Internacional de la Cruz Roja.

Allí se acordó que el encuentro exploratorio se llevaría a cabo a partir del 23 de febrero en La Habana. Los plenipotenciarios de las Farc para el encuentro exploratorio serían Mauricio Jaramillo, el Médico; Rodrigo Granda y Andrés París, acompañados por Marcos Calarcá y Sandra Ramírez, la viuda de Marulanda. Por parte del Gobierno, como habíamos dicho desde un principio, los plenipotenciarios serían el comisionado para la paz Sergio Jaramillo y Frank Pearl —a quien había nombrado cuatro meses atrás como ministro de Ambiente y Desarrollo Sostenible, luego de que volvimos a crear ese ministerio que había desaparecido en el gobierno de Uribe—. Además, asistiría mi hermano Enrique, como mi delegado personal, y tendrían el acompañamiento de Alejandro Éder, Jaime Avendaño y Lucía Jaramillo, que habían participado desde las primeras aproximaciones.

Se nos había ido casi un año en la preparación del encuentro exploratorio, pero ya todo estaba listo para que comenzara, en Cuba, una etapa definitiva para saber si podíamos o no avanzar, con buena expectativa hacia un proceso de paz.

DOS OBJETIVOS

Durante todo el año 2011 y hasta febrero de 2012 me reuní en múltiples ocasiones con el equipo liderado por Sergio Jaramillo y con un grupo de asesores internacionales —a quienes luego me referiré con más detalle— para determinar la estrategia a seguir en esta primera fase de aproximaciones con las Farc. Nos fijamos un objetivo concreto y otro de más largo alcance.

El objetivo concreto de los diálogos era lograr el fin del conflicto armado con las Farc, lo que significaba su desmovilización y desarme, y la reincorporación de sus miembros a la sociedad. Pero teníamos que ir más allá de eso. Ya en la década del noventa se habían desmovilizado otras guerrillas, como el M-19 y la mayor parte del EPL, sin que se lograra una real pacificación del país. Por eso nos propusimos un objetivo más amplio: no solo terminar el conflicto con las Farc sino el ciclo de violencia interna, con fundamentos ideológicos o políticos, que sufríamos en Colombia desde por lo menos 1948.

Para ello, teníamos que concentrarnos en garantizar los derechos de las víctimas no solo a la verdad, la justicia y la reparación, sino también a la no repetición. Vale decir, a que fenómenos

violentos victimizantes no se volvieran a producir. Esto implicaba que, si se lograba terminar el conflicto con las Farc —y ojalá
con el ELN en un futuro próximo—, ningún otro grupo volvería
a ser reconocido como un interlocutor en un proceso de paz.
Teníamos que cortar, de una vez por todas, el vínculo perverso
entre violencia y política en nuestro país.

ROMPIENDO EL HIELO

El traslado del Médico y de Sandra desde las selvas del Guaviare
hasta La Habana —en cuya planeación se había tardado tanto, por
las dificultades logísticas y la desconfianza de los guerrilleros— se
cumplió finalmente según lo programado. Con la ayuda de la Cruz
Roja Internacional, utilizando su emblema, fueron transportados
primero en un helicóptero desde un punto de encuentro en la
zona selvática hasta la población de San José del Guaviare y luego
en avión hasta Caracas. Allí se reunieron con los otros miembros de la delegación de las Farc para salir hacia Cuba, siempre
acompañados por delegados de los Gobiernos de Venezuela,
Cuba y Noruega. En adelante, Venezuela actuaría como un país
acompañante y facilitador —rol en el que luego se uniría también
Chile, que propusimos para contrarrestar el sesgo de izquierda
que representaba Venezuela—. Cuba y Noruega serían los países
garantes, con presencia en la mesa de negociaciones.

El 23 de febrero de 2012 viajó la delegación del Gobierno a
La Habana, donde ya se encontraba su contraparte de las Farc.
Cada delegación se alojó en una casa del conjunto El Laguito,
compuesto por unas 120 residencias y mansiones construidas
en la primera mitad del siglo XX por magnates norteamericanos
y millonarios cubanos, expropiadas por el Gobierno luego del

triunfo de la revolución. Desde entonces, en esa zona los cubanos alojan a sus invitados especiales. En una de esas casas —la número 6— pasó largas temporadas el nobel de Literatura Gabriel García Márquez, pues su amigo Fidel Castro se la entregó para que la usara siempre que quisiera.

Fui testigo directo de esa amistad cuando, en 1997, en los tiempos en que me dediqué a buscar un diálogo directo con los diversos actores del conflicto para construir una propuesta de paz —los tiempos de mi "conspiración"— fui a La Habana para encontrarme con Gabo y una delegación del ELN. Los delegados de esa guerrilla no pudieron llegar, pero terminé esa noche, por insinuación de Fidel, departiendo y bailando con sus compañeras, dos guerrilleras muy bonitas. Cuando regresé a la casa de Gabo, ya muy tarde en la noche, me uní a la larga y amena charla que tuvieron hasta la madrugada Gabo, Fidel Castro y el expresidente de México Carlos Salinas de Gortari, que entonces vivía allá. No cabe duda de que Castro era un mago de la conversación.

Volviendo al 23 de febrero, al atardecer se reunieron las dos delegaciones en una edificación denominada Casa de Piedra, dentro de la misma urbanización, que luego sirvió como sede para las reuniones de trabajo. Los noruegos habían organizado un evento informal, con salmón y vino blanco traído desde las lejanas tierras nórdicas, para que los plenipotenciarios y los demás delegados se encontraran, se conocieran y rompieran un poco el hielo, antes de iniciar las discusiones formales.

Era la primera vez, desde el fin del proceso del Caguán en febrero de 2002, en que se reunían miembros del secretariado de las Farc con autoridades del Gobierno de nivel ministerial. Habían pasado exactamente diez años —diez años de dura confrontación militar— y todos entendían que esta podía ser la última oportunidad para lograr el fin de una guerra que solo había causado dolor y atraso a los colombianos.

Ese primer encuentro fue tenso pero cordial, y les sirvió a todos para comenzar a establecer lo más básico que se requiere para iniciar cualquier conversación: el reconocimiento del otro, con sus diferencias y particularidades, pero también con esa esencia común que nos une como integrantes de la humanidad y, en este caso, de un mismo país. Por décadas nos habíamos matado, a pesar de ser hijos de una sola nación, y aquella tarde, bajo el sol crepuscular de La Habana, al estrecharse las manos, así en las miradas y en las palabras hubiera prevención, se iniciaba un nuevo compás de esperanza para Colombia.

EL ENCUENTRO EXPLORATORIO

Al otro día, 24 de febrero, en la misma Casa de Piedra tuvo lugar el encuentro exploratorio largamente anticipado, que habíamos venido preparando prácticamente desde mi posesión como presidente.

En una mesa se sentaron, frente a frente, las delegaciones del Gobierno y de las Farc, y en los extremos los garantes de Noruega —Dag Nylander y Elizabeth Slaattum— y los de Cuba —Carlos Fernández de Cossio y Abel García—.

La sesión se inició con las palabras del delegado del país anfitrión, Fernández de Cossio, quien dio a todos la bienvenida y ratificó la voluntad del Gobierno cubano de apoyar este nuevo esfuerzo de paz. Luego habló el delegado noruego, que enfatizó el papel de garante imparcial que tendría su país, entendiendo que la solución al conflicto colombiano solo la podían alcanzar los mismos colombianos. Noruega, como es sabido, ha hecho del apoyo a la paz en el mundo una verdadera política de Estado, siguiendo de alguna forma el legado de Alfred Nobel, quien confió a esa nación la entrega anual del máximo galardón de la paz. Ese país escandinavo, con apenas algo más de cinco millones de habitantes, ha logrado acumular una experiencia y hasta una metodología para generar confianza y facilitar el acercamiento entre contrarios, que ha puesto al servicio de la humanidad. Eso es algo que el mundo le debe agradecer, tal como lo agradece Colombia.

A renglón seguido hizo uso de la palabra mi hermano y mi delegado personal Enrique, quien aprovechó para poner en contexto histórico el conflicto armado y los distintos intentos de diálogo que se habían realizado, e hizo un llamado a las Farc para que se comprometieran a alcanzar por fin una "salida civilizada" —término que usaba su comandante Alfonso Cano— a la guerra. Sergio Jaramillo, por su parte, hizo una completa exposición sobre las condiciones favorables que se tenían para avanzar hacia un acuerdo, incluyendo el apoyo regional y la gobernabilidad que se había alcanzado con la coalición de unidad nacional. Enfatizó en la disposición de mi gobierno para iniciar un proceso de conversaciones serio, digno, realista y eficaz, cuatro adjetivos que enmarcarían en adelante la forma en que se adelantarían las negociaciones. También aclaró que, mientras no se llegara a un acuerdo final de terminación del conflicto armado, la fuerza pública seguiría enfrentándolos como lo había venido haciendo hasta ahora. Y que nada estaría acordado hasta que todo estuviera acordado, como eran mis instrucciones.

Por parte de las Farc, intervinieron el jefe de la delegación y comandante del bloque oriental de esa guerrilla Mauricio Jaramillo, el Médico, y el otro plenipotenciario Rodrigo Granda. Manifestaron la voluntad de su organización de avanzar hacia un proceso de negociación, pero al mismo tiempo, como era de esperarse, reivindicaron y justificaron su lucha, dejando en claro que ellos no estaban allá para hablar únicamente de desmovilización sino también, y principalmente, de la solución a los grandes problemas e injusticias del país.

Luego de estos primeros discursos, el resto del día y el siguiente lo dedicaron plenipotenciarios y delegados a la discusión franca y abierta sobre lo que cada parte esperaba del proceso, el procedimiento a seguir, y las primeras ideas sobre cómo podría construirse una agenda de negociación. Mientras las Farc pretendían partir de la agenda de doce puntos que habían pactado con el gobierno Pastrana en el proceso del Caguán, basada en la plataforma aprobada en su octava conferencia de 1993, el Gobierno planteaba la construcción de una agenda concreta, limitada y realista que condujera a la terminación del conflicto armado.

Nada de ello se resolvería en este primer encuentro. Se trataba de conocer las posiciones, establecer los mecanismos y procedimientos a seguir, y eso fue lo que se hizo. Quedó claro que esta fase exploratoria se continuaría desarrollando en Cuba en completo secreto, para evitar interferencias que pudieran hacer abortar el proceso antes de iniciarlo, y se citó para una nueva reunión el 17 de marzo.

En los siguientes seis meses —hasta el 26 de agosto— se realizarían nueve rondas más de negociaciones dentro de la fase exploratoria, en las que se discutió, a veces con serenidad, otras con exaltación, finalmente con resultados, cuál sería la agenda de negociación para llegar al fin del conflicto armado entre las Farc y el Estado colombiano.

Los representantes de la guerrilla y mis delegados coincidieron en la necesidad de que lo que se acordara tuviera alguna forma de refrendación popular que le diera piso a lo pactado. Yo entendía que, para generar confianza, tenía que dar tranquilidad a los colombianos de que el Gobierno no iba a negociar cualquier locura y que al final ellos tendrían la última palabra. Ese fue el germen del plebiscito de octubre de 2016, con sus consecuencias negativas y también positivas.

Lo cierto es que en esos días finales de febrero de 2012, en La Habana, inauguramos un diálogo frente a frente y de alto nivel entre el Gobierno y la subversión, un diálogo que no sabíamos cuánto duraría ni si llegaría a buen término. Lo que sí sabíamos es que era nuestra obligación moral y constitucional intentarlo, y que debíamos evitar, a toda costa, repetir las equivocaciones de esfuerzos anteriores.

Algo muy importante en estos procesos es la construcción de confianza frente al país, pues las palabras de paz sin hechos de paz que las acompañen, no sirven de nada. Por eso los colombianos —y el Gobierno en particular— recibimos como una buena noticia el comunicado que produjo, "desde las montañas de Colombia", el secretariado de las Farc el 26 de febrero, mismo día en que terminaba el primer encuentro en La Habana, anunciando la liberación de diez miembros de la fuerza pública que quedaban en su poder y el fin de los secuestros extorsivos. Ese fue el primer fruto concreto del incipiente proceso.

Así decía el comunicado, que comenzaba a aligerar la presión del conflicto sobre la población civil:

> Mucho se ha hablado acerca de las retenciones de personas, hombres o mujeres de la población civil, que con fines financieros efectuamos las Farc a objeto de sostener nuestra lucha. Con la misma voluntad indicada arriba, anunciamos también que a partir de la fecha proscribimos la práctica de ellas en nuestra actuación revolucionaria. La parte pertinente de la ley 002 expedida por nuestro Pleno de Estado Mayor del año 2000 queda por consiguiente derogada. Es hora de que se comience a aclarar quiénes y con qué propósitos secuestran hoy en Colombia.

CAPÍTULO XVIII

IMPORTANCIA DE LA AGENDA

EL CAGUÁN: LA ADHESIÓN A LA AGENDA DE LAS FARC

La mitad del éxito de un proceso de paz radica en acordar una agenda de negociación viable, acotada y razonable, que se limite a los temas relacionados directamente con el fin del conflicto armado y no pretenda solucionar todos los problemas del país.

La agenda fue uno de los principales defectos que tuvo el fallido proceso de paz del Caguán —tan protuberante que en tres años de negociaciones no se alcanzó a evacuar ni uno solo de sus puntos—, y fue, en cambio, una de las razones principales del éxito del proceso de paz de La Habana.

En el proceso del Caguán pasó algo bastante peculiar: se despejó de fuerza pública un territorio del tamaño de Suiza y se instalaron oficialmente los diálogos —incluido el episodio de la silla vacía—, sin que se hubiera discutido o aprobado una agenda de negociación. Eso se llama, en lenguaje popular, "ensillar antes de traer las bestias".

Solo cuatro meses después de instalada la mesa de conversaciones se dio a conocer la agenda de negociación, a la que se llegó
luego de un accidentado proceso de discusiones entre el comisionado para la paz Víctor G. Ricardo y los voceros del Gobierno —la
excanciller María Emma Mejía, el senador conservador y presidente del Congreso Fabio Valencia Cossio, el industrial y cabeza
del Sindicato Antioqueño Nicanor Restrepo y el gobernador del
Atlántico Rodolfo Espinosa—, por una parte, y los voceros de las
Farc Raúl Reyes, Joaquín Gómez y Fabián Ramírez, por la otra.

Sin embargo, el resultado no fue alentador para el país. La
agenda acordada, a la que se llamó "Agenda común por el cambio
hacia una nueva Colombia" no fue otra cosa que una adhesión,
cambiando el orden y el título de algunos puntos, a la "Plataforma
de un gobierno de reconstrucción y de reconciliación nacional"
aprobada por las Farc en su octava conferencia de 1993.

Uno por uno, los diez puntos de la plataforma guerrillera
fueron replicados en la agenda de doce puntos que se anunció el
6 de mayo de 1999 en el corregimiento de La Machaca, dentro de
la zona de distensión. Había coincidencias casi exactas, como el
primer punto de la agenda que se llamó "Solución política al grave
conflicto que conduzca hacia una nueva Colombia", copiando el
primer punto de la plataforma de 1993, que se titulaba "Solución
política al grave conflicto que vive el país".

Lo más grave de la agenda de negociación del Caguán —
producto del momento de debilidad que vivía el Estado colombiano frente a la amenaza y los recientes golpes militares de
las Farc— fue que incluyó temas muy amplios, lo que suponía
debatir con la guerrilla aspectos de la vida nacional que iban
mucho más allá del fin del conflicto armado. Por ejemplo, se
incorporaron como puntos principales los siguientes: estructura económica y social, con subpuntos tales como "Revisión del
modelo de desarrollo económico" o "Políticas de redistribución

del ingreso"; reformas a la justicia, lucha contra la corrupción y el narcotráfico; reformas al Estado, incluyendo reformas al Congreso y a la administración pública; las Fuerzas Militares, y las relaciones internacionales.

Este es el típico caso de una agenda maximalista en la que el gobierno acuerda sentarse a debatir con la guerrilla —más que el fin de la guerra— el modelo político y económico del Estado, e incluso la política exterior y la política de defensa. En otras palabras: se aceptó negociar con las Farc prácticamente todos los temas cruciales de la vida nacional.

Una agenda de estas características no solo era indigna para el país sino que hacía absolutamente inviable llegar a un acuerdo final, pues, para lograrlo, el Gobierno y la guerrilla tendrían que ponerse de acuerdo en cómo terminar el conflicto armado —algo de por sí muy difícil y complejo—, y sobre los grandes dilemas y paradigmas de la economía, la política, la seguridad y la diplomacia. Una pretensión absurda e irreal.

LECCIONES DE CAPITALISMO PARA LA GUERRILLA

En su momento, en el Caguán, se escogió como el primer punto de discusión el que aparecía en el quinto lugar de la agenda —estructura económica y social—, un tema tan amplio que, como es natural, no pudieron lograr un acuerdo sobre él en los más de tres años que duró el proceso.

En este tiempo se realizaron innumerables mesas de discusión, algunas con participación de grupos de ciudadanos en la zona de distensión; se invitó a economistas y académicos destacados a que hicieran exposiciones ante los guerrilleros, y se llevó a una delegación de jefes de las Farc a una gira de más de tres semanas por Europa, incluyendo los países escandinavos, para que conocieran de primera mano sus modelos políticos y económicos.

Es más: se llegó al extremo de que personajes internacionales como Richard Grasso, presidente de la Bolsa de Nueva York, con dos de sus vicepresidentes, y el entonces ministro de Hacienda Juan Camilo Restrepo, visitaran la zona de distensión para explicar a Marulanda y a otros jefes de las Farc las bondades del capitalismo. También estuvieron en el Caguán, hablando con Marulanda y Raúl Reyes, personajes como Jim Kimsey, fundador de America Online, AOL, y Joe Robert —presidente de J.E. Robert Companies, una gigantesca empresa de bienes raíces—, quien había hecho una verdadera fortuna en la crisis hipotecaria de Estados Unidos comprando barato las hipotecas a cargo de las familias y luego vendiendo a precios más altos. Esto lo describe en su autobiografía el antiguo presidente de la Reserva Federal de ese país, Alan Greenspan.

Por todo lo anterior, cuando el presidente Pastrana me pidió que formara parte de su gabinete en el año 2000, y le acepté el Ministerio de Hacienda, fui claro con él en que no me prestaría para ir al Caguán a hacerles exposiciones o rendirles cuentas a las Farc. Sabía muy bien, desde los primeros meses del proceso, que este empeño de paz, a pesar de ser loable, no era viable por la forma en que estaba planteado.

Si en la discusión del punto quinto, sobre estructura económica y social, demoraron tres años sin llegar a un acuerdo ni siquiera parcial, ¿cuánto más habría demorado alcanzar acuerdos en los otros once puntos de la agenda, que incluían reformas a la justicia, al Congreso y a la administración pública; las Fuerzas Militares, y las relaciones exteriores? ¿Diez años? ¿Veinte años? ¿Y cuándo comenzaría a discutirse, por fin, la desmovilización de los guerrilleros?

La "Agenda común para el cambio hacia la nueva Colombia", que se anunció en La Machaca en mayo de 1999 —una agenda construida por las Farc a la que el Gobierno se plegó— explica, en gran medida, el fracaso del proceso de paz del Caguán.

LAS LÍNEAS ROJAS

El 8 de junio de 1998, en un acto en el Hotel Tequendama de Bogotá, el entonces candidato Andrés Pastrana —que había pasado a la segunda vuelta para competir por la presidencia con el candidato liberal Horacio Serpa— pronunció un discurso en el que delineó lo que sería su política de paz. En cuanto a la agenda, afirmó: "El Gobierno llegará a la mesa de negociaciones con una agenda abierta y sin condiciones previas. Los temas por tratar serán definidos conjuntamente".

Más de doce años después cuando me correspondió a mí, como presidente, intentar un nuevo proceso de paz, me propuse aprender de las experiencias anteriores, y una de las principales lecciones tenía que ver, precisamente, con la forma de encarar la negociación de la agenda de diálogos. No podíamos llegar, como había ofrecido Pastrana en su momento, con "una agenda abierta y sin condiciones previas".

Por eso, cuando en octubre de 2010 Henry Acosta me mostró una carta de Pablo Catatumbo en la que este se refería complacido a que yo "encontrara justos los planteamientos de su plataforma bolivariana", desmentí que hubiera dicho eso. Ni más faltaba que fuera a cometer el mismo error que sepultó el proceso del Caguán.

En varias reuniones con el comisionado para la paz Sergio Jaramillo y con los demás delegados en la fase secreta de las conversaciones, incluido mi hermano Enrique, fui claro y contundente, casi obsesivo, en señalar que no podíamos ni debíamos negociar sobre todo, y que había que trazar unas líneas rojas que no se podían cruzar en la dinámica del diálogo.

¿Y cuáles eran esas líneas rojas?

No íbamos a discutir el modelo político o económico del país. Es decir, el Estado de derecho, los principios democráticos y la economía de mercado no estarían sobre la mesa. Tampoco serían objeto de negociación ningún aspecto que tocara al presente y futuro de las Fuerzas Armadas y de sus integrantes, ni las relaciones internacionales.

Muchas veces, en toda clase de auditorios, hablando ante los empresarios y los gremios económicos, y en eventos castrenses, ante los militares y policías, recordé las líneas rojas que había trazado en la negociación con las Farc. Cuando algunos enemigos del proceso decían, por ejemplo, que en La Habana se estaba negociando una disminución del número de integrantes de la fuerza pública o la eliminación de algunos de sus beneficios, les recordaba a los uniformados que su futuro, el de la democracia o la economía no eran objeto de discusión. Y que ese era un principio inviolable para mí.

¿Qué era, entonces, lo que estábamos dispuestos a negociar? Básicamente, la manera de terminar el conflicto y de darle un espacio en la arena política, sin armas, a un grupo que llevaba medio siglo en guerra con el Estado.

Por supuesto, no todo se resumía a la desmovilización e ingreso a la política de la guerrilla. Había que entender que su lucha de décadas había tenido origen en reivindicaciones políticas y económicas, en particular sobre la tierra y su aprovechamiento, que era necesario tener en cuenta. Por eso, en la agenda que finalmente se acordó, se incluyó, además de los temas obvios de la participación política, y el desarme, la desmovilización y la reintegración —el llamado DDR— de los miembros de las

Farc, otros tres de particular importancia: primero, el tema agrario, que había sido la razón originaria de la creación de las Farc; segundo, el problema de las drogas ilícitas, un tema que yo mismo pedí incluir consciente de que el involucramiento de la guerrilla con el cultivo y tráfico de estupefacientes exigía un compromiso suyo para ayudar a terminar este negocio; y tercero, la garantía de los derechos de las víctimas a la verdad, la justicia, la reparación y la no repetición.

Mi posición inicial era que no se debía debatir en la mesa ningún punto de política pública, justamente porque estaba convencido de que una agenda de negociación debía limitarse a los aspectos íntimamente ligados al conflicto y su terminación. Sin embargo, conociendo que la raíz misma del conflicto con las Farc había sido el tema de la tierra y el desarrollo rural, aceptamos incluirlo por dos consideraciones. Por un lado, luego de analizar las propuestas generales de la guerrilla con el ministro de Agricultura Juan Camilo Restrepo, vimos que no diferían en mucho de la agenda de reformas que el país había venido aplazando por décadas y que traerían mayor equidad y productividad al campo. En ese sentido, podíamos aprovechar la negociación con las Farc para acelerar cambios que ciertamente eran necesarios y convenientes para el país. Por otro lado, comprendía que los líderes guerrilleros, después de medio siglo de combates y clandestinidad, no podían desmovilizarse y desarmarse sin tener un logro, un avance que reivindicar para ellos mismos y para sus tropas. Todos los seres humanos necesitamos una justificación para nuestras vidas. El acuerdo sobre el tema agrario les podía servir, de alguna forma, para salvar la cara. Ellos mismos nos lo decían.

En cuanto al último punto —el de las víctimas—, este terminó por convertirse en la columna vertebral del acuerdo de paz, e hizo del proceso colombiano un caso único en el mundo. Esta fue la primera vez en que las partes en conflicto, más allá de ponerse de acuerdo en la forma de terminar la guerra, se comprometieron con la creación de un sistema integral para resarcir a las víctimas y garantizarles sus derechos. Las más de ocho millones de víctimas del conflicto armado interno se convirtieron, así, en las protagonistas y el centro de la solución de dicho conflicto.

SEIS MESES PARA NEGOCIAR LA AGENDA

Con las instrucciones expresas de no cruzar las líneas rojas, la delegación del Gobierno discutió durante seis meses con las Farc en La Habana, en diez rondas de varios días, la que iba a ser la agenda y norte de la negociación. Por supuesto, como era de esperarse, las Farc pretendían partir de la agenda maximalista del Caguán, que acogía plenamente sus planteamientos. El Gobierno, por su parte, planteó una agenda mucho más corta, concreta y realista, enfocada únicamente en los temas que tuvieran relación directa con el conflicto.

En este periodo, los equipos iniciales de cada parte se reforzaron. Como otra delegada del Gobierno ingresó Elena Ambrosi, una abogada que había trabajado con Sergio Jaramillo en el Viceministerio de Defensa, experta en derecho internacional humanitario y derechos humanos. También entraron, como soporte técnico, Juanita Goebertus, otra joven abogada y politóloga que venía del equipo que Jaramillo había armado en su viceministerio, experta en justicia transicional —actualmente representante a la Cámara—; Mónica Cifuentes, una excelente abogada que había trabajado conmigo en el Ministerio de Defensa, quien coordinaría en adelante todo el tema jurídico del proceso; y Gerson Arias, un politólogo con amplia experiencia en investigación sobre temas de conflicto armado y procesos de paz, que había trabajado en la Fundación Ideas para la Paz. Tanto Ambrosi, como Goebertus, Cifuentes y Arias, fueron manos derechas del comisionado Jaramillo durante todo el proceso, hasta su finalización. Ambrosi y Cifuentes son hoy procuradoras delegadas en la Procuraduría General de la Nación. Por el lado de las Farc, su equipo se reforzó con la presencia de Hermes Aguilar, quien había sido vocero de la guerrilla durante los diálogos de Tlaxcala de 1992.

No fue fácil, en absoluto, conseguir que las Farc renunciaran a la amplia agenda que habían logrado en el Caguán y que aceptaran una de solo cinco puntos temáticos relacionados con el conflicto y su terminación. Fueron discusiones tensas, largas, exhaustivas, en torno de una mesa de comedor, con las paredes tapizadas por tableros blancos donde se fue construyendo, palabra por palabra, el acuerdo general. En medio de las dificultades, persistía, sin embargo, la voluntad de ambas partes de llegar a una solución consensuada.

La mayor crisis de esta etapa —que seguía siendo confidencial, es decir, por fuera del conocimiento de la opinión pública y de los medios de comunicación— se presentó en la tercera ronda, entre el 11 y el 15 de abril de 2012, cuando se debatió el punto del desarme. El Gobierno propuso como uno de los temas naturales de la agenda la entrega de armas por parte de las Farc, pero sus delegados se negaron rotundamente a incluir ese término, considerando que entregar las armas representaba una rendición y que de eso no se trataba.

—No nos vamos a quedar como la guara[8] —dijo exaltado Rodrigo Granda—, entregando las armas y mirando detrás de un arbusto. ¡No nos crean tan pendejos!

---

8   Un roedor parecido al chigüiro, pero más pequeño, conocido también como lapa o guartinaja, que se encuentra en las selvas del Vaupés. Está en vías de extinción y su carne es muy apreciada.

Pero mi instrucción a los delegados había sido precisa: "Si no se incluye la entrega de armas en la agenda de negociación, no hay proceso". Así que, ante la intransigencia de los guerrilleros, se levantaron de la mesa. Jaramillo, Pearl y Éder salieron de la casa donde se reunían, cabizbajos y sudando bajo el sol calcinante del Caribe, convencidos de que todo había terminado.

Por fortuna, teníamos a los países garantes. Los representantes de Noruega y de Cuba hicieron sus mejores esfuerzos para lograr una fórmula que fuera viable para ambas partes, y fue así como se llegó al término "dejación de armas", en lugar de "entrega de armas". Puede parecer un asunto meramente semántico, pero para la guerrilla era un punto de honor que quedara claro que sus armas no las entregarían al Estado contra el que había combatido por tanto tiempo. Con el término "dejación" quedaba claro que abandonarían las armas e, implícito, que lo harían a algún actor neutral, como en efecto acabaron haciéndolo a las Naciones Unidas.

Superado el impase, continuó la negociación, ronda tras ronda, hasta que el 8 de agosto se concluyó un borrador del acuerdo general, que los delegados de la guerrilla consultaron con sus cuadros directivos y los delegados del Gobierno conmigo. Había sido un pulso largo y difícil, pero el resultado fue el que esperábamos: una agenda acotada que en ningún momento cruzaba las líneas rojas que nos habíamos impuesto.

En el seno de la guerrilla, en cambio, hubo serios reparos, pues consideraron que se había cedido mucho frente a la agenda del Caguán, y que hacían falta, justamente, los temas que nuestro gobierno se negó a discutir, como el modelo económico y el modelo político. Finalmente, aprobaron continuar el proceso, convencidos de que el preámbulo del acuerdo general, que reconocía la importancia de objetivos como el desarrollo económico con justicia social, les permitiría luego incluir nuevos temas.

EL TRIUNFO DE LA SENSATEZ

Una simple comparación entre la agenda que pretendían las Farc —que no era otra cosa que la agenda inviable del Caguán— y la que finalmente se aprobó muestra la capacidad que tuvieron los negociadores del Gobierno para circunscribir y acotar el temario de las conversaciones.

Las Farc, en su propuesta inicial, habían presentado para la discusión los siguientes puntos: 1. Solución política al conflicto social y armado; 2. Protección de los derechos humanos como responsabilidad del Estado; 3. Política agraria integral; 4. Explotación y conservación de los recursos naturales; 5. Estructura económica y social; 6. Reformas a la justicia, lucha contra la corrupción y el narcotráfico; 7. Reforma política para la ampliación de la democracia; 8. Reformas del Estado; 9. Acuerdos sobre Derecho Internacional Humanitario; 10. Fuerzas militares; 11. Relaciones internacionales y 12. Formalización de los acuerdos.

Al final —y gracias al denodado esfuerzo de los delegados del Gobierno que se mantuvieron firmes en no cruzar las líneas rojas fijadas—, la agenda de negociación se circunscribió a cinco puntos temáticos, a saber: 1. Política de desarrollo agrario integral; 2. Participación política; 3. Fin del conflicto; 4. Solución al problema de las drogas ilícitas y 5. Víctimas; a los que se agregó un sexto punto de carácter procedimental sobre implementación, verificación y refrendación.

Ese primer pulso —producto de seis meses de arduas negociaciones— lo ganó, más que el Gobierno, el sentido común.

El 26 de agosto de 2012, en la misma Casa de Piedra donde había iniciado el encuentro exploratorio, con la presencia del canciller cubano Bruno Rodríguez, se firmó el Acuerdo General para la terminación del conflicto y la construcción de una paz estable y duradera.

Se convino en que el anuncio público se haría el 4 de septiembre y que la mesa de conversaciones se instalaría en Oslo en octubre.

En el numeral 1 del punto 3 de la agenda, correspondiente al Fin del Conflicto, se estipulaba claramente "dejación de las armas". Era la primera vez en la historia de este largo enfrentamiento en que las Farc se comprometían expresamente a discutir su desarme. También era la primera vez en que se estipulaba como un punto principal, central dentro del acuerdo, el resarcimiento a las víctimas.

Habíamos logrado el objetivo: una agenda concreta, realista y viable. Ahora vendría la segunda parte del esfuerzo: la negociación a la luz del día, frente a Colombia y frente al mundo, de un acuerdo final que pusiera fin, de una vez por todas, al mayor conflicto armado que subsistía en el hemisferio americano.

LECCIÓN 4

¡ES LA PAZ, ESTÚPIDO!

En la campaña presidencial de 1992 en Estados Unidos, que se definió entre el entonces presidente George Bush y el gobernador de Arkansas Bill Clinton, el consultor de la campaña demócrata James Carville —cuya asesoría tuve el privilegio de recibir también en mi campaña de 2014, totalmente *ad honorem*, pues es un buen amigo— acuñó una frase que se volvió un símbolo de la estrategia ganadora de Clinton: "¡Es la economía, estúpido!". Con esta consigna se recordaban ellos mismos, en el equipo de campaña, y a su contendor, que más allá de las discusiones ideológicas o sobre política exterior, lo que preocupaba entonces a los estadounidenses era su situación económica, en un momento en que la recesión de 1991 golpeaba fuertemente los bolsillos de las familias americanas y la popularidad del presidente Bush. En otras palabras, el mensaje es que hay que enfocarse en lo que realmente importa.

Una recomendación así podría extrapolarse para aplicarla a la agenda de un proceso de paz. Al momento de negociar y de diseñar la agenda, hay que entender que el objetivo es terminar un conflicto armado, y fijar las reglas y condiciones para hacer posible esa terminación. Así de claro y así de sencillo. Un proceso de paz no puede pretender el cambio de los paradigmas políticos, económicos o de seguridad de un país, porque eso no sería un proceso de paz sino una revolución por decreto.

Para hacer cambios de fondo están las vías democráticas. La esencia de un proceso de paz es que un grupo armado ilegal, que se ha levantado contra el Estado, se desmovilice, deje las armas, se incorpore a la democracia, y defienda sus ideas y planteamientos en la arena política, como cualquier partido o movimiento legal. Se trata de cambiar las balas por los votos; de reemplazar el poder brutal de las armas por la fuerza pacífica de la palabra.

Entonces, siempre que se proponga incluir en una agenda de negociación los grandes temas de la economía, de la política, de la seguridad, de las relaciones internacionales, es bueno que alguien aterrice las expectativas y recuerde: "¡Es la paz, estúpido! Concentrémonos en parar la guerra, y luego, en los foros de la democracia, se podrán debatir los otros temas".

La sabiduría se oculta en los refranes populares, y hay un refrán muy conocido que afirma que "El que mucho abarca poco aprieta".

Hay que evitar las agendas maximalistas que, más que una agenda de negociación para poner fin a un conflicto, parecen el índice de un programa de gobierno. De hecho, la agenda del proceso del Caguán se basó en una plataforma de gobierno aprobada por las Farc en 1993, y, por abarcar mucho, no consiguió nada.

Pretender incluir todos los temas del país en la agenda es la receta perfecta para el fracaso, pues la negociación se vuelve gaseosa e interminable. Y lo más importante: de eso no se trata una negociación de paz. Se trata de lograr acuerdos sobre los temas relacionados directamente con el conflicto y con la desmovilización del grupo armado ilegal. Solamente eso. Los demás temas, las demás reformas que persigan los subversivos, podrán buscarlas luego dentro de la democracia y por las vías pacíficas.

Esa es la definición de un proceso de paz: que quienes persiguen el cambio por el camino de las armas pasen a construirlo en el seno de la democracia.

CUARTA PARTE

LA MESA DE LA HABANA

(2012-2016)

CAPÍTULO XIX

ANUNCIO DEL PROCESO AL PAÍS

SE DESVELA EL SECRETO

Viéndolo en retrospectiva, es destacable cómo se consiguió mantener por fuera del foco de los medios y de la opinión pública las primeras aproximaciones entre el Gobierno y las Farc —incluidas varias reuniones preparatorias en Venezuela—, adelantadas entre septiembre de 2010 y enero de 2012, y la llamada fase exploratoria, en La Habana, durante la cual los plenipotenciarios de ambas partes discutieron y aprobaron la agenda de negociación en diez rondas de trabajo que tuvieron lugar entre febrero y agosto de 2012.

En el Gobierno nos habíamos fijado como una de las pruebas de la voluntad real de diálogo de los comandantes guerrilleros que estos mantuvieran la confidencialidad sobre los acercamientos preliminares, y hay que reconocer que pasaron la prueba de manera satisfactoria. En ninguna de las dos partes hubo filtraciones sobre los pasos que veníamos dando —los viajes, los encuentros, las discusiones—hacia un proceso de paz, y eso nos permitió avanzar sin presiones ni expectativas, y sin la interferencia de quienes podían estar interesados en que la guerra continuara.

Esta delicada burbuja de confidencialidad que se mantuvo a pesar de las pesquisas naturales de los periodistas, se reventó el 26 de agosto de 2012 cuando se firmó en La Habana el acuerdo general que contenía la agenda de negociación. Ese día, la emisora RCN, de Colombia, y el canal Telesur, controlado por Venezuela, dieron la primicia de que el Gobierno y las Farc habíamos llegado a un acuerdo para iniciar diálogos formales de paz, que serían instalados en octubre en Oslo.

Ante semejante filtración, y teniendo en cuenta que el anuncio oficial, según lo habíamos pactado, solo podríamos hacerlo el 4 de septiembre, decidí anticiparme a las especulaciones, y el lunes 27 de agosto, en una alocución televisada de apenas dos minutos, hice los siguientes anuncios:

> Desde el primer día de mi gobierno he cumplido con la obligación constitucional de buscar la paz. En esa dirección, se han desarrollado conversaciones exploratorias con las Farc para buscar el fin del conflicto.
>
> Quiero manifestar claramente a los colombianos que los acercamientos que se han hecho y los que se hagan en el futuro se enmarcan en los siguientes principios rectores:
>
> Primero: Vamos a aprender de los errores del pasado para no repetirlos.
>
> Segundo: Cualquier proceso tiene que llevar al fin del conflicto, no a su prolongación.
>
> Tercero: Se mantendrán las operaciones y la presencia militar sobre cada centímetro del territorio nacional. (...)

En los próximos días se darán a conocer los resultados de los
acercamientos con las Farc.

Los colombianos pueden confiar plenamente en que el Gobierno
está obrando con prudencia, seriedad y firmeza, anteponiendo siempre
el bienestar y la tranquilidad de todos los habitantes de nuestro país.

Por supuesto, las reacciones no se hicieron esperar, algunas espe-
ranzadas, otras destructivas, otras simplemente expectantes de
lo que se anunciara después.

El expresidente Uribe, por ejemplo, que estaba lanzando
la propuesta de un nuevo partido, al que habían llamado Puro
Centro Democrático —finalmente se designó como Centro
Democrático—, en Barranquilla, salió lanza en ristre contra lo
que él llamaba "legitimación del terrorismo".

Ante el público que lo acompañaba en el evento, Uribe afirmó
que "La única forma de negociar con las Farc es el sometimiento a
la justicia" y, refiriéndose a los diálogos con la guerrilla, dijo: "Es
algo que estaba cantado, y por eso lo anuncié hace una semana
con profundo dolor y con ganas de que no fuera cierto".

Era una declaración desconcertante, por decir lo menos.
El presidente que había sostenido por años diálogos de paz
con el ELN en Cuba y Venezuela; el presidente que había
aceptado un despeje territorial para negociar un acuerdo
humanitario; el presidente que había autorizado —en marzo
de 2010, a pocos meses de terminar su mandato, cuando ya la
Corte Constitucional había cerrado el camino para su segunda
reelección— un mensaje de su comisionado de paz a las Farc,
invitando a esa guerrilla a un encuentro "directo y secreto" en
Brasil, con "agenda abierta" para avanzar hacia "una agenda de
paz más detallada y profunda a futuro", ese mismo presidente
ahora se proclamaba dolorido e indignado ante la noticia de

que el gobierno de su sucesor había tenido conversaciones exploratorias con las Farc para procurar el fin del conflicto.

Otras reacciones fueron más razonables. Camilo Gómez, quien fue el último comisionado para la paz del gobierno Pastrana, publicó una columna en *El Tiempo* en la que, basado en su experiencia, celebraba que hubiéramos mantenido prudencia y discreción en esta primera etapa, y agregaba:

> Los que siempre hemos sido amigos de una salida política debemos acudir también a la prudencia y no especular sobre lo que pueda darse hasta no conocer todas las piezas de este difícil rompecabezas.
>
> Hoy Colombia tiene una condición mucho más sólida que hace doce años cuando se realizó el proceso del Caguán: la economía pasa por un muy buen momento, las relaciones internacionales están en un punto muy alto, y nuestras Fuerzas Militares y de Policía son mucho más fuertes que entonces. El entorno es sin duda mucho mejor.
>
> Pero eso no es todo, se requiere que la sociedad adquiera seguridad en el posible proceso. Los colombianos tenemos muchas razones para desconfiar de las Farc y de sus reales intensiones en un proceso de paz. Nadie les cree y nadie confía en ellos. Pero esta no es una razón suficiente para descalificar los esfuerzos de un gobierno que tiene por obligación constitucional buscar la paz.
>
> Los críticos acuden a toda suerte de argumentos para descalificar los esfuerzos del Gobierno. Se dice por ejemplo que, si hay proceso de paz, las Fuerzas Militares se debilitan. Nada más erróneo. (...)
>
> No se trata de callar a los críticos, pero sí sería más patriótico que los que se dedican a criticar, criticar y criticar dejaran al Gobierno trabajar, trabajar y trabajar por la paz, con prudencia y discreción.

Ojalá el excomisionado Gómez hubiera mantenido esa sensata posición. Al final, su jefe y amigo, el expresidente Pastrana, lo aconductó y alineó en el grupo de los opositores al proceso de paz.

"NO SE META EN ESO, PRESIDENTE"

Valga decir que, en las semanas y meses previos al anuncio, fueron varios los asesores, personas cercanas a mí en cuyo criterio confiaba, que me dijeron, me recomendaron y casi me suplicaron que no me embarcara en un nuevo proceso de paz. Consideraban que era un riesgo muy alto, que muchas cosas podían salir mal —como había ocurrido en los intentos anteriores—, que podía poner en peligro los avances que estábamos teniendo en materia económica y social, y que, de todas formas, estábamos produciendo golpes contundentes a las guerrillas y el narcotráfico, que me aseguraban tranquilidad y popularidad en el gobierno.

Su advertencia, franca y enfática, se reducía a esto: "No se meta en eso, presidente, que le puede salir muy mal".

Yo escuchaba sus consejos, sabiendo que me los daban de buena fe, entendiendo sus razonables temores, prevenciones y escepticismo, pero siempre estuve convencido de que, si los diálogos exploratorios producían resultados, mi deber no solo como presidente sino como colombiano y, sobre todo, como ser humano, era intentarlo.

Como ministro de Defensa había iniciado la ofensiva más exitosa contra las Farc, y había continuado luego esa ofensiva durante mi gobierno, al punto de que, siendo presidente, habíamos dado de baja a los números uno y dos de esa guerrilla, y neutralizado a un buen número de cabecillas. Eso me daba popularidad, y la mayoría de mis compatriotas valoraba y aplaudía esos logros. Siempre es más fácil, más impactante, más "vendedor", mostrar a la población atemorizada la cabeza sangrante de su enemigo que sentarse a hablar en una mesa de negociaciones.

El liderazgo para la guerra es vertical y, en ese sentido es más sencillo, pues divide el escenario entre buenos y malos, y con cada victoria, con cada trofeo, se ganan aplausos. El liderazgo para la paz, en cambio, es horizontal, pues implica una negociación entre grupos y personas en los que ninguno puede considerarse por encima del otro. Y supone algo más, mucho más complejo y ambicioso: combatir prejuicios, superar el miedo que se disfraza de odio y el odio que se convierte en sed de venganza, y abrir mentes y corazones a la posibilidad de lograr acuerdos con el adversario.

La búsqueda de la paz, por otro lado, no tiene la espectacularidad de la guerra. La búsqueda de la paz es un trabajo minucioso y difícil que exige prudencia, sigilo, paciencia —¡mucha paciencia!— y una férrea determinación de perseverar cuando se ve posible la consecución del fin. Incluso cuando se consigue, siempre se tendrán las críticas de quienes no entienden la diferencia entre una negociación y una rendición, y por eso opinan que se concedió demasiado o que ellos, en nuestro lugar, lo hubieran hecho de una mejor manera.

Shlomo Ben Ami, mi buen amigo y consejero israelí, me lo advirtió desde el comienzo: "Buscar la paz le va a costar su capital político". No era sino ver los ejemplos en el mundo: los líderes de los bandos opuestos en Irlanda del Norte que aceptaron compartir el gobierno fueron considerados por muchos de sus coterráneos como traidores; el mismo Mandela fue criticado por varios de sus copartidarios del Congreso Nacional Africano por haber comenzado desde la prisión las negociaciones con el Gobierno sudafricano. Ni qué decir de Gandhi, Sadat o Rabin, que pagaron con sus vidas el precio de haberle apostado a la paz.

En mi caso, pude haberme quedado quieto; claro que pude haberme quedado quieto. Era el camino más fácil. Pude haber seguido la inercia de una guerra que sé dirigir y que da resultados visibles aunque no definitivos. Pero tenía algo absolutamente claro: no hubiera estado tranquilo con esa decisión.

Si existía una oportunidad, tan solo una oportunidad, de parar el desangre y la absurda confrontación entre colombianos, y no la tomaba, no solo tendría que responder ante la historia:

tendría que responder ante un juez más implacable, que es mi propia conciencia.

Por eso, con plena lucidez sobre los riesgos que corría, pero también con la profunda convicción de que era un camino que tenía que intentar, aprobé el acuerdo general logrado en La Habana por mis delegados, y decidí notificar al país y al mundo que mi gobierno iba a intentar un nuevo proceso de paz con las Farc, que esperábamos fuera el definitivo.

Recuerdo la frase que me decía mi abuelo Calibán cuando yo era niño y que me sirvió para reafirmarme en esta decisión: "Es mejor arrepentirse de lo que hizo que lamentarse por lo que dejó de hacer".

"LA RESPONSABILIDAD DE ESTA DECISIÓN RECAERÁ SOBRE MIS HOMBROS"

Finalmente, llegó el martes 4 de septiembre de 2012, fecha fijada por las dos partes como el momento para dar a conocer al país y el mundo el acuerdo para iniciar oficialmente un proceso de paz entre el Gobierno y las Farc con un objetivo claro: la terminación del conflicto.

Esa noche hablé a los colombianos, en una alocución televisada, y expliqué cómo habíamos llegado a este acuerdo, por qué las condiciones estaban dadas para intentar un nuevo proceso con la guerrilla, y los principales puntos de la agenda de negociación que se iba a desarrollar.

Fue un momento trascendental pues estaba notificando a mis compatriotas que, luego de diez años y medio de haberse terminado el proceso del Caguán que había dejado un amargo sabor de frustración, estábamos listos para realizar un nuevo esfuerzo, con posibilidades ciertas de sacarlo adelante.

Mi alocución, seguida con interés por millones de colombianos, comenzó así:

> *Hace unos días confirmé que habíamos avanzado en unas reuniones exploratorias en el exterior con representantes de las Farc. (...) Hoy les quiero anunciar que esas reuniones exploratorias han culminado con la firma de un acuerdo marco entre el Gobierno nacional y las Farc que establece un procedimiento —una hoja de ruta— para llegar a un acuerdo final que termine, de una vez por todas, esta violencia entre hijos de una misma nación.*
>
> *El acuerdo lleva el nombre de "Acuerdo General para la Terminación del Conflicto", y tiene su origen en unos canales que había establecido el gobierno anterior, y que nosotros retomamos y continuamos.*

Hice un recuento de lo que había sido la fase secreta, y proseguí:

> *Luego de estas conversaciones exploratorias, tengo la convicción de que estamos ante una oportunidad real de terminar de manera definitiva el conflicto armado interno. Se trata de un camino difícil, sin duda —muy difícil—, pero es un camino que debemos explorar.*
>
> *Cualquier gobernante responsable sabe que no puede dejar pasar una posibilidad como ésta de acabar con el conflicto. ¡Y eso sí que lo entienden las millones de víctimas!*

Más adelante, delineé como iba a desarrollarse la negociación y, sobre todo, por qué este proceso sería diferente a los anteriores, asimilando las lecciones aprendidas:

> *¿Por qué es diferente este acuerdo? ¿Por qué no repite los errores del pasado? Es diferente porque es un acuerdo para terminar el conflicto.*

Contiene las condiciones que el Gobierno considera necesarias para abrir un proceso con suficientes garantías, aunque, por supuesto, el éxito no se puede dar por descontado.

(...) Este acuerdo no es ya la paz, ni se trata de un acuerdo final. Como ya lo dije, es una hoja de ruta que define con precisión los términos de discusión para llegar a ese acuerdo final.

Este acuerdo es diferente porque no tiene despejes de territorio y porque no hay cese de operaciones militares. Es diferente porque las conversaciones se llevarán a cabo fuera de Colombia, para seguir trabajando con seriedad y discreción. Comenzarán en Oslo la primera quincena de octubre y luego continuarán en La Habana.

Es diferente porque las conversaciones no tendrán un tiempo ilimitado. Se medirán en meses, no en años. En todo caso, acordamos que la duración estará sujeta a que se revisen los avances cada cierto tiempo y, si no hay avances, sencillamente no seguimos.

Es diferente porque el acuerdo establece un proceso con una estructura clara, dividida en tres fases: la primera fase —la fase exploratoria— definió una agenda cerrada y unas reglas y procedimientos para evacuarla, que es lo que ya se firmó. La segunda fase estará enmarcada dentro de unas sesiones de trabajo reservadas y directas. Será una discusión, sin interrupciones y sin intermediarios, sobre los puntos acordados para llegar al acuerdo final. Y con ese acuerdo final se terminaría formalmente el conflicto. La tercera fase es la implementación simultánea de todo lo acordado, con las correspondientes garantías y mecanismos de verificación y participación ciudadana.

A renglón seguido, expuse brevemente cuáles eran los cinco puntos temáticos de la agenda; informé que Cuba y Noruega actuarían como países anfitriones y garantes, y que Venezuela y Chile serían países acompañantes del proceso, y dejé claro que, mientras se llegaba a un acuerdo final, no haríamos ninguna concesión en el terreno militar:

Las operaciones militares —ministro Pinzón, general Navas, señores comandantes— continuarán con la misma intensidad. Tampoco nos dejaremos amedrentar por los extremistas y los saboteadores, de cualquier sector, que suelen aparecer en estos momentos.

Le pido al pueblo colombiano templanza, paciencia, fortaleza ante eventuales nuevos ataques de las Farc o un incremento de la violencia, que de todas maneras serán respondidos con toda la contundencia por parte de la fuerza pública y de la justicia.

Ya hacia el final de mi discurso, concluí con estas reflexiones:

Hay momentos en la historia en que un gobernante debe decidir si se arriesga a emprender caminos nuevos para resolver los problemas fundamentales de su nación. Éste es uno de esos momentos.

Sin duda hay riesgos, pero creo que la historia sería mucho más severa con todos nosotros si no aprovechamos la oportunidad que hoy se nos presenta. En todo caso, la responsabilidad de esta decisión recaerá sobre mis hombros y sobre los de nadie más.

Eso sí, quiero poner muy de presente a mis compatriotas que —si no somos exitosos— tendremos la tranquilidad de que hicimos lo correcto; de que no hicimos concesiones ni cedimos un centímetro del territorio, ni tampoco desatendimos las tareas del gobierno.

Hemos procedido y procederemos con la debida cautela, pero también con determinación. Los invito, entonces, a que miremos este proceso con prudencia, pero también con optimismo. Si somos exitosos, habremos puesto fin a esa oscura noche de medio siglo de violencia.

CAPÍTULO XX

EL FACTOR HUMANO

EL EQUIPO NEGOCIADOR

Ahora que ingresábamos a la fase pública y definitiva de la negociación de paz, era necesario designar a un equipo negociador que tuviera la capacidad de lograr el mejor acuerdo para el país y que representara en su seno a los diversos sectores de la sociedad colombiana. De la escogencia de sus miembros dependía, en buena parte, el éxito del proceso, y por eso los seleccioné bajo un doble rasero de excelencia y de representatividad.

Como es natural, el coordinador del esfuerzo de paz por parte del Gobierno sería el comisionado para la paz Sergio Jaramillo, pero necesitábamos también una figura que se dedicara de tiempo completo a la dirección y orientación de las conversaciones, como jefe del equipo negociador. Tenía que ser un personaje con capacidad intelectual y dialéctica, conocimiento de la realidad del país y de los intríngulis jurídicos, que no generara resistencias sino más bien acogida y respeto dentro de los colombianos y frente a la misma guerrilla.

Después de hacer un repaso por todas las personas que podían cumplir con este perfil, finalmente escogí a un hombre que, para mí, tenía las condiciones precisas: Humberto de la Calle, un abogado caldense, liberal —no solo por afiliación política sino por convicción ideológica—, que tenía una larga trayectoria de servicio al país y gozaba de un merecido prestigio entre los colombianos.

De la Calle había compartido gabinete conmigo en los gobiernos de Gaviria —donde él fue ministro de Gobierno y yo de Comercio Exterior— y de Pastrana —esta vez él como ministro del Interior y yo de Hacienda—, y teníamos una buena relación personal. Había sido vicepresidente de la república durante la presidencia de Ernesto Samper, cargo al que renunció cuando se probó el ingreso de dineros del narcotráfico a la campaña presidencial, algo que hablaba bien de su tono moral. Siendo ministro de Gaviria, fue el vocero del Gobierno ante la Asamblea Constituyente que produjo la Constitución de 1991, el más grande avance normativo de nuestro país en los últimos tiempos. Además, tenía experiencia en tratar con la guerrilla pues en 1991 y 1992 lideró, desde el Gobierno, los diálogos con las Farc en Caracas y Tlaxcala. En 1993 quiso ser candidato a la presidencia, y fue entonces cuando renunció a la designatura a la presidencia —cargo que antecedió al de vicepresidente—, lo que generó que me postulara y fuera elegido por el Congreso para esa posición honorífica, siendo el último colombiano en ocuparla. También había sido embajador en España, en el Reino Unido y ante la Organización de Estados Americanos.

Luego de esta carrera de servicio público, De la Calle se encontraba retirado de la cosa pública y dedicado, de manera muy exitosa, a la práctica profesional del derecho a través de su firma de abogados. Por eso no dejó de ser una sorpresa para él cuando lo convoqué a la Casa de Nariño y le propuse, antes de hacer el anuncio al país, que se pusiera al frente del equipo negociador del proceso de paz en La Habana. No era una decisión fácil. Implicaba suspender su actividad privada y dedicarse por un tiempo indefinido, que podía ser de meses o de años —al final fueron cuatro años largos—, a liderar una difícil negociación con los interlocutores de la guerrilla en Cuba, sacrificando su tiempo personal y familiar. No obstante, aceptó sin vacilar. Y, la verdad, se metió de lleno en su labor, con un compromiso y una convicción a toda prueba.

Jaramillo y De la Calle fueron los grandes arquitectos del acuerdo de paz y tuvieron junto a ellos a un grupo de negociadores plenipotenciarios y de asesores que aportaron experiencia, ideas y diversidad, pues mi objetivo al designar el equipo negociador fue que estuviera compuesto por personas que representaran el conjunto de la sociedad colombiana.

Aquí tuvimos una innovación crucial —que probó ser muy acertada—, que fue la inclusión en el equipo negociador de generales retirados de nuestra fuerza pública, oficiales que habían combatido a la guerrilla toda su vida y que ahora estaban dispuestos a sentarse a negociar para alcanzar la paz.

Por eso, seleccioné como plenipotenciarios al general Óscar Naranjo, que se había desempeñado con éxito como director general de la Policía por más de cinco años en los gobiernos de Uribe y mío, y al general Jorge Enrique Mora, que había sido comandante del Ejército durante el gobierno Pastrana en los años del proceso del Caguán, y luego el primer comandante de las Fuerzas Militares en el gobierno Uribe.

Siempre he tenido una excelente relación personal y laboral con el general Naranjo, a quien propuse —y de alguna manera impuse— como director general, siendo ministro de Defensa. Su trabajo contra la criminalidad fue muy destacado. No solo lo reconocieron como el mejor policía del mundo sino que, luego, ya en uso de buen retiro, era buscado por países como México para que los asesora en temas de seguridad y lucha contra el narcotráfico.

Naranjo, más allá de ser de mi entera confianza, tiene otras características que lo hacían ideal para participar en la mesa de negociación: es calmado, conciliador, humanista, con gran capacidad de persuasión, capaz de ponerse en los zapatos del otro y de entender sus posiciones, pero también de defender las suyas con sólidos argumentos. No por nada lo escogí como vicepresidente de la república, cargo que ocupó desde el 30 de marzo de 2017 hasta el último día de mi mandato, el 7 de agosto de 2018, luego de que el vicepresidente Vargas Lleras renunciara para postularse como candidato a la presidencia.

En cuanto al general Mora, su selección como negociador tenía un simbolismo particular, pues era un oficial que, aun retirado, tenía una especial ascendencia sobre las tropas, que lo respetaban como un gran líder militar. Mora había soportado con estoicismo y disciplina el despeje de fuerza pública de los cinco municipios que conformaron la zona de distensión del Caguán, pero nunca estuvo de acuerdo con la claudicación de soberanía que implicó este proceso. Por eso no tuvo una relación fluida con el presidente Pastrana ni con sus comisionados para la paz. Sin embargo, en medio de las restricciones de ese periodo combatió a la guerrilla con eficacia y trabajó de la mano conmigo, cuando yo era ministro de Hacienda, y con el general Fernando Tapias, comandante de las Fuerzas Militares, para iniciar el proceso de fortalecimiento de las Fuerzas Armadas.

Cuando hablé con el general Mora para invitarlo a que hiciera parte del equipo negociador, sabía que él tendría muchos reparos, precisamente por lo que había pasado en el Caguán. Por eso fui claro con él en explicarle las diferencias: no habría ningún despeje de territorio, no se negociaría el modelo económico o político del país, y, sobre todo, no se negociaría el estatus o el futuro de las Fuerzas Armadas. Él sería el mayor garante ante los soldados de Colombia de que así fuera. Y le dije algo más: "General, usted combatió a la guerrilla para debilitarla, y ahora tiene la oportunidad de trabajar para alcanzar la victoria final. Y usted, como militar, sabe muy bien que la victoria final es la paz". Con estos argumentos, el experimentado guerrero se sumó al equipo.

Los generales Naranjo y Mora fueron negociadores plenipotenciarios durante todo el proceso, y lograron tener una interlocución respetuosa y cordial con los negociadores de la guerrilla a quienes habían combatido en el campo de batalla. Su presencia fue bienvenida y generó una gran diferencia frente a procesos anteriores en que los militares y policías se sentían excluidos, cuando la verdad es que eran ellos los que ponían el pecho frente al peligro. A menudo les recordaba a los miembros de la fuerza pública en las paradas militares una cita del general Douglas MacArthur que resume muy bien esta realidad: "Si alguien quiere la paz es el soldado, porque son los soldados los que ponen los muertos y los heridos en la guerra".

El propio Manuel Marulanda, comandante histórico de las Farc, en su momento reclamó la participación de los militares y policías en la mesa de diálogos. Él decía: "Una negociación verdadera tiene que ser con los que son".

Otra persona que actuó como plenipotenciario durante todo el proceso fue Frank Pearl, quien tenía a su haber nada menos que la experiencia de haber sido el último comisionado para la paz del gobierno Uribe, cuando se intentó iniciar un proceso con las Farc, y de haber participado en la fase exploratoria que concluyó con el acuerdo general sobre la agenda de negociación.

Para completar el grupo inicial de negociadores —y en mi idea de incluir en la mesa la visión de sectores de la sociedad cuyo apoyo era clave para el éxito del proceso—, consideré necesario que estuviera presente el sector privado a través de un representante destacado, que les diera confianza a los empresarios e inversionistas. Con esto en mente, seleccioné al presidente de la Asociación Nacional de Industriales, Luis Carlos Villegas, quien llevaba más de quince años al frente de la principal asociación de empresarios del país.

Villegas reunía, además, otras cualidades: es de temperamento expansivo y amable, que logra rápidamente la confianza de sus interlocutores, pero firme y recio cuando toca. Tiene un conocimiento profundo del país, y siempre ha estado presto a apoyar causas sociales o solidarias cuando se ha requerido. Por eso estuvo al frente del fondo de recuperación de la zona del Eje Cafetero luego del terremoto que afectó esa región en 1999, y aportó muchísimo también, como dirigente gremial, para afrontar la tragedia ocasionada por la ola invernal que sufrió el país, generada por el fenómeno de La Niña, en 2010 y 2011. Adicionalmente, había sido viceministro de Relaciones Exteriores, y había conformado, con otros líderes del sector privado, la comisión de ética y transparencia que ayudó a vigilar el buen uso de los recursos extraordinarios destinados a fortalecer y modernizar las Fuerzas Armadas durante mi tiempo en el Ministerio de Defensa.

Y tenía una situación particular con las Farc, pues él mismo y su familia habían sido víctimas de esta guerrilla, de la manera más cruel. El 28 de noviembre del año 2000, un comando urbano de la guerrilla, bajo órdenes de alias Romaña, secuestró en las escalinatas de la Universidad Javeriana, en Bogotá, a Juliana, su hija que entonces tenía apenas diecisiete años. El secuestro duró cien interminables días, en los que la familia nunca tuvo noticias de la joven, a quien los guerrilleros llevaron en difíciles jornadas nocturnas a través de las montañas, desde la capital, pasando por el páramo de Sumapaz hasta la zona de distensión en el Caguán. Finalmente la entregaron al comisionado de paz Camilo Gómez el 2 de marzo del 2001.

Habiendo vivido semejante drama personal, Villegas aceptó la invitación a ser negociador gracias a que las Farc se habían comprometido a renunciar al secuestro como arma de guerra. Recuerdo que me dijo:

—Si mi aporte en la mesa de negociaciones sirve para evitar que en el futuro alguien sufra la tortura del secuestro que ha sufrido mi familia y que han sufrido tantos, vale la pena intentarlo.

Villegas actuó como negociador plenipotenciario por un año, hasta noviembre de 2013, cuando lo nombré embajador en Washington. En mayo de 2015 lo designé como ministro de Defensa, cargo en el que me acompañó hasta el final de mi mandato.

Por supuesto, la participación de un líder empresarial era crucial en la mesa de negociaciones y por eso escogí posteriormente a Gonzalo Restrepo, quien venía de presidir el grupo Éxito, una importante cadena de supermercados, y representaba al Grupo Empresarial Antioqueño —también conocido como Sindicato Antioqueño—, cuyos integrantes recibieron muy bien, y como un factor de confianza, la presencia de Restrepo en la mesa. Es más, ellos mismos lo sugirieron.

Otros refuerzos llegaron a la mesa en diversos momentos durante el proceso, la mayoría mujeres. En noviembre de 2013 designé como plenipotenciarias a María Paulina Riveros y Nigeria Rentería.

Riveros, una gran mujer, es una abogada con una importante trayectoria en el sector público en temas de derechos humanos y de interlocución con las comunidades y las minorías, y participó en la mesa hasta pocas semanas antes de la firma del acuerdo. Su aporte fue fundamental en temas como la sustitución de cultivos ilícitos y la garantía de los derechos de las víctimas, en los que tiene amplia experiencia. Desde agosto de 2016 es la vicefiscal general de la nación.

Nigeria Rentería, también abogada, venía trabajando conmigo como consejera presidencial para la equidad de la mujer, y representaba además la herencia afrocolombiana en la mesa. Su presencia en La Habana ayudó a que se mantuviera un enfoque de equidad de género en las conversaciones. Precisamente, Rentería estuvo al frente, por parte del Gobierno, de la subcomisión de género en la mesa de conversaciones, una innovación del proceso de paz colombiano, que es el primero en incluir dicho enfoque en el acuerdo final de terminación del conflicto. En octubre de 2014 renunció para postularse como candidata a la gobernación del Chocó.

En mayo de 2015, junto con Gonzalo Restrepo, designé también como plenipotenciaria a la canciller María Ángela Holguín. Consideré que su experiencia diplomática, su capacidad para negociar en los más difíciles foros internacionales, y su carácter singular que le permitía hacerse respetar y querer al mismo tiempo, serían de especial valor en la mesa, en la fase final. Además, en el último año del proceso se discutirían temas que tenían que ver con la validación y la verificación de compromisos por parte de organismos internacionales, y en todo esto el aporte de la canciller resultaba esencial.

Hay que entender que la situación de los negociadores en un proceso de estas características, confinados por meses en una casa, en un proceso de convivencia permanente con sus compañeros de equipo y de discusiones con la contraparte, no es nada fácil. De alguna forma es como si participaran en un *reality* televisivo, en el que los días pasan en medio de la tensión y la monotonía entre dos lugares: la casa donde dormían, en la que tenían los procesos de discusión interna —casi tan arduos como los que sostenían con la contraparte— entre el propio equipo de negociación, y el centro de convenciones donde se reunían con los delegados de las Farc para discutir los temas de la agenda y avanzar hacia el acuerdo. Día tras día, semana tras semana, mes tras mes, por cuatro años.

Desde el punto de vista humano, es una situación muy compleja y desgastante, y por eso el ingreso de nuevos negociadores, como fue el caso de la canciller, ayudaba a refrescar el ambiente, con nuevas ideas y nuevas formas de interactuar. A mí personalmente me tocó, en más de una ocasión, apagar incendios entre miembros de la delegación, quienes tenían además personalidades muy disímiles. Es algo natural y comprensible, y no necesariamente negativo. La diversidad de formas de ser, de visiones y de opiniones enriquece cualquier proceso de discusión.

El último plenipotenciario que nombré, en abril de 2016, para que acompañara las negociaciones en la recta final del proceso fue el senador del partido de la U Roy Barreras, quien presidía la comisión de paz del Senado y era uno de los congresistas más activos y con mayor conocimiento sobre el tema de la paz, que apoyaba al Gobierno y lideraba él mismo iniciativas de ley e incluso de reformas constitucionales para lograr ese objetivo.

La presencia del senador Barreras fue útil en el cierre de las negociaciones, pues su experiencia en el trámite legislativo y el funcionamiento de las instituciones le permitía explicar con mayor detalle a las Farc y a los mismos miembros de nuestra delegación cómo lograr la implementación legal del acuerdo, algo que pasaba necesariamente por el Congreso y por las cortes de justicia. Luego, la defensa que hizo Barreras en el Congreso y en los medios del proceso fue muy efectiva y articulada.

Resumiendo: con el alto comisionado para la paz Sergio Jaramillo, el jefe del equipo negociador Humberto de la Calle, los plenipotenciarios que estuvieron durante todo el proceso —los generales Óscar Naranjo y Jorge Enrique Mora, y el excomisionado para la paz Frank Pearl—, más los plenipotenciarios que estuvieron durante parte del proceso —Luis Carlos Villegas, Gonzalo

Restrepo, María Paulina Riveros, Nigeria Rentería, la canciller María Ángela Holguín y el senador Roy Barreras—, se constituyó un equipo de excelencia, representante de diversos sectores de la sociedad colombiana, cuyo trabajo consagrado permitió alcanzar el acuerdo final para la terminación del conflicto con las Farc.

EL EQUIPO DE APOYO

A los negociadores plenipotenciarios hay que sumar la labor dedicada del ministro del Interior Juan Fernando Cristo, quien no solo batalló en el Congreso para hacer aprobar las distintas leyes y reformas que requería el desarrollo del acuerdo, sino que fue también varias veces a La Habana, lo mismo que el exministro y consejero presidencial para el posconflicto Rafael Pardo. Ellos obraron —sobre todo en los meses finales— como delegados especiales del Gobierno. Igualmente lo fue, además de infatigable anfitrión, nuestro embajador ante el Gobierno de Cuba. Gustavo Bell, un historiador barranquillero que había sido vicepresidente y ministro de Defensa en el gobierno de Andrés Pastrana, y que fue luego, desde finales del año 2017, jefe del equipo negociador en el proceso de paz con el ELN hasta el final de mi gobierno.

Como negociadores alternos, apoyo de los plenipotenciarios, estuvieron, durante todo el proceso o parte de él, Jaime Avendaño y Alejandro Éder, quienes habían sido mis delegados para las reuniones preparatorias del año 2011 y enero de 2012 que hicieron posible el encuentro exploratorio en La Habana; y Elena Ambrosi y Lucía Jaramillo, que también estuvieron involucradas desde el comienzo.

El soporte técnico, desde la oficina del comisionado para la paz, incluyó el destacado trabajo de Juanita Goebertus, experta en justicia transicional; de Mónica Cifuentes, directora jurídica; de Gerson Arias, conocedor como pocos de la historia y las singularidades de la guerrilla, y de Marcela Durán, experimentada periodista que manejó el tema de las comunicaciones del proceso de paz, entre decenas de asesores —en su mayoría jóvenes— que se comprometieron a fondo con esta tarea.

Y hay que resaltar, finalmente, el papel de los facilitadores: colombianos de buena fe que sirvieron de interlocutores entre el Gobierno y las Farc en diversas instancias del proceso, ayudando con sus gestiones informales a destrabar posiciones enconadas o simplemente a mejorar el flujo de las comunicaciones. En primera instancia estuvo Henry Acosta, el mismo facilitador que llevó y entregó tantas razones del gobierno Uribe a la guerrilla, y viceversa. También fueron de inmensa utilidad en los momentos más difíciles el exministro Álvaro Leyva y el senador del Polo Democrático Iván Cepeda. De manera discreta, pero muy efectiva, acercaron a las partes y ayudaron a conciliar posiciones.

Renglón aparte merecen el equipo de juristas que, desde la óptica del Estado, ayudaron a diseñar el modelo de justicia transicional que se plasmó en la Justicia Especial para la Paz, JEP: los exmagistrados y expresidentes de la Corte Constitucional Manuel José Cepeda y Juan Carlos Henao, y el profesor estadounidense Douglas Cassel, con el apoyo y las luces del ministro de Justicia Yesid Reyes. Asimismo, los altos oficiales en servicio activo de las Fuerzas Militares y la Policía que, bajo la coordinación del general Javier Flórez, conformaron la subcomisión del fin del conflicto.

Todo proceso, por bien diseñado que esté, depende de las personas que lo llevan a cabo, y puedo decir —porque conocí su trabajo y compartí sus esfuerzos, sus desalientos y sus logros— que en la negociación de paz con las Farc el factor humano fue el definitivo. A todos ellos el país les debe gratitud y reconocimiento.

LOS DEL OTRO LADO

Las Farc, por su parte, también recompusieron su equipo de negociadores para la fase pública, y durante sus cuatro años de duración rotó a varios de sus comandantes, venidos de diversos frentes y diversas regiones del país, en diversas posiciones en la mesa o como integrantes de los subcomités.

El jefe del equipo negociador de la guerrilla —que cumplía un rol equivalente al de Humberto de la Calle en el equipo del Gobierno— fue, durante todo el proceso, Iván Márquez —su verdadero nombre es Luciano Marín—, miembro del secretariado y comandante del bloque Caribe.

Márquez —igual que muchos jefes guerrilleros— inició su vida política en las Juventudes Comunistas, Juco, y había hecho estudios en la Unión Soviética. Ingresó a las Farc a mediados de los ochenta y, en medio del proceso de paz adelantado por el gobierno de Betancur, militó en el partido de izquierda Unión Patriótica, llegando a ser elegido en 1986 como representante a la Cámara. Ejerció como congresista por un par de años, pero ante la brutal persecución que sufrieron los miembros de la Unión Patriótica por parte de fuerzas oscuras de la extrema derecha y el paramilitarismo, regresó a la clandestinidad con las Farc, donde escaló hasta convertirse en miembro del secretariado y caracterizado vocero de la guerrilla. Fue negociador en los diálogos de Caracas y Tlaxcala durante el gobierno Gaviria y también en el proceso del Caguán, y, con toda esa experiencia, fue designado por Timochenko y sus colegas del secretariado como jefe del equipo negociador en La Habana.

Junto a él estuvo siempre Jesús Santrich (nombre real: Seusis Pausias Hernández), que era miembro del estado mayor central y el segundo de Márquez en el bloque Caribe. Santrich, licenciado en ciencias sociales, es prácticamente ciego —solo ve parcialmente por el ojo izquierdo— debido a una enfermedad ocular degenerativa, y se caracterizó en las negociaciones por su dogmatismo e intransigencia, pero también por su rapidez y sagacidad mental. Cuentan que podían pasar horas, con el comisionado Jaramillo, debatiendo por la utilización de una palabra o la inserción de una coma. Ambos eran perfeccionistas con el lenguaje.[9]

Durante el proceso, varios otros comandantes de las Farc, incluidos casi todos los miembros del secretariado, cumplieron el papel de negociadores en la mesa. Los más determinantes en la negociación —además de Márquez y Santrich— fueron Mauricio Jaramillo, alias el Médico; Rodrigo Granda; Andrés París y Marcos Calarcá, que habían participado en la fase secreta, así como Joaquín Gómez, Pastor Alape, Carlos Antonio Lozada y Pablo Catatumbo. Además de ellos, otras decenas de jefes guerrilleros se fueron alternando en las diferentes subcomisiones o como equipo de apoyo, en una acertada estrategia de Timochenko para involucrar a sus alfiles en las diferentes zonas del país. Entre ellos estuvieron Bernardo Salcedo, Rubén Zamora, Hermes Aguilar, Olmedo Ruiz, Jairo Quintero, Benkos Biohó, Sergio Marín y el Sargento Pascuas, entre muchísimos más que fueron yendo y viniendo entre las selvas de Colombia y La Habana, gracias a la labor siempre eficiente de la Cruz Roja Internacional.

También se incorporaron en algún momento a las negociaciones cabecillas conocidos por su sevicia y actos de terrorismo, como Romaña, que realizó innumerables secuestros —incluidos secuestros masivos y al azar en las carreteras, a los que se denominaban "pescas milagrosas"— en Cundinamarca y Meta, y el Paisa, que fue por muchos años el comandante de la columna móvil Teófilo Forero, la más sanguinaria de esa guerrilla, responsable,

---

9   Jesús Santrich fue detenido por la Fiscalía el 9 de abril de 2018 bajo cargos de narcotráfico proferidos por un juzgado en los Estados Unidos, tras una operación encubierta de la DEA. Según la acusación, Santrich y otros cómplices habrían negociado el envío de diez toneladas de cocaína a ese país, en lo que constituiría un delito cometido con posterioridad a la firma del acuerdo de paz y, por consiguiente, sujeto a la justicia ordinaria.

entre muchos otros actos, del atentado con un carro-bomba al Club El Nogal de Bogotá, que dejó 36 muertos, y de la explosión de una casa-bomba en un barrio de Neiva, con 18 víctimas fatales.

Para los colombianos era difícil —y es muy entendible— ver a los jefes guerrilleros causantes de tanto dolor y sufrimiento desplazándose libremente en La Habana y discutiendo los diferentes puntos de la agenda. Para mí mismo —que como ministro de Defensa había conocido al detalle sus perfiles y sus fechorías, y los había perseguido como objetivos de alto valor estratégico— también era un sapo difícil de tragar. Pero hay que entender una cosa: así como nosotros llevamos a la mesa de negociación al comandante militar más aguerrido de nuestra historia reciente y al policía que más resultados había obtenido en la lucha contra la guerrilla y el narcotráfico, también las Farc debían involucrar a quienes representaran el ala más fuerte o más extrema de su organización. Mal harían en negociar un acuerdo que luego pudieran impugnar sus hombres más duros, y por eso tenían que estar allá también.

La paz —eso teníamos que recordarlo continuamente— no se hace con los amigos, no se hace con ángeles o hermanas de la caridad, sino con los enemigos, con los adversarios, con aquellos que nos han hecho daño y a los que hemos combatido. El triunfo de la paz, el triunfo del espíritu humano, está en lograr las condiciones para que cese la confrontación y para que esos contrincantes puedan convivir dentro de un espacio de justicia, civilidad y democracia.

Hay que reseñar, finalmente, el importante papel de las mujeres en la delegación de las Farc. Si bien no fueron negociadoras en la mesa principal —como sí las tuvimos en el lado del Gobierno—, participaron en actividades logísticas, de prensa y comunicaciones, y también en la subcomisión de género.

De particular importancia fueron Victoria Sandino, una verdadera guerrera de las Farc, que trabajó en la protección de sus máximos comandantes y representó a la guerrilla en esa subcomisión; Sandra Ramírez, la viuda de Manuel Marulanda, que había acompañado a los delegados de la guerrilla en la fase exploratoria; Camila Cienfuegos, compañera sentimental de Pablo Catatumbo, y la holandesa Tanja Nijmeijer, conocida en la guerrilla como Alexandra Nariño. Tanja, seducida por la idea romántica de la revolución, se unió a las Farc en el año 2002 y acabó convertida en una persona de confianza de sus comandantes, e incluso intérprete frente a sus interlocutores internacionales.

Es interesante anotar que, en virtud de lo pactado en el acuerdo de paz, diez miembros de las Farc, ya constituida como partido político desarmado —a pesar de que no lograron la votación necesaria en las elecciones parlamentarias de marzo de 2018— tienen una curul garantizada en el Congreso en el cuatrienio que se cuenta a partir del 20 de julio de 2018 y en el siguiente. Varios de los que estuvieron en La Habana son ahora senadores o representantes, sin perjuicio de que deban responder —y a eso están comprometidos— ante la Justicia Especial para la Paz.

Así, 'Pablo Catatumbo' es ahora el senador Pablo Catatumbo Torres; 'Victoria Sandino' es la senadora Victoria Sandino Simanca; 'Carlos Antonio Lozada' es el senador Julián Gallón; 'Sandra Ramírez' es la senadora Criselda Lobo; 'Marcos Calarcá' es el representante Luis Alberto Albán; 'Olmedo Ruiz' es el representante Omar de Jesús Restrepo; 'Jairo Quintero' es el representante Jairo Reinaldo Cala, 'Sergio Marín' es el representante Carlos Carreño, y 'Alirio Córdoba' es el representante Benedicto González.[10]

Las Farc cambiaron las armas por las urnas y las balas por la democracia. Este es el triunfo de la razón sobre la violencia, y el objetivo esencial de todo proceso de paz.

---

10   La curul de Iván Márquez en el Senado no ha sido ocupada hasta el momento, pues el que fuera jefe negociador de las Farc no ha querido posesionarse por divergencias sobre la implementación del acuerdo de paz.

CAPÍTULO XXI

"NADA ESTÁ ACORDADO HASTA QUE TODO ESTÉ ACORDADO"

COMIENZA LA FASE PÚBLICA

1. *Reunidos en Oslo, Noruega, voceros del Gobierno de Colombia y de las Fuerzas Armadas Revolucionarias de Colombia-Ejército del Pueblo, Farc-EP, acordamos la instalación pública de la Mesa de Conversaciones encargada de desarrollar el Acuerdo General para la Terminación del Conflicto y la Construcción de una Paz Estable y Duradera. De esta manera, se inicia formalmente la fase 2.*

2. *El Desarrollo Agrario Integral es el primer tema de la agenda acordada y se tratará a partir del 15 de noviembre en La Habana, Cuba.*

3. *Las partes designarán voceros que se reunirán el 5 de noviembre en La Habana para continuar las labores preparatorias necesarias.*

4. *Agradecemos la hospitalidad de los países garantes de este proceso, Noruega y Cuba, y el generoso apoyo de los países acompañantes, Venezuela y Chile.*

Con estos cuatro puntos, se expidió, en la capital de Noruega, el 18 de octubre de 2012, el primer comunicado conjunto de la mesa de conversaciones. Así comenzaba el cuarto intento formal en la historia de Colombia de lograr una solución dialogada y pacífica al largo y anacrónico conflicto armado con la guerrilla de las Farc. El primero había iniciado en 1982, bajo el gobierno de Belisario Betancur, y tuvo como sede el municipio de La Uribe, en el departamento del Meta; el segundo ocurrió entre 1991 y 1992 en Caracas y Tlaxcala, México, entre el gobierno de César Gaviria y la llamada Coordinadora Guerrillera, que reunía a las Farc, el ELN y una fracción remanente del EPL, y el tercero había sido el proceso del Caguán, bajo el gobierno de Andrés Pastrana, entre 1999 y 2002, que tuvo lugar en la llamada zona de distensión que abarcaba cinco municipios del país: uno en el departamento del Caquetá y cuatro en el Meta, con un área total del tamaño de Suiza.

Éramos conscientes, luego de medio siglo de confrontación armada, de que teníamos frente a nosotros la oportunidad más clara, y tal vez la última, para poner fin a esta guerra absurda entre hijos de una misma nación. Una oportunidad que no podíamos perder.

Varios factores nos generaban la esperanza de que este fuera el intento definitivo.

En primer lugar, porque habíamos surtido una fase exploratoria de seis meses en La Habana, que habíamos llevado con absoluta confidencialidad y secreto, en la que acordamos una agenda concreta, realista y acotada —a diferencia de la agenda maximalista del proceso del Caguán—, y en la que, por primera vez, se incluía, con absoluta claridad, como objetivo del proceso, la terminación del conflicto armado y la dejación de las armas por parte de los miembros de las Farc.

En segundo lugar, porque el proceso se desarrollaría en Cuba, sin requerir ninguna clase de despeje militar en Colombia, y con las condiciones de aislamiento, seguridad y tranquilidad que proporcionaba esa isla. Un proceso de discusiones tan largas y complejas hubiera sido prácticamente imposible si se hubiera realizado en el país, con la presión de todos los sectores de la sociedad y ante las luces permanentes de los medios. En La Habana hubo amplia cobertura informativa y hubo participación de la sociedad civil, pero sin la exigencia de noticias o declaraciones diarias que habría ocurrido en Colombia.

La discusión de un acuerdo de paz se parece a la elaboración de un cuadro por un artista. Si alguien lo mira en el proceso de creación, encuentra solo borrones, trazos, fragmentos desarticulados. Por eso la pintura solo debe mostrarse al final, cuando todas esas pinceladas, aparentemente burdas y desconectadas, se armonizan en una obra concluida.

En tercer lugar, teníamos esperanza porque, luego de los contundentes golpes de la fuerza pública a las Farc —en particular en los seis años previos al inicio oficial de las conversaciones—, la correlación de fuerzas militares estaba a favor del Estado, lo que hizo comprender a los comandantes guerrilleros que jamás accederían al poder por las armas y que para ellos era más beneficioso negociar la paz que continuar en una guerra que llevaría, tarde o temprano, a su eliminación. El fin del conflicto por la vía militar nos hubiera llevado una o dos décadas más, y nos hubiera costado varios miles de muertos y de víctimas adicionales, algo que nadie, con el mínimo sentido de humanidad, podría desear.

Y, en cuarto lugar, porque habíamos recompuesto las relaciones con nuestros vecinos, en particular con los Gobiernos de Venezuela y de Ecuador, lo que permitía contar con el apoyo regional necesario para adelantar este tipo de proceso. En el mundo actual, una guerra asimétrica como la que sufríamos en Colombia, no se puede terminar si no se cuenta con un amplio soporte regional.

DOS VISIONES ENCONTRADAS

En la ceremonia de instalación de la mesa de conversaciones, en medio del frío nórdico de Noruega, las palabras de los jefes de las respectivas delegaciones —Humberto de la Calle, por el Gobierno, e Iván Márquez, por las Farc— marcaron un claro contraste.

De la Calle pronunció un discurso mesurado, propositivo, que recalcaba que ese día era un momento de esperanza. El discurso de Márquez, en cambio —como había ocurrido más de trece años atrás, cuando Joaquín Gómez leyó el discurso de Manuel Marulanda, que dejó su silla vacía en la instalación de los diálogos del Caguán—, insistía en los reclamos del pasado, en la confrontación ideológica y en la reivindicación de la lucha armada. Muchos quedaron desconcertados, pues no parecían las palabras más apropiadas para ambientar el inicio de un proceso de paz.

Resalto dos apartes de la intervención de De la Calle, que enmarcan el espíritu de las conversaciones que se iban a emprender:

Otra nota característica de este proceso es la confidencialidad. Consideramos que la confidencialidad es esencial. ¿Qué quiere decir confidencialidad? Se refiere concretamente al desarrollo de la mesa. No pretendemos que las Farc-EP no expresen sus ideas. Pero, si se filtran contenidos de la mesa, se afecta en forma grave el proceso.

La oportunidad de las propuestas es también esencial. La opinión pública es un elemento que le importa al Gobierno desde de su esquema político-democrático. Hay apoyo al proceso. La opinión apoya el proceso, pero la situación es volátil. Sabemos que si al final de la fase 2 hay un acuerdo, si hay signos evidentes de que las conversaciones marchan por buen camino, algunos sectores reticentes y opuestos a este proceso pueden cambiar de posición y moverse hacia una favorable.

Pero dentro del ritmo de la negociación, cada cosa debe suceder en su momento. Esto es importante también para las Farc-EP. Esa es también una garantía para la aplicación del principio de que "nada está acordado hasta que todo esté acordado".

Pero no por tratarse de conversaciones discretas, como deben ser estas, significa que vamos a trabajar de espaldas al país. Por el contrario: habrá participación, en función y de acuerdo con las necesidades de la mesa, tal como fue convenido. Hemos contemplado una serie de mecanismos para garantizarles a los ciudadanos que puedan contribuir con propuestas. Y consideraremos mecanismos de refrendación final de los acuerdos, para que estos no sean una voluntad aislada de las partes.

El jefe del equipo negociador del Gobierno hizo referencia a un principio muy importante que fue central en toda la negociación: "nada está acordado hasta que todo esté acordado". Yo había aprendido esta regla —también conocida como el "todo único"— desde mi tiempo como ministro de Comercio Exterior, pues se aplicaba en el Acuerdo General sobre Aranceles Generales y Comercio, GATT, y se sigue aplicando en la Organización Mundial del Comercio, OMC, que lo reemplazó. Y por eso les recomendé a los negociadores su implementación.

¿Qué implicaba este principio en el caso concreto del proceso de paz? Que el diálogo tenía un fin único y principal que era la terminación del conflicto con las Farc y que, mientras no se llegara a un acuerdo final sobre todos los puntos de la agenda que llevara a dicha terminación, incluido el punto del desarme y desmovilización, nada de lo que se discutiera y aprobara sería definitivo. El acuerdo es uno solo, y no podía considerarse como tal hasta que no incluyera la totalidad de los temas, con consenso entre las dos partes.

Por este motivo, cada vez que se lograba consenso sobre uno de los puntos de la agenda, este era denominado como "borrador", pues solo se convertiría en definitivo una vez se consolidara en el acuerdo final, que englobaría todos los acuerdos previos.

Dijo también De la Calle algo que fue la expresión de un principio de realismo, que tuvimos claro desde el comienzo de la negociación: la terminación del conflicto con las Farc es un paso hacia la paz en Colombia, pero no es la paz en sí misma. Así lo expresó:

> (...) el deseo del Gobierno es recorrer los puntos de la agenda, los cuales deben ser la guía de nuestras conversaciones. Esa agenda es un buen instrumento para la terminación de la fase 2. Ese día habrá terminado el conflicto armado, habrá dejación de armas y comenzará la fase de cumplimiento simultáneo de las obligaciones.
>
> (...) ¿Es esa la paz? No, no todavía. Somos conscientes de eso. La terminación del conflicto armado es la antesala a la paz. Para lograrla hay que ir a fondo en la transformación de la sociedad. Estamos dispuestos a buscar mecanismos de garantía que llenen estas aspiraciones.

La intervención de Iván Márquez, que fue particularmente larga, pareció más una arenga revolucionaria que la presentación de un proceso de diálogo. Se refirió extensamente al tema de tierras —que ha sido central en la lucha de las Farc—, criticó las "desaforadas ganancias de unos pocos capitalistas", "la geofagia de los latifundistas", la emprendió contra las multinacionales mineras que practicaban una minería que, según él, era "un demonio de destrucción socioambiental", y pretendió, en su discurso, ampliar la agenda que ya había quedado delimitada en el acuerdo general alcanzado a fines de agosto:

> (...) la paz no significa el silencio de los fusiles, sino que abarca la transformación de la estructura del Estado y el cambio de las formas políticas, económicas y militares. Sí, la paz no es la simple desmovilización.

Márquez, de manera desafiante, insistió en la voluntad y capacidad de lucha de la guerrilla:

> La insurgencia armada motivada en una lucha justa no podrá ser derrotada con bombarderos ni tecnologías, ni planes, por muy sonoras y variadas que sean sus denominaciones. La guerra de guerrillas móviles es una táctica invencible. Se equivocan aquellos que, embriagados de triunfalismo, hablan del fin de la guerrilla, de puntos de inflexión y de derrotas estratégicas, y confunden nuestra disposición al diálogo por la paz con una inexistente manifestación de debilidad.
>
> (...) en nosotros palpita un sentimiento de paz fundado en el convencimiento de que la victoria siempre estará en manos de la voluntad y la movilización de nuestro pueblo. Este es un mensaje de decisión, decía hace poco Alfonso Cano: "Aquí en las Farc-EP nadie está amilanado, ¡estamos absolutamente llenos de moral, de moral de combate!".

Con esas visiones encontradas, se dio inició a los diálogos que, desde comienzos de noviembre, se trasladaron a La Habana, donde se mantuvieron hasta su finalización en el segundo semestre del 2016. Lo que quedaba absolutamente claro —para los negociadores, para el Gobierno y para la sociedad colombiana— es que lo que venía no iba a ser fácil, pues nos enfrentábamos a una contraparte ideologizada, dogmática e intransigente. Las conversaciones en la fase pública que, en mi alocución del 4 de septiembre de 2012, había dicho que deberían medirse en meses y no en años, acabaron extendiéndose por casi cuatro años. Esa frase me costó, pues en la medida en que el proceso se alargaba, la oposición y los medios no dejaban de recordarme que yo había dicho que no debería durar más de un año. Fue una lección para mí: en procesos en que no se tiene el control de todos los factores no se deben poner plazos fatales, pues generan expectativas que, de no cumplirse, se vuelven en nuestra contra.

Cuatro años no es demasiado si se compara con otros procesos de paz en el mundo; no es demasiado si se tiene en cuenta que estábamos poniendo fin a un conflicto de medio siglo de duración, pero sí resultaba demasiado para una opinión pública expectante, voluble e impaciente, que exigía una resolución rápida.

La era actual no solo es la era de las guerras asimétricas sino también de los procesos de paz asimétricos, como fue el nuestro. Y yo sufrí el dilema de todo mandatario que obra en democracia, sujeto a sus controles y expectativas. Tenía calendarios políticos que respetar, una opinión pública que demandaba resultados, una oposición carnívora y unas encuestas que me golpeaban a diario, en tanto la guerrilla no tenía ninguna de estas preocupaciones.

El desgaste por el paso del tiempo fue un factor que minó la confianza de los colombianos en el proceso y que fue aprovechado, con astucia, por los opositores. Pero la paz tiene sus tiempos y estos no se pueden apresurar o forzar. Por lograr un acuerdo rápido, no íbamos a pactar nada que fuera más allá de lo razonable. Sobre esa premisa actuamos, con la conciencia de que el objetivo no era lograr un acuerdo a toda costa sino alcanzar el mejor acuerdo posible para el futuro de Colombia.

UN PROCESO COMPLEJO

Lo que vino a partir de este momento, durante los casi cuatro años que duró la fase pública de las conversaciones, fue un proceso de una enorme complejidad, con discusiones largas y profundas, con participación de toda clase de actores sociales, con obstáculos y baches que hubo que sortear, que pusieron a prueba la paciencia de los negociadores y de los colombianos.

No es mi propósito —excedería la intención de este libro— hacer un relato cronológico y pormenorizado de las discusiones que llevaron al acuerdo final, donde se plasmó, en más de trescientas páginas, lo pactado en La Habana sobre los cinco puntos temáticos —desarrollo agrario integral, participación política, fin del conflicto, problema de las drogas ilícitas y víctimas— y el punto de implementación, verificación y refrendación.

El trabajo de la mesa de conversaciones fue monumental y, visto en retrospectiva, se entiende el tiempo que llevó llegar al fin del proceso. En medio de un ambiente donde siempre primó el respeto y la cordialidad que deben darse entre adversarios que buscan el fin de un conflicto —sin perjuicio de que hubo también tensiones y malentendidos—, se fue construyendo el acuerdo paso a paso, punto por punto, de una forma incremental, dándose a conocer los borradores de los acuerdos parciales en la medida en que se iban alcanzando, bajo la premisa siempre repetida de que nada estaba acordado hasta que todo estuviera acordado.

Fueron en total 51 ciclos de conversaciones en La Habana, cada uno de ellos de un promedio de once días, que tuvieron lugar en el Palacio de Convenciones de esa ciudad. En cada ciclo, los negociadores avanzaban en la discusión y redacción de los puntos por tres días, luego dedicaban un día al análisis interno dentro de cada grupo, y volvían tres días a debatir, y así sucesivamente, en una rueda continua de trabajo que no respetaba domingos ni festivos.

Y se abrió el proceso, como se había pactado, a la participación de la sociedad civil. Se realizaron foros en Colombia, organizados por la Universidad Nacional y las Naciones Unidas, donde los ciudadanos y sus diversas organizaciones expusieron sus ideas y sugerencias a la mesa, que luego eran ordenadas y compiladas por los organizadores para hacerlas llegar a La Habana: cinco foros nacionales, uno por cada punto de la agenda, y cuatro foros regionales, en los que se trataban los temas desde la perspectiva de las diversas zonas del país. Se recibieron, además, en Cuba, cinco delegaciones de víctimas —cuando se estaba discutiendo ese punto— que aportaron su visión y sus reclamos. A todo esto, hay que agregar los aportes que hicieron las personas del común a través de la página web de la mesa de conversaciones, que llegaron a sumar más de 8.600 sugerencias e ideas allegadas a través de internet.

Durante los cerca de cuatro años de la fase pública se produjeron 94 comunicados conjuntos, 3 informes conjuntos y de avance, y 33 actas conjuntas, suscritos por representantes de ambas partes, además de otras comunicaciones unilaterales del Gobierno y de las Farc en que exponían sus puntos de vista y, en ocasiones, sus divergencias o aclaraciones. Y se recibieron visitas de delegaciones nacionales e internacionales; de gremios, expertos y asesores, que enriquecieron el debate.[11]

Como presidente, seguí paso a paso cada desarrollo que ocurría en La Habana, entendiendo que era la apuesta principal no solo de mi gobierno sino del país. Me reunía periódicamente con el alto comisionado para la paz, con el jefe del equipo negociador y los negociadores, con los asesores nacionales e internacionales, y fijaba, con el aporte de todos, la línea a seguir en cada discusión, como el máximo responsable de este empeño de paz.

Muchas decisiones fueron difíciles, otras arriesgadas, pero nunca dejé de creer en que la meta que nos habíamos propuesto era posible. Cuando algunos flaqueaban, les recordaba algo que aprendí desde mis años de cadete en la Escuela Naval, y que me ha guiado en todos los emprendimiento de mi vida. Es una

---

11   La Oficina del Alto Comisionado para la Paz, de la Presidencia de la República, publicó en julio de 2018 la *Biblioteca del Proceso de Paz con las Farc-EP*, compuesta por once tomos, donde se pueden consultar el acuerdo final y todas las actas, comunicados, declaraciones, discursos, normas y otros documentos que dan cuenta de cómo se discutió y se logró, desde la fase secreta hasta la fase de refrendación, verificación e implementación.

enseñanza que se basa en una frase del filósofo latino Séneca: *"Ignoranti quam portum petat, nullus sus ventus est"*, que esencialmente traduce: "A quien no tiene claro su puerto de destino, ningún viento le resulta favorable".

He reformulado esa frase y la he convertido en mi brújula, de la siguiente manera: "A quien tiene claro su puerto de destino, aun los vientos más desfavorables lo ayudan a alcanzarlo". Y eso, precisamente, fue lo que pasó con el proceso de paz.

Hubo muchos obstáculos, de toda clase; fue una negociación ardua con una guerrilla encerrada en sus convicciones y su ideología; sufrimos la más persistente y obstinada oposición por parte de sectores de derecha liderados por el expresidente Uribe... Y a pesar de todas esas tormentas —o quizá, también, gracias a ellas—, llegamos al puerto de destino.

CAPÍTULO XXII

ASESORES
INTERNACIONALES

ASIMILANDO LAS EXPERIENCIAS DEL MUNDO

Así como estudiamos los procesos de paz que se habían adelantado en Colombia —no solo los tres con las Farc, sino también los que llevaron a la desmovilización del M-19, del EPL y otras guerrillas menores—, con el objeto de descubrir sus virtudes y defectos, y de no repetir sus errores, también miramos el espectro más amplio de los procesos de paz que se habían desarrollado en el mundo.

Tuve la fortuna de contar, como asesores personales, desde la misma fase secreta de la negociación hasta el último día, a expertos internacionales que trajeron, desde su propia experiencia, otras visiones y otras ideas, que a menudo sirvieron para refrescar el proceso e intentar soluciones o caminos que no se nos habían ocurrido. Ellos fueron mis asesores directos y con frecuencia los reunía con el equipo negociador, para que conocieran los avances del proceso y expresaran sus opiniones. Con generosidad y entusiasmo, viajaron permanentemente desde sus países hasta Colombia —incluso en épocas festivas, como Navidad o Año Nuevo— y pasaron largas horas trabajando conmigo y los negociadores, unas veces en la Casa de Nariño; otras veces en la hacienda Hatogrande, ubicada a las afueras de Bogotá, o en la Casa de Huéspedes de Cartagena.

Gracias a ellos, el proceso colombiano pudo asimilar las lecciones de otros esfuerzos de paz en el mundo, como el de Irlanda del Norte, los que se han intentado para resolver el conflicto árabe-israelí, y los de Centroamérica, en particular El Salvador.

EL EJEMPLO DE IRLANDA DEL NORTE

Durante mis años de estudio y de trabajo en Londres, en la década del setenta, el conflicto de Irlanda del Norte estaba en todo su apogeo. Me tocó vivir de cerca el terrorismo del IRA —el llamado Ejército Republicano Irlandés—, cuando el 9 de octubre de 1975 caminaba por la calle de Picadilly, en Londres, con mi jefe Arturo Gómez Jaramillo —para mí un segundo padre—, gerente de la Federación Nacional de Cafeteros. Eran más o menos las nueve de la noche cuando una bomba estalló por donde acabábamos de pasar. La ensordecedora explosión, que causó la muerte de un muchacho de veintitrés años y al menos veinte heridos, nos tiró al piso a mi jefe y a mí. Por cuestión de segundos no caímos entre las víctimas. Ese evento nos recordó, de dolorosa manera, que ni siquiera Londres, la capital de la civilidad, estaba exenta de la violencia ciega de los extremistas.

El conflicto de Irlanda del Norte, entre los católicos republicanos, que querían dejar de ser parte del Reino Unido e incorporarse a la República de Irlanda, y los protestantes unionistas, que defendían la permanencia de Irlanda del Norte como una provincia británica, no fue un conflicto de años, ni siquiera de décadas, sino de siglos. Felizmente, en 1998, siendo primer ministro británico Tony Blair, se alcanzó un acuerdo de paz —el Acuerdo de Viernes Santo— que puso fin a esta confrontación histórica. Este logro le mereció el Premio Nobel de la Paz, en 1998, a David Trimble, líder del partido Unionista, y John Hume, líder de su contraparte, el partido Republicano.

En medio de las peculiaridades de cada conflicto —por ejemplo la raíz religiosa del irlandés— podíamos aprender mucho de la forma como se resolvió el de Irlanda del Norte que, al igual que en Colombia, confrontaba a hijos de una misma nación. Este conflicto, a su vez, había bebido de las lecciones dejadas por el proceso de paz en Sudáfrica, que puso fin al *apartheid* en 1993, lo que les valió también el Nobel de la Paz, en ese año, al presidente de Sudáfrica Frederik de Klerk y al emblemático líder de la resistencia a ese régimen de infamia y discriminación, Nelson Mandela. De Klerk estuvo en Colombia en 2016 y Trimble nos visitó a comienzos de 2017, con ocasión de la Cumbre Mundial de Premios Nobel de Paz que se realizó en Bogotá. Ambos compartieron con nosotros sus opiniones y experiencias, al tiempo que dieron un firme respaldo a nuestro proceso.

Valga resaltar que lo acordado en esos dos procesos de paz —el de Sudáfrica y el de Irlanda del Norte— fue ratificado por los ciudadanos en las urnas mediante referendos.

Con estas características en común entre el proceso irlandés y el colombiano —la superación de un largo tiempo de confrontación entre personas de un mismo país, la necesidad de construir una cultura de reconciliación, y la refrendación de lo pactado mediante un mecanismo de votación popular—, para mí fue muy valioso contar dentro del grupo de asesores internacionales con dos expertos británicos: Jonathan Powell y Dudley Ankerson.

Powell había sido jefe de gabinete del primer ministro Tony Blair —con quien mantengo una larga y buena amistad— entre 1997 y 2007, y fue el jefe negociador delegado por el Gobierno para las discusiones que llevaron al Acuerdo de Viernes Santo. Como resultado de esta experiencia, escribió el libro *Great Hatred, Little Room: Making Peace in Northern Ireland*, en el que, entre otras historias, cuenta cómo Tony Blair, siguiendo un consejo de Bill Clinton, estuvo dispuesto, en su momento, a ser el primer líder de una potencia occidental en reunirse con jefes terroristas. Finalmente no se dio la reunión, pero Blair siempre confió en el valor del diálogo y los argumentos para convencer a los dirigentes del IRA de que les convenía desarmarse y acogerse a un acuerdo de paz.[12]

Desde su salida del Gobierno británico, Powell se ha convertido en un reconocido consultor —uno de los mejores, diría yo— sobre conflictos armados alrededor en el mundo, al punto de que fue designado en 2014 por el primer ministro David Cameron como enviado especial para promover el diálogo entre las diversas facciones enfrentadas en Libia.

A su experticia, su conocimiento y su sentido de la realidad, se unió la capacidad académica y la opinión siempre ilustrada de su compatriota Dudley Ankerson, doctor en historia de la Universidad de Cambridge, quien había sido diplomático en Argentina, México y España. Ankerson, quien perteneció a la inteligencia británica y, como tal, tiene una manera especial de ver ciertas cosas, es un gran conocedor de la revolución mexicana y experto en relaciones internacionales de países latinoamericanos. Su presencia en el grupo de asesores aportó, con discreción y sensatez, un valor agregado a la discusión, por el contexto histórico y regional que permeaba sus intervenciones.

---

12   Powell es también autor de otros muy buenos libros como *Talking to Terrorists: How to End Armed Conflicts* y *The New Machiavelli*.

DE CAMP DAVID AL PROCESO COLOMBIANO

He tenido el honor de contar con la amistad y los consejos de Shlomo Ben Ami desde hace ya varios años. Ben Ami, doctor en historia de la Universidad de Oxford, ha sido embajador de su país en España, además de ministro de Seguridad Pública y ministro de Asuntos Exteriores de Israel, bajo el gobierno del primer ministro Ehud Barak, entre 1999 y 2001. En esta condición, fue uno de los arquitectos de la cumbre de Camp David del año 2000, entre Barak y el líder palestino Yaser Arafat, promovida por el presidente Bill Clinton, en la que se fijaron unas bases de negociación para la solución al conflicto árabe-israelí. También dirigió ese año unas conversaciones secretas con el dirigente palestino Abu Alá en Estocolmo. Desde hace más de una década se desempeña como vicepresidente del Centro Internacional de Toledo para la Paz, fundación dedicada a apoyar y promover procesos que busquen prevenir o resolver conflictos en el mundo, a cuyo consejo asesor pertenezco.

En el año 2003 —en el contexto de las labores de la Fundación Buen Gobierno que yo presidía—, organizamos con Ben Ami un seminario comparando los conflictos de Colombia, Centroamérica y el de Israel y Palestina, en el que participaron, entre otros, el historiador inglés y experto colombianista Malcom Deas y el general español Luis Alejandre, quien había trabajado en los procesos de paz en Centroamérica e hizo interesantes comparaciones entre nuestro conflicto y el que se vivía en el País Vasco con ETA.

Recuerdo que, en julio del 2005, cuando yo todavía no hacía parte de su gabinete, el presidente Uribe me invitó a que lo acompañara en una visita oficial que realizó a Madrid y a Londres. Ese mismo mes, Uribe iba a sancionar la Ley de Justicia y Paz, con la que redondeaba su proceso de paz con los paramilitares, concediéndoles beneficios —penas alternativas de prisión entre cinco y ocho años— a cambio de la confesión de sus delitos y la contribución a la reparación de las víctimas. Esta ley había tenido muchas críticas en el país y en el mundo, por su laxitud frente a criminales que habían cometido las mayores atrocidades, y por eso le propuse al presidente que hiciera una presentación ante miembros del Centro de Toledo para la Paz, con el auspicio de Ben Ami, para aclararles sus dudas y lograr el apoyo de esa organización de tanto renombre en temas de paz. La reunión se llevó a cabo con buenos resultados y reafirmó los vínculos del exministro israelí con la compleja situación colombiana.

De Madrid volamos a Londres, donde acompañé al presidente a su cita con el primer ministro Blair, el 14 de julio. Exactamente una semana antes, el 7 de julio, la capital inglesa había sido víctima de cuatro atentados terroristas ejecutados por Al Qaeda —tres explosiones en el metro y una en un autobús— que dejaron cincuenta y seis muertos y unas setecientas personas heridas. Ante semejante contingencia, que había estremecido a la sociedad inglesa y al mundo, creímos que el premier británico iba a cancelar la reunión. Para nuestra sorpresa, como buen inglés, nos recibió en sus oficinas de Downing Street a la hora señalada. Cuando le comentamos nuestro temor, nos dijo:

—Eso es lo que quisieran los terroristas, que cambiemos nuestras agendas por ellos. Y eso es lo que no vamos a hacer. La mejor respuesta al terrorismo es la normalidad.

Fue un ejemplo de dignidad y templanza frente a la adversidad, que se me quedó grabado y que ha caracterizado a los ingleses en múltiples ocasiones. Siempre he admirado su estoicismo.

El aporte de Shlomo Ben Ami al proceso colombiano fue la visión de una persona que tiene a los conflictos armados y los procesos de paz del mundo en su cabeza, con una inteligencia privilegiada, muy buen criterio y gran ecuanimidad, cualidades que siempre he valorado. Además, habla un estupendo español. Por todo esto, fue un gran consejero para mí, y lo sigue siendo.

LA LUCIDEZ DE UN EXGUERRILLERO

Otro asesor de inmensa importancia fue el salvadoreño Joaquín Villalobos, quien tiene una característica particular: no solo es un gran conocedor y analista de los conflictos armados sino que fue, en su momento, el protagonista de uno de los más difíciles y violentos del continente. En efecto, Villalobos fue miembro fundador y dirigente del Frente Farabundo Martí para la Liberación Nacional, FMLN, una guerrilla que se levantó en armas contra el Gobierno de El Salvador en 1980 y que mantuvo un duro conflicto con las fuerzas del Estado hasta 1992, cuando se firmaron en Ciudad de México los Acuerdos de Paz de Chapultepec que pusieron fin a la confrontación. Villalobos también participó como delegado de la guerrilla en la negociación de esos acuerdos.

Tras la firma de la paz, el FMLN se convirtió en un partido político legal, que incluso ha puesto dos presidentes: Mauricio Funes y Salvador Sánchez. Villalobos participó unos años en la arena política de su país, pero rompió con su partido y decidió estudiar en Oxford, fijando su residencia en Inglaterra desde 1995. A partir de entonces, se ha convertido en un analista y consultor para los procesos de paz en lugares tan diversos como Sri Lanka, Filipinas, Bosnia o Irlanda del Norte. Su experiencia de primera mano en la lucha de guerrillas y en la negociación de la paz lo ha convertido en un requerido experto en la materia.

Lo conocí en mis años como ministro de Defensa, pues nos asesoró en un par de oportunidades sobre la mejor forma de adelantar el combate contra las Farc, mostrándonos cómo operaban y pensaban las guerrillas por dentro. Luego, ya siendo yo presidente, me lo encontré en noviembre de 2010 en la asamblea de la Sociedad Interamericana de Prensa en Mérida, México —la misma donde mi respuesta en tono de broma a un periodista, en la que llamé al presidente Chávez "Mi nuevo mejor amigo", me costó tanto—. Yo estaba acompañado por mi hermano Enrique, hablamos un rato y le propuse que nos apoyara en la búsqueda de la paz en Colombia, que estaba en una etapa muy incipiente. Villalobos aceptó entusiasmado y su aporte, siempre lúcido y razonable, fue de gran provecho para mí y para el proceso.

EL EXPERTO EN NEGOCIACIÓN

Un quinto asesor internacional —que llegó a través de Frank Pearl, que lo había conocido en la Universidad de Harvard— fue el profesor estadounidense William Ury, cofundador del Programa de Negociación de Harvard, quien había trabajado con mi antiguo y admirado profesor Roger Fisher, una de las mayores autoridades en materia de negociación del mundo. El libro que escribieron en conjunto, *Obtenga el sí: el arte de negociar sin ceder*, es un verdadero clásico en la materia.

Ury aportó, como era de esperarse, sus conocimientos teóricos y prácticos sobre la teoría de la negociación, y su apoyo y consejo fueron aprovechados no solo por mí sino por todo el equipo negociador que puso en práctica sus lecciones en La Habana. Su claridad mental y su creatividad para encontrar salidas a los impases fueron especialmente útiles.

Así se conformó este grupo formidable de asesores internacionales —un verdadero *dream team*—, que me apoyaron y dieron luces al momento de tomar las más difíciles decisiones. Y de esta manera incorporamos, también, las experiencias de otros procesos del mundo que, con sus victorias y fracasos, tenían mucho para enseñarnos.

CAPÍTULO XXIII

EL MENSAJE
DE FRANCISCO

"USTED ES LA PERSONA POR LA QUE MÁS HE REZADO"

Muchos personajes internacionales —prácticamente todos los jefes de Estado y de gobierno con los que me reuní durante mis ocho años de mandato— me expresaron, de todas las formas, su apoyo al proceso de paz y su disposición de ayudar en lo que fuera necesario. Resultaba contrastante ver cómo el proceso gozaba de tanta popularidad y respaldo en el exterior, mientras que en la política doméstica muchos se dedicaban a torpedearlo, como si buscar la paz a través del diálogo fuera una especie de traición a la patria. Esa paradoja ha estado presente en muchos procesos de paz.

Entre tantas personalidades, a quienes guardo inmensa gratitud, hay un líder más espiritual que terrenal cuyo apoyo siempre me conmovió y que fue, además, de gran importancia

LA BATALLA POR LA PAZ

para el país: el papa Francisco, el primer sumo pontífice de la Iglesia católica nacido en América Latina.

La primera vez que lo vi fue un momento especialmente emotivo, pues se trataba de la canonización en el Vaticano de la primera santa colombiana, la madre Laura, el 12 de mayo de 2013, ante una abarrotada plaza de San Pedro. En medio de la solemne ceremonia religiosa me correspondió saludar un momento al papa, quien me estrechó la mano y me dijo que sus oraciones estaban con la paz de Colombia.

Al día siguiente, ya en audiencia privada, hablamos con mucha mayor profundidad sobre la búsqueda de la paz, y me dijo una frase que quedó estampada en mi memoria:

—Solamente los valientes insisten en ese tipo de objetivos, que pueden ser costosos, pero son los que valen la pena.

En palabras del papa Francisco, lo que estábamos haciendo con la guerrilla y con los dirigentes de la región —él usó el ejemplo de mi acercamiento con el presidente Chávez— se enmarcaba en lo que él llamaba el "espíritu del encuentro", que implica aceptar y respetar las diferencias entre los seres humanos, pero estar dispuestos a trabajar en armonía sobre los temas comunes.

—Eso lo necesita muchísimo América Latina para hacer realidad el sueño de San Martín y de Bolívar: la patria grande de América Latina —concluyó el Santo Padre.

Hay que decir que el papa fue una constante voz de aliento y de respaldo al proceso de paz en Colombia y, siempre que podía, en sus diversas intervenciones públicas, bendecía los esfuerzos de pacificación en nuestro país. Cada vez que me veía, me estimulaba a continuar, a no claudicar en la búsqueda de la paz. Y también a través de mis embajadores en la Santa Sede y del nuncio apostólico me enviaba mensajes de fortaleza: "Persevere, manténgase, no vaya a flaquear".

Volví a ver al papa en una audiencia privada en el Vaticano el 15 de junio de 2015. Ese día me recibió diciéndome:

—Usted es la persona por la que más he rezado en los últimos tiempos. Mucho y mucho y mucho. Y por el proceso de paz...

—¡Debo estar en serios problemas, Su Santidad, si tiene que rezar tanto por mí! —le contesté, por supuesto en broma pero sinceramente emocionado—. A eso he venido, precisamente: a pedirle ayuda e iluminación.

Ese día me reafirmó su voluntad y la de la Iglesia católica de apoyar en lo que fuera necesario:

—Lo que pueda hacer yo personalmente o la Iglesia cuente con nosotros. Lo apoyamos y, si necesita que juguemos un papel, estamos dispuestos a hacerlo, a ayudarlo.

Algo más de tres meses después, el 20 de septiembre de 2015, en su histórica visita a Cuba, y nada menos que en la emblemática Plaza de la Revolución de La Habana, el papa hizo una de sus declaraciones públicas más contundentes:

"En este momento me siento en el deber de dirigir mi pensamiento a la querida tierra de Colombia, consciente de la importancia crucial del momento presente, en el que, con esfuerzo renovado y movidos por la esperanza, sus hijos están buscando construir una sociedad en paz. Que la sangre vertida por miles de inocentes durante tantas décadas de conflicto armado, unida a aquella del señor Jesucristo en la cruz, sostenga todos los esfuerzos que se están haciendo, incluso en esta bella isla, para una definitiva reconciliación. Y así la larga noche de dolor y de violencia, con la voluntad de todos los colombianos, se pueda transformar en un día sin ocaso de concordia, justicia, fraternidad y amor en el respeto de la institucionalidad y del derecho nacional e internacional, para que la paz sea duradera. Por favor, no tenemos derecho a permitirnos otro fracaso más en este camino de paz y reconciliación".

Sus palabras resonaron no solo en Cuba sino en cada rincón de Colombia. El 23 de septiembre, un día después de que el papa saliera de la isla, viajé a La Habana, donde tuve mi primer encuentro personal con Timochenko, el máximo comandante de las Farc, y se firmó el esperado acuerdo sobre las bases de la justicia transicional que se aplicaría para responder a las víctimas.

Esa posición de permanente apoyo al proceso le valió la crítica virulenta de la extrema derecha que lo tildaba de jesuita comunista. Lo triste es que más de uno de los obispos colombianos, los más conservadores, también se opusieron soterradamente al proceso. Y no tan soterradamente durante la campaña del plebiscito.

UNA REUNIÓN MUY PECULIAR

Mi tercera audiencia privada con el papa Francisco fue el 16 de diciembre de 2016. Yo acababa de recibir el Premio Nobel de la Paz en Oslo, el 10 de diciembre; había tenido actividades oficiales en Estocolmo, Bruselas y Madrid, y concluía mi gira en Italia, donde tenía programado este saludo a Su Santidad, además de reuniones con el presidente Sergio Mattarella y el recién designado primer ministro Paolo Gentiloni. La última etapa de la visita la cumpliría en Asís, la tierra de san Francisco, donde la comunidad franciscana me iba a entregar la Lámpara de la Paz, un reconocimiento considerado como el nobel de paz del catolicismo.

Nuestro embajador ante el Vaticano, Guillermo León Escobar —quien falleció en diciembre de 2017— era tal vez el colombiano mejor conectado con la Iglesia romana, amigo cercano de papas y cardenales, y me contó la forma paradójica como se decidió este premio.

César Mauricio Velásquez, miembro del Opus Dei, quien fue secretario de prensa del presidente Uribe y luego su representante ante la Santa Sede, le recomendó a su antiguo jefe una estrategia muy creativa para deslegitimar el proceso de paz: que visitara, en Asís, a los frailes del Convento de San Francisco —considerados los custodios de la paz, por ser los guardianes de la tumba del santo patrono de la paz—, y les explicara sus objeciones y críticas al proceso de La Habana. Si Uribe lograba un pronunciamiento de ellos en contra del proceso, sería un gran golpe para su credibilidad entre los millones de católicos colombianos. Así lo hicieron y, aprovechando una visita que realizó Uribe a Italia en julio de 2016, en la que no desperdició micrófono para acusar a mi gobierno de entregar el país a las Farc, fueron al convento donde el expresidente les habló largamente a los hermanos franciscanos.

Los frailes quedaron alarmados ante la diatriba que les soltó Uribe en contra del proceso de paz y, para lograr una opinión más equilibrada llamaron al embajador Escobar y le pidieron que fuera a Asís y les expusiera la realidad del proceso desde el punto de vista del Gobierno. Luego de escuchar sus explicaciones, con las dos posturas que habían escuchado sobre la mesa, los religiosos deliberaron y tomaron una decisión: otorgarme la Lámpara de la Paz. ¡Dios sabe cómo hace sus cosas!

Estando en Madrid, el 14 de diciembre, en una reunión en el Hotel Ritz con el presidente Mariano Rajoy y empresarios españoles, se me acercó el presidente de Telefónica, César Alierta, quien es muy próximo al entorno papal, y me dijo que el Vaticano me mandaba a preguntar si tendría alguna objeción en que el expresidente Uribe se uniera a la audiencia que yo tenía programada con el papa dos días después. Me pareció una petición un poco insólita pero, por otro lado, consideré que no podía negarme a una solicitud del Vaticano y que de pronto podía servir para limar asperezas con Uribe y bajar el nivel de polarización del país. Así que le respondí que no tenía objeción, y acepté la inclusión del expresidente.

Luego vine a saber que esta iniciativa surgió de Fernando Carrillo, quien estaba elegido, pero aún no se había posesionado, como procurador general de la nación, y había sido ministro del Interior y embajador en España durante mi gobierno. A través de la curia española, en particular de monseñor Silverio Nieto, Carrillo había logrado llevar su idea hasta el Vaticano, donde la aprobaron convencidos de que yo estaba al tanto de la gestión. La verdad es que me enteré con menos de 48 horas de anticipación.

Por intermedio del fiscal general Néstor Humberto Martínez se logró que el empresario y banquero Luis Carlos Sarmiento facilitara su avión privado para trasladar a Uribe, con gran premura, desde Colombia hasta Roma.

El viernes 16, a las diez de la mañana, tuve la audiencia con el papa, quien me felicitó por el Premio Nobel que acababa de recibir, preguntó por los retos que ahora vendrían para la implementación del acuerdo de paz y me dijo que había sido muy generoso al haber aceptado incluir al expresidente en la visita. Uribe no había llegado todavía, así que terminó la audiencia y el papa me pidió que esperara en una sala adjunta mientras hacían seguir a mi predecesor y ahora jefe de la oposición.

Al rato me volvieron a llamar y entré de nuevo al despacho papal. Nos saludamos cordialmente con Uribe, y nos sentamos, uno al lado del otro, frente al escritorio del papa, quien expresó su beneplácito por que los dos estuviéramos allí y su disposición de ayudar a que la paz se hiciera realidad en nuestro país. Le dio entonces la palabra a Uribe y este comenzó a hacer una exposición minuciosa y puntual de todas sus desavenencias y críticas frente al acuerdo de paz que habíamos logrado en La Habana y que luego fue modificado para incluir la gran mayoría de sus observaciones y sugerencias. Nada cambiaba en su posición; eran los mismos argumentos que venía repitiendo en Colombia durante los últimos meses.

En un momento dado el papa me miró con una expresión de desconcierto, como queriendo decir "Esto no funcionó" y, abruptamente, cortó la exposición del expresidente para decirnos que agradecía mucho que hubiéramos ido a verlo y que las puertas del Vaticano y de la Iglesia siempre estarían abiertas para apoyar a Colombia. Con mucha prudencia y diplomacia, dio por terminada la reunión y nos despidió.

Ya saliendo, junto a la puerta, Uribe se arrodilló ante el papa y le pidió que bendijera un rosario o una medalla que llevaba con él. Tuve la tentación de arrodillarme también para no quedar como arrogante, pero al final no lo hice. Una vez afuera, el expresidente me dijo: "Hombre, presidente, ceda, ceda un poquito". Realmente no entendí a qué se refería, pues el acuerdo final no solo ya había sido firmado sino que había sido refrendado por abrumadora mayoría por el Congreso de la República. Ahora solo quedaba implementarlo de la mejor manera, algo a lo que siempre invité a la oposición a que contribuyera.

Uribe había organizado que lo esperaran los periodistas a la salida de la visita, y allí declaró que había expuesto con firmeza sus convicciones ante el papa y que el presidente Santos no había cedido en su posición. Pero no se trataba de eso, no se trataba de convertir al sumo pontífice en un árbitro sobre las divergencias respecto al acuerdo de paz, sino de buscar un acercamiento hacia el futuro que disminuyera esa polarización que tanto daño le hace al país. Tristemente, ese encuentro tan singular, que hubiera podido ser de inmensa utilidad, fue un fracaso.

Ese mismo día tuve una reunión con el cardenal Pietro Parolin, secretario de Estado del Vaticano, y el cardenal Paul Richard Gallagher, secretario para las relaciones con los Estados, en la que participaron también la canciller María Ángela Holguín y nuestro representante ante la Santa Sede Guillermo León Escobar. Nuestro embajador se mostró indignado por la improvisación y la falta de sentido de la reunión. Parolin dijo que a ellos los habían engañado, pues creían que yo estaba al tanto desde el principio de la idea de realizar aquel encuentro. Al enterarse de que no había sido así, nos ofreció sus excusas.

UNA VISITA INOLVIDABLE

Entre el 6 y el 10 de septiembre de 2017, por cinco días, se cumplió por fin mi sueño, y el de todos los católicos de Colombia, de que el papa Francisco visitara nuestro país. Lo había invitado pocos días después de su elección en marzo de 2013, y le había reiterado la invitación en muchas oportunidades. Y la insistencia fue recompensada.

El papa nos hizo una visita muy generosa, pues tuvo el gesto de venir solamente a Colombia y de incluir en su gira a cuatro ciudades: Bogotá, Villavicencio, Medellín y Cartagena. Con su actitud, su sencillez y su mensaje de reconciliación, se metió literalmente en el corazón de todos los colombianos, creyentes o no creyentes. Se reunió con los jóvenes, abrazó y escuchó a las víctimas del conflicto, y presidió ceremonias que congregaron a millones de personas. El lema de su visita —"Demos el primer paso"— nos invitaba a avanzar, después del acuerdo, hacia una meta aún más importante y ambiciosa: la reconciliación entre los colombianos.

En una de las conversaciones que tuvimos durante su visita, me dijo:

—Usted ha sufrido las divisiones en el país por el tema de la paz, y yo también he tenido que conjurarlas en el seno de la Iglesia.

El papa estaba sorprendido por la posición de algunos jerarcas de la Iglesia colombiana que se hicieron eco de las críticas al proceso de paz —posiblemente porque creyeron las mentiras que se propagaron para desprestigiarlo, como la supuesta inclusión de la ideología de género— y que no siguieron su instrucción, que era apoyar la paz y la reconciliación.

Tal vez por eso, el 7 de septiembre, en el salón del Palacio Cardenalicio de Bogotá, les dijo esto, con cierto tono de reclamo, a todos los obispos de Colombia:

Colombia tiene necesidad de vuestra mirada propia de obispos, para sostenerla en el coraje del primer paso hacia la paz definitiva, la reconciliación, hacia la abdicación de la violencia como método (...)

(...)Ustedes ven con los propios ojos y conocen como pocos la deformación del rostro de este país; son custodios de las piezas fundamentales que lo hacen uno, no obstante sus laceraciones. Precisamente por esto, Colombia tiene necesidad de ustedes para reconocerse en su verdadero rostro cargado de esperanza a pesar de sus imperfecciones, para perdonarse recíprocamente no obstante las heridas no del todo cicatrizadas, para creer que se puede hacer otro camino aun cuando la inercia empuja a repetir los mismos errores, para tener el coraje de superar cuanto la puede volver miserable a pesar de sus tesoros.

Un hecho interesante de la visita papal fue la sentida carta abierta que, ese mismo 7 de septiembre, le dirigió Timochenko, el máximo líder de las Farc, y que firmó con su nombre real Rodrigo Londoño, si bien poniendo al lado, entre paréntesis, otro de sus alias: Timoleón Jiménez. Es una comunicación bastante piadosa para provenir del comandante de una guerrilla de origen marxista-leninista, que solo puede explicarse por las peculiaridades de nuestra cultura y de nuestro conflicto.

Escribió Timochenko al papa:

> *Dirijo una organización que ha dejado las armas y se reincorpora a la sociedad después de más de medio siglo de guerra. Hemos declinado cualquier manifestación de odio y de violencia, nos anima el propósito de perdonar a quienes fueron nuestros enemigos y tanto daño hicieron a nuestro pueblo, cumplimos el acto de contrición indispensable para reconocer nuestros errores y pedir perdón a todos los hombres y mujeres que de algún modo fueron víctimas de nuestra acción.*

Y agrega una petición:

> *No sé si estaría del todo bien implorar de usted, que con el magnífico poder de su oración, elevara su voz e invitara a orar también a todo el pueblo colombiano, para que no se vaya a frustrar el enorme esfuerzo que involucró conformar la Mesa de Conversaciones, discutir en ella durante años, vencer las necias resistencias a cualquier acuerdo, y finalmente pactar la terminación del conflicto y la construcción de una paz estable y duradera. Nosotros oramos por ello.*

Yo también oro por lo mismo, y lo hago todos los días.

Al terminar su gira, luego de cinco días intensos que lo dejaron incluso con un moretón en un ojo por un pequeño accidente mientras iba por las calles de Cartagena en su "papamóvil", el papa estaba cansado pero feliz. Supe que luego le dijo a un monseñor de su entera confianza que la visita a Colombia era la mejor que había tenido en su tiempo de pontificado.

Ya al despedirnos en Cartagena, que fue su última escala, tomé un pin con la paloma de la paz que había usado en mi solapa desde el inicio del proceso, como un símbolo y un recordatorio de nuestro compromiso, y se lo entregué diciéndole:

—Santo Padre, quiero que tenga esta paloma que llevé conmigo todos estos años, como un recuerdo de nuestro agradecimiento. Y quiero que la tenga porque, afortunadamente, la paz ya vuela sola.

Desde entonces dejé de usar ese hermoso símbolo que me había acompañado por tanto tiempo.

El papa Francisco voló de Cartagena hasta Roma y nos dejó a todos los colombianos una sonrisa en el alma. Ha sido el visitante más ilustre y más carismático que hayamos tenido en muchísimo tiempo, y sus palabras sembraron semillas de reconciliación y de esperanza en nuestro país. Con su sencillez, con su don de gentes, con su calor humano, con su claridad, ha sido y sigue siendo el mejor amigo de la paz de Colombia.

CAPÍTULO XXIV

EL RESPALDO DE ESTADOS UNIDOS

EL INCONDICIONAL APOYO DEL GOBIERNO OBAMA

Nadie puede desconocer la importancia estratégica de los Estados Unidos en el panorama mundial, y más aún en el regional. Ha sido un país con el que hemos librado conjuntamente una lucha sin tregua contra el narcotráfico y el terrorismo, y con el que compartimos el ideal de la democracia; nuestros libertadores se inspiraron en los suyos; es nuestro principal socio comercial, y contribuyó, con discreción y generosidad, a la búsqueda de la paz en Colombia.

Mi primera reunión con el presidente Barack Obama, como ya lo conté, fue en Nueva York, en septiembre de 2010, un día después de que nuestras Fuerzas Armadas dieran de baja al Mono Jojoy, el jefe militar de las Farc. Eran tiempos de guerra, en que una solución dialogada se veía lejana.

Un encuentro posterior tuvo unas condiciones muy diferentes, y se dio en Cartagena, a mediados de abril de 2012, cuando nuestro país fue sede de la VI Cumbre de las Américas que

LA BATALLA POR LA PAZ

congrega a los mandatarios de todo el continente. Terminada la cumbre, el presidente Obama se quedó unas horas más y tuvimos un encuentro bilateral en la Casa de Huéspedes. Sentados los dos en la sala, en un ambiente informal, le conté sobre las aproximaciones que habíamos tenido con las Farc y las conversaciones secretas que estábamos adelantando en La Habana para definir la agenda, que entonces ya llevaban casi dos meses.

Su reacción fue muy positiva. Dijo que sería una gran noticia y un gran avance para todo el continente, y que podía contar con todo su apoyo y el de su país para lo que consideráramos necesario. Al enterarse de que los diálogos los realizábamos en Cuba, le pareció muy interesante y me dijo que él también esperaba poder evolucionar en las relaciones entre su país y la isla hacia un trato más abierto. Ambos concordamos en que el apoyo de Cuba a la paz de Colombia podía contribuir a ese objetivo.

Y de hecho fue así: de manera muy discreta, hicimos gestiones que sirvieron para aproximar a esos dos enemigos jurados que habían sido Estados Unidos y Cuba, y la mesa de conversaciones de La Habana fue una afortunada coincidencia para ese propósito. Personalmente hablé del tema con el presidente Obama y el presidente Castro, con el expresidente Bill Clinton y el senador demócrata Patrick Leahy —el miembro más antiguo del Senado estadounidense, con gran influencia en las relaciones internacionales de su país—, siempre buscando facilitar ese acercamiento. Adelantamos otras gestiones con la mayor confidencialidad, al punto de que se llegó a considerar a Barranquilla, la ciudad más grande del Caribe colombiano, como un lugar posible para sostener los contactos secretos que, finalmente, se realizaron en Canadá.

Estas gestiones eran consecuentes con lo que yo, como anfitrión, había propuesto en la mencionada Cumbre de las Américas de Cartagena, cuando abogué por el ingreso de Cuba a este encuentro multilateral, con las siguientes palabras:

El aislamiento, el embargo, la indiferencia, el mirar para otro lado, han demostrado ya su ineficacia. En el mundo de hoy no se justifica ese camino. Es un anacronismo que nos mantiene anclados a una era de guerra fría superada hace ya varias décadas.

Así como sería inaceptable otra cita hemisférica con un Haití postrado, también lo sería sin una Cuba presente.

No podemos ser indiferentes a un proceso de cambio al interior de Cuba que es reconocido cada vez más ampliamente y que debe continuar. Es hora de superar la parálisis a la que lleva la terquedad ideológica y buscar consensos mínimos para que ese proceso de cambio llegue a buen puerto por el bien del pueblo cubano.

Felizmente, la propuesta tuvo acogida, y en la siguiente cumbre, que se realizó en Panamá en 2015, Cuba asistió por primera vez, en cabeza de su presidente Raúl Castro. Siempre he sido un convencido de que las diferencias se arreglan dialogando. Y para dialogar hay que incluir, no excluir.

Cuando el presidente Obama anunció, el 17 de diciembre de 2014, la reanudación de relaciones diplomáticas con Cuba, me sentí feliz por lo que esto significaba para el hemisferio y para el mundo, y por el granito de arena que habíamos aportado para que eso ocurriera. El día en que Obama —en medio de su histórica visita a La Habana en marzo de 2016— asistió con su familia al partido de béisbol entre los *Tampa Bay Rays* y la selección cubana, en ese estadio, en medio de los miles de emocionados espectadores, estuvieron también las delegaciones de negociadores del Gobierno y de las Farc, atestiguando el derrumbamiento de uno de los últimos símbolos de la Guerra Fría en el hemisferio occidental. Quedaba solo uno por derribar: el conflicto armado colombiano. Y lo logramos unos meses después.

UN ENVIADO EXCEPCIONAL

Aparte de los Gobiernos de Cuba, Noruega y Venezuela, que por razones obvias estaban al tanto de la fase secreta, el presidente Obama fue el primer mandatario con el que compartí la noticia de nuestro avance hacia un proceso de paz con las Farc.

En adelante, Obama estuvo siempre pendiente de los diálogos, y me manifestaba su apoyo cada vez que nos reuníamos o hablábamos. Su vicepresidente Joe Biden y su secretario de Estado John Kerry, en particular, además del embajador en Colombia Kevin Whitaker, fueron también aliados permanentes del proceso.

Precisamente, fue el secretario Kerry quien propuso que Estados Unidos designara un enviado especial para que acompañara el proceso de paz, y nos sugirió el nombre de Bernie Aronson, a quien yo conocía, y que tenía muy buenas relaciones con Colombia. Aronson había sido subsecretario de Estado para asuntos de América Latina entre 1989 y 1993, en los gobiernos de George Bush y de Bill Clinton, y conocía muy bien la región, aparte de que había tenido un papel destacado como delegado de los Estados Unidos en las conversaciones que condujeron a la paz en El Salvador.

Acepté la iniciativa y el nombre propuesto, y fue así como Aronson se convirtió en enviado especial de su país para el proceso de paz colombiano desde febrero de 2015, posición desde la cual jugó un papel siempre propositivo y a la vez realista, con buena interlocución con los negociadores de ambas partes, y una comunicación permanente con el secretario Kerry, al que mantenía enterado de los avances y dificultades. Su labor fue muy activa, moviéndose entre Bogotá, Washington y La Habana; construyendo consensos y proponiendo soluciones. Hablaba con los congresistas estadounidenses para mantener un consenso bipartidista de apoyo al proceso, e incluso llegó a reunirse en un par de ocasiones con el expresidente Uribe para explicarle las bondades del proceso, y con el presidente Maduro en Venezuela. Un verdadero diplomático y hombre de acción que se la jugó por la paz de Colombia.

———————

EL CASO DE SIMÓN TRINIDAD

Un tema que siempre estuvo en la mente de los negociadores de las Farc frente a Estados Unidos, y que era pregunta constante de los periodistas en cualquier entrevista a un funcionario de ese país, era el de Simón Trinidad, un comandante guerrillero que tuvo un papel destacado como negociador de las Farc en los diálogos del Caguán, y que fue capturado en Ecuador, deportado a Colombia y extraditado a los Estados Unidos en el año 2004. Allá fue condenado a sesenta años de cárcel por el secuestro de tres ciudadanos estadounidenses, y desde entonces cumple su condena en una prisión de alta seguridad de Colorado.

Para las Farc se volvió un punto de honor la libertad de Trinidad, tanto que lo designaron negociador plenipotenciario en el proceso, y dejaron vacía la silla con su nombre en la instalación de los diálogos en Oslo. Un *dummy* con su fotografía de cuerpo entero acompañó muchas de las declaraciones de sus negociadores en La Habana, para hacer patente su ausencia. Pero nosotros poco podíamos hacer. Trinidad había sido juzgado y condenado por un tribunal de Estados Unidos, y cualquier decisión sobre su situación correspondía a las autoridades y el departamento de justicia de ese país.

Tal vez al final del proceso, una vez suscrito el acuerdo y cumplida la dejación de las armas, se hubiera podido lograr algún avance hacia su liberación, pero para entonces ya había cambiado el presidente en Estados Unidos, y lo que era una tarea muy difícil frente a la administración Obama se tornó casi imposible ante el gobierno de Trump. Lo que sí se logró fue mejorar un poco sus condiciones de reclusión, que eran de estricto aislamiento.

Simón Trinidad, cuyo verdadero nombre es Ricardo Palmera, es un guerrillero con una historia excepcional, pues nació en una familia acomodada de Valledupar. Yo lo conocí a finales de los sesenta en la Escuela Naval, donde él ingresó como recluta siendo yo cadete de segundo año. Lo recuerdo como un muchacho simpático pero díscolo, al que me tocó disciplinar en más de una ocasión porque era bastante rebelde. Luego de su servicio militar, se graduó de economista en Bogotá e hizo estudios de posgrado en Estados Unidos. Llegó a ser gerente de un banco en su ciudad natal, pero su desencanto y su rabia ante los continuos asesinatos de miembros de la Unión Patriótica, el partido nacido del proceso de paz de Betancur y al que se había afiliado, lo llevó a abandonarlo todo —incluyendo a su esposa y sus dos hijos— e irse para la guerrilla.

De haber estado en Colombia, podría haberse sometido a la Justicia Especial para la Paz y recibir sus beneficios a cambio de contribuir con la verdad y la reparación de las víctimas. Pero el destino, por lo pronto, lo tiene confinado en una prisión lejana.

EL PRESIDENTE TRUMP Y LA PAZ DE COLOMBIA

No es secreto que la posición del presidente Donald Trump frente a la lucha contra el terrorismo, la cooperación contra el narcotráfico y el tema de los migrantes, entre otros, es mucho más dura y radical que la de su antecesor. Sin embargo, puedo decir que, en el caso de Colombia, se mantuvo, en lo esencial, el apoyo al proceso de paz, que él encontró ya finalizado y en proceso de implementación.

Mi primera conversación con el presidente Trump se dio el 11 de noviembre de 2016 cuando lo llamé a felicitarlo por su reciente elección como el cuadragésimo quinto mandatario de los Estados Unidos. Fue una charla breve y cordial en que Trump me dijo que quería mucho a Colombia por dos razones en particular.

—Primero, por sus mujeres tan bonitas...

No hay que olvidar que Trump fue dueño de la franquicia de Miss Universo por veinte años, y que Colombia ha tenido dos reinas y seis virreinas universales en ese concurso.

—Y segundo —continuó—, porque ustedes tienen una muy buena mano de obra y unos productos excepcionales. Se lo digo porque he comprado millones de dólares en productos colombianos, sobre todo productos de acero.

Me asombró esa referencia. En su momento no identifiqué cuál podría ser el proveedor de la Organización Trump pero luego me dijeron que era Tecnoglass, una empresa de Barranquilla que le vendía ventanas y marcos de acero para sus hoteles y edificios. La paradoja es que después, en 2018, sería el mismo presidente Trump quien gravara con aranceles el ingreso a su país de productos de acero y aluminio no solo de Colombia sino de buena parte del mundo.

El 18 de mayo de 2017 visité la Casa Blanca y tuve una entrevista con el presidente Trump, con quien hablamos sobre los temas habituales de nuestras relaciones bilaterales: comercio, lucha contra el narcotráfico y, últimamente, Venezuela, cuya crisis democrática y de derechos humanos nos preocupaba a ambos. Lo puse al tanto, además, sobre la forma en que avanzábamos en la implementación del acuerdo de paz con las Farc que habíamos firmado en noviembre del año anterior.

La rueda de prensa conjunta que dimos luego de la reunión privada fue una de las más concurridas en los últimos tiempos en la Casa Blanca, no propiamente por mi visita sino porque el día anterior el vicefiscal general Rod Rosenstein —el mismo que, según *The New York Times*, hizo gestiones para sacar a Trump de la presidencia por considerarlo inadecuado para ocupar su cargo— había nombrado un fiscal especial para investigar la interferencia de Rusia en la reciente campaña electoral, y no cualquier asesor, sino al exdirector del FBI Robert Mueller. Trump había tuiteado la misma mañana de nuestro encuentro: "¡Esta es la más grande cacería de brujas a un político en la historia de Estados Unidos!".

Joe Scarborough, comentarista y conductor del programa *Morning Joe*, de la cadena MSNBC, dijo después que las palabras de Trump en esa rueda de prensa le habían parecido muy confusas y "de lejos menos articuladas que las del presidente de Colombia, quien parece hablar nuestro idioma mucho mejor".

Como es natural, la primera pregunta que le hicieron al presidente Trump fue sobre el nombramiento de Mueller como fiscal especial. Ya al final de la rueda de prensa, Ricardo Ávila, director de *Portafolio*, una publicación colombiana especializada en economía, le preguntó al mandatario estadounidense cuál era su posición frente al proceso de paz, al cual no se había referido hasta el momento. Su respuesta fue alentadora:

> *Bien, ha sido un proceso largo y ha sido estupendo observarlo. El presidente ha hecho una labor fantástica, algo que no es fácil después de tantos años de guerra. Yo estoy muy orgulloso de conocerlo y lo felicito sinceramente. No hay nada más difícil que la paz y queremos lograr la paz del mundo, y ustedes son un gran ejemplo de alguien que empezó a hacerlo. Las Farc... eso fue una situación larga y dura, como bien lo saben los colombianos. Pero creo que el presidente Santos ha hecho una maravillosa labor, nada fácil, pero ha sido un gran trabajo.*

CONVERSACIONES SOBRE EL PROBLEMA
DE LAS DROGAS

El 1º de septiembre de 2017 llamé desde Bogotá al presidente Trump para manifestarle mi solidaridad frente a la tragedia que había ocasionado el paso del huracán Harvey por los estados de Texas y Luisiana. Una semana atrás había salido un informe de la DEA sobre el incremento de cultivos ilícitos en Colombia, y Trump me dijo:

—Estoy muy preocupado con lo de las drogas.

Le recordé que en nuestra cita en la Casa Blanca le había explicado el plan que estábamos ejecutando para erradicar forzosamente cincuenta mil hectáreas de cultivos de coca y otra cantidad similar mediante pactos de sustitución voluntaria con familias cocaleras. Le dije que eso estaba en marcha.

Fue una conversación franca, directa y cordial, pero sin ninguna agresividad o regaño por parte del presidente Trump. Curiosamente, a comienzos de enero de 2018 salió una información en *The Washington Post* revelando las supuestas infidencias de esa conversación, y diciendo que Trump había estado muy duro y que me había dicho que yo me preocupaba más por la guerrilla que por los estadounidenses. Fue una versión tergiversada y, sin duda, malintencionada. Alguien en la Casa Blanca, quien quiera que fue la fuente de esa amañada filtración, quería enturbiar el ambiente.

Pero algo sí era cierto: Trump estaba molesto por el incremento de los cultivos ilícitos. Dos semanas después de nuestra conversación, el 13 de septiembre de 2017, en un memorando oficial de su gobierno, firmado por él, se dijo que se consideraba "seriamente denominar a Colombia como un país que ha fracasado demostrablemente en cumplir sus obligaciones en virtud de acuerdos internacionales contra el narcotráfico debido al extraordinario crecimiento del cultivo de coca y la producción de cocaína en los últimos tres años, incluyendo un récord en estos cultivos en los últimos doce meses". Esto era una amenaza de descertificación que no correspondía al esfuerzo permanente que hacíamos en Colombia para combatir el narcotráfico, mientras el consumo que lo estimulaba seguía creciendo en Estados Unidos y en el mundo.

En medio de esta tensión, viajé a Nueva York para asistir a la asamblea anual de Naciones Unidas, y Trump me invitó, en la noche del 18 de septiembre, junto con otros mandatarios latinoamericanos —Michel Temer, presidente de Brasil; Juan Carlos Varela, presidente de Panamá, y Gabriela Michetti, vicepresidenta de Argentina— a una comida en el Hotel Palace de esa ciudad, para debatir las vías de acción frente a la compleja situación de Venezuela, donde, como decía el mandatario estadounidense, la gente estaba muriendo de hambre mientras el país colapsaba bajo el régimen de Maduro. Por parte de Estados Unidos, estaba toda la plana mayor: el vicepresidente Mike Pence; el secretario de Estado Rex Tillerson; el jefe de gabinete John Kelly —por cierto, un gran amigo de Colombia—; el general H.R. McMaster, asesor de seguridad nacional; Juan Cruz, quien había dirigido las actividades de la CIA en Colombia y era ahora director para América Latina en el Consejo de Seguridad Nacional, bajo las órdenes de McMaster, y la embajadora de Estados Unidos ante las Naciones Unidas, Nikki Haley.

El objetivo de la reunión era ver la manera en que los países de la región podíamos colaborar a la restitución de la democracia en Venezuela. Trump, hacía un mes, había hablado de la posibilidad de tomar medidas de fuerza si era necesario. Yo dejé claro lo mismo que le había dicho al vicepresidente Pence cuando nos visitó unas semanas atrás en Cartagena: Colombia no estaba de acuerdo con ningún tipo de acción militar, y ningún país de América Latina apoyaría algo así. Y añadí:

—Venezuela es como un avión que se va a caer: podemos hacer que tenga un aterrizaje suave o permitir que se estrelle. Creo que a todos nos interesa que sea un aterrizaje suave. Para esto tenemos que poner de acuerdo a todas las partes interesadas, no solo los países de América sino también actores muy importantes como China y Rusia, sobre los cuales nosotros tenemos muy poca influencia y usted, presidente Trump, sí puede tenerla.

Luego continué:

—Nosotros, en América Latina, y se lo digo con toda franqueza, como se debe hablar entre amigos, tenemos una dificultad para tratar el tema de Venezuela con ustedes y es que no sabemos con quién hablar en su gobierno. Por eso sería ideal que usted designara a una persona de contacto (*point person*), lo que facilitaría mucho la coordinación.

Trump hizo un barrido con su mirada sobre los funcionarios que lo acompañaban —todos asentían— y, en cuestión de segundos, nos dijo que esa persona líder del tema sería Juan Cruz. Nos sorprendió un poco pues, en condiciones normales, debería haber sido alguien del departamento de Estado, pero estaba visto que el mandatario estadounidense veía el tema de Venezuela más desde el ámbito de la seguridad que de la diplomacia.

Después de este encuentro, me reuní con John Kelly, quien me dijo que el comunicado de su presidente sobre la eventual descertificación había sido algo muy desafortunado y que había sido producto de asesores que le llenaban la cabeza con esas ideas. A los pocos días, el 24 de octubre, recibí una carta de Trump, en la que reconocía la lucha de Colombia contra el narcotráfico, dejando atrás los duros términos del mes anterior:

El pasado 13 de septiembre firmé una declaración presidencial en la que expresé preocupación frente a la extraordinaria expansión de los cultivos de coca y la producción de cocaína en Colombia, además de las posibles consecuencias a futuro de no detener estas actividades. Expresé estas preocupaciones porque le prometí al pueblo de los Estados Unidos que impediremos que las drogas traspasen nuestras fronteras, y necesito su ayuda para disminuir la producción y el tráfico de drogas en Colombia. Estados Unidos está listo para apoyarlo en sus esfuerzos antinarcóticos. Al mismo tiempo, estoy trabajando con toda diligencia para combatir el consumo internamente.

Colombia es uno de nuestros mejores socios estratégicos y aliados en la región. Aplaudimos los esfuerzos que usted ha realizado para enfrentar el crimen transnacional. El apoyo y la cooperación del Gobierno colombiano —desde el campo militar, hasta el cumplimiento de la ley y el desarrollo— es extraordinario y es algo que intentamos replicar con otros países.

Confío en que sus esfuerzos ayudarán a mejorar la problemática de los cultivos de coca y la producción de cocaína en Colombia. Trabajaremos juntos en este tema tan importante y sé que vamos a fortalecer aún más nuestra ya fuerte relación bilateral.

Fue un placer verlo en Nueva York durante la Asamblea General de las Naciones Unidas, y espero continuar nuestras conversaciones sobre los problemas que enfrentan nuestros países. Transmita mis mejores deseos al bello pueblo de Colombia.

CAPÍTULO XXV

LA APUESTA DEL MUNDO POR LA PAZ DE COLOMBIA

UNA NEGOCIACIÓN ENTRE COLOMBIANOS

Un factor fundamental para el éxito del proceso de paz que emprendimos fue la cooperación y el decidido apoyo de la comunidad internacional. Desde organizaciones multilaterales hasta jefes de Estado y personalidades del mundo entero manifestaron expresamente su respaldo a las conversaciones que adelantábamos en La Habana, conscientes de que la paz de Colombia —el único país del hemisferio occidental donde subsistía un conflicto armado interno— era una pieza fundamental para la paz y la tranquilidad de la región y del mundo.

Este apoyo se tradujo en múltiples declaraciones de solidaridad, pero también, cuando fue necesario, en acciones concretas para impulsar y validar el proceso que adelantamos en La Habana.

Hay que rescatar, sin embargo, que nuestro proceso —así se llevara a cabo en el exterior, por razones de conveniencia— fue un proceso colombiano, diseñado y acordado entre colombianos, y logrado por colombianos. A diferencia de otras experiencias en el mundo, no se contó con un mediador o intermediario internacional. Así lo dispuse desde el principio. Las discusiones sobre cada punto se realizaban directamente entre los negociadores del Gobierno y los de las Farc, y eran los mismos negociadores los que redactaban los acuerdos a los que se iban llegando.

Noruega aportó su amplia experiencia y generosa disponibilidad de recursos en materia de resolución de conflictos, y Cuba, el otro país garante, fue un espléndido anfitrión. Sus representantes asistían a la mesa de conversaciones, pero no intervenían. Solo hacían propuestas por fuera de la mesa, cuando algunas situaciones de crisis o estancamiento lo ameritaban.

En cuanto a Chile y Venezuela, los países acompañantes, su papel fue principalmente de testigos y validadores. Visitaban la mesa de La Habana para conocer los avances y desarrollos de la negociación, y nos ayudaban a explicarlos y transmitirlos a los demás países de la región.

Desde un principio decidimos que la participación de la comunidad internacional iba a ser solamente la necesaria, pues sabíamos que lo esencial era destinar tiempo y esfuerzo a la negociación entre las partes. El ejemplo más reciente era el proceso del Caguán. Allí se había creado un grupo de países amigos del proceso, compuesto por veintiséis naciones, coordinado por un grupo más pequeño, llamado comisión facilitadora internacional, conformado por diez de estos países. Se hacían reuniones permanentes con los embajadores, se los invitaba al Caguán a rendirles cuentas, y todo eso consumió un tiempo precioso que debió haberse dedicado a lograr acuerdos.

En el caso de La Habana, gracias a los seis meses en que los delegados trabajaron discretamente en la fase exploratoria, se consolidó un método de trabajo y un ambiente de respeto entre las partes, que hizo posible adelantar el proceso sin requerir de mediación ni de una amplia intervención internacional.

Por supuesto, en su momento —cuando se llegó a la fase de implementación y verificación del acuerdo, y a temas como el desarme y la desmovilización— fue necesaria, y utilísima, la participación de las Naciones Unidas, como ya se verá.

Renglón aparte merece la colaboración permanente y eficaz de la Cruz Roja Internacional —cuya delegación en nuestro país presidió primero Jordi Raich y luego Christoph Harnisch—, que apoyó todos los traslados, que fueron muchísimos, de los negociadores de la guerrilla desde los lugares más inhóspitos de Colombia hasta La Habana y, al final, desde La Habana hasta Colombia, para que hicieran pedagogía del acuerdo entre sus hombres.

Gracias a la forma minuciosa en que se planeó aquel primer traslado de Mauricio Jaramillo, alias el Médico, y Sandra Ramírez desde las selvas del Guaviare hasta Caracas y luego a La Habana, para iniciar la fase exploratoria en febrero de 2012, se creó un procedimiento de transporte que luego fue replicado decenas de veces, en helicópteros y aeronaves amparados con el respetado logo de la cruz roja.

LA SOLIDARIDAD DE EUROPA

Europa, un continente lleno de historia y tradición, cuna de la civilización occidental, ha sido también el escenario de las más grandes tragedias de la guerra en el siglo XX. Por eso, la constitución y la evolución de la Unión Europea —una iniciativa admirable para superar las diferencias y cultivar un ambiente de paz y cooperación— hizo que el Comité Noruego concediera, en 2012, el Premio Nobel de la Paz a esa organización ejemplar.

Es preocupante ver cómo se está resquebrajando, al igual que el orden mundial en muchos frentes.

Sus gobiernos, sus mandatarios —con la gran mayoría de los cuales me reuní— fueron especialmente solidarios y entusiastas frente al proceso de paz en nuestro país. En el seno de la propia Unión Europea, con el liderazgo de su alta representante para asuntos exteriores y de seguridad, la excanciller italiana Federica Mogherini, el apoyo se tradujo en acciones concretas, como la designación de un enviado especial al proceso y la creación de un fondo fiduciario para apoyar la etapa del posconflicto, con un capital inicial de 95 millones de euros.

Mogherini asistió, en calidad de canciller de su país, a mi primera posesión el 7 de agosto de 2010, y desde entonces establecimos una excelente relación personal, que de mi parte se enriquece por mi admiración por su inteligencia y calidad humana. Así como Estados Unidos había nombrado a Bernie Aronson como enviado especial al proceso, Mogherini también designó, en octubre de 2015, un enviado de la Unión Europea: Eamon Gilmore, un curtido dirigente irlandés que había sido, entre 2011 y 2014, ministro de Asuntos Exteriores y de Comercio —además de primer ministro adjunto— de la República de Irlanda, y había participado en la negociación e implementación del proceso de paz de Irlanda del Norte, experiencia que resultaba particularmente valiosa.

Tal como dijo Mogherini, su designación era "una señal a los colombianos de que la Unión Europea respalda sus esfuerzos por poner fin a uno de los conflictos más antiguos y más asesinos en el mundo". Y fue particularmente útil, pues Gilmore facilitó la coordinación de todas las acciones europeas en favor de la paz, motivó a personas y organizaciones a apoyar el proceso y, aun después de concluido, ha continuado su encargo durante la etapa de implementación, visitando diferentes zonas del país para identificar áreas de cooperación.

* * *

España ha sido un aliado fundamental, comenzando por los reyes Juan Carlos y Felipe, y el entonces presidente de gobierno Mariano Rajoy. En todo nos apoyaron, e incluso en temas que excedían el de la paz, pero que abrían nuevas oportunidades a los colombianos.

Recuerdo que el 10 de agosto de 2013, día de mi cumpleaños, mientras yo visitaba Turbaco, una pequeña población de la costa Caribe colombiana, recibí una llamada del presidente Rajoy, quien me anunció que España iba a proponer que los países del llamado Espacio Schengen —que comprende a veintiséis naciones europeas— eximieran a los ciudadanos de Colombia del requisito de la visa para ingresar como turistas. Le dije que esa noticia era el mejor regalo de cumpleaños, y esa promesa se hizo realidad en diciembre de 2015.

Tuve siempre —y en esto incluyo a mi señora María Clemencia— una especial relación con el rey Juan Carlos y la reina Sofía, y también con el rey Felipe y la reina Letizia, quienes han sido muy cercanos a Colombia. Para mí fue muy emocionante que el primer acto oficial en el extranjero al que asistiera el rey Juan Carlos, después de su abdicación en favor de su hijo, fuera mi posesión para mi segundo periodo presidencial, el 7 de agosto de 2014. Le hicimos un homenaje, con los demás mandatarios presentes, que fue más que merecido.

La reina Letizia me dijo, en una visita de Estado que hice a Madrid, que le impresionaba y le gustaba la actitud tan progresista de mi gobierno, pues tenía en el gabinete a dos ministras —muy capaces las dos, por cierto— que eran pareja sentimental. Igualmente eran gais mi secretario privado y su segundo, aunque estos no eran pareja. Para mí eso era algo irrelevante, pues los designé por sus cualidades profesionales, sin contemplar ni por un momento las implicaciones de su vida privada, pero entiendo que no es algo usual y que representa una visión liberal frente al tema de la diversidad sexual. También el primer ministro de Canadá, Justin Trudeau, me comentó en una oportunidad que apreciaba el valor de esa decisión. Por supuesto, posturas liberales como esa tenían su costo para mí frente a la Iglesia y los sectores conservadores.

Otro personaje español a quien guardo especial agradecimiento y cariño por su vinculación a Colombia, y por su compromiso con nuestra búsqueda de la paz, es el expresidente Felipe González, a quien tuve el placer de concederle la nacionalidad colombiana en 2014. Pocos la merecen como él, que no ha escatimado esfuerzos para acompañar el devenir de nuestro país, apoyar las buenas iniciativas y aconsejar, cuando se lo hemos pedido, a varios presidentes. En mi caso, me precio de considerarlo un gran amigo personal.

* * *

Con Portugal, el otro país de la península ibérica, Colombia había tenido relaciones cordiales pero lejanas. Era como si esta nación de fados, poesía y navegantes se escondiera detrás de un velo transparente al que llegábamos pero no cruzábamos. Durante mi gobierno, gracias a la destacada labor de un viejo amigo y colaborador mío a quien nombré embajador en Lisboa, el periodista Germán Santamaría, y por supuesto a los buenos oficios de nuestra canciller, las cosas cambiaron, y logramos un nivel de comercio, de cooperación, de inversión y de turismo entre nuestras naciones como no habíamos tenido nunca en nuestra historia.

Fui en dos oportunidades en visita de Estado y recibí a su presidente y a su primer ministro en varias ocasiones en Colombia. El apoyo, primero, del presidente Aníbal Cavaco Silva —quien me hizo interesantes comparaciones entre el conflicto colombiano y la larga guerra civil que sufrió Angola, antigua colonia portuguesa, que culminó con un acuerdo de paz en 2002— y el primer ministro Pedro Passos Coelho, y, segundo, del presidente Marcelo Rebelo de Sousa y el primer ministro António Costa, fue inequívoco y entusiasta. Un especial papel jugó también Paulo Portas, quien fuera canciller y luego vice primer ministro de Portugal, cuyo artículo "Solo los halcones hacen la paz", publicado en *El Tiempo* en mayo de 2015, es una de las mejores radiografías del proceso colombiano. No otra cosa podía esperarse de un país que puso fin a una larga dictadura sin disparar una sola bala, llenando de claveles las bocas de los fusiles.

Y hay una historia familiar que me une a esta nación. A comienzos de los años sesenta, mi abuelo Enrique Santos Montejo, Calibán, fue nombrado embajador ante Portugal. Aceptó encantado, pues le gustaba mucho ese país, pero al llegar a Lisboa se encontró con la dura realidad de un sistema que estaba en contra de su formación filosófica liberal. Él, que como periodista había sufrido la censura de la única dictadura que tuvo Colombia en el siglo XX, sintió revivir en suelo luso los rigores que alguna vez sufrió en su patria.

En su calidad de embajador, ayudó a dos opositores al régimen de Salazar a obtener asilo diplomático, lo que disgustó, por supuesto, al gobierno anfitrión. El hecho es que, por causa de su conducta libertaria, tuvo que renunciar, sin completar siquiera dos meses, pero prefirió hacerlo a convivir con un régimen que menospreciaba la libertad, un valor que él consideraba como el primero de todos —y que yo, su nieto, también lo considero así—.

* * *

Los amores de la juventud jamás se olvidan, y yo no olvido mi amor por Inglaterra, ese país que me acogió en los vibrantes años setenta y donde viví momentos inolvidables durante cerca de diez años. Allí estudié y trabajé, y quedé prendado de su historia, su filosofía, su estoicismo, su manera de ver la vida y la política.

Ya he hablado sobre mi buena amistad con el ex primer ministro Tony Blair, con quien defendimos, desde cuando él estaba en el gobierno, las tesis de la Tercera Vía. Como presidente, tuve la oportunidad de conocer mejor a la reina Isabel II y el príncipe Felipe, al príncipe Carlos y su esposa Camila, y a los primeros ministros David Cameron y Theresa May. Todos, en cada reunión, en cada visita, me alentaron para perseverar en la búsqueda de la paz en Colombia, y apoyaron el proceso sin dudarlo.

En el estricto protocolo inglés solo se reciben dos visitas de Estado por año, en las que la reina obra como anfitriona. En el año 2016 tuvieron una cancelación del rey Felipe de España y únicamente se recibió la visita de Colombia, que fue un acontecimiento inolvidable y la primera de esa clase realizada por un mandatario colombiano. En el banquete de gala, ofrecido en el Palacio de Buckingham el 1º de noviembre, la reina Isabel tuvo un detalle que demuestra su calidad humana y apego a los detalles. Se enteró de que, en mis tiempos de cadete en la Escuela Naval, había sido gaitero en la banda de guerra, y, entonces, en medio de la cena, me dijo:

—Yo sé que usted ha sido gaitero, y le tenemos una sorpresa.

De pronto salieron decenas de gaiteros con su tradicional indumentaria escocesa y tocaron sus inconfundibles marchas de las tierras altas mientras caminaban alrededor de la mesa. Fue un gesto muy especial, que me emocionó mucho.

Para el momento de la visita de Estado, hacía menos de un mes que habíamos perdido, por un porcentaje mínimo, el plebiscito para refrendar el acuerdo de paz con las Farc. Por eso, la reina Isabel recalcó lo siguiente en su brindis:

—Aunque ha afrontado contratiempos recientemente, haber alcanzado la cima de un acuerdo de paz histórico, contrariamente a las expectativas de muchos, es un testimonio de su coraje y perseverancia.

Y citó a una gran escritora colombiana, Laura Restrepo: "Guerra o indiferencia, no se sabe cuál de las dos es más difícil de lidiar".

El príncipe Carlos, por su parte, y su esposa Camila, nos habían visitado en Colombia en octubre del 2014, en pleno proceso de paz. Llevé al príncipe a conocer el parque de Chiribiquete, una reserva excepcional de naturaleza y culturas indígenas, con paisajes que roban el aliento y glifos antiquísimos pintados en piedras gigantescas, en lo más profundo de la Amazonia colombiana. El príncipe, que ha sido siempre un defensor del medio ambiente, quedó maravillado por la magnificencia de nuestra naturaleza, que estábamos redescubriendo en Colombia gracias a que avanzábamos hacia la paz. Y no se equivocaba en su apreciación: en julio de 2018, el parque de Chiribiquete —cuyas 4,3 millones de hectáreas, una extensión superior a Suiza, declaré como zona protegida— fue incluido por la Unesco en la lista de sitios Patrimonio Mundial de la Humanidad, tanto por su valor natural como cultural.

En la cena que les ofrecí en la Casa de Nariño, tuvimos dos actos culturales: una presentación del bailarín colombiano Fernando Montaño, solista del Royal Ballet de Londres, y una danza folclórica, que yo pedí que fuera el sanjuanero, un baile típico del departamento del Huila que me gusta mucho, por lo rítmico y alegre. Para el príncipe Carlos fue una revelación. Ya me tocarían a mí, dos años después, las gaitas escocesas.

Hay que resaltar que el príncipe de Gales y su esposa Camila quisieron reunirse con las víctimas del conflicto colombiano, y asistieron a un evento muy emotivo en el Centro Nacional de Memoria Histórica, en Bogotá, donde escucharon las desgarradoras historias de muchos colombianos afectados por la guerra, y se enteraron de la forma en que estábamos comenzando a repararlos y a garantizarles sus derechos.

Con el primer ministro David Cameron, finalmente, tuvimos una excelente relación, al punto de que me invitó a copresidir con él la primera Cumbre Mundial Anticorrupción, que se celebró en Londres en mayo de 2016. Fue un reconocimiento a las medidas que habíamos tomado para combatir este flagelo, que es un verdadero cáncer para todas las sociedades del mundo. No se imaginaba Cameron entonces, ni nadie, que el mes siguiente, en el referendo que él mismo convocó para definir la permanencia o no del Reino Unido en la Unión Europea, iba a ganar por escaso margen la opción del Brexit, es decir, el retiro de la organización europea, lo que lo llevó a renunciar. Lo llamé unos días después a saludarlo, sin imaginarme que una situación similar —influida por falsas noticias, tergiversaciones y verdades a medias— iba a ocurrirnos en octubre con el plebiscito para refrendar el acuerdo de paz.

"Cuando las barbas de tu vecino veas cortar, pon las tuyas a remojar", dice un antiguo refrán. Si hubiéramos aprendido las lecciones que dejó el desconcertante resultado del Brexit, habríamos contrarrestado mejor la campaña de mentiras que antecedió al plebiscito. Aunque en el fondo, todo fue para bien, como ya se verá.

* * *

En el caso de Francia, el presidente François Hollande tuvo un gesto muy especial en la visita que hizo a Colombia en enero de 2017, pues pidió expresamente visitar una de las zonas veredales donde se iban a concentrar los miembros de las Farc, con el fin de prepararse para el desarme y su reintegración a la sociedad. Visitamos juntos uno de esos campamentos transitorios en el municipio de Caldono, en el departamento del Cauca, que fue uno de los más afectados por la violencia.

No fue una visita protocolaria en absoluto. Francia, y los demás países miembros del Consejo de Seguridad de las Naciones Unidas, habían aprobado por unanimidad la creación de una misión especial de la ONU para verificar y monitorear el cese al fuego bilateral, la desmovilización y el desarme de las Farc, y Hollande quería conocer en persona cómo se desarrollaba este proceso. Era la noticia del momento, la única guerra que estaba terminando en el mundo, y todos querían estar presentes. En la zona de Caldono se encontró con oficiales de diferentes países que conformaban la misión internacional de las Naciones Unidas —con su chaleco azul característico—, y con delegados del Gobierno y de la guerrilla —que llevaban uniforme de color caqui—, todos conviviendo bajo una misma carpa y trabajando juntos para preparar el campamento adonde llegarían en pocos días cientos de guerrilleros. También estaban Pablo Catatumbo y Marcos Calarcá, encargado por las Farc del tema de la verificación del cese al fuego y la dejación de armas. Y Jean Arnault, el diplomático francés que dirigía la misión especial de la ONU, por designación del secretario general de esa organización.

Hollande y todos los presentes estábamos emocionados.

—¡Quién habría podido imaginar que el presidente de Colombia y el presidente de Francia estén aquí en un campo de desarme con representantes de las Farc! —exclamó el mandatario francés después de visitar el campamento base—. Y verlos a todos en el mismo espacio, con los mismos uniformes, comiendo lo mismo, en el mismo lugar...

En el marco de su visita, Hollande y yo inauguramos, en el Teatro Colón de Bogotá —el mismo escenario en que se había firmado el acuerdo final dos meses atrás—, el año cultural Colombia-Francia, un evento maravilloso que trajo los mejores representantes del arte y la cultura francesa a Colombia, y que llevó a nuestros artistas e intelectuales a Francia.

En junio de 2017, cuando ya Hollande había dejado el poder en manos de su sucesor Emmanuel Macron, visité París para inaugurar el semestre en que los colombianos se "tomarían" culturalmente a Francia, y recibir un doctorado *honoris causa* de la Universidad de París-La Sorbona. Recuerdo con especial admiración el discurso que pronunció en esta ceremonia académica el ministro de Educación de Francia, Jean-Michel Blanquer —un gran conocedor de Colombia, además—, del que extracto el siguiente párrafo:

> *En medio de las circunstancias más adversas, criticado por muchos de sus seguidores, luchando contra el escepticismo y mentes desilusionadas, (usted) apostó por las palabras en lugar de las armas, por la inteligencia a cambio de las pasiones tristes. Nos ha recordado que la confianza es mejor que batallones armados hasta los dientes; ha logrado despertar el interés nacional para convertir en aliados de la democracia a quienes por muchos años estuvieron al margen de la ley, y fue capaz de ofrecer el intercambio de las armas por votos.*

Era la primera visita oficial de un mandatario extranjero que recibía el presidente Macron y eso le dio un carácter singular, que imprimió un tono de espontaneidad y cercanía en nuestra relación. En el banquete oficial que nos ofreció en el Palacio del Eliseo se mezclaron las notas de la ópera con la salsa interpretada por Yuri Buenaventura, un músico del Pacífico colombiano que ha tenido una exitosa carrera en el país galo. Una nueva Colombia, una nación que transitaba hacia la paz, se hizo sentir con su arte y su alegría en París.

Y el apoyo no solo vino de los presidentes franceses. El primer ministro Manuel Valls y el ex primer ministro, y entonces canciller, Jean-Marc Ayrault, también visitaron Colombia para manifestar su respaldo.

* * *

Alemania no se quedó atrás. La canciller Angela Merkel, y los presidentes Joachim Gauck —que en su juventud había luchado contra el régimen totalitario de la República Democrática Alemana y luego trabajó para que las víctimas conocieran la verdad escondida en los archivos de la policía secreta, una experiencia que compartió con nosotros en Colombia— y Frank-Walter Steinmeier —un gran amigo de nuestro país, primero como canciller y luego como presidente— mantuvieron un respaldo permanente a nuestros esfuerzos de paz.

El parlamento alemán (el *Bundestag*) aprobó en julio de 2016 una moción de apoyo al proceso de paz de Colombia, y el ministerio de Asuntos Exteriores de ese país creó en abril de 2015 el cargo de comisionado especial para el proceso de paz en Colombia, en el que designó a Tom Koenigs, exdiputado y experto en derechos humanos.

Un acto muy simbólico ocurrió el 12 de mayo de 2018, en el convento de Asís, en Italia, cuando entregué la Lámpara de la Paz, el mayor reconocimiento que concede la Orden Franciscana, a la canciller Angela Merkel. Yo la había recibido en diciembre de 2016, y los monjes guardianes de la tumba de san Francisco de Asís, patrono de la paz, me pidieron que la entregara ahora a la que ha sido, sin duda, una de las mujeres más poderosas y al mismo tiempo más solidarias de Europa y del mundo en lo que llevamos del siglo XXI.

Le ofrecí unas palabras de homenaje, y la canciller Merkel —que definió la paz como "el deber más noble y universal de la política"— me respondió con otras que me llegaron al corazón:

"Su presidencia y su mandato entrarán en la historia de Colombia como un punto de inflexión por el logro de la paz y la apertura de la reconciliación".

* * *

No puedo terminar este repaso —inevitablemente incompleto— de la solidaridad del continente europeo sin mencionar dos países escandinavos que siempre apoyaron la búsqueda de la paz en Colombia, incluso antes de que iniciara el proceso que llevó a la terminación del conflicto armado con las Farc: Noruega y Suecia.

Noruega —ya lo he dicho— fue un país garante en la mesa de conversaciones y puso a nuestro servicio toda su experiencia en resolución de conflictos en el mundo. Su representante en la mesa, Dag Nylander, estuvo involucrado en el proceso por toda su duración: desde la primera hora hasta el día final. Noruega es el país promotor de la paz por excelencia y, no por nada, la nación que Alfred Nobel designó como responsable de entregar el máximo reconocimiento de la paz a nivel mundial.

El primer ministro Jens Stoltenberg y, desde fines del año 2013, la primera ministra Erna Solberg, fueron fundamentales para garantizar la participación de ese país en los diálogos de La Habana. Su cooperación ha abarcado otras áreas, como el desminado de zonas sembradas con minas antipersonal y la protección del medioambiente. Para mí fue un gusto acompañar, en abril de 2018, a la primera ministra Solberg a Leticia, una ciudad en medio de la selva amazónica colombiana, en la frontera con Perú y Brasil, a ratificar el compromiso de cooperación con nuestro país en materia ambiental hasta el año 2025. También el canciller Borge Brende estuvo siempre muy pendiente del proceso, jugó un papel fundamental y nos acompañó en varios de sus momentos estelares. Ahora preside el Foro Económico Mundial, donde también encontramos un gran apoyo.

Mi recuerdo y mi gratitud con el rey Harald V y la reina Sonia, y con el príncipe Haakon y su esposa Mette-Marit, tienen que ver, por supuesto, con los días de diciembre de 2016 en que estuve en Oslo para recibir el Premio Nobel de la Paz. Su amabilidad, su calidez y hospitalidad hicieron de este evento algo más que inolvidable.

Suecia, por su parte, estuvo siempre disponible para ayudarnos desde el inicio de los diálogos. Por eso, cuando envié, a través de Henry Acosta, mi primer mensaje como presidente a las Farc, les propuse que las reuniones preparatorias y exploratorias las tuviéramos en Suecia o en Brasil, algo a lo que sus respectivos gobiernos ya habían accedido. Finalmente, se realizaron en Venezuela y en Cuba, pero lo cierto es que siempre contamos con el generoso ofrecimiento de Suecia.

Su papel fue fundamental en el inicio del proceso, tanto así que este país financió las actividades de Acosta, cruciales para revivir los contactos con las Farc. Dos mujeres excepcionales, embajadoras de Suecia en Colombia entre los años 2005 y 2017 —Lena Nördstrom y Marie Andersson de Frutos— fueron discretas y eficaces aliadas en la búsqueda de una solución negociada.

La princesa Victoria, heredera al trono, visitó Colombia en 2015, y yo realicé una indispensable escala en Estocolmo —la tierra de Nobel— luego de haber recibido el premio en Oslo, para saludar y agradecer a los reyes Carlos Gustavo y Silvia, y al primer ministro Stefan Löfven, por su permanente cooperación con la paz de Colombia.

EL ABRAZO DE LA REGIÓN

Si en Europa y otros continentes —muchos países de Asia, de África, de Oceanía— nos brindaron su solidaridad, en nuestra propia región, América Latina, el entusiasmo por la paz de Colombia no fue menor. Y es natural, porque la paz de nuestro país es un asunto de seguridad regional, pues nuestro conflicto causaba efectos colaterales perversos en los países vecinos, y facilitaba, además, la producción y el tráfico de drogas ilícitas en los territorios donde las Farc tenían alguna clase de control.

Con Cuba, el país anfitrión, solo tengo motivos de gratitud. Con absoluta generosidad, sin estridencias ni exigencias, el presidente Raúl Castro puso a disposición del proceso de paz colombiano todo el apoyo logístico necesario, y estuvo siempre pendiente de su desarrollo y resultados. Su representante en la mesa, Rodolfo Benítez, fue un magnífico garante, paciente para escuchar y conciliador cuando había que sortear dificultades. Los diálogos —incluyendo la fase exploratoria secreta— se desarrollaron en La Habana entre febrero de 2012 y finales de 2016, cinco años en total, y tengo la certeza de que no se pudo haber hecho mejor elección.

Al terminar mi gobierno, en agosto de 2018, quedó marchando, también en La Habana, un proceso de paz con el ELN —el último reducto guerrillero en el país—, aprovechando la experiencia y la hospitalidad que siempre nos ha brindado Cuba. El presidente Duque retiró la delegación del Gobierno en septiembre y puso como exigencia para retomar el diálogo la liberación de todos los secuestrados por esa guerrilla y el cese de sus actividades terroristas. Infortunadamente, el ELN no entendió el momento histórico y —además de persistir en el secuestro y los atentados contra la infraestructura petrolera— el 17 de enero de 2019 explotó un carro-bomba en la escuela de cadetes de la Policía, en Bogotá, hiriendo a decenas y causando la muerte de veintidós jóvenes que se formaban como policías. Con este acto aberrante, firmó su sentencia como grupo terrorista y generó el rompimiento de los diálogos. Confío en que, en un futuro no muy lejano, reflexionen, cambien de actitud y se encuentre una solución que permita, por fin, la paz completa para Colombia.

El proceso de paz con las Farc, por su parte, generó un efecto multiplicador en las relaciones de Colombia con los países de la región, pues me abrió las puertas y los corazones de muchos mandatarios que, en otras circunstancias, hubieran sido indiferentes. Fue así como pude tener cercanía —y labrar además una excelente amistad— con presidentes con posiciones e ideologías similares a las mías, como Sebastián Piñera, en Chile, y Enrique Peña Nieto, en México, pero también tuve buena relación con otros con los que estábamos en las antípodas políticas, como Evo Morales, en Bolivia, y José Mujica, en Uruguay, quien se convirtió en principal defensor y además en verificador, junto con el expresidente español Felipe González, de nuestro proceso de paz y su implementación.

El caso de Venezuela fue particularmente diciente. Con los presidentes Chávez y Maduro no podíamos ser más diferentes, tanto de carácter como de posición ideológica. Sin embargo, logramos tener una relación armónica, gracias a la cual la nación bolivariana jugó un papel esencial en nuestro proceso de paz. No solo como país acompañante, sino como anfitrión y facilitador, en la fase preparatoria, de los encuentros que hicieron posible la negociación. Es una lástima que las actitudes dictatoriales que asumió Maduro, a partir de la convocatoria de una constituyente espuria en mayo de 2017, hayan dado al traste con este acercamiento.

Y hay muchos más ejemplos. Así como fui amigo de Piñera, tuve siempre excelentes relaciones con Michelle Bachelet, presidenta más de izquierda, y ambos apoyaron con decisión la presencia de Chile en los diálogos de La Habana, en calidad de país acompañante. Contamos con la solidaridad de Lula da Silva y de Dilma Rousseff, en Brasil, pero también de su sucesor Michel Temer, con distinta tendencia política. Lo mismo en Argentina: tanto Cristina Fernández de Kirchner, de izquierda, como Mauricio Macri, de derecha, apoyaron el proceso. Y así fue en Perú, con los presidentes Alan García, Ollanta Humala y Pedro Pablo Kuczynski.

Con Alan García tengo un motivo de gratitud muy particular, por una historia que tiene que ver con la guerrilla y mi seguridad personal. García, perseguido por el régimen de Alberto Fujimori, estuvo asilado en Colombia entre los años 1992 y 2000, y forjó en nuestro país muchas amistades y contactos, incluido Iván Duque Escobar, un político antioqueño que había sido gobernador de Antioquia y ministro de Minas, y que se desempeñaba como registrador nacional del estado civil, buen amigo de mi familia y mío también. ¡Quién iba a imaginar entonces que su hijo, Iván Duque Márquez, se convertiría en mi sucesor en la Presidencia de la República!

Por diversas circunstancias, Alan García se enteró de que las Farc tenían un plan para secuestrarme cerca de Anapoima, a dos horas de Bogotá, donde tengo mi finca de descanso. La guerrilla me venía haciendo seguimiento —yo había sido ministro de Comercio Exterior y me perfilaba como precandidato a la presidencia por el partido Liberal— y había detectado que yo montaba en bicicleta por un camino rural que llevaba de la cabecera municipal de Anapoima a una vereda llamada San Antonio. En ese entonces García no era amigo mío, pero me mandó razón con Iván Duque Escobar de que dejara de hacer esos paseos solitarios en bicicleta. Le hice caso, y luego tuve oportunidad de verificar, por información de inteligencia, que su advertencia había sido no solo verídica sino oportuna. De manera que García y Duque me salvaron de vivir la tragedia de un secuestro.

Ya siendo ambos presidentes, Alan García y yo fuimos principales impulsores de la Alianza del Pacífico, el grupo de integración regional que fundamos Colombia y Perú con Chile y México, y que se ha convertido en el más exitoso ejemplo de integración en América Latina. Debo reconocer que esa idea de integrar a estos cuatro países con costas sobre el océano más grande del planeta nació de una sugerencia que me hizo el hoy lord inglés Tristan Garel-Jones, a quien había conocido en 1992 cuando vino a Colombia como ministro de Relaciones Exteriores para Europa y América Latina del Reino Unido, acompañando la visita del primer ministro John Major —la primera visita de un jefe de Gobierno británico a América Latina—, siendo yo ministro de Comercio Exterior. La idea me la sembró luego, en una conversación que tuvimos en Londres, y finalmente la hicimos realidad con el presidente García —quien fue el más entusiasta—, junto con los presidentes Piñera, de Chile, y Felipe Calderón, de México.

* * *

Tal vez el mejor resumen del amplio apoyo regional, y también mundial, se dio el 27 de septiembre de 2016 cuando se firmó en Cartagena el acuerdo con las Farc con la presencia de representantes de todas partes del planeta. Allí estuvieron, en la tarima, atestiguando ese momento histórico, el secretario general de Naciones Unidas Ban Ki-moon y los presidentes de la Asamblea General, del Consejo de Seguridad y el alto comisionado para los derechos humanos de esa organización; el secretario general de la Organización de Estados Americanos, Luis Almagro; la alta representante de la Unión Europea, Federica Mogherini; el rey emérito Juan Carlos, de España, y los presidentes de Argentina, Bolivia, Costa Rica, Cuba, Chile, Ecuador, El Salvador, Guatemala, Honduras, México, Panamá, Paraguay, Perú, República Dominicana y Venezuela.

Vinieron también a la firma del acuerdo los presidentes del Banco Mundial, Jim Yong Kim; del Fondo Monetario Internacional, Christine Lagarde, y del Banco Interamericano de Desarrollo, Luis Alberto Moreno; la secretaria general iberoamericana,

Rebeca Grynspan; la secretaria de la Cepal, Alicia Bárcenas, y el presidente de la CAF, Enrique García. Además, el secretario de Estado de Estados Unidos, John Kerry; el secretario de Estado del Vaticano, el cardenal Pietro Parolin, y los cancilleres de Noruega y Suecia, entre muchos otros dignatarios y personalidades llegados de todos los confines del planeta.

Era el abrazo jubiloso del mundo a la paz de Colombia. Y era el abrazo de América Latina a la promesa de un continente que se convertía, por fin, en un continente sin guerras, en una zona de paz, tal como lo había declarado la Comunidad de Estados Latinoamericanos y Caribeños, Celac, en su cumbre de La Habana a comienzos del 2014.

¿Qué han significado todas estas muestras de respaldo? La solidaridad del mundo —no solo de Estados Unidos, no solo de Europa, no solo de América Latina, sino de la entera comunidad internacional— con un proceso de paz que ha sido el único con reales posibilidades de éxito en los últimos tiempos.

Así lo confirmó António Guterres, secretario general de la ONU, en una declaración que hizo en el seno de la Asamblea General en septiembre de 2017, y que reafirmaba lo que alguna vez había dicho su antecesor Ban Ki-moon: "Colombia es la única buena noticia que tenemos en Naciones Unidas".

LECCIÓN 5

IMPORTANCIA DEL APOYO INTERNACIONAL

En el mundo interdependiente de hoy, ningún país está solo ni puede pretender lograr sin acompañamiento sus grandes objetivos, como la paz. Solo un amplio respaldo internacional, y sobre todo regional, puede facilitar y garantizar el logro de un acuerdo de paz y, luego, apoyar su compleja implementación. Por eso, informar a la comunidad internacional y convocar su participación y ayuda, en la medida en que estas sean necesarias, fueron pasos esenciales para el éxito del proceso de paz colombiano.

Procesos que terminaron en acuerdos —como los de Sudáfrica, Irlanda del Norte, Centroamérica, Indonesia, Sierra Leona y Angola, para mencionar solo algunos— tuvieron como común denominador la intervención positiva de organizaciones internacionales o de países de las respectivas regiones, que sirvieron para impulsar las conversaciones, o como mediadores, verificadores, garantes o testigos. Un caso modelo fue el llamado Proceso de Esquipulas —construido sobre el camino recorrido por el Grupo de Contadora, donde Colombia, México, Panamá y Venezuela hicieron gestiones, entre 1983 y 1985, para promover la paz en Centroamérica—. En Esquipulas (Guatemala), entre 1985 y 1987, los presidentes de cinco países centroamericanos lograron una hoja de ruta para alcanzar la paz en la región, rodeados por países amigos que respaldaron el proceso. El Premio Nobel de la Paz que se concedió en 1987 al entonces presidente de Costa Rica, Óscar Arias, es un reconocimiento al concepto de cobertura regional y de países amigos.

Las guerras asimétricas —como la que teníamos en Colombia entre el Estado y una guerrilla que acudía a métodos irregulares y francamente terroristas como atentados contra la población civil, voladuras de torres de energía y tubos del oleoducto, uso de minas antipersonal y de armas no convencionales, y que se financiaba a través de delitos como el secuestro, la extorsión y el narcotráfico— no se pueden terminar sin el apoyo de la región, en particular de los países vecinos, que son afectados por dichas actividades criminales y a menudo son usados como refugio por los grupos ilegales.

Siempre tuve claro esto, y por eso mi primer paso, aun antes de enviar la primera propuesta de diálogo a las Farc, fue el de normalizar las relaciones con el Gobierno de Venezuela y posteriormente con el de Ecuador, países con los que Colombia tiene fronteras que, sumadas, llegan a 2.800 kilómetros, particularmente porosas y desprotegidas. Sin la posición de estos dos países a favor del proceso, este difícilmente hubiera podido prosperar.

La participación de Venezuela como país acompañante, junto con la de Cuba —generoso país anfitrión y garante—, dio confianza a la guerrilla para entablar los diálogos, por tratarse de dos naciones con gobiernos afines a sus ideales. Por supuesto, el Estado colombiano tuvo también la tranquilidad de contar con un país acompañante como Chile, que hacía contrapeso en esa balanza ideológica, y a otro con tanta experiencia en el tema de la resolución de conflictos internacionales como Noruega, sirviendo también como garante.

Nuestro proceso no requirió de mediadores, pero sí hizo buen uso de estas figuras de países garantes y acompañantes. Recibimos, además, como signos positivos, la participación de enviados especiales de Estados Unidos, la Unión Europea y Alemania, cuya labor fue de facilitación y de articulación de iniciativas con sus países o regiones de origen. Y, por supuesto, la solidaridad, y a menudo los aportes concretos, de las demás naciones del planeta y de los diferentes organismos multilaterales.

La Cruz Roja Internacional hizo posible los incontables y complejos traslados de negociadores de la guerrilla entre Colombia y Cuba, y viceversa. Y las Naciones Unidas cumplieron, al final del proceso, el más destacado de los papeles, al aprobar, a través del Consejo de Seguridad, una misión política especial, conformada por oficiales de diversos países, para liderar —en un mecanismo tripartito que incluía a las Naciones Unidas, el Gobierno y las Farc— el proceso de verificación y monitoreo del cese al fuego bilateral, y la desmovilización y el desarme de las Farc. Me tocó hablar personalmente con los presidentes de los cinco países miembros permanentes del Consejo de Seguridad, incluyendo a Putin y a Xi Jinping, y todos fueron entusiastas y generosos. Y no se quedó ahí, sino que, concluido el desarme, aprobó que continuara el acompañamiento en temas como la reintegración política económica y social, y las medidas de seguridad personal y colectiva de los desmovilizados, así como programas de seguridad y protección de las comunidades y organizaciones en los territorios. Es resaltable que las cinco resoluciones votadas por el Consejo de Seguridad de la ONU para apoyar nuestro proceso de paz fueron aprobadas todas por unanimidad, algo que pasa muy pocas y nunca tantas veces en este organismo. Al fin y al cabo, para eso se crearon las Naciones Unidas: para promover la paz en el mundo.

De esta manera, la comunidad internacional rodeó el proceso de Colombia, respaldándolo pero no interfiriendo en él. Y luego aplaudió y avaló la firma del acuerdo de fin del conflicto, y el exitoso cumplimiento de la dejación de armas por las Farc.

Como presidente, lideré el esfuerzo para obtener el máximo apoyo internacional, y en este empeño tuve, durante los ocho años de mi gobierno, la mejor de las coequiperas, que fue la canciller María Ángela Holguín, una profesional y diplomática de lujo que se ganó el respeto y la admiración en todos los escenarios en que participó, y que no dudó, cuando se lo pedí, en usar sus habilidades de negociación para ayudar a cerrar el acuerdo de paz en La Habana. En su momento, la tentaron para que se postulara como secretaria general de la ONU pero no se entusiasmó. También le ofrecieron, en su defecto, presidir la Asamblea General y tampoco quiso.

CAPÍTULO XXVI

"NO PODEMOS QUEDARNOS EN LA MITAD DEL CAMINO"

COMPROMISO CON EL CAMPO

El 26 de mayo de 2013, algo más de medio año después de haberse instalado oficialmente los diálogos con las Farc, la mesa de La Habana produjo su primer gran resultado: el preacuerdo —hay que recordar que "Nada está acordado hasta que todo está acordado"— sobre el primer punto de la agenda temática, que era el del desarrollo agrario. El documento se llamó: "Hacia un nuevo campo colombiano: reforma rural integral".

Este fue un logro que nos llenó de esperanza, pues tenía un doble significado: por una parte, era la primera vez en nuestra historia en que el Gobierno y las Farc llegaban a un acuerdo sobre un punto sustantivo —en el Caguán lo intentaron por tres años sin lograrlo—. Por otro lado, porque el preacuerdo a que se había llegado era nada menos que sobre el tema de la tierra y el desarrollo del campo, que había sido la causa del nacimiento de esa guerrilla y el motivo principal de su lucha durante el medio siglo que llevábamos de conflicto.

Para nosotros, como Gobierno, lo pactado sobre este punto lo consideramos más como una oportunidad que como una transacción. Colombia le había dado la espalda al campo y a los campesinos por décadas, había aplazado la resolución del problema de la tierra, así como inversiones indispensables para mejorar la productividad y competitividad de nuestro sector agrario. La mesa de La Habana fue la mejor excusa para comprometer al Estado a priorizar el campo y a hacer reformas que debíamos haber hecho hace mucho tiempo.

Por ejemplo, se pactó la creación de un fondo de tierras, conformado mayoritariamente por predios que han sido adquiridos ilegalmente, para que los campesinos sin tierra o con tierra insuficiente puedan tener terrenos propios para trabajar. Y se pactó un gran programa de titulación masiva para aquellos que no cuentan con título formal de propiedad.

Además, se acordó crear una nueva jurisdicción agraria que asegure la protección de los derechos de propiedad de todos los habitantes del campo. Y algo muy importante: el establecimiento de programas especiales de desarrollo en los territorios más afectados por el conflicto y con mayor presencia de cultivos ilícitos.

Si algo representa, en la práctica, las bondades del proceso de paz es la recuperación de la calidad de vida y el bienestar de esas zonas apartadas del país, condenadas por tanto tiempo al abandono y la violencia. Nuestro propósito fue llevar la presencia del Estado, los servicios sociales, la inversión pública y privada a esas regiones, y para eso creamos en 2017 —en cumplimiento del acuerdo— dieciséis programas de desarrollo con enfoque territorial, PDET, que son realizados y concertados por las propias comunidades. Al terminar el año 2018 más de doscientas treinta y cinco mil personas habían participado en la construcción de estos planes, que comenzarán a ejecutarse en el 2019 y transformarán la realidad de las regiones más olvidadas de nuestro territorio.

Esto es la concreción de lo que el comisionado para la paz Sergio Jaramillo ha llamado la "paz territorial": el desarrollo y la pacificación de los territorios que estuvieron acorralados por la violencia, mediante el trabajo conjunto y concertado de los ciudadanos y las comunidades con las autoridades de todos los niveles. En la medida en que todo esto se lleve a la práctica, se está garantizando la no repetición de las injusticias e inequidades que podrían ser el caldo de cultivo de nuevos conflictos. En otras palabras, se está garantizando la no repetición de la violencia.

Por supuesto, no se acababa de firmar el preacuerdo sobre el primer punto cuando ya se propagaban toda clase de especulaciones para desacreditarlo: que íbamos a expropiar la tierra de los terratenientes, que el fondo de tierras iba a beneficiar a los guerrilleros y no a los pequeños campesinos, que estábamos pactando una reforma agraria a la brava. Nada de esto era así, y procuramos explicarlo en todos los tonos. Lo que se había pactado en La Habana tenía un propósito esencial con el que nadie podría no estar de acuerdo: volcar los esfuerzos del Estado hacia el campo, donde está la mayor pobreza y la mayor inequidad.

El expresidente Uribe —él mismo uno de los mayores terratenientes del país, con inmensas propiedades en el departamento de Córdoba— ha defendido los privilegios de los latifundios, y por eso se opuso a este acuerdo, como se había opuesto a la Ley de Víctimas y de Restitución de Tierras, a pesar de que no afectan a los propietarios legítimos y de buena fe. Uribe nunca pensó que la paz implicara un cambio estructural en el campo colombiano. Por eso negaba la existencia del conflicto armado, pues, si no había conflicto, tampoco era necesario ir a sus raíces para resolverlo.

PRIMERA CRISIS DEL PROCESO

El 22 de agosto de 2013, consciente de que el tiempo corría y de que era necesario ir preparando el camino para la futura refrendación popular de los acuerdos a la que me había comprometido, mi gobierno presentó al Congreso, con el apoyo de los partidos de la unidad nacional, un proyecto de ley estatutaria para facilitarla. El objeto de este proyecto era permitir que el referendo sobre el acuerdo final se pudiera realizar en un día que coincidiera con las elecciones normales, algo que estaba prohibido hasta ese momento.

El propósito era claro: dejar aprobado un mecanismo que nos permitiera votar sobre los acuerdos en lo posible el mismo día de las elecciones legislativas o presidenciales que tendríamos al año siguiente, es decir, el 9 de marzo o el 25 de mayo de 2014. Eso garantizaba la mayor participación de los ciudadanos.

La presentación de ese proyecto presionaba a la Mesa para que produjera resultados con más rapidez, y además facilitaba una forma de refrendación —el referendo o plebiscito—, mientras las Farc hasta entonces insistían en que debería hacerse mediante asamblea constituyente. Por eso, la iniciativa —que solo buscaba dejar abierta una puerta, que no necesariamente teníamos que cruzar— cayó muy mal en la delegación de la guerrilla.

Así las cosas, las Farc decidieron, el 23 de agosto, "hacer una pausa en la discusión de la mesa, para centrarse exclusivamente en el análisis de los alcances de la propuesta gubernamental", a lo que respondí ese mismo día con una declaración concisa pero firme:

> En este proceso, el que decreta las pausas y pone las condiciones no son las Farc. De manera que he tomado la decisión de llamar a los negociadores para que se vengan inmediatamente aquí a evaluar el alcance de ese comunicado, el alcance del comportamiento de las Farc frente

a iniciativas que lo único que están buscando es acelerar la solución
de este conflicto. Y ese análisis lo vamos a hacer aquí. Reanudaremos
las conversaciones cuando lo consideremos apropiado.

Al día siguiente, me reuní con el jefe del equipo negociador Humberto de la Calle y otros delegados en Bogotá, pero ya las Farc habían dejado saber que estaban dispuestas a reanudar las conversaciones el lunes siguiente, con lo que quedaba conjurada la pequeña crisis.

Eso sí, Timochenko no perdió la oportunidad para producir un comunicado en el que criticaba la presentación del proyecto de ley, y agregaba: "Es claro que el Gobierno presiona en todas las formas por un acuerdo antes de fin de año. Pero sus posiciones en la mesa siguen siendo inamovibles en cuanto a no tocar un solo aspecto del orden establecido".

En el fondo, tenía razón: yo sí quería que se produjera un acuerdo ojalá ese mismo año, para no agotar la paciencia de los colombianos, y no estaba dispuesto a negociar el orden económico o político del país, pues ese no era el propósito del proceso de paz. Esas eran mis líneas rojas —las que fijé desde un principio— y los delegados del Gobierno las hacían respetar.

––––––––––––

LAS BALAS POR LOS VOTOS

Las negociaciones —siempre alimentadas por las propuestas ciudadanas en foros nacionales o regionales, o por medio de internet, más la contribución de expertos— siguieron a buen ritmo y fue así como el 6 de noviembre de 2013 pudimos anunciar un segundo preacuerdo, estaba vez sobre el punto de la participación política.

Otro tema crucial. La razón final de todo proceso de paz es doble: la terminación de la guerra y la apertura de una opción política para quien deja las armas. Por eso había sido tan importante el reconocimiento de la existencia del conflicto armado. Porque, si no se hubiera reconocido, si simplemente se considerara como una amenaza terrorista, la negociación no habría podido conducir a una participación política de los desmovilizados. Solo aceptando el conflicto podía entenderse que el desarme de la guerrilla se daba a cambio de su tránsito a la política.

Cambiar las balas por los votos, cambiar las armas por los argumentos. De eso se trataba todo este esfuerzo de paz. Las Farc habían nacido en medio de ese experimento político que fue el Frente Nacional, que significó una alternancia en el poder durante dieciséis años de los dos partidos tradicionales: Liberal y Conservador. El Frente Nacional fue exitoso en cuanto puso fin a la violencia partidista, pero tuvo una consecuencia adversa, que fue la exclusión de las demás fuerzas políticas de la oportunidad de acceder al poder. Eso, en parte, llevó a que algunos partidarios de la izquierda, seguidores de las doctrinas marxista-leninista o maoísta, al ver cerradas las puertas de la democracia tomaran el camino de las armas. Luego, cuando en los años ochenta, gracias al proceso de paz adelantado por el gobierno de Belisario Betancur, se creó la Unión Patriótica, se generó una esperanza de participación política que fue cruelmente apagada por el sistemático asesinato de sus miembros por parte de oscuras fuerzas de derecha coligadas con el narcotráfico.

Nuestro reto era lograr un acuerdo sobre la participación política que permitiera a los exguerrilleros jugar activamente en la democracia, pero que les diera, además, las garantías de seguridad y jurídicas para hacerlo. Todo esto sin perjuicio de que respondieran a la justicia y las víctimas, en la forma en que se pactara.

Y fuimos más allá: como no se trataba solamente de terminar un conflicto, sino de eliminar las razones que propiciaran cualquier nuevo conflicto en el futuro, se acordaron medidas para ampliar la democracia, dar más transparencia a las elecciones y garantizar la participación política no solo de los desmovilizados sino de las regiones del país que, por causa de la violencia, habían pasado décadas sin tener representación en las instancias del poder.

¿Qué se acordó? Entre otras cosas, poner en marcha un sistema integral de seguridad para el ejercicio de la política, que protegiera a los miembros de las Farc una vez dejaran las armas y les permitiera entrar sin riesgo en el debate público. Así se cumplió luego, y fue emocionante ver a los antiguos guerrilleros custodiados por miembros de la fuerza pública que antes los combatían, o por sus propios hombres que fueron capacitados para formar parte de esquemas de protección de sus dirigentes.

Tristemente, luego de la firma del acuerdo de paz se han presentado múltiples asesinatos de dirigentes sociales o comunitarios, representantes de las víctimas o de los reclamantes de tierras, y también de algunos desmovilizados de la guerrilla, que han despertado el clamor y la indignación de la sociedad. Múltiples factores y múltiples actores —bandas criminales que se disputan el control de los cultivos ilícitos y las actividades de minería ilegal, poseedores ilegítimos de tierra que se resisten a devolverla, extremistas de derecha que disparan contra los símbolos de la reconciliación— han tenido que ver con estas muertes. Antes de dejar la presidencia, tomé medidas de protección, de prevención y de reacción frente a estos hechos. Establecimos una comisión especial presidida por mí, con la participación de organismos internacionales y ONG de derechos humanos, para hacerle seguimiento a este fenómeno. También firmamos una proclama con todos los sectores políticos, incluido mi sucesor Iván Duque

—el expresidente Uribe se negó a firmarla—, para rechazar esta violencia contra los líderes sociales, que es una violencia contra la paz.

Se acordó asimismo la necesidad de expedir un estatuto de la oposición, que garantizara y protegiera esta actividad fundamental en cualquier democracia. Era una deuda de más de veinticinco años, pues dicho estatuto estaba ordenado por nuestra Constitución, pero nunca se había podido expedir. Felizmente, un par de semanas antes de terminar mi gobierno alcancé a cumplir este compromiso y dejé en vigencia este estatuto que rodea de mejores garantías el ejercicio de la oposición en Colombia.

También se pactó la creación de circunscripciones transitorias en la Cámara de Representantes para que los territorios que más han sufrido la violencia, y que por eso han estado excluidos de la política, tengan por dos periodos representación en el órgano legislativo. Estas circunscripciones no alcanzaron a ser aprobadas por el Congreso, por las críticas de quienes aducían que eran curules para las Farc, cuando en realidad eran curules para las víctimas. La tarea quedó en manos del nuevo Congreso que se posesionó en julio de 2018. Infortunadamente, al terminar la primera mitad de la legislatura, en diciembre, el proyecto se hundió por la oposición del uribismo y la falta de voluntad de otros partidos y del mismo gobierno. Tendrá que volver a presentarse, porque a las víctimas hay que cumplirles.

Hay algo más, que no hizo parte de este punto, sino del punto del fin del conflicto que se aprobó luego, pero lo menciono acá porque es central en la participación política de las Farc: como una medida para la incorporación a la democracia de esta guerrilla —una vez desarmada y convertida en un partido político—, se garantizó su representación en el Congreso por dos periodos constitucionales contados a partir del 20 de julio de 2018, vale decir, por el periodo 2018-2022 y el 2022-2026.

El partido político que surgiera de las Farc desmovilizadas podía participar en las elecciones, como cualquier otro movimiento político, y elegir senadores o representantes. Pero si no alcanzaran los votos necesarios, se les garantizaba, por dos periodos, al menos una representación de cinco senadores y cinco representantes.

Y así se aplicó: contra los pronósticos alarmistas de muchos que auguraban que el partido de las antiguas Farc —que se siguió llamando Farc pero con otro significado: Fuerza Alternativa Revolucionaria del Común— sacaría una gran votación, porque tenían capacidad de coacción sobre muchas zonas donde tuvieron influencia, o porque tenían ingentes sumas de dinero para comprar los votos, en las elecciones parlamentarias de marzo de 2018 solo obtuvieron algo más de ochenta y cinco mil votos, entre Senado y Cámara, que no les alcanzaron para elegir ni un solo congresista. Se cumplió entonces lo pactado como garantía mínima de representación, y fue así como el 20 de julio de 2018 se posesionaron ocho congresistas del partido Farc —en diciembre se posesionó uno más y hay una curul pendiente de ser ocupada—, una concesión importante pero no determinante si se tiene en cuenta que el Congreso quedó conformado por un total de doscientos ochenta miembros.

Fue emocionante ver en las elecciones parlamentarias y en las elecciones presidenciales a excomandantes de las Farc que nunca habían votado ejercer el derecho al voto como cualquier ciudadano. Y ver a sus candidatos al Congreso hacer campañas en las plazas, usando el único poder de la palabra, así fueran abucheados y rechazados en ocasiones por personas que se resisten a verlos en la arena política. Pero siempre preferiré ver a un colombiano echando un discurso que echando bala. Y para eso —precisamente para eso— se hizo el proceso de paz.

UNA DECISIÓN A CONTRAPELO

El proceso avanzaba —ya teníamos preacuerdos sobre dos temas principalísimos— pero no al ritmo que había imaginado, y veía con preocupación que terminaba mi periodo de gobierno sin que se viera garantizado su éxito. La oposición, mientras tanto, disparaba todos los días en los medios y las redes sociales toda clase de trinos, discursos, memes, desinformación y mentiras, contra el proceso de paz, y tenía prácticamente a la mitad del país dudando de sus ventajas, ¡dudando de las ventajas de terminar la guerra!

En estas circunstancias se aproximaba el momento en que tenía que decidir si lanzaba o no mi candidatura a la reelección, utilizando la reforma del "articulito" de la Constitución que había promovido mi antecesor y que dejaba abierta esta posibilidad. Como ya lo he dicho, soy enemigo de la reelección. Creo que conduce al caudillismo, al personalismo, y que atenta contra el debido equilibrio en los poderes del Estado. Siempre he creído que las democracias deben funcionar por sus instituciones, no por caudillos. Personalmente, además, no estaba interesado en liderar otro periodo de gobierno. Gobernar es un inmenso privilegio pero también una pesada carga que implica enormes sacrificios personales y familiares, y yo no estaba en absoluto aferrado a ese poder efímero que es la presidencia.

Con absoluta sinceridad lo digo: hubiera preferido no tener que reelegirme y pasar el testigo a un nuevo presidente que sacara adelante el proyecto más importante para el futuro de Colombia, que era la terminación de un conflicto de medio siglo con las Farc, que había generado dolor y atraso, y era un freno para el progreso del país.

Sin embargo, las circunstancias no eran propicias para esta opción. En octubre de 2013, el partido Centro Democrático, liderado por el expresidente Uribe, proclamó como su candidato para el periodo 2014-2018 a Óscar Iván Zuluaga, quien había sido su ministro de Hacienda y prometía que apenas llegara a la Casa de Nariño, suspendería el proceso de paz. Las encuestas mostraban que su candidatura era apoyada por un porcentaje importante de la población, y yo entendí, con una mezcla de realismo y resignación, que mi deber era mantener en alto la bandera de la paz por otro periodo más hasta ver concluido el proceso y firmado el acuerdo de terminación del conflicto con las Farc. Era imposible dejarlo expósito.

Fue así como el 20 de noviembre de 2013 —cuando ya estaba por vencerse el plazo legal para hacer el anuncio— dirigí una alocución a los colombianos que empezó con las siguientes palabras:

> *Hoy quiero anunciarles que el próximo lunes 25 de noviembre, como lo establece la ley, radicaré ante la Registraduría la carta en la que protocolizo mi interés en ser candidato a la presidencia para el periodo 2014-2018.*
>
> *Lo hago porque estoy convencido de que hemos avanzado lo suficiente y que, por fin, es posible llegar a ese futuro de prosperidad y de paz que merecemos todos los colombianos. Lo hago porque cuando se ve la luz al final del túnel, no se da marcha atrás. ¡Y no vamos a hacerlo! No podemos quedarnos en la mitad del camino. Tenemos que terminar la tarea que entre todos hemos comenzado.*

Y concluí de esta manera:

> *Yo esperaba que las negociaciones fueran más rápidas y que lográramos un acuerdo final antes de un año. No ha sido así. Han tardado más. Pero lo cierto es que hay progreso en las conversaciones y avances muy importantes.*
>
> *Por primera vez hemos alcanzado acuerdos en materias de fondo como el desarrollo rural y la participación política. La guerrilla no solo ha aceptado discutir la desmovilización, la integración a la*

sociedad y la dejación de las armas, sino que ha aceptado acogerse a las reglas de la democracia.

Mi deber como mandatario, mi obligación como colombiano, es no permitir que se pierda todo lo que hemos logrado en los esfuerzos de paz, gracias —y no me cansaré de repetirlo— al valor de nuestra fuerza pública y al apoyo de mis compatriotas.

La paz es el bien supremo de cualquier nación. La paz debe estar por encima de rencillas y mezquindades políticas. Debe unirnos en lugar de dividirnos. Por eso convocaré a todos los sectores que apoyan la paz —algunos incluso que no están de acuerdo conmigo— a que trabajemos juntos para defender lo que se ha alcanzado y para llevar a buen puerto este proceso.

CAPÍTULO XXVII

EL PROBLEMA
DE LAS DROGAS

LA GUERRA QUE EL MUNDO ESTÁ PERDIENDO

El nombre de Colombia, para nuestra vergüenza, lo asocian en el mundo a la cocaína y a personajes siniestros como Pablo Escobar, que se han vuelto populares en exitosas series y películas. Pero Colombia no es la causante de este problema, sino una víctima de la adicción de millones de personas en todo el planeta a los estupefacientes. Nuestros mejores hombres y mujeres —militares y policías, jueces, periodistas, políticos, candidatos presidenciales— han caído en esta guerra contra las drogas y no por ello hemos claudicado. Todo lo contrario. Hemos combatido, con todos nuestros recursos logísticos y humanos, y con el apoyo de Estados Unidos, a la producción de coca y el negocio del narcotráfico en nuestro país, pero su rentabilidad es tan grande que, una vez desmantelado un cartel o capturado un capo, surgen otros para buscar el camino del enriquecimiento fácil.

446 | LA BATALLA POR LA PAZ |

Toda demanda crea oferta, esa es una regla elemental de la economía y es lo que ocurre con las drogas. Mientras subsista una demanda tan grande en el mundo por la cocaína y esta se mantenga prohibida, siempre habrá organizaciones criminales en Colombia o en cualquier otra parte que se dediquen a producirla y a venderla. Cuando aquí acabamos con los grandes carteles, surgió el problema en México. Cuando evitamos la salida de estupefacientes en aeronaves, comenzaron a utilizar pistas en Venezuela. Es un problema sin fin, mientras no enfrentemos la raíz del problema, que es el consumo.

En 1961 se firmó en Naciones Unidas la Convención Única sobre Estupefacientes. Diez años después, en 1971 el presidente estadounidense Richard Nixon declaró la guerra contra las drogas. Ha pasado casi medio siglo desde esta declaración y hay que reconocer que esa guerra no la hemos ganado ni la estamos ganando a pesar de todos los recursos y los muertos que nos ha costado. Es como pedalear sobre una bicicleta estática. Uno mira a la izquierda, mira a la derecha, y no cambia el paisaje: por mucho que se esfuerce no se avanza.

El progreso obtenido con toda clase de mecanismos —fumigación de cultivos, interdicción aérea y marítima, extradición, persecución policial y militar— no ha sido suficiente para frenar un flagelo que se transforma con mucha agilidad. Si algún país, luego de tantos sacrificios, tiene autoridad moral para proponer un giro en la estrategia, es Colombia.

Por eso, desde la Cumbre de las Américas de Cartagena, en abril de 2012, en la que nos reunimos treinta mandatarios de la región, incluido el presidente Obama, propuse que evaluáramos —sin prejuicios y a través de un lente objetivo y científico— los esfuerzos contra el narcotráfico. Allí dimos un mandato a la Organización de Estados Americanos para que hiciera un estudio hemisférico sobre drogas, el cual se realizó, incluyendo un análisis de escenarios posibles siguiendo la metodología de Adam Kahane, el mismo experto canadiense en resolución de conflictos que traje a Colombia en 1996 para que nos ayudara a plantear caminos hacia la paz.

También propuse la convocatoria de una sesión especial de la Asamblea General de Naciones Unidas para tratar, específicamente, el problema mundial de las drogas, y explorar nuevas soluciones, sesión que se realizó en Nueva York en abril de 2016. El diagnóstico era claro: si hemos aplicado una receta —basada principalmente en la represión— por tanto tiempo y no hemos resuelto el problema, es necesario replantear el tratamiento.

Hubo algunos avances en esta sesión especial. Se aceptó que las convenciones de drogas tienen un margen de flexibilidad en su aplicación, pues deben adaptarse a las circunstancias particulares de cada Estado. También hubo acuerdo sobre la necesidad de garantizar el acceso a sustancias controladas para usos médicos y científicos, y de tomar medidas para reducir los riesgos y el daño causado por el consumo. Pero sigue faltando mucho. Quedó pendiente el reconocimiento de que el problema de las drogas debe atacarse dentro de un enfoque de respeto a los derechos humanos, y la definición del consumo de drogas como un tema de salud pública y no de política criminal.

Se requiere, además, un mínimo de coherencia. ¿Cómo se le explica a un campesino colombiano que va a ir a la cárcel por cultivar marihuana, cuando cualquier persona en los estados de Colorado o de Washington, en Estados Unidos, puede producirla, venderla y consumirla libremente? Mi propuesta, como presidente de Colombia, fue clara e insistente: hay que enfocar nuestra lucha contra los eslabones más fuertes de la cadena, que son los grandes narcotraficantes, los proveedores de insumos químicos y las organizaciones que facilitan el lavado de activos. A las mafias hay que golpearlas donde más les duele: persiguiendo los dineros mal habidos y quitándoles esas utilidades exorbitantes que tanta violencia y corrupción generan.

Es hora de aceptar, con realismo, que mientras haya consumo habrá oferta, y que el consumo no se va a acabar. Y algo más: aceptar que, así como no tenemos un mundo libre de alcohol, de tabaco o de violencia, no tendremos tampoco un mundo libre de drogas. Pero sí podemos reducir los efectos de una costosa guerra que no ha cumplido su objetivo. Y eso solo se logrará si la comunidad internacional —no solo un país, pues Colombia no puede hacerlo sola— decide cambiar su estrategia fallida y mirar el problema con mentalidad amplia. Debemos estudiar, por ejemplo, experiencias de mercados regulados de drogas en países como Uruguay, Portugal o Canadá, para analizar sus logros y también sus desventajas.

No tengo la fórmula mágica, nadie la tiene, pero sí tengo una certeza que he expuesto en diversos escenarios del mundo: hay que cambiar la estrategia, pues la que hemos aplicado por medio siglo no ha funcionado.

COMPROMISO DE LAS FARC FRENTE AL NARCOTRÁFICO

Cuando se discutió la definición de los puntos de la agenda de negociación en La Habana, en la llamada fase exploratoria que se desarrolló durante seis meses del año 2012, insistí a mis delegados en que uno de los puntos de esa agenda debía ser el del problema de las drogas ilícitas. ¿Por qué? Simple y llanamente porque las Farc, desde la década del ochenta, participaban en el negocio del narcotráfico, primero cobrando por la protección de cultivos ilícitos y luego involucrándose a través de varios de sus frentes con el procesamiento, el transporte y la exportación de la cocaína, un negocio del que provenía gran parte de sus recursos. No podíamos ignorar la relación entre el conflicto y las drogas.

Sin su involucramiento con el narcotráfico, las Farc posiblemente habrían sido derrotadas hace mucho tiempo. El dinero de las drogas les dio aire para sobrevivir, y se convirtió en armas y municiones para el sostenimiento de la guerra. Las Farc habían participado en el negocio del narcotráfico —así sus comandantes insistieran en que solo cobraban el llamado impuesto de gramaje, una especie de peaje por cada kilo de coca que salía de los territorios que controlaban—, y por eso debían aportar a su solución. Esa fue mi exigencia y, siguiendo esta instrucción perentoria, los delegados del Gobierno lograron que se incluyera, como punto 4 de la agenda, la "solución al problema de las drogas ilícitas".

Luego de meses de debate, de escuchar los conceptos de expertos y de recibir miles de propuestas de ciudadanos y organizaciones, la mesa de La Habana logró, el 16 de mayo de 2014, un tercer acuerdo parcial, esta vez sobre ese punto relacionado con las drogas ilícitas.

Lo primero que se pactó fue la realización de un programa de erradicación y sustitución de los cultivos ilícitos, donde no solo se erradique la coca sino que se trabaje de la mano con las comunidades para resolver el problema. El objetivo es elaborar planes de sustitución voluntaria que les garantice a los campesinos cocaleros que abandonen esta actividad un ingreso estable proveniente de cultivos legales. El Gobierno se reservó la posibilidad de la aspersión si las circunstancias no permitían erradicar los cultivos manualmente.

También se llegó a un acuerdo muy importante sobre el desminado de la tierra, para evitar que más campesinos caigan en las trampas de las minas antipersonal o sigan expuestos a ese peligro. Las Farc se comprometieron a suministrar información para ubicar las minas sembradas y, de hecho, se realizaron en medio del proceso un par de programas piloto de desminado de veredas, en el que los batallones del Ejército destinados a esta tarea trabajaron en conjunto con los guerrilleros, que identificaban los puntos donde había minas.

Al finalizar mi gobierno, en agosto de 2018, y gracias al acuerdo de paz, habíamos avanzado mucho en el desminado. Colombia, que ocupaba el segundo lugar en el mundo, solo superada por Afganistán, entre los países con más víctimas de minas antipersonal, bajó al décimo lugar de ese vergonzoso *ranking*. Pasamos de tener más de 1.200 víctimas de minas en el año 2006 a tener 57 en el año 2017. Y el trabajo quedó muy avanzado: de 673 municipios con presencia de minas, pudimos dejar, en julio de 2018, a 264 municipios declarados como libres de sospecha de minas. El proceso de desminado continúa con una activa cooperación internacional liderada por Estados Unidos y Noruega, y con la participación de otras veintitrés naciones que conforman la Iniciativa Global de Desminado Humanitario. Retirar y desactivar las minas es mucho más que una obligación humanitaria: es devolver la tierra y la esperanza a los campesinos colombianos.

Se acordó también, en este punto, tratar el consumo de drogas con un enfoque de derechos humanos y de salud pública, y concentrar todos los esfuerzos en atacar el crimen organizado, esas mafias enquistadas en los territorios que no solo generan violencia y corrupción sino que ponen en peligro la construcción de la paz.

Y algo muy importante, tal vez lo más fundamental: las Farc se comprometieron a contribuir de manera efectiva —de diferentes formas y mediante acciones prácticas— con la solución definitiva al problema de las drogas ilícitas, y a poner fin a cualquier relación con ese fenómeno. Este grupo nunca aceptó ser narcotraficante y mucho menos la denominación del "mayor cartel de las drogas en el mundo" que alguna vez le adjudicaron la DEA y otras autoridades estadounidenses, pero sí admitió diversas clases de vinculación con esta actividad, las cuales se comprometió a cesar.

Esto fue un giro histórico: la organización que protegía cultivos ilícitos y narcotraficantes terminó convertida en una aliada para terminar esta actividad y para apoyar los planes de erradicación voluntaria y de sustitución de cultivos.

_____

EL AUMENTO DE LOS CULTIVOS ILÍCITOS

En marzo de 2015, la Organización Mundial de la Salud, OMS, incluyó al herbicida glifosato, que utilizábamos en Colombia para la fumigación de cultivos ilícitos, en su lista de elementos potencialmente cancerígenos y dañinos para la salud humana. Nuestra Corte Constitucional, basada en dichos estudios, ordenó la suspensión del uso de esta sustancia con base en el principio de precaución, que indica que, ante evidencias científicas de posibles peligros para la salud humana, debe primar la defensa de la salud de los colombianos.

Con estos elementos en la mano, el Gobierno determinó, ese mismo año 2015, suspender las fumigaciones de glifosato sobre cultivos ilícitos. La oposición, por supuesto, argumentó que habíamos tomado esta decisión como una concesión a las Farc en la mesa de La Habana. Nada más errado. Nos basamos en el estudio de la OMS y en el fallo de la Corte Constitucional, y en un hecho adicional: la fumigación con glifosato, con todo lo costosa que era, no estaba siendo efectiva.

Entre el año 2000 y el 2015 se fumigaron con glifosato 1,8 millones de hectáreas de cultivos de coca y se erradicaron otras 400.000 hectáreas manualmente, y, sin embargo, solo se lograron reducir las hectáreas de 160.000 a 48.000 en el año 2012, que ha sido la medición más baja que se ha tenido. Resulta claro que el esfuerzo no corresponde a los resultados, y esto se debe a dos factores: la resiembra inmediata de los cultivos y la proliferación de técnicas —incluso artesanales, como la utilización de agua de panela para proteger las hojas— para evitar que el herbicida afecte a las plantas.

Cuando decidimos suspender la fumigación aérea con glifosato en el año 2015, ya los cultivos ilícitos, a pesar de la aspersión, presentaban una tendencia creciente. La apreciación del dólar frente al peso había hecho mucho más rentable esta actividad, lo que estimulaba a los campesinos a sembrar. Por otro lado, hay que admitir que el acuerdo parcial sobre el punto de las drogas en La Habana tuvo un efecto colateral indeseado y es que, ante la posibilidad cercana de que a los cultivadores de coca no se les castigara penalmente sino que, por el contrario, se les incluyera en programas de erradicación voluntaria y sustitución de cultivos con estímulos y apoyo por parte del Estado, muchos decidieron sembrar para ganarse esos beneficios.

Para el año 2017, los cultivos ilícitos en Colombia llegaron a un récord de 180.000 hectáreas, según el sistema de monitoreo de Naciones Unidas, o 209.000 hectáreas, según la medición que hacen los Estados Unidos. Una situación que alarmó, con razón, a las autoridades estadounidenses, comenzando por el presidente Trump, y también a las colombianas. Para mí, esos resultados, si bien son comprensibles por las razones expuestas, no dejaron de ser una frustración. Pero son temporales. Sin las Farc en el terreno, protegiendo cientos de miles de hectáreas o sirviendo de intermediarias entre los cultivadores y los narcotraficantes, las fuerzas del Estado están alcanzando zonas donde antes no llegaban y es de esperarse que la tendencia vuelva a ser a la baja.

La solución de los cultivos ilícitos es estructural y no depende de si fumigamos desde aeronaves, si erradicamos manualmente

EL PROBLEMA DE LAS DROGAS

o si lo hacemos con aspersión a baja altura con drones, sino de dar verdaderas oportunidades de progreso a los campesinos con cultivos lícitos, algo que solo podíamos hacer si antes terminábamos el conflicto armado con las Farc. Ese es el único camino viable. Al irme del gobierno, dejé en marcha acciones para erradicar, en 2018, 110.000 hectáreas de coca —70.000 forzosamente y 40.000 por acuerdos de sustitución voluntaria— y es de esperarse que la situación evolucione favorablemente.

Sin embargo —hay que decirlo—, será difícil para Colombia dejar de ser el primer exportador de cocaína mientras en el mundo no se enfrente eficientemente el problema del consumo, no se persigan las grandes fortunas del narcotráfico que circulan por el sistema financiero internacional, y la guerra contra las drogas continúe repitiendo la misma estrategia fracasada. Es decir, mientras sigamos pedaleando, sin avanzar, a lomos de una bicicleta estática.

CAPÍTULO XXVIII

LAS ELECCIONES DE LA PAZ

LA PRIMERA VUELTA

La campaña para la reelección en 2014 fue más larga, e incluso más difícil que la de cuatro años atrás para mi primera elección. Un presidente en ejercicio debe duplicarse en una campaña electoral: por una parte, seguir cumpliendo con sus deberes de gobierno, como si no fuera candidato, y por la otra, recorrer el país, y asistir a debates y manifestaciones para explicar sus propuestas.

La economía iba bien, el desempleo y la pobreza disminuían, los homicidios y secuestros también bajaban, los golpes contra las guerrillas continuaban —pues estábamos negociando en medio del conflicto—, y habíamos logrado avances sociales como la educación gratuita para los niños de todos los grados en los colegios públicos o la puesta en marcha de un programa de viviendas gratis para las familias más pobres del país. Todo eso podía favorecer mi aspiración a reelegirme. Pero lo cierto es que la campaña no se basó en la economía, en el empleo, en la lucha contra la pobreza ni en los avances en seguridad. La campaña se basó, casi exclusivamente, en el apoyo o no a la continuidad del proceso de paz.

Mientras yo proclamaba y explicaba las ventajas de la paz que estábamos negociando, mi principal opositor, Óscar Iván Zuluaga, del partido Centro Democrático, se empeñaba en desacreditar el proceso. No solo él, sino también su jefe, el expresidente Uribe, y todos sus seguidores anunciaban a diestra y siniestra que el proceso era una entrega del país a las Farc, que habría impunidad para los guerrilleros, que íbamos a reducir los beneficios de los miembros de las Fuerzas Armadas y que llevaríamos al país a convertirse en una nueva Venezuela. Se inventaron un término —el castrochavismo— y se enfocaron en decir que el proceso de paz llevaría a Colombia hacia el castrochavismo, como si el acuerdo de paz tuviera como efecto que se instalara en nuestra nación un gobierno afín a la ideología de Fidel Castro y de Hugo Chávez, con las catastróficas consecuencias sociales y políticas que podíamos constatar en Venezuela.

Presenté mi candidatura a la reelección llevando como mi compañero de fórmula, como vicepresidente, a Germán Vargas, quien había sido mi ministro del Interior y de Justicia, y luego de Vivienda. Esta vez conté con el aval de mi partido de la U, además del partido Liberal y de Cambio Radical. Aparte de mi candidatura y la de Zuluaga, hubo otros tres candidatos: Marta Lucía Ramírez, que había sido mi viceministra en el ministerio de Comercio Exterior, y representaba al partido Conservador; Clara López, una combativa dirigente de izquierda que apoyaba la búsqueda de la paz y representaba al partido Polo Democrático, y Enrique Peñalosa, exalcalde de Bogotá, por el partido Alianza Verde, cuya candidatura se basaba más en la promoción de valores cívicos.

Una revelación incómoda, conocida pocas semanas antes de la primera vuelta, demostró la guerra sucia de la campaña

LAS ELECCIONES DE LA PAZ   457

de Zuluaga contra el proceso de paz y contra mi candidatura. Se conoció un video en el que aparecían Zuluaga y el director de su campaña, Luis Alfonso Hoyos, reunidos con Andrés Fernando Sepúlveda, un *hacker* profesional a quien habían contratado, en el que este les mostraba orgulloso la información confidencial que había obtenido de inteligencia militar sobre los jefes guerrilleros que negociaban en La Habana y les contaba cómo la iba a usar para desacreditar el proceso de paz. Ni Zuluaga ni Hoyos se mostraron sorprendidos por su informe sino que, por el contrario, le hicieron más preguntas al *hacker* sobre lo que había descubierto de manera ilegal y la manera como lo podrían utilizar contra mi campaña.

El video fue divulgado por los medios y llevó al arresto de Sepúlveda, y a la renuncia a su cargo en la campaña y posterior huida del país de Hoyos. Zuluaga, contra toda evidencia, primero intentó negar que él fuera la persona que aparecía en el video y finalmente dijo que había pasado solamente a saludar, pero que no estaba al tanto ni había aprobado ninguna operación ilegal. Lo cierto es que esto acabó de confirmar hasta dónde estaban dispuestos a llegar para ganar la presidencia.

Con este escándalo todavía fresco se realizaron las elecciones de primera vuelta el 25 de mayo de 2014, en las que Zuluaga obtuvo el primer lugar con 3.769.005 votos, equivalentes al 29,5 %, y yo quedé en el segundo lugar con 3.310.794 votos, equivalentes al 25,7 %. Los otros tres candidatos tuvieron votaciones significativas: tanto Marta Lucía Ramírez como Clara Obregón se acercaron, cada una, a los dos millones de votos, mientras Enrique Peñalosa superó el millón de sufragios.

LA SEGUNDA VUELTA

Este primer resultado adverso fue un campanazo de alerta para la paz, que se veía en peligro ante la delantera que llevaba el candidato del Centro Democrático. Felizmente, en las tres semanas que separaban la primera vuelta de la segunda, mi candidatura recibió adhesiones de muchos sectores —sobre todo sectores de izquierda— que apoyaban la paz así no estuvieran de acuerdo con otros aspectos de mis propuestas o de mi gobierno. Fue así como recibí las adhesiones de Clara López, de Aída Avella —líder y sobreviviente de la Unión Patriótica—, de Antanas Mockus —que había sido mi contendor cuatro años atrás—, de muchos artistas e intelectuales, y tuve el apoyo también del movimiento Progresistas, que seguía la orientación del entonces alcalde de Bogotá Gustavo Petro. Marta Lucía Ramírez adhirió a la campaña de Zuluaga, si bien la mayoría de los congresistas conservadores y el expresidente conservador Belisario Betancur me apoyaron a mí. Peñalosa no tomó partido y dejó en libertad a sus seguidores.

Con este nuevo panorama electoral, mi candidatura se vio fortalecida por el apoyo espontáneo y multitudinario de la izquierda que, más allá de sus críticas a mi gobierno sobre muchos temas, entendía que la paz era un fin primordial que estaba por encima de cualquier diferencia. Y este apoyo fue absolutamente crucial.

Una semana antes de las elecciones de segunda vuelta, el candidato Zuluaga, afectado por una laringitis, suspendió sus actividades de campaña y se excusó de participar en un debate en televisión que tenía programado conmigo. Finalmente, el domingo 15 de junio los ciudadanos dieron su última palabra en las urnas: 7.816.987 —un 51 %— votaron por mí y 6.905.001 —el 45 %— por Zuluaga. ¡El proceso de paz se había salvado!

En un giro singular de la historia, en 2010 me eligieron los votos de la derecha, y en 2014 me eligieron los votos de la izquierda, sumados con los del centro político y con los de muchos colombianos que, sin estar afiliados a ninguna ideología, apoyaban el proceso que estábamos adelantando. Algo similar —un cambio en la composición de su electorado— les ocurrió a De Gaulle, en Francia, y a Sharon, en Israel, cuando hicieron movimientos hacia la paz.

Esos más de 7,8 millones de ciudadanos que votaron por mí habían votado en realidad por la paz, y mi deber era estar a la altura de este compromiso.

CAPÍTULO XXIX

EL EJEMPLO
DE LAS VÍCTIMAS

"ESTA SERÁ LA ETAPA MÁS DIFÍCIL Y MÁS EXIGENTE"

Lo que quedaba por discutir en La Habana —luego de lograr los acuerdos parciales sobre desarrollo rural, sobre participación política y el problema de las drogas ilícitas— no era nada fácil: el punto de las víctimas, que incluía la garantía de sus derechos a la verdad, la justicia, la reparación y la no repetición, y el punto del fin del conflicto, que incluía el espinoso tema de la dejación de armas y la reincorporación de los excombatientes a la vida civil.

Por eso, en mi discurso de posesión para mi segundo periodo presidencial, el 7 de agosto de 2014, dije:

¡Voy a emplear todas mis energías en cumplir con ese mandato de paz! Pero más que celebrar nuestros logros, les recuerdo que entramos ya en la fase final de las conversaciones. Y que, como todo final, esta será la etapa más difícil y más exigente. Va a exigir sacrificios de

todos nosotros. Y, sobre todo, va a exigir decisiones. Antes que nada, decisiones sobre las víctimas.

¿Qué familia no tiene un padre o una madre, un hermano o una hermana, un primo o un amigo que no haya sido víctima del conflicto? Con la Ley de Víctimas dimos un paso muy importante. Pero el paso crucial es poner fin al conflicto para garantizar que no haya más víctimas y que sus derechos puedan ser satisfechos de la mejor manera.

Hay que mostrar disposición real de contar la verdad; de esclarecer qué pasó y por qué; de participar en procesos de reparación, y de encontrar una fórmula de justicia que sea aceptable para las víctimas y para el pueblo colombiano.

No sabíamos entonces que la discusión del punto sobre víctimas en La Habana, que había comenzado el 7 de mayo de 2014 con una declaración conjunta de los integrantes de la mesa de conversaciones sobre los principios que guiarían la discusión en este tema, iba a demorar un año y medio, hasta fines del año 2015, e iba a poner el proceso al borde del abismo, en particular por la dificultad para llegar a un acuerdo sobre la justicia.

"EL PERDÓN ES INFINITO"

Mao Tse Tung, antes de iniciar su famosa larga marcha en 1934, recordó un adagio de Lao Tse que siempre deberíamos tener en cuenta: "Un viaje de mil millas comienza con el primer paso". Así lo entendí en el difícil camino que emprendí, desde 1996, cuando convoqué aquella reunión de la Abadía de Monserrat, para buscar salidas creativas hacia la paz en Colombia. O inclusive desde antes, en 1991, cuando en Nueva York, siendo yo ministro de Comercio Exterior, un empresario me dijo que

Colombia nunca tendría verdadera inversión mientras subsistiera el conflicto armado. Ahí comencé a soñar con la paz. Y lo puse en práctica también en el tema de las víctimas.

El conflicto armado produjo, en medio siglo, más de ocho millones de víctimas en el país, y reconocerlas, repararlas y acompañarlas era una deuda moral e histórica que la sociedad colombiana tenía con ellas. Una deuda que demorará muchos años en pagarse, pero que debíamos empezar a hacerlo cuanto antes. Teníamos que dar el primer paso. Y ese primer paso, aun antes de iniciar el proceso de paz con las Farc, fue la Ley de Víctimas y de Restitución de Tierras a la que ya me he referido.

En mi mente y en mi corazón siempre tuve claro que el objetivo de la paz es dual: por un lado, satisfacer los derechos de las víctimas que ha dejado la guerra y, por otro, impedir que se produzcan nuevas víctimas. Y esta convicción, que transmití a los negociadores del Gobierno, se convirtió en el eje central del proceso, algo que lo hizo único en el mundo, pues el proceso colombiano fue el primero en poner a las víctimas en el centro de la solución.

Si buscábamos terminar el conflicto, era para no tener más víctimas. Si se pactaba una forma de justicia, debía ser una justicia que les sirviera a ellas principalmente; que no respondiera al concepto de venganza sino de reparación.

Muy al comienzo del proceso recibí en Bogotá al profesor Ronald Heifetz, fundador del Centro de Liderazgo de la Escuela Kennedy de Gobierno de la Universidad de Harvard en la que yo había estudiado, quien me dio un sabio consejo:

—Cuando se sienta desanimado, cansado, pesimista, hable siempre con las víctimas. Son ellas, con sus historias, con sus dramas, con su valentía, las que le darán ánimo y fuerzas para continuar.

A mí se me quedaron grabadas sus palabras, que puse en práctica a lo largo de esos años en que, muchas veces, el panorama se veía oscuro y sin salida, o las críticas hacían mella en el ánimo.

Ver a las víctimas, conversar con ellas, escuchar sus historias de dolor, pero también de valor y resiliencia, siempre me ayudaba a perseverar. Si ellas podían luchar, si ellas mantenían la esperanza de la paz, si ellas estaban dispuestas incluso a perdonar a sus victimarios, ¡cómo podíamos desfallecer nosotros!

Y lo que encontré en cada conversación con las víctimas fue maravilloso: mientras muchos que no habían sufrido en carne propia la crudeza del conflicto insistían en exigir una justicia implacable contra las Farc, que llevara a sus integrantes a prisión por muchos años —algo simplemente inviable en un proceso de paz pues ninguna organización subversiva firma un acuerdo para ir a la cárcel—, las víctimas me decían que, para ellas, más importante que las penas para sus victimarios era conocer la verdad sobre la suerte de sus seres queridos, muchos de ellos desaparecidos o cuyos restos no se habían podido encontrar. Las víctimas quieren la verdad sobre todas las cosas, incluso sobre la reparación o la justicia.

Y algo más: las víctimas son solidarias y no anteponen su dolor a la posibilidad de cerrar un conflicto y de impedir que otros colombianos en el futuro sufran lo que sufrieron ellas. ¡Qué ejemplo tan maravilloso nos dieron y nos siguen dando a todos! Para mí fue una importante lección de vida.

Fueron incontables mis encuentros con víctimas, en todas partes del país, en eventos en los que les entregábamos viviendas gratis o alguna otra clase de ayuda del Estado, y en todos ellos ratifiqué su valentía, generosidad y solidaridad. Sus historias me conmovían el corazón.

Recuerdo, por ejemplo, una vez que, en medio de una entrega de viviendas en Neiva, la capital del departamento del Huila, le di las llaves de su nueva casa a un señor humilde que había perdido una pierna. José Plutarco Valencia era su nombre.

—¿Qué le pasó en la pierna? —le pregunté frente a todos los asistentes.

—La perdí en la guerra, la perdí en el conflicto. Soy desplazado del Putumayo.

—¡Ánimo! Ánimo, don José —le dije—. Usted ahora tiene su casa propia, una casa para que pueda gozarla con sus hijos.

José Plutarco me miró con tristeza y respondió con voz apagada:

—También los perdí, presidente. A mis dos hijos me los mataron en esta guerra.

Otra señora, alguna vez, se me acercó en otro evento y me dijo:

—Presidente, ayúdeme.

—¿Cómo puedo ayudarla? —le dije.

—Yo soy desplazada del Urabá y perdí a mi marido, lo mató la guerrilla. Y los paramilitares se llevaron a tres de mis hijos: uno murió, pero de los otros dos nunca volví a oír. Se los llevaron a la fuerza, ayúdeme a encontrarlos.

A mí se me aguaron los ojos. ¿Qué le dice uno a alguien que sobrevive con tanto dolor? Los victimarios podían ser guerrilleros, paramilitares, incluso agentes del Estado, pero el sufrimiento de las víctimas es el mismo. Lo urgente era frenar esta cascada de violencia. Lo importante era terminar un conflicto que se había convertido en una implacable y eficiente fábrica de víctimas.

Las historias se multiplican en mi memoria... Un caso particularmente doloroso fue el de la familia Turbay Cote, a la que pertenecían líderes políticos del departamento del Caquetá. A fines de los noventa, las Farc prácticamente exterminó a toda la familia. Constanza Turbay, sobreviviente de esa tragedia, perdió a manos de la guerrilla a su madre y a sus dos hermanos. Su hermano mayor, Rodrigo, que era presidente de la Cámara de Representantes, fue secuestrado y después asesinado en 1997, y su hermano menor, Diego, que era presidente de la comisión de paz de la Cámara, fue ultimado a balazos, junto con su madre, en una carretera del

Caquetá, el 29 de diciembre de 2000. Constanza tuvo la entereza de viajar a La Habana —en una de las cinco delegaciones de víctimas que fueron allá a contar sus historias y a plantear sus puntos de vista— y de sentarse con los miembros de esa guerrilla que le había destruido de su vida. Iván Márquez, el jefe negociador de las Farc, le pidió perdón en nombre de su organización y reconoció el gran error que habían cometido, y Fabián Ramírez, otro comandante guerrillero que había estado en el Caquetá cuando su familia fue masacrada, le contó la verdad, esa penosa pero necesaria verdad sobre cómo se dieron los hechos. Allá, en La Habana, quince años después de su gran tragedia, Constanza los perdonó. "El perdón es infinito", ha dicho. Y declaró también, al terminar su visita a Cuba: "Las víctimas estamos cambiando nuestro dolor por la esperanza de la paz".

HOMENAJE A LAS VÍCTIMAS EN OSLO

Cuando me preguntaron quiénes quería que asistieran a la ceremonia de entrega del Premio Nobel de la Paz en Oslo, en diciembre de 2016, lo primero que pensé fue en que debían ir representantes de las víctimas del conflicto. Por ellas habíamos realizado este esfuerzo, ellas me habían dado la fuerza moral para perseverar, y a ellas, más que a nadie, pertenecía este reconocimiento.

Fue así como me acompañaron, como parte de la delegación oficial, representantes de víctimas de diversos actores del conflicto: Pastora Mira, una valiente y generosa mujer cuyo padre y esposo murieron por causa de la violencia política partidista, y dos de sus hijos fueron asesinados por paramilitares —su historia hizo llorar al papa Francisco en su encuentro con las víctimas en Villavicencio—; Leyner Palacios, un extraordinario ser humano sobreviviente de la masacre de Bojayá, en Chocó; Liliana Pechené, líder del pueblo Misak, en el Cauca, que representaba el sufrimiento de los indígenas que quedaron atrapados en la mitad del conflicto; Fabiola Perdomo, viuda de uno de los once diputados de la Asamblea del Valle del Cauca, secuestrados y luego asesinados por las Farc en 2002; Íngrid Betancur y Clara Rojas, secuestradas durante varios años por la misma guerrilla, y el reconocido escritor Héctor Abad Faciolince, cuyo padre, un médico defensor de los derechos humanos, fue asesinado por los paramilitares, historia que narra con pluma magistral en su obra más personal *El olvido que seremos*.

Pero no eran solo ellos. Si miraba a mi alrededor, entre las personas que me acompañaron en el vuelo de Bogotá a Oslo, varias de ellas, que iban en otra calidad, también eran víctimas de la violencia que a casi todos los colombianos nos ha tocado: el ministro del Interior Juan Fernando Cristo había sufrido la muerte de su padre a manos del ELN, a la periodista María Jimena Duzán los paramilitares le asesinaron a su hermana, y la exsenadora Piedad Córdoba había sido secuestrada también por los paramilitares.

Uno de los momentos más emotivos de la ceremonia de entrega del Nobel fue cuando, en medio de mi discurso, les pedí a las víctimas del conflicto colombiano que me acompañaban que se pusieran de pie para que recibieran el homenaje que merecían. Así lo hicieron, tomados de la mano, con sus rostros reflejando los sentimientos de tantos años de dolor represado, mientras todos los presentes en la ceremonia les brindaban un largo y conmovedor aplauso. Allá estaban, en el recinto más solemne de la capital noruega —en el mismo salón donde Gorbachov, Mandela, Rabin, Carter, Obama y Malala habían sido homenajeados—, los representantes de más de ocho millones de víctimas en Colombia celebrando el fin de un conflicto que les había robado a sus seres queridos o años de su vida, y que ahora, al terminarse, les devolvía la fe y la esperanza.

Allí, en Oslo, conté la historia de Leyner Palacios, un hombre bueno, alegre, orgulloso representante de su raza afrocolombiana, que es sobreviviente de uno de los hechos de guerra más tristes en la historia de Colombia, ocurrido el 2 de mayo de 2002 en una humilde población llamada Bojayá, en el departamento del Chocó. Ese día, una columna de las Farc, que estaba en medio de un combate con un grupo paramilitar, disparó un mortero que cayó en medio de la iglesia del pueblo donde se habían refugiado las familias. Murieron unas ochenta personas, la mayoría niños, y cerca de cien quedaron heridas. Leyner ese día perdió a treinta y dos familiares, incluyendo sus padres y tres hermanos. Pero no se quedó sumergido en el dolor o en los deseos de venganza. Desde entonces se convirtió en un líder positivo de su comunidad y tuvo la valentía —porque se requiere valentía— de perdonar a sus victimarios, a las Farc, que regresaron a Bojayá, en junio de 2015, a pedir perdón a ese pueblo que arrasaron.

El perdón tiene ese doble efecto liberador: libera a quien es perdonado pero, sobre todo, libera al que perdona, que se libra del peso del rencor y de la oscuridad del odio.

CAPÍTULO XXX

LOS DERECHOS
DE LAS VÍCTIMAS

"LAS GRANDES CALAMIDADES SON SIEMPRE ALECCIONADORAS"

Tal vez el factor fundamental que permitió el acuerdo del Gobierno y las Farc sobre el espinoso tema de las víctimas fue que se trató de medidas que garantizaran sus derechos sin distinguir entre unas y otras por razón del victimario. Es decir, no solo se buscaba reparar, dar justicia y reparación, y procurar la no repetición de la vulneración de sus derechos a las víctimas de la violencia de las Farc, sino también a las de los paramilitares y de los agentes del Estado cuando estos, traicionando su juramento y su uniforme, cometieron crímenes en el contexto del conflicto.

De esta manera no se discriminaba a nadie y se avanzaba en el objetivo más general del proceso, que no se limitaba a terminar el conflicto armado con las Farc, sino que buscaba acabar con las condiciones que pudieran generar cualquier nuevo conflicto en el futuro.

Pronto hubo avances en los temas de verdad, de reparación y de no repetición, pero no así en el tema de justicia, que se convirtió en un verdadero nudo gordiano de la negociación.

Las Farc tuvieron la iniciativa —que nos pareció acertada— de proponer la creación, en medio del proceso, de una Comisión Histórica del Conflicto y sus Víctimas, integrada por académicos, que ayudara a comprender, como un elemento de apoyo para la mesa pero también de análisis para todo el país, la realidad del conflicto armado colombiano, sus causas y sus consecuencias. La comisión fue conformada por doce reconocidos historiadores y expertos en ciencias sociales, y dos relatores de gran conocimiento del tema, y comenzó su labor en agosto de 2014. Su informe, que consta de doce ensayos, cada cual desde una aproximación diferente de acuerdo con el énfasis y la especialización de cada autor, se entregó en febrero de 2015, y desde entonces se ha convertido en un valioso material de consulta.

Se acordó, también, en medio de la discusión del punto de víctimas, la creación, luego de la firma del acuerdo final, de una Comisión para el Esclarecimiento de la Verdad, la Convivencia y la No Repetición, y de una Unidad Especial para la Búsqueda de Personas dadas por Desaparecidas en el contexto y en razón del Conflicto Armado.

En muchos procesos de paz en el mundo las comisiones de la verdad han jugado un papel fundamental para la reconciliación de sociedades divididas. Se han creado este tipo de comisiones en lugares y contextos tan disímiles como Sudáfrica, Guatemala, El Salvador, Sierra Leona o Kenia, y se estudió la experiencia de cada una para aprender de sus lecciones y no cometer los errores en que hubieran podido caer. Además, se analizó con mucho detenimiento un informe conjunto que produjeron la Fundación Kofi Annan y el Centro Internacional para la Justicia Transicional sobre las comisiones de la verdad y los procesos de paz.

¿Cuál es el objeto de una comisión de la verdad? Permitirles a las víctimas acceder a la verdad sobre lo que pasó en el conflicto, por qué pasó, cómo pasó y de qué forma afectó a sus seres queridos. No es la verdad de un solo grupo, sino la verdad de toda la sociedad, en particular de todos los actores involucrados en el conflicto. No es tampoco una verdad judicial que puede ser usada en procesos de juzgamiento contra quienes la digan. Es una verdad para sanar, para dar luz sobre las zonas oscuras de la historia del conflicto, para escuchar las versiones de los victimarios y también de las víctimas, para cerrar heridas y generar una catarsis liberadora, porque nada hay más cierto que la recordada cita bíblica: "la verdad os hará libres".

El 8 de mayo de 2018 tuve la satisfacción de posesionar a los once integrantes de la primera comisión de la verdad en la historia de Colombia, compuesta por economistas, abogados, sociólogos, filósofos, médicos, designados por un comité independiente a través de convocatoria pública, liderados por un hombre extraordinario que ha dedicado su vida a sembrar semillas de reconciliación en las zonas más afectadas del conflicto: el sacerdote jesuita Francisco de Roux, quien fue por varios años provincial de la Compañía de Jesús en Colombia.

Lo que se espera de esta comisión, que sesionará por tres años y recorrerá todo el país cumpliendo su tarea, es que al final de ese periodo presente un informe final que contribuya al esclarecimiento de los hechos del conflicto, su impacto y consecuencias; al reconocimiento por la sociedad de los responsables de esos hechos y de los derechos de las víctimas, y —algo muy importante— que dé recomendaciones para la convivencia y la no repetición.

"Las grandes calamidades son siempre aleccionadoras", dijo el escritor Ernesto Sábato, presidente de la Comisión Nacional sobre la Desaparición de Personas que produjo el impresionante documento sobre esta práctica durante la dictadura militar en

Argentina, al que se denominó "Nunca más". Sin duda es así. Si hay algo peor que una calamidad, es no aprender las lecciones que esta nos deja. Y por eso, como fruto del proceso, se creó la Comisión para el Esclarecimiento de la Verdad y se creó también la Unidad para la búsqueda de Personas dadas por Desaparecidas.

Esta última unidad es otro aporte a la verdad que tanto demandan las víctimas, pero ante todo es un aporte a su sosiego, porque nada hay más angustioso que no saber la suerte de un ser querido. Se estima que en Colombia hay entre 45.000 y 60.000 personas desaparecidas y esta unidad —que al igual que la Comisión de la Verdad tiene un carácter extrajudicial y humanitario— tiene la tarea de establecer el universo de desaparecidos, trabajar en su búsqueda junto con los familiares y organizaciones con experiencia en este tema, y lograr, cuando sea el caso, la identificación y entrega digna de los restos mortales de las personas desaparecidas. La unidad quedó funcionando desde el primer semestre de 2018, bajo la dirección de Luz Marina Monzón, una experta en ciencias penales y criminológicas, y en derechos humanos.

¡Cuánto dolor, cuánta tragedia se esconde detrás de un conflicto de varias décadas como el colombiano! Instituciones creadas gracias al acuerdo de paz como la Comisión Histórica, la Comisión de la Verdad y la Unidad para la Búsqueda de Desaparecidos son avances gigantescos no solo hacia la verdad, sino hacia la curación del alma de nuestra sociedad.

EL NUDO GORDIANO DE LA JUSTICIA

Así como se avanzó con cierta facilidad en acordar los mecanismos para contribuir a la verdad, pronto se vio que el punto
más complejo para llegar a un consenso era el de la justicia. Y así
ha sido tradicionalmente en todo proceso de paz.

¿Cómo resolver la inevitable tensión entre justicia y paz?
¿Dónde trazar la línea? Por un lado, la sociedad tiene la aspiración
de que quienes cometieron crímenes atroces o de lesa humanidad paguen por ellos, y que lo hagan tras los barrotes de una
celda. Eso es normal. Pero, por otro lado, la misma sociedad tiene
la urgente necesidad de la paz, una paz que no se puede conseguir
en una mesa de diálogo a cambio de enviar a los participantes
de esa mesa a la cárcel por el resto de sus vidas. Ningún grupo
subversivo firma la paz para ir a prisión. Ni en Colombia ni en
ninguna parte del mundo.

Para esas circunstancias excepcionales en que una sociedad
busca hacer el tránsito de una etapa de guerra o de conflicto a
una situación de paz y convivencia se ha creado el concepto de
la justicia transicional, una forma de justicia que no implica una
venganza de la sociedad contra el autor de un crimen sino la
imposición de medidas alternativas, principalmente de carácter
restaurativo hacia las víctimas, que permiten realizar con éxito
dicha transición hacia la paz.

Nuestro reto, entonces, era lograr un sistema de justicia
transicional que garantizara el máximo posible de justicia sin
sacrificar la paz, respetando, además, nuestra Constitución y los
tratados internacionales, como el Estatuto de Roma. No era un
desafío sencillo en absoluto, era como hallar la cuadratura del
triángulo. Pero teníamos que lograrlo.

Como es habitual, cada parte llegó a la mesa de negociaciones
con una postura extrema frente a la otra. Mientras los negociadores del Gobierno hablaban de penas privativas de la libertad,

que podían reducirse si se colaboraba con la verdad y la reparación, los negociadores de las Farc partían de la pretensión de lograr una amnistía o indulto totales por sus crímenes, tal como había ocurrido en otros procesos de paz, como los que se adelantaron con el M-19 y el EPL a finales de los ochenta.

Pero los tiempos habían cambiado. Colombia, como signataria del Estatuto de Roma, reconocía ahora la jurisdicción de la Corte Penal Internacional, y ya no podían amnistiarse o indultarse en aras de la paz conductas graves señaladas en dicho tratado.

Poco a poco teníamos que comenzar a acercar las posiciones, pero los meses iban pasando, uno tras otro, sin llegar a un acuerdo en este punto, y generando una sensación de estancamiento del proceso.

El jurista alemán Claus Kress, uno de los creadores de la Corte Penal Internacional, visitó Colombia en agosto de 2014, cuando estábamos en medio de esta discusión, y dijo en una entrevista:

> El derecho penal internacional no ofrece una salida clara. Yo pienso que esa es una razón más por la que Colombia es tan importante. De como ustedes solucionen ese dilema surgirá un precedente, y tengan por seguro que la comunidad internacional estará mirando atentamente. Mi consejo es que usen sus facultades de juicio, pero que a la vez usen la razón. Es decir, tengan en cuenta el ideal de justicia de la gente, pero sepan reconocer que la prioridad es el fin de un conflicto sangriento.

Entre tanto, en la mesa las discusiones llegaban al punto de la exasperación y subían de tono. A menudo, cuando los diálogos estaban en un punto muerto, pasaban a discutirlo en la casa de la embajada de Noruega, país que cumplía de la mejor manera posible sus funciones de garante y facilitador. En una de esas discusiones, enfrentados alrededor de una mesa de comedor, Joaquín Gómez, de las Farc, exclamó:

—¡Si esto no se resuelve, volvemos a la guerra!

Y otro de sus negociadores, Mauricio Jaramillo, alias el Médico, señaló con dedo acusador a los delegados del Gobierno:

—Si no ceden en este punto y esto no se arregla, todos los muertos que haya en esta guerra, en adelante, corren por cuenta de ustedes.

Por supuesto, esos eran gajes de la negociación, que casi siempre se hacía en términos muy respetuosos, pero que también tenía cimas emocionales y podía llegar incluso a los gritos.

LA COMISIÓN DE JURISTAS

Durante ese periodo difícil me reuní muchas veces con el equipo negociador, en particular con Sergio Jaramillo y Humberto de la Calle, y los instaba a buscar soluciones creativas que contemplaran sanciones acorde con nuestras obligaciones internacionales. Pero no se veía ninguna luz al final del camino. Estábamos frente a un muro que parecía insalvable y el ánimo decaía, tanto que me decían que el fracaso en lograr un consenso en este punto podía dar al traste con todo el proceso.

Aquí apareció el consejo salvador de uno de mis asesores internacionales, el británico Jonathan Powell, quien me recomendó:

—Si llevan estancados meses en este punto, ¿por qué no nombrar una comisión independiente de expertos que lo dirima? Gente nueva, fresca, a la que se le dé autonomía para proponer una solución.

La idea me gustó, y le propusimos a las Farc crear una comisión de juristas, tres de parte de ellos y tres de parte nuestra, escogidos con absoluta libertad para que produjeran una recomendación sobre el tema de la justicia. Ellos aceptaron y agregaron que ninguna parte podría vetar las designaciones hechas por la otra, pensando tal vez en la selección que iban a hacer de Álvaro Leyva, quien había estado asesorándonos y ahora lo haría con ellos. No vimos ningún problema en esa condición, y fue así como se logró, en julio de 2015, esta solución que terminaría por destrabar la discusión más larga y más importante del proceso.

De nuestra parte designé, como miembros de la comisión, a dos expresidentes de la Corte Constitucional, respetados en el mundo jurídico por sus providencias y por sus posiciones de avanzada para defender los derechos y libertades consagrados en nuestra carta política: Manuel José Cepeda y Juan Carlos Henao. Cepeda había sido asesor de los presidentes Barco y Gaviria —haciendo parte de lo que entonces se llamó "el kínder de Gaviria", por la juventud de sus integrantes—, y había acompañado las discusiones de la Asamblea Constituyente que produjo la Constitución de 1991. Últimamente me había asesorado en la Presidencia en temas especialmente delicados para el país, como el litigio limítrofe con Nicaragua ante la Corte de La Haya. Henao, por su parte, doctor en derecho de la Universidad de París-La Sorbona, con gran prestigio nacional e internacional, muy progresista, de carácter alegre y dicharachero, se desempeñaba como rector de la Universidad Externado de Colombia.

El tercer integrante por parte del Gobierno fue una acertada recomendación del enviado especial de Estados Unidos, Bernie Aronson: el jurista estadounidense Douglas Cassel, profesor de la prestigiosa Universidad de Notre Dame en Indiana, Estados Unidos, y experto, con gran reconocimiento internacional, en el tema de los derechos humanos. Yo tenía mucho interés en que lo que se acordara —que al fin y al cabo buscaba hacer realidad el derecho de las víctimas a la justicia— estuviera alineado con los protocolos y tratados de derechos humanos en el mundo, y en esto el aporte de Cassel fue fundamental.

Las Farc, por su lado, designaron al político y abogado español Enrique Santiago, militante del partido Comunista de España, con mucha experiencia en derechos humanos y derecho internacional humanitario; al exministro y exconstituyente Álvaro Leyva, quien ha buscado por décadas acercar a la guerrilla y al Gobierno en diálogos de paz, y a Diego Martínez, abogado dedicado a la defensa de los derechos humanos.

Hice una primera reunión, en la Casa de Nariño, con Sergio Jaramillo, Humberto de la Calle, Manuel José Cepeda y Juan Carlos Henao, para aclarar la misión que cumplirían nuestros juristas y darles mis instrucciones. Lo primero que les dije es que ellos, como expertos conocedores del derecho, tendrían total autonomía para su trabajo, por supuesto manteniendo permanente comunicación con Jaramillo y De la Calle. Les di la tranquilidad de que tenían línea directa conmigo para comentarme o consultarme cualquier avance o dificultad, y así fue: siempre estuvimos en contacto, al punto de que nos reuníamos más o menos cada semana.

—Eso sí —les dije—, tengan en cuenta que también en este tema tenemos unas líneas rojas que no se deben cruzar: debe haber un tribunal de justicia que investigue y juzgue a los miembros de las Farc con mayor grado de responsabilidad, y debe haber sanciones, ojalá de prisión.

Con estas instrucciones —y ya con el acompañamiento de Cassel— nuestros juristas volaron a La Habana y allí se encontraron, el 26 de julio, en la embajada noruega, con sus contrapartes.

A partir de ese momento, comenzó un proceso de negociación dentro de la comisión de juristas, que más que negociación fue una verdadera creación colectiva, en la que los representantes de uno y otro lado trabajaron de consuno y armónicamente, siguiendo los más estrictos estándares del derecho internacional y los derechos humanos, pero también aplicando la creatividad necesaria para ajustarlos a la realidad del conflicto colombiano. Los seis miembros de la comisión de juristas, trabajando como un solo equipo, se reunieron varias veces en La Habana, en la casa de la embajada noruega, y otras veces en Bogotá, en el apartamento de Juan Carlos Henao, e iban explicando y concertando los avances con las respectivas delegaciones. Una tarde fui a visitarlos —me tocó subir los cinco pisos a pie, pues se había dañado el ascensor— y pude constatar el ambiente de respeto y de camaradería que reinaba en esta comisión que tenía en sus manos un tema tan importante.

Luego de dos meses de trabajo prácticamente continuo se logró tener el 19 de septiembre, tras una noche pasada en blanco en el apartamento de Henao, el borrador de lo que serían las bases de un acuerdo de justicia para la paz. Un acuerdo que lograba, de una manera original, pero al mismo tiempo respetuosa de los tratados internacionales y de nuestra Constitución, la solución al dilema más difícil de toda negociación que busca poner fin a un conflicto: alcanzar el máximo de justicia sin sacrificar la paz.

CAPÍTULO XXXI

UN MODELO DE JUSTICIA PARA EL MUNDO

LAS BASES DE LA DISCUSIÓN

En sus primeros dos días en La Habana, los juristas acordaron unos principios sobre los cuales construirían el modelo de justicia transicional colombiano, y así lo plasmaron en un primer documento de trabajo el 27 de julio de 2015.

Desde ese momento quedaron claros una serie de temas a partir de los cuales debían avanzar. Por ejemplo:

—Que el fin principal de todo el sistema integral de verdad, justicia, reparación y no repetición era la consolidación de la paz y la garantía de los derechos de las víctimas.

—Que los principales marcos jurídicos de referencia serían el derecho internacional en materia de derechos humanos y el derecho internacional humanitario.

—Que —si bien el Estado tiene la posibilidad de otorgar la amnistía más amplia posible al terminar las hostilidades— hay delitos que no son amnistiables ni indultables, como los de lesa humanidad y otros que define el Estatuto de Roma.

— Que la concesión de amnistías, indultos o cualquier beneficio no exime de la obligación de contribuir a la verdad, y que el grado de contribución a la verdad servirá para graduar los posibles beneficios.

— Que, en los casos en que no proceda la amnistía o el indulto, habrá sanciones para los responsables.

— Que los mecanismos y procedimientos para los miembros de las Farc, los agentes del Estado y otros actores que hayan participado en el conflicto pueden ser diferentes pero siempre equilibrados y equitativos.

— Que la imposición de cualquier sanción dentro de este sistema no impedirá la participación en política.

Este último punto, que algunos han rechazado en la sociedad colombiana, era esencial al proceso. El objetivo final de toda negociación con una guerrilla es su renuncia al camino de las armas a cambio de abrazar el camino de la política. Por eso, independientemente de las sanciones que se impusieran, estas debían ser compatibles con la participación política. La delegación de la guerrilla no iba a firmar un acuerdo que los llevara a la cárcel o que los condenara al ostracismo dentro de la democracia.

Fue un gran avance en apenas un par de días, que dejaba vislumbrar una luz de solución a un problema en el que la mesa había estado estancada durante un año.

LA JUSTICIA QUE LOGRAMOS

Quedaron temas pendientes, como el de las sanciones, la inclusión del narcotráfico como delito conexo a los que serían amnistiados o indultados, y la extradición, temas que se definieron en los siguientes dos meses, en medio de complejas pero fructíferas discusiones.

En el punto de la extradición, quedó establecido que esta no procederá frente a delitos cometidos durante el conflicto o con ocasión de este. Para cualquier delito cometido luego de la finalización del conflicto, dicha figura puede ser aplicada. Esta es la razón por la cual en el caso de Jesús Santrich, el negociador y comandante guerrillero que es pedido en extradición por Estados Unidos por una presunta conspiración para exportar cocaína a ese país, dicha solicitud fue tramitada. Porque los hechos que se le imputan ocurrieron luego del 24 de noviembre de 2016, es decir, luego de la firma del acuerdo de fin del conflicto.

El tema del narcotráfico era especialmente delicado para las Farc. Si se tiene en cuenta que esta organización obtuvo cuantiosos ingresos de la protección de los cultivos ilícitos o de su participación activa en la cadena del narcotráfico durante décadas, entonces prácticamente ninguno de sus miembros podría ser amnistiado. Finalmente, se acordó que se considerarían como delitos conexos de los delitos políticos —y por lo mismo amnistiables— las conductas ilícitas dirigidas a financiar la rebelión, siempre que no se hubieran realizado para enriquecimiento personal y no fueran consideradas crímenes de lesa humanidad, grave crimen de guerra o genocidio. En este sentido, la actividad del narcotráfico, en cuanto fuera fuente de financiación de la rebelión, podía ser considerada conexa a los delitos políticos, pero solo si fue realizada antes de la firma del acuerdo de paz. Cualquier delito —incluido el narcotráfico— cometido después de este momento cae bajo la competencia de la justicia ordinaria y pierde cualquier tipo de beneficio derivado del acuerdo.

Quedaba el espinoso tema de las sanciones para los delitos más graves, que no podían ser amnistiados. En un comienzo, las Farc no estaban dispuestas a acordar más que sanciones de tipo restaurativo, sin ninguna clase de restricción o privación de su libertad. El Gobierno, por su parte, proponía sanciones que incluyeran algún tiempo en prisión. Finalmente, se llegó a una decisión salomónica: para quienes contribuyeran a la verdad habrá sanciones de restricción efectiva —no privación— de la libertad, las cuales podían convertirse en cárcel cuando no se dé esta contribución o se dé tardíamente.

Se acordó que este esquema será aplicado por un tribunal especial de paz conformado por magistrados de las más altas calidades, seleccionados por organizaciones de la mayor credibilidad y experiencia en el tema, cuyo objeto es investigar, juzgar y sancionar las conductas ocurridas durante el conflicto, no solo de los miembros de las Farc sino también de los militares, policías y otros agentes del Estado, e incluso de los civiles que se acojan a esta jurisdicción.

Hay que dimensionar la trascendencia de este acuerdo, el primero en el mundo logrado dentro del marco del Estatuto de Roma. Las Farc aceptaron lo que ninguna otra guerrilla había aceptado en una negociación, y lo hizo porque la justicia penal internacional imponía unas reglas que no se podían desconocer y porque el sistema de justicia acordado no solo cobijaría a sus miembros sino también a los demás actores del conflicto.

_____

NO HUBO IMPUNIDAD

La palabra impunidad se volvió un término común en las discusiones entre los colombianos. Los opositores al proceso —como siempre encabezados por el expresidente Uribe— se empeñaron en decir que lo que se estaba pactando en La Habana era un régimen de impunidad para los guerrilleros, y que eso atentaba contra los derechos de las víctimas y de la sociedad en general.

El entonces procurador general de la nación, Alejandro Ordóñez, llamaba al acuerdo "una feria de impunidades".

Pero lo cierto es que no se pactó ninguna impunidad. El acuerdo fue muy claro: quedaron excluidas de cualquier posibilidad de amnistía o indulto "los delitos de lesa humanidad, el genocidio, los graves crímenes de guerra —esto es, toda infracción del Derecho Internacional Humanitario cometida de forma sistemática—, la toma de rehenes u otra privación grave de la libertad, la tortura, las ejecuciones extrajudiciales, la desaparición forzada, el acceso carnal violento y otras formas de violencia sexual, la sustracción de menores, el desplazamiento forzado, además del reclutamiento de menores, todo ello conforme a lo establecido en el Estatuto de Roma".

Nada de esto se podía dejar sin sanción, y nada de esto va a quedar sin sanción. Los crímenes graves serán investigados, juzgados y sancionados por la jurisdicción especial para la paz, pero no con un propósito de venganza o retaliación por parte de la sociedad sino con uno que corresponde al espíritu de una nación que busca la reconciliación: satisfacer los derechos de las víctimas y consolidar la paz.

Y estas fueron las sanciones consagradas para los delitos ya mencionados, siempre que hayan sido cometidos dentro del conflicto o con ocasión de él:

— Quienes aporten verdad plena —es decir, que relaten de manera exhaustiva y detallada las conductas cometidas y las circunstancias en que se cometieron, y den las informaciones necesarias para atribuir responsabilidades y garantizar la satisfacción de los derechos de las víctimas— y reconozcan su responsabilidad, tendrán una restricción efectiva de la libertad entre cinco y ocho años, y deberán cumplir con funciones reparadoras o restauradoras frente a las víctimas.

¿Y qué implica el concepto de restricción efectiva de la libertad? Que los sancionados —con el debido monitoreo y supervisión— estarán confinados dentro de un área no mayor al de las zonas transitorias veredales de normalización, que son los espacios que se pactaron para la concentración y desmovilización de los guerrilleros de las Farc. No es una prisión, pero resulta evidente que quedan restringidas las libertades de residencia y movimiento de los sancionados.

—Quienes reconozcan verdad y responsabilidad, pero no desde el comienzo sino de manera tardía —siempre y cuando sea antes de la sentencia— pagarán penas de prisión entre cinco y ocho años.

—Quienes no reconozcan verdad y responsabilidad —y sean hallados culpables de graves crímenes— pagarán penas de prisión entre quince y veinte años.

Es un régimen sancionatorio especial, acordado para lograr la paz y dar tranquilidad a las víctimas, pero de ninguna manera —como queda visto— se trata de un régimen de impunidad.

EL CUMPLIMIENTO DE UNA PROMESA

A los militares y policías siempre les dije, desde cuando comenzamos las negociaciones de paz, que no iba a permitir que se repitiera lo que ocurrió en procesos anteriores: que, mientras los guerrilleros desmovilizados recibieron toda clase de beneficios jurídicos, e incluso varios de ellos llegaron a altos cargos públicos, los agentes del Estado que los combatieron, muchas veces defendiendo la democracia, y que fueron juzgados por actos relacionados con el conflicto, terminaron pagando largos años de cárcel.

Ese fue mi compromiso, y así quedó plasmado en el acuerdo: que la aplicación de la justicia para la paz a los militares y policías fuera diferenciada, pero siempre equitativa y simultánea, teniendo en cuenta, además, que los actos del soldado y del policía tienen una presunción de legalidad pues se asumen realizados en su misión de custodiar el orden público y proteger a la población. Si obran contra esta misión, se debe probar esta desviación de poder.

Esto dio mucha tranquilidad a los miembros de la fuerza pública, pero no logró eco —paradójicamente— en la inflexible oposición de derecha y de algunos generales retirados. El expresidente Uribe dijo que estábamos igualando a los militares con los guerrilleros, y que esto era una afrenta al honor militar. Pero se trataba de todo lo contrario: de garantizarles derechos y beneficios similares a los que pudieran tener los guerrilleros desmovilizados, para evitar la repetición de las injusticias del pasado.

Finalmente, cuando la Justicia Especial para la Paz, JEP, comenzó a operar en el año 2018, fueron los mismos militares, que estaban investigados por la justicia ordinaria por actos relacionados con el conflicto, quienes comenzaron a acogerse, voluntariamente, a la justicia transicional, entendiendo las ventajas que tenía para ellos. Uno de los primeros en hacerlo fue el general retirado Mario Montoya, quien fuera comandante del Ejército durante el gobierno Uribe, gestor de logros tan importantes como la operación Jaque. El general Montoya, que está siendo investigado por el fenómeno de los falsos positivos, ha proclamado su inocencia, pero con esa misma tranquilidad ha optado por someterse a la justicia que se creó gracias al acuerdo de paz, porque confía en su estructura, su procedimiento y sus integrantes. Como él, muchos militares y policías han buscado en la JEP un tribunal que no solo haga justicia sino que les garantice un tratamiento equitativo frente a los beneficios de que puedan gozar los exguerrilleros.

MODELO PARA EL MUNDO

Tenía mucha razón el profesor Klaus Cress cuando dijo que el proceso de Colombia era muy importante para el mundo: "de como ustedes solucionen ese dilema surgirá un precedente, y tengan por seguro que la comunidad internacional estará mirando atentamente".

El logro que significó el acuerdo en el tema de justicia fue excepcional. Ha sido la primera vez que un gobierno y un grupo armado ilegal —en un acuerdo de paz y no como resultado de posteriores imposiciones— crean un sistema de rendición de cuentas ante un tribunal nacional por la comisión de crímenes internacionales y otros delitos graves, y se someten a él.

Otros tribunales han sido creados por el Consejo de Seguridad de Naciones Unidas, como los tribunales penales internacionales para la ex Yugoeslavia y para Ruanda, pero en nuestro caso logramos crear una jurisdicción —no internacional, sino nacional— por consenso entre las partes del conflicto.

Hay que reconocer el excelente trabajo realizado, en tiempo récord, por los integrantes de la comisión de juristas, al que debo sumar el de otro abogado de grandes quilates: Yesid Reyes.

Reyes fue mi ministro de Justicia durante el periodo en el que se discutió el punto de víctimas en La Habana, y sus aportes, como experto penalista, fueron de inmensa utilidad y pertinencia. Su trabajo fue también fundamental cuando nos tocó renegociar el acuerdo con las Farc luego del plebiscito.

Tiene, además, una calidad muy especial, pues ha sido víctima —y de qué manera— del conflicto. Su padre, el recordado y admirado jurista Alfonso Reyes Echandía, era el presidente de la Corte Suprema de Justicia cuando el M-19 la tomó a sangre y fuego en noviembre de 1985, generando una tragedia en la que murieron el magistrado Reyes y otros diez integrantes del más alto tribunal de justicia del país, además de decenas de civiles, soldados y guerrilleros. La toma guerrillera y la respuesta del Estado, donde sin duda hubo fallas y excesos, ocasionó el mayor holocausto de nuestra justicia, y Yesid, como muchas otras víctimas, ha hallado la serenidad y la grandeza para perdonar y seguir adelante.

El International Crisis Group, una de las instituciones más importantes en el tema de la prevención y resolución de conflictos armados internacionales —a la que ahora tengo el honor de pertenecer como miembro de su junta—, calificó a nuestro acuerdo sobre justicia transicional como "un paso adelante firme, eficaz e inteligente (...), un enfoque equilibrado y sensato hacia los complejos dilemas que presenta un conflicto".

Según el Centro Internacional de Toledo para la Paz, se trata de un acuerdo "consistente con los principios de la justicia universal, que responde al legítimo clamor de una paz sin impunidad" y que puede servir de modelo "para desatascar otros procesos de paz".

Tengo la certeza de que lo acordado en el tema de la justicia es el mayor y más novedoso aporte del proceso de paz colombiano a la paz del mundo, pues sus principios y su desarrollo pueden servir como modelo a muchos conflictos aún sin resolver.

CAPÍTULO XXXII

EL PUNTO
DE NO RETORNO

UN GENERAL EN EL LABERINTO

El proceso sufrió varias crisis y estancamientos, algunos por hechos de orden público ajenos a la mesa, y otros —como ocurrió con la demora en la definición del tema de víctimas— por las complejidades de la negociación.

Una de las peores crisis se presentó el 16 de noviembre de 2014 cuando el general Rubén Darío Alzate, comandante de la Fuerza de Tarea Conjunta Titán, asignada al departamento del Chocó —que yo mismo había activado en enero de ese año—; su asistente, el cabo Jorge Rodríguez, y la abogada Gloria Urrego, que coordinaba proyectos especiales del Ejército en ese departamento, fueron secuestrados por el frente 34 de las Farc. Fue una acción de la guerrilla que contrariaba la promesa de no volver a secuestrar y fue, también, una imprudencia del general, quien, sin avisar a nadie y sin ningún protocolo de seguridad, viajó en una lancha, río Atrato abajo, hacia un pequeño caserío para hacer una labor de acercamiento con la comunidad. Tanto él como el cabo iban vestidos de civil. El mismo lanchero que los llevó al caserío le advirtió que esa era una zona roja, con mucha presencia guerrillera, y el general desatendió sus palabras. Fue así como le dio a la guerrilla la oportunidad de capturar al oficial de más alto rango que hubiera tenido en su poder en la historia del conflicto. Además de esto, las Farc habían retenido una semana antes a dos soldados al otro lado del país, en el departamento de Arauca.

El mismo día del secuestro di una declaración pública, dejando claro que la responsabilidad sobre la vida e integridad del general, el cabo y la abogada, así como de los dos soldados, recaía exclusivamente sobre las Farc, y suspendí el viaje de los negociadores, que se disponían a ir a La Habana para un nuevo ciclo de conversaciones. Es cierto que estábamos negociando en medio del conflicto, pero había unos compromisos mínimos que debían respetarse, y la guerrilla los estaba violando.

El 25 de noviembre fueron liberados los dos soldados, y el 30 de noviembre —dos semanas después de su secuestro— el general Alzate, el cabo y la abogada, gracias a los buenos oficios de los países garantes y la Cruz Roja Internacional, que incluyó el desplazamiento de Pastor Alape, miembro del secretariado y de la delegación de las Farc en Cuba, para acompañar la entrega. Fueron dos semanas de zozobra y de especulaciones en los medios, en los que se ventilaban las posibles razones para que un general del Ejército hubiera cometido esa ligereza y puesto en peligro todo el proceso de paz. El ruido mediático fue muy grande pero siempre estuve tranquilo —a pesar de la inmensa presión que recibí para romper las negociaciones—, pues sabía que era una situación que se podía solucionar y que había sido un error del general más que un retorno de las Farc a su estrategia de secuestro. Por eso, tan pronto se solucionó el episodio, autoricé el viaje de los negociadores del Gobierno a La Habana.

Dos días después de su liberación, el general Alzate anunció públicamente, en una rueda de prensa que dio acompañado por su esposa y sus dos hijos, su dimisión del Ejército como un acto de responsabilidad frente al daño que su secuestro había hecho a la institución. "Mi afán de servicio y mi amor por el pueblo del Chocó me llevaron a no aplicar los procedimientos de seguridad que debía adoptar en mi desplazamiento", dijo. Pero ese es el tipo de equivocaciones que no se puede permitir un oficial y menos uno de tan alto rango.

"¿CUÁNTOS MUERTOS MÁS NECESITAMOS?"

En los primeros meses del año 2015 la dureza del combate con las Farc parecía haber cedido. La guerrilla había decretado, desde diciembre del año anterior, un cese al fuego unilateral e indefinido; había anunciado la decisión de no reclutar menores de diecisiete años en sus filas, y habíamos llegado a un acuerdo para iniciar un proyecto piloto de desminado humanitario. Teniendo en cuenta estos actos de buena voluntad, el 10 de marzo decidí hacer un gesto recíproco para continuar disminuyendo la intensidad del conflicto, y decreté la suspensión de los bombardeos sobre los campamentos de las Farc.

Estos buenos pasos se vieron frustrados cuando, el 14 de abril de 2015, ocurrió un hecho lamentable que conmocionó a la sociedad colombiana. Una columna guerrillera atacó, cerca de la medianoche, a un contingente de militares que estaba pernoctando en un polideportivo en una vereda del municipio de Buenos Aires, en el departamento del Cauca. Murieron un sargento, un cabo y nueve soldados, y otros veinte quedaron heridos. Fue una verdadera masacre.

Ante esta ruptura brutal de la promesa de cese al fuego por parte de la guerrilla, levanté la suspensión de los bombardeos y ordené arreciar el combate contra el grupo subversivo.

La investigación de las autoridades demostró que se presentaron errores tácticos y problemas de indisciplina por parte del contingente militar, cuyos integrantes habían desobedecido órdenes superiores, habían permanecido más de veinticuatro horas en el mismo lugar y no habían implementado medidas especiales de seguridad por estar confiados en la tregua guerrillera.

Me dolió mucho la muerte de estos soldados y fui, por supuesto, solidario con el dolor de sus familias y de los colombianos, pero también era consciente de que estábamos frente a otro error militar, y de que esta masacre hubiera podido evitarse. Las Farc, por su parte, adujeron que su columna estaba respondiendo al asedio militar y, no obstante lo sucedido, ratificaron su voluntad de mantener el cese al fuego unilateral.

El 21 de mayo las Fuerzas Militares y la Policía, en una operación conjunta y coordinada, dieron un golpe certero a la estructura de la guerrilla que había asesinado a los soldados en el Cauca el mes anterior. Veintiséis guerrilleros murieron, y las Farc, como era de esperarse, levantaron el cese al fuego y volvieron a la ofensiva.

Era la guerra, era el resultado de la guerra; era la ley del talión que por tantos siglos ha regido la humanidad y la ha llevado a escenarios crecientes de violencia. Nuestras Fuerzas Armadas hicieron lo que les correspondía hacer, pero yo sentía, como ser humano, que teníamos que parar este desangre cuanto antes. Por eso dije, en una declaración al día siguiente de la acción militar contra las Farc:

La mayoría de los colombianos aplaude este golpe a la guerrilla y todos reconocemos el trabajo de nuestros soldados y de nuestros policías por la misión cumplida. Ya la guerrilla estará pensando en acciones de retaliación. Pero es justamente ese espiral de violencia, odio, venganza y retaliación el que nos ha conducido a cincuenta años de guerra y el que tenemos que parar, con miras a transformarlo en un espiral de perdón y reconciliación.

Ese es el gran reto que tenemos todos los colombianos desde nuestros corazones. Hacer a un lado los odios y los rencores. Nuestra meta, nuestro propósito, tiene que ser acabar la guerra y acabarla lo más pronto posible.

(...) Señores de las Farc, es hora de acelerar las negociaciones. ¿Cuántos muertos más necesitamos para entender que ha llegado la hora de la paz?

PRIMER ENCUENTRO CON TIMOCHENKO

Con las bases de lo que iba a ser la solución al tema de la justicia, ya acordadas por la comisión de juristas el 19 de septiembre de 2015 y avaladas por la mesa de conversaciones de La Habana —aunque todavía no redactado este punto en su totalidad, tarea que no se concluyó sino hasta fines de noviembre—, estábamos listos para anunciar ese gran paso al país. Era necesario revivir el entusiasmo y la esperanza que habían disminuido al pasar tantos meses sin un nuevo avance.

Decidimos que el anuncio se haría en Cuba, en presencia mía y del comandante máximo de las Farc. La fecha escogida fue el 23 de septiembre. Hubiéramos querido que la firma de las bases para la creación de la JEP hubiera ocurrido ante el papa Francisco, que había estado en Cuba entre el 20 y el 22 de septiembre, pero el Vaticano consideró —no sin razón— que el papa no podía avalar con su presencia un acuerdo que estaba en construcción para parar una guerra que aún estaba vigente.

Yo tenía un doble propósito en mi viaje a Cuba: el oficial, de protocolizar el avance en el tema de la justicia, pero también otro que nadie sabía hasta entonces, que era poner una fecha límite para la firma del acuerdo final. Soy muy consciente, y así me lo han dicho siempre los asesores, de la inconveniencia de poner fechas fatales. Al principio del proceso dije que este debería ser de meses y no de años, y cuando pasó el primer año y el segundo y el tercero me cobraron esta frase de optimismo. Porque todo plazo, si no depende enteramente de uno, es susceptible de incumplirse, y más con una guerrilla cuyo mayor aliado en la negociación era el tiempo.

Sin embargo, consideré necesario, ahora que estábamos sobrepasando el mayor de los obstáculos, que era el de la justicia, poner una fecha que imprimiera velocidad y sentido de urgencia a las delegaciones. Luego de consultar con los negociadores del Gobierno, establecimos que un término de seis meses podría ser suficiente, si se trabajaba con celeridad y, sobre todo, con voluntad.

Pedí que transmitieran la propuesta a Timochenko y sus delegados, pero la respuesta —como era de esperarse en una guerrilla que tenía todo menos afán— fue negativa. No estaban dispuestos a acordar una fecha límite para terminar el proceso. Así las cosas, la noche anterior a la ceremonia en La Habana, con todo listo para la firma, suspendí el viaje por la falta de acuerdo sobre este punto. Yo no estaba cañando[13]. Estaba decidido a no ir, y así lo captó la guerrilla, que daba mucha importancia a la presencia, por primera vez en el proceso de La Habana, del presidente de Colombia. Se movieron rápidamente los negociadores allá y, finalmente, aunque con reticencia, la delegación de las Farc aceptó fijar el plazo, gracias a lo cual el viaje se reactivó.

¿Cuál era la idea de ese plazo? Básicamente, apretar el paso de la negociación. Y funcionó. Acordamos que el acuerdo final

---

13   Colombianismo que significa engañar, hacer creer al adversario que uno tiene un buen juego cuando no es cierto, particularmente en el póker.

de terminación del conflicto debería firmarse por tarde en seis meses, el 23 de marzo de 2016, y que las Farc dejarían las armas dentro de los sesenta días posteriores a la firma del acuerdo. Al final, el tiempo no alcanzó y el acuerdo solo estuvo cerrado en agosto de 2016, otros cinco meses después. Pero el hecho de tener un cronómetro haciendo tic-tac sobre las cabezas sí hizo que las Farc, que no hubieran tenido ningún problema en demorarse uno o dos años más, aceleraran el ritmo de la negociación.

Con esa decisión ya tomada, me reuní por primera vez con Timochenko aquel 23 de septiembre, en una sala privada del Palacio de Convenciones de La Habana. Un presidente de Colombia no se encontraba con el máximo comandante de las Farc desde febrero de 2001, cuando el presidente Pastrana y el líder histórico de la guerrilla Manuel Marulanda se reunieron en Los Pozos, en la zona de distensión, para dar un nuevo aire al ya agonizante proceso de paz del Caguán. Más de catorce años después se repetía un encuentro de esta naturaleza, si bien en un ambiente de razonable optimismo. Cruzado el puente de la justicia, el proceso parecía haber llegado a un punto de no retorno.

La reunión fue breve y cordial, pero al mismo tiempo tensa. Timochenko estaba convaleciente de un dengue y no se encontraba en plena forma.

—Mire, Timoleón —le dije—. Usted y yo, que nos hemos combatido tanto, estamos ahora en el mismo barco, remando en la misma dirección. Si queremos lograr el objetivo, que es la paz, tenemos que trabajar juntos. Yo quiero darle la confianza de que estoy comprometido con esto, de que no estoy jugando.

—Yo también —me respondió el comandante guerrillero.

Pero luego me dijo:

—Presidente, yo creo que no conviene anunciar una fecha límite para la firma del acuerdo. Eso presenta muchas dificultades.

Quedé atónito al escuchar esto pues me habían dicho que teníamos un acuerdo sobre este punto, y por eso había viajado. Luego supe que los negociadores de la guerrilla no se lo contaron así a Timochenko, quien había llegado a La Habana a la madrugada y creía que todavía tenía margen de maniobra.

—¿Entonces a qué vine? ¿A perder el tiempo? —le respondí, visiblemente molesto—. ¡Eso ya se definió! Si no, no hubiera venido.

Llamamos a los jefes de los equipos negociadores, Humberto de la Calle e Iván Márquez y, luego de unas cortas deliberaciones, en las que fui absolutamente enfático en la exigencia del plazo, quedó aclarado el punto: sí habría fecha límite y la anunciaríamos ese mismo día.

—Presidente —concluyó Timochenko, aunque ya había aceptado los términos—. Mi preocupación es que si no se cumple el plazo, toda la culpa nos la van a echar a nosotros. Ustedes tienen más capacidad de salir a los medios y decir su versión.

—Eso no va a suceder —le aseguré—. Vamos en el mismo barco y no vamos a dejar que naufrague.

Con esa promesa, salimos al salón principal, donde estaban los medios y los invitados especiales, e hicimos el doble anuncio que el país recibió con esperanza: primero, que habíamos convenido en que el acuerdo final debería estar firmado en un plazo máximo de seis meses y que, a partir de ahí, las Farc se desarmarían en un término de sesenta días, y, segundo, que habíamos llegado a un acuerdo sobre las bases de lo que sería el sistema de justicia transicional.

Durante el acto, Timochenko y yo estuvimos sentados en la mesa principal, uno a cada lado del presidente cubano Raúl Castro. Al terminar el evento, mientras las delegaciones e invitados aplaudían, le di la mano al presidente Castro y Timochenko estiró la suya hacia mí, que Castro acabó de aproximar, poniendo sus manos sobre las nuestras para sellar la importancia de ese momento.

Mi actitud fue más bien parca, sin demostrar la emoción que sentía, pues mis consejeros —y muy particularmente mi hijo Martín— me habían insistido en que no debía aparecer afectuoso con el líder de la contraparte, para no dar más combustible a las críticas de siempre, que me tildaban de "castrochavista" o amigo de la guerrilla. Hoy pienso que esas prevenciones eran absurdas, y que siempre que se pueda hay que dejar ver el ser humano que hay en nosotros para que conecte con el ser humano —así sea un enemigo— que tenemos al frente.

Seis días después, el 29 de septiembre, ante la septuagésima asamblea general de las Naciones Unidas en Nueva York —en una sesión que ese día, coincidencialmente, estaba presidida por primera vez por una mujer colombiana, nuestra embajadora María Emma Mejía—, conté a la comunidad internacional los avances a que habíamos llegado en el único proceso de paz que parecía tener esperanzas de éxito en todo el mundo. Y concluí así:

> En Colombia —en menos de 6 meses— repicarán las campanas que anuncien la hora de la paz. Hago votos por que todos los relojes del mundo se sincronicen con el nuestro en esa misma hora: ¡la hora de la paz! ¡La hora de la humanidad!

MUCHO MÁS QUE JUSTICIA: UN SISTEMA INTEGRAL

Finalmente, el 14 de diciembre de 2015, luego de año y medio de negociaciones, pudimos anunciar al país el acuerdo sobre el cuarto punto de la agenda, que era el de víctimas. Ahí estaba incluido todo el tema de la justicia, que tanto nos había costado concretar, pero mucho más, porque lo que se creó fue un completo sistema para satisfacer los derechos de las víctimas, que eran el centro y el objetivo de nuestro proceso de paz.

El sistema acordado se llamó Sistema Integral de Verdad, Justicia, Reparación y No Repetición, e incluyó —como un paquete completo de instituciones cuyo objetivo es garantizar esos derechos de las víctimas y contribuir a la reconciliación del país— la Justicia Especial para la Paz; la Comisión para el Esclarecimiento de la Verdad, la Convivencia y la No Repetición, y la Unidad Especial para la Búsqueda de Personas dadas por Desaparecidas en el contexto y en razón del Conflicto Armado, todas las cuales quedaron funcionando en el primer semestre del año 2018.

Juan B Campo
Fort Florida - 2019

LECCIÓN 6

LAS VÍCTIMAS Y SUS DERECHOS DEBEN
ESTAR EN EL CENTRO DE LA SOLUCIÓN

"Ha llegado la hora de las víctimas. Hemos dado un paso gigan-
tesco. El proceso de La Habana no es una simple conversación
cerrada sobre las hostilidades. Es, sobre todo, y ante todo, un
paso en el camino de la satisfacción de las víctimas de violaciones
masivas de sus derechos. Esta es la única manera de lograr la
verdadera paz. Y es también, a la vez, lo que nos alienta y da fuerza
en medio de discusiones a veces llenas de falacias. Pero, igualmente, es la razón de ser y el imperativo moral que nos mueve
a agotar las posibilidades del diálogo para cerrar este horrendo
ciclo de violencias que han golpeado a los colombianos durante
más de medio siglo".

Con estas palabras, el jefe del equipo negociador del Gobierno
comenzó el anuncio del acuerdo sobre el punto de víctimas de
la agenda de negociación. Y resumen muy bien el espíritu del
proceso de paz colombiano y del acuerdo al que se llegó. Fuimos
mucho más allá de la simple regulación de los factores que se
requieren para terminar el conflicto: justicia, desmovilización,
reintegración, desarme y participación política. Porque no
buscamos hacer un proceso y un acuerdo solamente para acabar
una guerra, sino para acabar el ciclo de guerras que ha venido

sufriendo Colombia prácticamente desde su independencia y, de manera ininterrumpida, desde fines de la década del cuarenta.

Para cerrar un ciclo largo y perverso de violencia no basta con acallar los fusiles —que ya es un paso muy importante—. Hay que lograr la verdadera reconciliación, para lo cual es indispensable sanar y cerrar las heridas. Quedarán cicatrices, claro, que nos recuerden el dolor y la tragedia vividos, pero se podrá avanzar hacia el futuro sin cargar como un fardo el peso del pasado. Por eso teníamos que concentrarnos en garantizar los derechos de las víctimas que produjo la violencia por décadas —sin distinguir victimarios—. Así se genera un alivio en los que han sufrido —alivio por la justicia impartida, por las reparaciones recibidas, por el perdón solicitado y, sobre todo, por la verdad revelada— y se garantiza que no se repita el ciclo, es decir, que no haya nuevas víctimas mañana.

Muchas naciones lo han hecho y su proceso de sanación ha durado décadas, a veces siglos. Nosotros quisimos comenzar incluso antes de iniciar el proceso de paz, y por eso impulsamos y pusimos en marcha la ley de víctimas y restitución de tierras. Luego, ya dentro del proceso, situamos a las víctimas en el centro de la solución, lo cual facilitó mucho las discusiones. Era más fácil llegar a consensos poniendo el énfasis en la satisfacción de los derechos de las víctimas, que enfocándose en una retaliación de la sociedad en abstracto frente a un actor de la violencia. Se trataba, en últimas, de una cuestión de humanidad.

La justicia que se pactó es una justicia, sobre todo, para las víctimas, en la que debíamos responder a las víctimas del pasado, pero al mismo tiempo evitar las potenciales víctimas del futuro —eso busca, básicamente, la justicia transicional—. La verdad también es, sobre todo, para las víctimas. Y así mismo los esfuerzos de reparación y las garantías de no repetición. Por eso fue tan importante su participación. Mientras en otros puntos de la agenda había un foro nacional por tema, en el punto de las víctimas se realizaron, además, tres foros regionales. Más de tres mil víctimas participaron. Y se llevaron cinco delegaciones de representantes de víctimas —de los diversos victimarios: guerrilla, paramilitares o agentes del Estado—, compuestas por doce personas cada una, a exponer sus puntos de vista y contar sus historias directamente ante la mesa de La Habana. Además, se recogieron más de veintisiete mil aportes a través de formularios físicos y virtuales. Todo esto se tuvo en cuenta a la hora de acordar la creación del Sistema Integral de Verdad, Justicia, Reparación y No Repetición.

Luego del proceso de paz en Colombia será difícil que otro proceso de paz en el mundo se realice sin tener en cuenta, de manera central, los derechos de las víctimas, porque es el enfoque más humano y el que más contribuye a una negociación justa y pronta. Al finalizar el gobierno ya se habían reparado cerca de novecientas mil víctimas y se habían entregado, con sentencia judicial, más de trescientas mil hectáreas de tierra a campesinos desplazados.

Las víctimas —como me pronosticó el profesor Heifetz, de la Universidad de Harvard— fueron las grandes impulsoras y animadoras del proceso y serán, al mismo tiempo, sus mayores beneficiarias, como debe ser. De ellas aprendí generosidad, solidaridad, capacidad de perdón, resiliencia y grandeza de espíritu. Por eso esta última lección es tal vez la más importante: las víctimas y sus derechos deben estar en el centro de la solución.

CAPÍTULO XXXIII

EL FIN DEL CONFLICTO

GENERALES EN LA HABANA

El punto del fin del conflicto —con sus componentes de cese al fuego bilateral, desmovilización y desarme— se comenzó a debatir desde marzo del 2015, simultáneamente con el punto de víctimas, y su discusión inicial estuvo a cargo de una subcomisión técnica que trabajaba de forma paralela a la mesa principal de negociaciones. Esto fue muy importante y es algo que, viendo retrospectivamente, pudimos haber implementado en el debate de otros puntos: las discusiones simultáneas en lugar de secuenciales. Eso hubiera acelerado seguramente el resultado, si bien puede ser que la guerrilla no tuviera el equipo de negociadores necesario para un esquema de este tipo. Por fortuna, en lo que al fin del conflicto se refiere, sí se logró.

Y hubo una novedad fundamental, que nunca había ocurrido en ningún intento de paz en el pasado. Decidí incorporar a esta discusión —que trataba sobre aspectos técnicos y operacionales que difícilmente dominaban los civiles— a cinco generales y un almirante en servicio activo. Quién mejor que ellos podía tener el conocimiento y la experiencia para asesorarnos sobre los pasos a dar en estas materias.

Como cabeza de nuestra delegación en la subcomisión del fin del conflicto designé al general del Ejército Javier Flórez, quien era entonces jefe de Estado Mayor Conjunto de las Fuerzas Militares. Yo lo conocía muy bien y tenía las mejores referencias de su capacidad operativa y su calidad humana. Había sido comandante de la fuerza de tarea conjunta Omega, una fuerza especial creada para combatir y neutralizar a las Farc en los Llanos Orientales y la Orinoquía, las zonas más importantes para sus ingresos y logística, y había participado en los operativos que habían dado de baja a miembros del secretariado de esa guerrilla. Era un general tropero, con gran ascendencia sobre los soldados, y me aceptó, con entusiasmo y responsabilidad, la labor de trabajar en La Habana para lograr las mejores condiciones —desde el punto de vista militar— para concretar el fin del conflicto. Junto a él estuvieron los generales Martín Fernando Nieto y Alfonso Rojas, también del Ejército; Oswaldo Rivera, de la Fuerza Aérea; Álvaro Pico, de la Policía, y el hoy vicealmirante Orlando Romero, de la Armada. Todos habían combatido a las Farc en el terreno, y ahora estaban dispuestos a sentarse frente a sus adversarios para acordar las reglas del cese al fuego y la desmovilización.

Los sectores de ultraderecha, siempre en contra de todo lo que hiciéramos en el proceso, lanzaron voces de escándalo. Para ellos era humillante e indignante que altos oficiales en servicio activo se sentaran en la misma mesa con los guerrilleros. ¡Es igualar a las Fuerzas Armadas con el terrorismo!, trinaba Uribe. Pero era todo lo contrario. Lo indignante, lo humillante, hubiera sido que otras personas, distintas a militares o policías, acordaran —sin tener en cuenta su experiencia y sus conocimientos del territorio y de la guerra— la forma en que se iban a pactar temas tan delicados, que involucraban necesariamente a nuestros soldados y policías. Los hombres que habían dirigido la guerra nos ayudarían ahora a construir la paz.

Eso decía Tirofijo, y tenía buena razón: "Solo cuando haya militares en la mesa, habrá paz".

Por parte de la guerrilla, en la subcomisión participaban diversos cabecillas guerrilleros bajo la coordinación de Carlos Antonio Lozada, incluyendo a curtidos comandantes como Joaquín Gómez, Romaña y Fabián Ramírez, entre otros más.

Las reuniones se realizaban con todos los integrantes en traje de civil. Al principio, como era de esperarse, fueron tensas y difíciles, pues se enfrentaban cara a cara hombres que se habían intentado matar por décadas, pero al final prevaleció un ambiente de cordialidad y siempre de respeto. Incluso compartían anécdotas y experiencias sobre los hechos del conflicto. El general Rojas, por ejemplo, había sido oficial de operaciones de la Fuerza de Despliegue Rápido, Fudra, cuando, en agosto de 2007, atacaron el campamento de Carlos Antonio Lozada, quien escapó herido. En La Habana, cada uno pudo contarle al otro su parte de la historia. Lozada le dijo a Rojas "Usted me destripó", y a renglón seguido se alzó la camisa y le mostró las cicatrices en la barriga que le produjo el ataque.

Yo era el ministro de Defensa cuando se realizó la operación contra Lozada, a quien veníamos persiguiendo pues era el organizador y jefe de las milicias urbanas de las Farc, y estuve muy atento a su desarrollo. Si bien Lozada alcanzó a huir, dejó su computador portátil con información clave para conocer las acciones y estrategias de la guerrilla. Allí encontramos archivos con planes concretos para asesinar a por lo menos diez personajes de la vida nacional, incluyendo, entre otros, al presidente Uribe, al exministro del Interior Fernando Londoño y a mí. También relacionaba seguimientos al banquero Luis Carlos Sarmiento y el exvicepresidente Humberto de la Calle. En mi caso particular, había datos sobre mis horarios, rutas, actividades, la zona donde vivía, los vehículos en que me transportaba y mi esquema de seguridad.

Lozada, a raíz de sus heridas, pasó un buen tiempo bajo los cuidados de una joven guerrillera, Milena, y se enamoraron. Gracias a la terminación del conflicto, como muchas otras parejas de la guerrilla, tuvieron a su hija, Dalila, que fue engendrada en La Habana, como la paz. Cuando me encontré con Lozada —el hombre que quería matarme y al que yo, también, como ministro, busqué neutralizar—, en el acto de firma del acuerdo en Cartagena, en septiembre de 2016, me contó la historia y me sentí conmovido. Porque él y yo habíamos sido adversarios, pero Dalila era la hija de la paz. Entonces le ofrecí conseguirle a la niña un plan para garantizarle sus estudios de universidad, y así lo hice, gracias a la cortesía de Global Education.

Los altos oficiales cumplieron admirablemente con su labor, y sirvieron también de puente para explicar a los miembros de la fuerza pública los avances y desarrollos del proceso. Y tuvimos un importante apoyo internacional al más alto nivel, que fue la presencia del diplomático francés Jean Arnault —quien había participado en misiones en Guatemala, Burundi, Afganistán, Georgia y Pakistán—, como delegado del secretario general de Naciones Unidas para esta subcomisión sobre el fin del conflicto. Luego sería designado por el mismo Ban Ki-moon como su representante especial y jefe de la misión de las Naciones Unidas en Colombia, desde donde jugó —hasta la finalización de su encargo en diciembre de 2018— un papel fundamental en la implementación del acuerdo de paz.

En enero de 2016 la subcomisión entregó sus recomendaciones a la mesa de negociaciones, que construyó sobre ellas —con la tranquilidad de haber sido acordadas por expertos de ambos lados en materia bélica— el complejo mecanismo para facilitar la terminación, digna y efectiva, de la guerra más larga de Colombia y del hemisferio.

EL PAPEL DE LAS NACIONES UNIDAS

El proceso llegaba, claramente, a su recta final. No se logró tener todo acordado para la fecha prevista del 23 de marzo de 2016, pero ciertamente la fijación del plazo contribuyó a acelerar las negociaciones. Lo importante es que ya íbamos en un camino seguro rumbo al fin del conflicto y, antes que él, al cese al fuego bilateral y definitivo. A estas instancias de la negociación, con casi todos los puntos acordados, ya no tenía sentido negociar en medio de la guerra. Nadie quiere ser la última baja antes de la firma de la paz, y era hora de parar la fábrica de víctimas.

Desde el 29 de octubre de 2015, luego de una reunión con la canciller María Ángela Holguín, el comisionado para la paz Sergio Jaramillo, el jefe del equipo negociador Humberto de la Calle, y el delegado de las Naciones Unidas Jean Arnault, vimos que la mejor forma de acelerar el proceso, y lograr en un horizonte cercano un cese al fuego bilateral y definitivo, era pedir un mandato al Consejo de Seguridad de Naciones Unidas para que creara una misión especial de verificación y monitoreo de dicho cese al fuego.

Me puse de inmediato en la tarea de contactar a los cinco gobiernos de los países con asiento permanente en este Consejo. Hablé personalmente con el primer ministro británico David Cameron, con el presidente francés François Hollande y con el secretario de Estado de Estados Unidos John Kerry, todos entusiastas amigos del proceso de paz colombiano, y me aseguraron su apoyo. Con el presidente chino Xi Jinping me reuní el 18 de noviembre en Manila, con ocasión de la cumbre del Foro de Cooperación Económica Asia-Pacífico, Apec, a la que Colombia fue el único país no miembro invitado. Al día siguiente me reuní con el primer ministro ruso, Dmitri Medvédev. Ya había tenido la oportunidad de hacer una primera aproximación con el presidente Vladimir Putin el 16 de julio de 2014, en la cumbre de los países Brics en Brasilia. Al día siguiente, cuando Putin regresaba a Rusia, su avión pasó, con minutos de diferencia, por las mismas coordenadas que el avión de Malaysia Airlines que hacía la ruta entre Ámsterdam y Kuala Lumpur y que fue derribado por un misil disparado desde suelo ucraniano —las autoridades rusas especularon sobre un posible atentado contra Putin, si bien los investigadores holandeses concluyeron cuatro años después que el misil fue lanzado por tropas rusas—. Tanto China como Rusia me confirmaron su apoyo a la iniciativa.

Con estos apoyos asegurados, el Consejo de Seguridad de las Naciones Unidas aprobó el 25 de enero de 2016 la resolución para la creación de una misión especial de monitoreo y verificación del acuerdo con las Farc sobre el cese al fuego y de hostilidades bilateral y definitivo, y la dejación de las armas. Y lo hizo por el voto unánime de los quince miembros del organismo, algo que ha pasado en muy pocas oportunidades.

Y no sería la única. El 13 de septiembre de 2016 vendría otra resolución sobre el tamaño, mandato y aspectos operacionales de la misión; el 10 de julio de 2017 se creó una segunda misión para acompañar la reincorporación de guerrilleros a la vida civil, y verificar su seguridad y la de las comunidades que han sufrido el conflicto armado, y el 14 de septiembre del mismo año se definió el tamaño y mandato de la segunda misión. El 13 de septiembre de 2018 se prorrogó ese mandato por un año más. En total, han sido cinco resoluciones del máximo organismo de seguridad y paz del mundo, todas aprobadas por unanimidad. Eso nunca había pasado.

El papel de las Naciones Unidas —con el apoyo incondicional y permanente del secretario general Ban Ki-moon y luego de su sucesor António Guterres— fue crucial en la última parte del proceso, lo sigue siendo durante su implementación, y nos aportó un elemento indispensable: la confianza de que todo lo acordado se está ejecutando bajo la verificación y control de expertos internacionales.

EL ÚLTIMO DÍA DE LA GUERRA

El 23 de junio de 2016 regresé a La Habana. El ambiente era mucho más relajado que el que había encontrado el año anterior, pues íbamos a cumplir un sueño de décadas. No era todavía la firma del acuerdo final —faltaban unos pocos temas por definir y acabar de redactar— pero sí un avance que indicaba que estábamos llegando al fin del camino: el cese bilateral y definitivo al fuego y las hostilidades, y el cronograma definitivo de lo que sería la dejación de armas luego de la firma del acuerdo final.

Esa mañana triné muy temprano en mi cuenta de Twitter: "Rumbo a La Habana a silenciar para siempre los fusiles". Y salimos a las siete de la mañana en un vuelo en el que podía sentirse la alegría. Me acompañaban buena parte de mis ministros, mi hermano Enrique, el presidente del Senado y el expresidente César Gaviria. Ya en La Habana me encontré con otros invitados especiales, representantes del apoyo de la comunidad internacional, comenzando por el secretario general de la ONU Ban Ki-moon, acompañado por el presidente de la Asamblea General y el presidente del Consejo de Seguridad. Cinco jefes de Estado de la región fueron testigos del evento: los presidentes de los países acompañantes, Michelle Bachelet, de Chile, y Nicolás Maduro, de Venezuela; el presidente de México, Enrique Peña Nieto; el presidente de República Dominicana y de la Celac, Danilo Medina, y el presidente de El Salvador, Salvador Sánchez. También estaban el canciller de Noruega, Borge Brende, y, por supuesto, los representantes especiales de Estados Unidos y la Unión Europea, Bernie Aronson y Eamon Gilmore. Todos llegaron convocados por una noticia alentadora: en Colombia se acababa ese día la guerra con las Farc.

¿Cuáles fueron los compromisos específicos?

— Antes que nada, la terminación definitiva de las acciones ofensivas entre la fuerza pública y las Farc.

— La creación de un mecanismo tripartito de monitoreo y verificación, integrado por la misión de observadores no armados de la ONU, el Gobierno —a través de la fuerza pública— y las Farc, encargado de vigilar el cumplimiento del cese al fuego y de la dejación de armas.

— La creación de unas zonas veredales y campamentos transitorios de normalización —en un principio, las Farc querían que fueran más de ochenta zonas de concentración; al final fueron veinte zonas y siete campamentos— donde los miles de guerrilleros se concentrarían durante el cese al fuego e iniciarían el proceso de preparación para reincorporarse a la vida civil.

— Y un cronograma para la dejación de armas y la extracción final por parte de las Naciones Unidas, en varias etapas, en un lapso de 180 días contados a partir de la firma del acuerdo final.

Eran anuncios trascendentales y concretos, que nunca hubiéramos imaginado tan solo seis años atrás. Las Farc, luego de un proceso complejo y lleno de dificultades, pero también de voluntad, estaban firmando su compromiso de abandonar las armas y entrar a participar sin ellas en la sociedad y en la democracia.

En medio de los aplausos de la concurrencia, que se repetían en varias plazas del país donde el evento se seguía en pantallas gigantes, Humberto de la Calle e Iván Márquez, jefes de los equipos negociadores, firmaron el acuerdo sobre el cese al fuego bilateral y definitivo, y la dejación de armas. A las 12:42 del mediodía, Timochenko y yo lo suscribimos también, y a esa hora, en ese minuto —más de cincuenta y dos años después de haber comenzado—, terminó para siempre la confrontación armada entre las Farc y el Estado colombiano. Nunca más hubo un muerto por causa de ese conflicto.

La emoción era innegable entre los asistentes. Muchos no pudieron contener las lágrimas, que se mezclaban con gestos de felicidad. Tomó la palabra el presidente anfitrión, Raúl Castro, y dijo: "La paz será la victoria de toda Colombia, pero también de toda nuestra América".

Luego habló Ban Ki-moon, quien reafirmó el compromiso de las Naciones Unidas para ayudar a "convertir este extraordinario proceso de negociación en la implementación ejemplar de los compromisos de paz", y a renglón seguido lo hizo Timochenko, quien concluyó sus palabras con una exhortación: "Que este sea el último día de la guerra".

Cuando bajó de su atril, me acerqué a él y le entregué un "balígrafo" —una buena idea de mi ministra de educación Gina Parody—, que es un bolígrafo hecho a partir de una bala de fusil, que simboliza la transición de la guerra a la palabra, y que tiene una inscripción que le repetí al comandante de las Farc: "Las balas escribieron nuestro pasado, la educación escribirá nuestro futuro".

Finalmente, pronuncié mi discurso, en el que afirmé:

Toda mi vida, desde cuando mi madre me entregó hace casi cincuenta años un fusil que representaba las armas de la República —como sigue siendo la costumbre al ingresar a la Armada Nacional—, he sido un implacable adversario de las Farc. Tal vez no haya colombiano alguno que los haya combatido con más contundencia y determinación.

Ahora que pactamos la paz, como jefe de Estado y como colombiano, defenderé —con igual determinación— su derecho a expresarse y a que sigan su lucha política por las vías legales, así nunca estemos de acuerdo. Esa es la esencia de la democracia a la que les damos la bienvenida.

CAPÍTULO XXXIV

"¡CESÓ LA HORRIBLE NOCHE!"

"TODO ESTÁ ACORDADO"

El 24 de agosto de 2016 —apenas dos meses después de la firma del cese al fuego bilateral y definitivo— la mesa de conversaciones hizo público el más trascendental de sus comunicados conjuntos, para anunciar que se había "llegado a un acuerdo final, integral y definitivo, sobre la totalidad de los puntos de la agenda".

Y dentro del largo comunicado incluyeron este párrafo:

> *Luego de un enfrentamiento de más de medio siglo de duración, el Gobierno nacional y las Farc-EP hemos acordado poner fin de manera definitiva al conflicto armado interno.*

En esas pocas líneas se resume la concreción de un sueño que parecía imposible, que se había buscado por varias décadas, que se había demorado demasiado tiempo, pero que al fin se convertía en realidad.

Los jefes de los equipos negociadores escribieron, además, un comunicado cada uno, con sus reflexiones sobre el proceso. El texto de Humberto de la Calle termina con una profunda reflexión personal:

> *Haber logrado un acuerdo con las Farc-EP no significa que haya una claudicación mutua. Mis convicciones y valores siguen intactos, supongo que lo mismo ocurre con los miembros de la guerrilla. La mesa no fue un ejercicio de condescendencia ni de intercambio de impunidades, pero sí significa, para mí, que he crecido espiritualmente, que hoy conozco mejor a Colombia, que hoy me duele más el sufrimiento de muchos compatriotas, pero también he aprendido mucho de la capacidad de resistencia de los colombianos, de su generosidad y de su alegría.*

Iván Márquez, desde la orilla de las Farc, escribió:

> *Podemos proclamar que termina la guerra con las armas y comienza el debate de las ideas. Confesamos que hemos concluido la más hermosa de todas las batallas: la de sentar las bases para la paz y la convivencia.*

La tarde del 23 de agosto, el día anterior al anuncio público, yo estaba en mi despacho en la Casa de Nariño esperando las noticias del cierre de la etapa de negociación. Para mí era la culminación no de seis, sino de veinte años de trabajo y de iniciativas, desde diversos frentes, con distintas estrategias, para llegar a este resultado: la paz con la guerrilla más grande y más antigua del país, la paz para Colombia. Yo tenía doce años cuando nacieron las Farc, pero toda mi vida la recuerdo en medio de un conflicto armado —primero el partidista entre liberales y conservadores, y luego el de las guerrillas contra el Estado, con la perversa adición del narcotráfico y el fenómeno paramilitar—. Muchas generaciones de colombianos no habíamos conocido un solo día de paz, y el fin de este conflicto era el comienzo de una nueva era.

El camino del mismo proceso había sido largo: un año y medio de mensajes, aproximaciones secretas y reuniones preparatorias en Venezuela; medio año de reuniones exploratorias confidenciales en La Habana para definir la agenda, y cuatro años de negociaciones en la mesa de conversaciones. Un esfuerzo descomunal; una inversión generosa de tiempo y trabajo de los negociadores, los asesores, los participantes por la comunidad internacional, que ahora veían el fruto de su labor. Por años habíamos dicho "Nada está acordado hasta que todo esté acordado". Ahora, por fin, luego de incontables discusiones, podíamos decir: "Todo está acordado".

Mi secretario privado, Enrique Riveira, entró a mi despacho y me dijo: "La canciller quiere hablarle desde La Habana". Entonces María Ángela me dio, aun antes de que llegaran las llamadas de Jaramillo y De la Calle, la mejor noticia de mi vida: ¡Se había cerrado la negociación con las Farc! Me abracé con Enrique y fuimos a su despacho, que tiene balcón al exterior, a fumar un cigarrillo —un viejo vicio oculto, y muy ocasional—, el primero que disfruté sin la sombra de la guerra sobre Colombia.

LA ÚLTIMA CONFERENCIA GUERRILLERA

En la alocución a los colombianos que hice el 24 de agosto para celebrar el cierre de las negociaciones y la adopción del texto final del acuerdo, anuncié que el domingo 2 de octubre —en cumplimento de mi promesa de que el pueblo tendría la última palabra— se realizaría el plebiscito para su refrendación. A partir del 25 de agosto, el acuerdo sería publicado en su totalidad, y también en resúmenes y cartillas pedagógicas, en los sitios web y en las redes sociales de las entidades públicas, y en los medios de comunicación, para que todos los ciudadanos tuvieran la oportunidad de conocerlo y estudiarlo, y así decidir su voto en octubre.

Las Farc, por su parte, tenían que hacer su propia validación del acuerdo con su gente. Su estado mayor convocó, para este fin, a la décima conferencia nacional guerrillera, entre el 17 y el 23 de septiembre, en los llanos del Yarí, en el área rural de San Vicente del Caguán, el mismo municipio del Caquetá que había sido epicentro del anterior proceso de paz. Era la primera vez que las Farc se reunían en conferencia nacional sin tener que hacerlo en la clandestinidad, pues ahora estaban bajo el amparo del cese al fuego bilateral. De hecho, la conferencia tuvo una completa cobertura de los medios. Allí, en el Yarí, los delegados de todos los frentes guerrilleros aprobaron el acuerdo.

Y algo muy importante comenzaba a verse en la base guerrillera: el renacimiento de la alegría y el derecho a tener una familia. Las parejas sentimentales entre los guerrilleros tenían siempre un futuro incierto, sometidas a los rigores de la guerra y los desplazamientos continuos, aparte de que las mujeres tenían prohibido embarazarse. Por eso, cuando se supo que se había alcanzado un acuerdo y comenzó la vigencia del cese al fuego, muchas de estas parejas, que por años habían anhelado crear su propia familia, vieron la posibilidad de cumplir su sueño. En los siguientes meses, decenas de guerrilleras comenzaron a lucir con orgullo sus barrigas albergando a un nuevo ser. Era el triunfo de la vida sobre la muerte.

"EN SURCOS DE DOLORES, LA PAZ GERMINA YA"

En el Gobierno, mientras tanto, nos preparábamos para el plebiscito, explicando el acuerdo de terminación del conflicto de todas las maneras y por todos los medios. También comenzamos los preparativos para su firma, que decidimos hacerla el 26 de septiembre en Cartagena, por una razón muy especial: porque en esa histórica ciudad hizo su labor humanitaria en favor de los esclavos san Pedro Claver, considerado el patrono de los derechos humanos, y el acuerdo que íbamos a firmar era un acuerdo basado en esos derechos humanos y centrado en las víctimas.

Consideré que era conveniente realizar el acto formal de firma del acuerdo unos días antes del plebiscito, pues pensé que este momento tan emotivo iba a motivar a los colombianos aún más para ir a las urnas y apoyar la paz que habíamos firmado. No fue así, y a la postre resultó contraproducente. Al realizar un acto tan solemne, con representantes de toda la comunidad internacional presentes, muchos colombianos que respaldaban el Sí dieron por sentado que ya era un hecho y no acudieron a las urnas el siguiente domingo. Los opositores, en cambio, aprovecharon el evento para hacer campaña contra el acuerdo y para decir que nos habíamos anticipado a celebrarlo, y así ganaron más protagonismo. El mismo expresidente Uribe estuvo ese día en Cartagena liderando una manifestación en favor del No.

Dediqué el día anterior, domingo, a la última revisión de mi discurso en la casa de huéspedes de Cartagena. Era un momento excepcional y quise marcarlo iniciando mis palabras con las frases del himno nacional que los colombianos tenemos grabadas a fuego en nuestro subconsciente: "¡Oh gloria inmarcesible! ¡Oh júbilo inmortal! En surcos de dolores, el bien germina ya". Y agregué un nuevo giro a esos versos que Rafael Núñez escribió en el siglo XIX: "En surcos de dolores, ¡la paz germina ya!".

El lunes 26, Cartagena se vistió de gala para albergar el evento más esperado de Colombia. Las calles del centro histórico rebosaban de visitantes, todos vestidos de blanco, que se preparaban para asistir a la firma del acuerdo. Pero hacia el mediodía cayó un aguacero torrencial que obligó a todos a guarecerse. Felizmente, hacia las tres de la tarde amainó y los invitados comenzaron a reunirse, en una celebración de esperanza, en la plaza de banderas del Centro de Convenciones de Cartagena.

El acto estuvo lleno de símbolos y de emotividad. En la tarima principal estaban mandatarios y representantes de países extranjeros, dignatarios de organismos internacionales, junto con los negociadores de ambas partes. Timochenko y yo nos saludamos con cordialidad, cada vez más lejos de aquella tensión de nuestro primer encuentro, conscientes de que estábamos cumpliendo un papel para la historia. En la plaza, cientos de personas, muchas de ellas víctimas, ondeaban pañuelos blancos mientras coreaban "¡Sí se pudo! ¡Sí se pudo!". El entusiasmo y la alegría se veían por doquier.

Uno de los momentos más impactantes fue cuando un coro de mujeres de Bojayá, ese pueblo que había sido arrasado por la violencia guerrillera en mayo de 2002, entonó sus tradicionales alabaos —cantos típicos del Chocó, que se usan en los funerales—, con letras alusivas a la paz y a la necesidad de que la guerra no se repita en Colombia. Al final del evento, otro coro —esta vez de niños— hizo vibrar al público con la *Oda a la alegría* de la novena sinfonía de Beethoven.

En medio de la ovación de los presentes, y con el corazón henchido de alegría, Timochenko y yo firmamos el acuerdo de terminación del conflicto. Lo hicimos con el "balígrafo", ese bolígrafo hecho con material de bala que se convirtió en símbolo de la transición a un nuevo país. Al concluir la firma —como lo haría luego con el papa Francisco—, quité de mi camisa el pin con la figura de la paloma de la paz y se lo entregué al último líder de la que hasta ese día era la guerrilla de las Farc. Él, sonriente, se lo puso en la suya.

Luego vino el discurso de Timochenko, al final del cual ocurrió una anécdota particular. Mi hijo menor, Esteban, prestó su servicio militar en el Ejército y tiene un gran cariño por la fuerza pública. Por eso, tuvo la idea de que, en el momento en que rindiera homenaje en mi discurso al sacrificio de los soldados y policías de Colombia, cruzaran el cielo de Cartagena tres aviones Kfir de la Fuerza Aérea, en representación de las Fuerzas Armadas. Me pareció una buena iniciativa, y Esteban coordinó el tema con el general Carlos Eduardo Bueno, comandante de la FAC.

Pero las cosas no salieron según lo planeado. El acto se demoró más de lo previsto, el discurso de Timochenko también fue largo, y a los Kfir, que estaban volando en las cercanías, se les comenzaba a agotar el combustible. Entonces les dieron la orden de hacer su sobrevuelo sobre el evento y lo hicieron a las seis pasadas de la tarde, en el momento justo en que el líder de las Farc decía: "el amor de Mauricio Babilonia por la Meme podrá ahora ser eterno", haciendo un homenaje a la novela cumbre de Gabriel García Márquez. El paso de estos aviones, que superan la velocidad del sonido, se sintió como una explosión fuertísima, y dio un buen susto a todos los presentes pero, sobre todo, a Timochenko, que miraba asombrado al cielo, sin saber cómo reaccionar. Finalmente, luego de que pasaron las aeronaves, y en medio de la emoción y los aplausos del público, tuvo una salida humorística: "Bueno... esta vez venían a saludar la paz y no a descargar bombas".

Más allá de la anécdota, el discurso de Timochenko tuvo dos momentos muy destacables cuando pronunció al comienzo la frase que se ha convertido en su lema: "Nuestra única arma será la palabra", y cuando dijo: "En nombre de las Farc-EP, ofrezco sinceramente perdón a todas las víctimas del conflicto por todo el dolor que hayamos podido causar en esta guerra".

La mayoría de las víctimas están dispuestas a perdonar, pero ¡qué importante es para ellas escuchar el pedido de perdón por parte de quien les hizo daño! Así se liberan unos y otros.

Finalmente, me dirigí al público y al país para pronunciar el que era, hasta ese momento, el discurso más importante de mi vida. Agradecí a los negociadores, a la comunidad internacional, a las Fuerzas Armadas y a las víctimas. Reconocí la voluntad y seriedad que mostraron las Farc en la mesa de negociación, y agregué:

> *Todo pacto de paz es imperfecto —porque se trata precisamente de un pacto, en el que las partes tienen que hacer concesiones—, pero sabemos que éste que hemos logrado es el mejor posible. Yo prefiero un acuerdo imperfecto que salve vidas a una guerra perfecta que siga sembrando muerte y dolor en nuestro país, en nuestras familias.*

Y así como había comenzado citando el himno, terminé recordando una de sus frases más conmovedoras: "¡Cesó la horrible noche!"

QUINTA
PARTE

LA PAZ
EN CONSTRUCCIÓN
(2016-2018)

CAPÍTULO XXXV

EL PLEBISCITO

UN ACUERDO SUI GÉNERIS

El acuerdo logrado, con todos sus componentes, fue analizado y valorado por las instituciones especializadas del mundo. Una de las más importantes en el tema de conflictos y procesos de paz, el Instituto Kroc de Estudios Internacionales para la Paz, de la Universidad de Notre Dame, lo calificó como uno de los acuerdos de paz más completo e innovador en la historia de los procesos de paz en el mundo. El profesor John Paul Lederach, de esta universidad, dijo que, "Comparativamente, el acuerdo colombiano ofrece una de las más promisorias plataformas para asegurar una paz sostenible".

¿Y qué hace del acuerdo de paz de Colombia un acuerdo sui géneris? Varios aspectos:

— Es un acuerdo centrado en las víctimas: en el reconocimiento y la garantía de sus derechos a la justicia, la verdad, la reparación y la no repetición.

— Incluye un modelo de justicia transicional en el que, por primera vez, las dos partes en conflicto se someten voluntariamente a un tribunal para que investigue, juzgue y sancione las conductas cometidas durante el conflicto o con ocasión de él, que sean consideradas graves crímenes de guerra o de lesa humanidad. Se garantizó la no impunidad frente a esos delitos, con sanciones que van desde cinco a ocho años de restricción efectiva de la libertad hasta veinte años de prisión, según sea el aporte a la verdad. Todo esto, obrando siempre bajo el paraguas del Estatuto de Roma, de los tratados de derechos humanos y el derecho internacional humanitario, y la Constitución y leyes de Colombia.

— En palabras de Borja Paladinni, representante en Colombia del Instituto Kroc, el acuerdo colombiano es uno de los más innovadores porque "es el que más instrumentos de salvaguardias, garantías y verificación contiene; porque es el que desarrolla de forma más detallada y más integral los temas sustantivos del conflicto —las 'causas raíz'—, como los temas de desarrollo, de tierras, de participación política, de calidad de la democracia, de lucha contra el narcotráfico y de sustitución de cultivos, y porque desarrolla, más que ningún otro acuerdo, los temas transversales: los derechos de las mujeres, de las poblaciones étnicas, de las víctimas, y aparece, también de manera transversal, en todo el acuerdo, el enfoque de derechos humanos".

— Por primera vez, se tuvo a altos oficiales de la fuerza pública, ya en retiro —un excomandante de las Fuerzas Militares y un exdirector general de la Policía— como negociadores plenipotenciarios, y a oficiales del más alto rango, en servicio activo, en el análisis y discusión del tema del cese al fuego y la dejación de armas.

— Otro aspecto innovador fue la creación de una subcomisión de género, que se encargó de que se incluyera la voz de las mujeres y la perspectiva de género en los acuerdos.

— Hubo, además, reuniones con las comunidades étnicas —indígenas y afrocolombianas—, tan afectadas por el conflicto, que llevaron a la incorporación de un capítulo étnico en el acuerdo final.

— Y algo fundamental: este acuerdo fue más allá de silenciar los fusiles para procurar la recuperación y el desarrollo integral de las regiones más afectadas por la violencia, lo que llamamos "paz territorial". Para eso se acordó la puesta en marcha de dieciséis planes de desarrollo con enfoque territorial, PDET, discutidos y construidos por las mismas comunidades, donde priorizan las obras que más necesitan para integrarse con la dinámica económica y social del resto del país.

Estos elementos hicieron del acuerdo de paz entre el Gobierno de Colombia y las Farc el primero de una nueva generación de acuerdos en el mundo, que entenderán, a partir de nuestro ejemplo, que lograr un pacto de paz no es solo parar la guerra sino generar las condiciones para que no se repita.

"LOS REFERENDOS LOS CARGA EL DIABLO"

Todos somos sabios cuando analizamos el pasado, pero las decisiones se toman en tiempo presente y, por eso, pueden ser equivocadas. Desde el inicio de la fase exploratoria, en febrero de 2012 en La Habana, tanto las Farc como el Gobierno coincidimos —algo en lo que insistí mucho— en que, al final del proceso, debería existir alguna forma de refrendación popular de lo acordado. Esto daría mucho más legitimidad al acuerdo de paz, más aun teniendo en cuenta que se incluirían temas que van más allá de la desmovilización y desarme de la guerrilla, como la tierra, la ampliación de la democracia, el problema de las drogas ilícitas y la respuesta integral que debíamos dar a las víctimas.

Preguntarle al pueblo parecía tener mucho sentido, y a nadie se le pasaba por la cabeza que —luego de un gran esfuerzo de negociación, en que cada parte tendría que ceder en algo—, los ciudadanos fueran a rechazar un acuerdo que ponía fin a una guerra de medio siglo. Las Farc querían una asamblea constituyente, pero eso era abrir una caja de pandora para que se hicieran muchas más reformas que las pactadas. En el Gobierno estudiamos la posibilidad de un referendo —impráctico, pues los ciudadanos tienen que votar tema por tema— y finalmente propusimos hacer un plebiscito, fórmula que después de mucho ir y venir terminó aceptando la delegación de la guerrilla. Un plebiscito con una sola pregunta que se respondía con Sí o No: "¿Apoya usted el acuerdo final para la terminación del conflicto y la construcción de una paz estable y duradera?"

Estábamos orgullosos del acuerdo —"El mejor acuerdo posible", como dijo Humberto de la Calle—, sabíamos que habíamos hecho el mayor de los esfuerzos y confiábamos en que el pueblo colombiano lo respaldaría. Pero no tuvimos en cuenta algo que la historia ha enseñado: en los referendos o plebiscitos la gente vota por todo menos por lo que se les está preguntando. A menudo son las emociones, las veleidades del momento, la aprobación o no de un gobierno, los factores que acaban decidiendo su voto.

El gran líder francés Charles De Gaulle convocó un referendo en su país en 1969 para dotar de mayor autonomía a las regiones, que perdió y concluyó con su dimisión. Algunos le adjudican una frase que ha hecho carrera: "Los referendos los carga el diablo". Porque, al final, son las emociones las que deciden, más que la razón. Así pasó en junio de 2016, en el Reino Unido, cuando el primer ministro Cameron, convencido de que iba a ganar, consultó a los británicos, mediante un referendo, si querían o no seguir en la Unión Europea. Para sorpresa de todos, ganó el Brexit —alentado por una serie de mentiras y exageraciones que decían, por ejemplo, que el Reino Unido enviaba 350 millones de libras por semana a la Unión Europea, o que Turquía se uniría a la organización y los iban a obligar a recibir a millones de inmigrantes turcos—. Al día siguiente del Brexit, comenzó el "*regret-xit*", el arrepentimiento de millones que habían votado por salir de la Unión Europea, que descubrieron que les habían dicho mentiras y ahora temían las consecuencias de su decisión. Y Cameron tuvo que renunciar. En diciembre del mismo año, otro referendo perdido sacó del juego al primer ministro italiano Matteo Renzi. Ambos mandatarios europeos se habían convertido en buenos amigos personales y habían respaldado con entusiasmo el proceso de paz.

Me embarqué, y embarqué al país, en el tema de la refrendación, porque estaba convencido de que esto le daría más fuerza a lo acordado, y que nos ayudaría a unirnos para implementar el acuerdo y comenzar a construir la paz. Y además me había comprometido. Era una promesa que tenía que honrar. Como lo dije muchas veces: "La última palabra la tendrán los colombianos". Pero no imaginé, no preví, que las mentiras y medias verdades de la oposición pudieran hacer tanta mella, y que una nación que había sufrido tanto por la guerra fuera capaz de poner en peligro su terminación.

Fue un error, como lo demostraron los hechos. Si pudiera volver el reloj atrás, no jugaría la carta de la refrendación. Sin embargo, como dice otro refrán, "Dios escribe derecho en renglones torcidos". Y la situación que parecía mala, termino por convertirse en una oportunidad.

"MIENTAN, MIENTAN, QUE ALGO QUEDA"

La frase es antigua. Se conoce, con diversas variaciones, desde los tiempos de Alejandro Magno, cuando su consejero Medio de Larisa decía: "Siembren la calumnia, muerdan con ella, que cuando la gente cure su llaga, siempre quedará la cicatriz". Se la han adjudicado a Goebbels, el nefasto jefe de propaganda de Hitler que tanto le gusta al senador ultrauribista José Obdulio Gaviria, y en Colombia la hizo popular el líder conservador Laureano Gómez, en los encendidos debates parlamentarios que protagonizó en la primera mitad del siglo XX: "Calumniad, calumniad, que de la calumnia algo queda".

Es muy difícil defenderse de una mentira, y de medias verdades que, por incompletas, son las mejores aliadas de la falsedad. Mucho más en estos tiempos de internet y redes sociales, cuando vuelan a la velocidad del viento. Y debo admitir que no dimensionamos, ni el Gobierno ni los amigos del proceso de paz, cuánto podían pesar estas mentiras en los ciudadanos, y cómo podían influir en su decisión de apoyar o no el acuerdo en el plebiscito. No acabábamos de refutar una, cuando ya estaban circulando diez más. Y así fueron ganando un terreno que no logramos cubrir con la pedagogía.

En las cadenas de *WhatsApp* se leían barbaridades que la gente creía cándidamente, y reenviaba a sus contactos.

Decían que el senador Roy Barreras, quien había sido plenipotenciario en la mesa de La Habana en los últimos meses, había presentado un proyecto, al que solo le faltaba un debate para convertirse en ley, para reducir las mesadas de los pensionados con el fin de financiar la reintegración de los guerrilleros.

En una cadena llamada "Timo Presidente" mostraban al acuerdo como el primer paso para garantizar la llegada a la presidencia de Timochenko, diciendo que las Farc ganarían las elecciones con las inmensas cantidades de recursos económicos que tenían y obligando a la gente a votar por sus candidatos. Sería la imposición del "castrochavismo" en nuestro suelo.

Otras cadenas propagaban que íbamos a acabar o reducir a las Fuerzas Armadas, que el acuerdo terminaba con la propiedad privada, que eliminaba los subsidios para los pobres, o que se iban a entregar millones de hectáreas a los guerrilleros expropiando a los terratenientes.

Pero tal vez la mentira que más daño hizo al final —que difundieron con fuerza en la última semana antes del referendo, cuando ya no teníamos capacidad de reacción—fue la de que en el acuerdo se establecía la ideología de género, según la cual la identidad sexual de las personas es una construcción social más que un hecho natural. El procurador general de la nación, Alejandro Ordóñez, un católico radical que luego fue nombrado por el presidente Duque como embajador ante la OEA, grabó un video, que se hizo viral, diciendo que en los acuerdos de La Habana aparecía la ideología de género "con infinita intensidad". Y agregaba sin sonrojarse:

> El Gobierno y las Farc pretenden que la ideología de género quede como norma constitucional. (...) Están utilizando la paz como excusa para imponer la ideología de género. Piénselo bien el 2 de octubre. Usted decide el futuro de Colombia. Usted decide el futuro de sus hijos. Usted decide el futuro de la familia colombiana.

Circulaban memes y afiches que decían: "No al aborto. No a quienes atacan la familia. No al enfoque de género. Por eso digo No a los acuerdos de La Habana". Y lo peor es que muchos lo creyeron, comenzando por los pastores de las iglesias cristianas protestantes y muchos —muchísimos— sacerdotes católicos que pidieron a sus feligreses votar No, para evitar que se alterara el concepto de la familia o de matrimonio, o que se violentara el derecho a la vida de los no nacidos.

Eran mentiras, absolutas mentiras, pues nada de eso estaba en el acuerdo. Este sí implementaba un enfoque de género —que es muy distinto a la ideología de género— para visibilizar y priorizar los derechos de las mujeres, que habían sido las principales víctimas del conflicto. Pero no tocaba temas como el aborto, las parejas del mismo sexo o la definición de familia.

Esta campaña difamatoria caló profundamente entre el electorado, tanto que las encuestas que se hicieron luego del plebiscito identificaron que el tema de la ideología de género fue la mentira que más motivó a la gente a votar No. En mis encuentros posteriores con los pastores cristianos y sacerdotes católicos, varios reconocieron que pecaron de ingenuos porque no leyeron el acuerdo y otros aceptaron que simplemente fueron engañados.

Pocos días después del plebiscito, la red de patrañas quedó al descubierto cuando el gerente de la campaña por el No, el exsenador Juan Carlos Vélez, reconoció ingenuamente lo que habían hecho en una entrevista que dio al diario *La República*:

—La campaña del Sí fue basada en la esperanza de un nuevo país. ¿Cuál fue el mensaje de ustedes? —le preguntó la periodista.

—La indignación —respondió Vélez—. Estábamos buscando que la gente saliera a votar berraca[14].

—¿Y cómo fue la estrategia?

—Descubrimos el poder viral de las redes sociales. Por ejemplo, en una visita a Apartadó, Antioquia, un concejal me pasó una imagen de Santos y Timochenko con un mensaje de por qué se le iba a dar dinero a los guerrilleros si el país estaba en la olla. Yo la publiqué en mi Facebook y al sábado pasado tenía ciento treinta mil compartidos con un alcance de seis millones de personas. (...) Unos estrategas de Panamá y Brasil nos dijeron que la estrategia era dejar de explicar los acuerdos para centrar el mensaje en la indignación.

El país quedó estupefacto ante la contundencia y candidez de estas revelaciones, y Vélez, atrapado por sus propias palabras, terminó renunciando a su partido, el Centro Democrático. Semanas más tarde, en diciembre, un auto del Consejo de Estado señaló que era un hecho notorio que la campaña del No para el plebiscito había utilizado mentiras "de forma masiva y sistemática". Pero ya el daño estaba hecho.

Yo también me equivoqué —y lo reconozco— cuando, en mi afán por promover el Sí, acudí al miedo en lugar de la esperanza. En una ocasión, en un conversatorio con el expresidente español

---

14   Adjetivo que en Colombia, entre otras acepciones, significa bravo, resentido, de mal genio.

Felipe González, en medio del Foro Económico Mundial sobre América Latina, que se reunió en Medellín, dije que, si el plebiscito no se aprobaba, volveríamos a la guerra, y agregué: "Tenemos información amplísima de que ellos están preparados para volver a la guerra, y a la guerra urbana, que es más demoledora que la guerra rural". Eso era cierto —lo venían discutiendo los más jóvenes de las Farc, según me reportaban los organismos de inteligencia—, pero cayó muy mal entre la gente, que lo vio como una especie de amenaza. Fue un error que procuré no repetir. No era necesario generar alarmismo para incentivar a los ciudadanos a apoyar el acuerdo.

"LA RENUNCIA ES UNA POSIBILIDAD"

El 2 de octubre de 2016, día del plebiscito, me levanté con la certeza de que el país, a pesar de la campaña de mentiras, iba a respaldar con entusiasmo el acuerdo de paz. Esa mañana —como lo había hecho en las cuatro elecciones en las que había participado— fui con mi familia a la iglesia de la Virgen de la Milagrosa, de la cual mi esposa es especialmente devota, a encomendarnos a su protección. Por la tarde invité a los promotores de la campaña por el Sí, que encabezó el expresidente Gaviria; a los negociadores; los ministros, y otros miembros del Gobierno, a que me acompañaran a recibir los resultados en mi residencia privada, en el tercer piso de la Casa de Nariño. Después tenía previsto desplazarme al Hotel Tequendama, donde esperaban cientos de simpatizantes, para saludarlos y dirigir unas palabras a los colombianos. Había revisado una y otra vez esta intervención, que debía proyectar el país hacia un futuro de unidad.

Esto decía, en unos apartes, el discurso que nunca pronuncié:

Hasta hoy —¡hasta hoy!— llegan las divisiones del Sí y del No. Cada posición fue respetable, y no tiene por qué dejar enemistades permanentes, ni heridas que no puedan cicatrizar. Si en las familias, si en los lugares de trabajo, si en los grupos de amigos o en las redes sociales, nos distanciamos de quienes tenían una posición diferente a la nuestra... ¡es tiempo de volvernos a unir!

Ese domingo el clima se volvió loco en Colombia. El huracán Matthew, que llegó a categoría cinco cuando se acercó a nuestro país, golpeó con especial intensidad la región Caribe —donde las encuestas señalaban una gran favorabilidad por el Sí, y donde he tenido el mayor apoyo—, generando lluvias, vendavales e inundaciones que impidieron votar a cientos de miles de ciudadanos. Pero no fue solo allá: las lluvias cayeron por todo el territorio mientras se desarrollaba la jornada electoral.

La preocupación en ese momento era si se alcanzaría el umbral, es decir, si superarían los 4.536.993 votos por el Sí, que se requerían para que la refrendación fuera válida —además, por supuesto, de que el número de votos por el Sí superara a los votos por el No, algo que dábamos por descontado—. Los gobernadores de los departamentos del Caribe pidieron al Consejo Nacional Electoral prorrogar por dos horas el horario de votaciones en los municipios afectados por las tormentas pero su petición no encontró eco, ni la avalamos tampoco desde el Gobierno nacional, pues no queríamos que ninguna clase de injerencia de nuestra parte pudiera generar sombras sobre el resultado. Sabíamos que la oposición tenía planeada toda una campaña para denunciar un supuesto fraude, como ya lo había hecho en las elecciones anteriores, y no queríamos dar pie a las protestas y descalificaciones que hubieran empañado el triunfo. Sin duda, con esa prolongación, hubiera ganado el Sí.

El ambiente en la Casa de Nariño era de optimismo. Mientras mis invitados estaban en una sala cercana, me reuní con el jefe del equipo negociador Humberto de la Calle en la biblioteca de la casa privada para ver los resultados, que la Registraduría comenzó a revelar luego de que se cerraran las votaciones a las 4 de la tarde, con eficiencia y rapidez. A las cuatro y veinte ya se conocían los dos primeros boletines, con el quince por ciento de la votación escrutada, que mostraban al Sí a la delantera, pero por un margen muy pequeño. De la Calle me hizo ver que sería bueno hacer una referencia en el discurso a la forma tan apretada en que ganaba el Sí, e hice llamar a Juan Carlos Torres, el director de discursos, para hacer ese cambio. Llegó de inmediato, con su libreta de apuntes, pero los boletines siguientes mostraron un cambio en la tendencia: los votos por el No crecían más que los votos por el Sí, y, finalmente, cuando ya se tenía el setenta por ciento de la votación escrutada, el No comenzó a puntear.

Yo estaba sentado detrás de mi escritorio, De la Calle a mi lado y Torres al frente, los tres contemplando estupefactos la pantalla del televisor. A lo lejos se sentía el revuelo y los comentarios de los invitados. María Clemencia y mis hijos, en una terraza que conecta con la biblioteca, se abrazaban y lloraban. Pero en mi biblioteca apenas musitábamos palabra. El sentimiento era de desolación. "Nunca me imaginé esto", dije varias veces. "Nunca me imaginé esto".

A los pocos minutos, el resultado total estaba consolidado: habían votado trece millones de colombianos —el umbral se superó con creces—, de los cuales 50,2 % por el No y 49,8 % por el Sí. La diferencia había sido de apenas 53.908 votos.

En mi vida he desarrollado una especie de coraza que me protege, en los momentos difíciles, del vaivén de las emociones. Con ella me protejo de caer en las euforias de los triunfos y también en los abismos de las derrotas. Simplemente contemplo la situación y pienso en las alternativas hacia el futuro. Ha sido un gran recurso en muchos momentos difíciles, y lo fue entonces, cuando veía en la pantalla el posible derrumbe de un esfuerzo de paz de años en el que había comprometido mi gobierno y mi capital político.

—Hay que analizar todas las opciones —dije—. Todas las opciones... Y una de ellas es renunciar.

—Es cierto —completó Torres—. Siempre está el tema de la responsabilidad política.

—Bueno... Lo hicieron De Gaulle en Francia, Cameron en Inglaterra... —enumeró De la Calle.

Siguió un largo silencio.

—Será devolver esa gente al monte... —exclamó apesadumbrado el jefe negociador, más por despecho que por convicción.

Otra vez silencio. Los minutos se escurrían lentamente, como la esperanza de la paz.

Y Torres dijo:

—Presidente, entiendo que la renuncia es una opción, pero esto no fue una barrida. No ganaron 70-30 o algo así. Esto en la práctica es un empate, y usted tiene que seguir representando a la mitad del país que creemos en la paz y en el acuerdo.

No respondí nada. Mi familia seguía afuera, sin atreverse a entrar, respetando el momento. Y entonces se abrió la puerta y entró el comisionado para la paz Sergio Jaramillo. Se sentó al lado de De la Calle. Los dos hombres que habían liderado por años el proceso compartían conmigo el inesperado resultado adverso.

—¿Qué piensa, doctor Sergio? —le pregunté.

—Lo que usted siempre nos ha enseñado en estos momentos, presidente: serenidad.

Pronto fui recobrando el ánimo —lo fuimos recobrando todos— y comencé a plantear preguntas y soluciones.

—Hay que ver cómo reaccionan las Farc. ¿Dónde están ahora?...

—Ellos están reunidos en La Habana. Deben estar tan sorprendidos como nosotros —dijo Jaramillo—.

—Los puedo llamar para ver en qué están —propuso De la Calle.

Para ese momento, empezaron a entrar los negociadores, la canciller, los ministros del Interior y de Defensa, el senador

Barreras, María Clemencia y mis hijos, y mi hermano Enrique, con la tristeza y el desconcierto reflejados en sus rostros.

Muchos —comenzando por mi propia familia— se veían afectados emocionalmente, y yo sabía que en esas condiciones no eran los mejores consejeros. Consciente de esto, me retiré unos minutos a reflexionar en silencio. Necesitaba estar solo. Respiré hondo, medité, dejé que se aplacara mi mente, y una única respuesta surgió clara en mi interior: tenía que perseverar, el único camino responsable era perseverar.

Con esa determinación, regresé a la biblioteca y tuvimos una rápida lluvia de ideas. Nos enfrentábamos a un virtual empate, a la división del país entre una mitad que quería el acuerdo tal como estaba y otra mitad que exigía unos cambios. Pero todos —o por lo menos eso decían— querían la paz. La solución, por consiguiente, como en cualquier encrucijada dialéctica, era el diálogo: convocar a un gran diálogo nacional para tratar de ponernos de acuerdo en lo que se podía cambiar, en las sugerencias que se podían incorporar. Había que convertir este dilema en una oportunidad para la unión de los colombianos.

Recuerdo mucho las palabras del general Mora, al fin y al cabo un hombre acostumbrado a las dificultades y a dar moral a su tropa:

—Presidente, usted es un líder. Lo que se requiere ahora es que usted hable y dé línea. Pero no se demore, porque en esto el tiempo es crucial.

No teníamos plan B, debo admitirlo. Nunca se nos cruzó por la mente la posibilidad de perder, y por eso no tenía tampoco un discurso para la ocasión. Le di instrucciones precisas a Torres sobre lo que quería decir para que redactara un borrador en quince minutos, y salió corriendo —literalmente— a su oficina, en el primer piso del palacio presidencial.

Pasado el cuarto de hora bajé a buscarlo y lo encontré terminando de redactar la breve declaración. Me senté en su puesto y la revisé una y otra vez, haciendo ajustes mientras la leía, consciente de la importancia que tendría cada palabra para la supervivencia o no del acuerdo de paz.

Finalmente, subí a dar mi discurso al país, una intervención de apenas tres minutos que debía generar tranquilidad y confianza en todos los colombianos: los que habían ganado a duras penas con el No, los que habían perdido a duras penas con el Sí, y esa mayoría que no había votado. A mi lado estaban, con inocultable gesto adusto, Jaramillo y De la Calle, junto con los demás negociadores —la canciller María Ángela Holguín, los generales Óscar Naranjo y Jorge Enrique Mora, Frank Pearl, Gonzalo Restrepo y el senador Roy Barreras–, además del ministro del interior Juan Fernando Cristo.

Antes que nada afirmé, sin dejar lugar a dudas, que reconocía el resultado del plebiscito y el triunfo del No. Anuncié que al día siguiente iba a convocar a todas las fuerzas políticas, comenzando por las promotoras del No, para escucharlas y determinar el camino a seguir, y que también al día siguiente viajarían Jaramillo y De La Calle a La Habana para mantener informados a los negociadores de las Farc sobre el resultado del diálogo político. Di la certeza de que el cese al fuego bilateral seguía vigente, y dije algo que ha sido una máxima mía toda la vida, y que puse en práctica, más que nunca, en ese momento:

> Siempre he creído en el sabio consejo chino de buscar oportunidades en cualquier situación. Y aquí tenemos una oportunidad que se nos abre, con la nueva realidad política que se manifestó a través del plebiscito.

Y concluí:

> No me rendiré. Seguiré buscando la paz hasta el último minuto de mi mandato porque ese es el camino para dejarles un mejor país a nuestros hijos.

CAPÍTULO XXXVI

DEL INFIERNO
AL CIELO
EN CINCO DÍAS

EL GRAN DIÁLOGO NACIONAL

No había tiempo para sentarnos a lamernos las heridas. Era el momento de actuar, y debíamos hacerlo con rapidez. Como lo había anunciado, Jaramillo y De la Calle volaron el 3 de octubre a La Habana y se reunieron con los negociadores de las Farc, que demostraron una gran sensatez frente a la situación. Los voceros del No en su campaña habían dicho que no querían desechar el acuerdo de paz, sino hacerle modificaciones. Y ese era el camino que nos quedaba. La verdad, los del No estaban tan sorprendidos como nosotros por su triunfo. Los representantes de la guerrilla, por su parte, aceptaron, con realismo, reabrir las negociaciones para estudiar la posibilidad de algunos cambios.

En Colombia, mientras tanto, inicié una maratón de encuentros con representantes de la sociedad civil y de las fuerzas políticas. Muchos venían a confirmarme su respaldo, con otros aclaramos dudas y malentendidos —como el tema de la supuesta ideología de género— y a otros les recibimos sus inquietudes para tramitarlas en La Habana. No podíamos prometer que todas se incluirían, pero sí que lo intentaríamos.

El 5 de octubre tuve dos reuniones trascendentales en la Casa de Nariño. Primero me visitó el expresidente Pastrana junto con el excomisionado de paz Camilo Gómez. Pastrana —para mi sorpresa y la de muchos—, que en su momento había adelantado un ambicioso proceso de paz con las Farc, que había despejado de fuerza pública una zona del tamaño de Suiza para adelantar los diálogos y que había negociado sobre una agenda que incluía todos los temas del Estado, ahora se había vuelto un crítico acerbo del proceso en La Habana. Ni sus más cercanos amigos entendían esa actitud. Y esa posición lo había unido —nadie lo hubiera imaginado— con el expresidente Uribe, con quien había tenido años atrás las más profundas diferencias.

—Presidente —le dije—. Así como he reconocido el triunfo del No, yo espero que usted nos ayude a sacar adelante este diálogo para mejorar y salvar el acuerdo. Su programa de gobierno fue buscar la paz. Usted más que nadie sabe lo difícil que es una negociación y puede aportar para que consigamos la paz por la que tanto luchó. Puede quedar como el salvador de la paz y le ofrezco darle todo el protagonismo.

Él mostró una muy buena disposición, y señaló a Gómez como su delegado para exponer sus sugerencias de cambio o aclaración del acuerdo. De mi parte, designé al ministro de Defensa Luis Carlos Villegas y al negociador y excomisionado para la paz Frank Pearl, ambos amigos de Pastrana. Debo decir que la totalidad de las observaciones puntuales que nos hizo llegar Pastrana fueron incorporadas. A pesar de eso, al final —porque en un momento dado me manifestó que se encontraba satisfecho— mantuvo obstinadamente su oposición. Nunca sus amigos ni yo entendimos esa posición. "Soberbia, envidia y vanidad", me dijo alguien que lo conocía muy bien.

Terminada esta reunión, llegó el presidente Uribe —el líder más visible de la campaña por el No— acompañado por el procurador Alejandro Ordóñez, el senador Iván Duque y la exministra Marta Lucía Ramírez —hoy el presidente y la vicepresidenta de Colombia—, la senadora Paloma Valencia y el representante Rubén Darío Molano, los exministros Óscar Iván Zuluaga y Carlos Holmes Trujillo —hoy canciller—, y el pastor cristiano César Castellanos y la periodista Diana Sofía Giraldo, directora de una fundación de víctimas.

También hizo parte de la delegación el general retirado Héctor Fabio Velasco, algo que me asombró. Velasco —quien había sido comandante de la Fuerza Aérea durante todo el gobierno Pastrana y el primer año del gobierno Uribe— había salido de su institución con serios cuestionamientos, avalados por el Gobierno de Estados Unidos, por haber presuntamente ocultado y manipulado información sobre la llamada masacre de Santo Domingo, ocurrida el 13 de diciembre de 1998, cuando un helicóptero de la FAC dejó caer bombas de fragmentación sobre el pequeño caserío de este nombre, en el departamento de Arauca, causando la muerte de diecisiete civiles que estaban en un bazar popular, incluidos seis niños. No entendí la razón de la presencia de Velasco dentro del nutrido grupo de acompañantes del expresidente.

Hacía muchos años que Uribe —desde cuando había decidido calificarme como traidor y aplicarme una implacable oposición— no pisaba la Casa de Nariño. Luego de un saludo amable, pero frío, tuvimos una reunión de unas tres horas en el salón de estrategia, donde me acompañaron algunos ministros y negociadores. Inicié el encuentro dándoles la bienvenida y ofreciéndoles toda la disposición del Gobierno para tener un diálogo que salvara el acuerdo de paz. Ellos expusieron sus puntos de disenso, que escuchamos con cuidado, y quedamos en que los plasmarían en un documento para que pudiéramos analizar y llevar a la discusión en La Habana. Nuevamente designé al ministro Villegas como mi delegado para estas aproximaciones, junto a la canciller y el jefe negociador Humberto de la Calle, quien se multiplicaba entre La Habana y Bogotá. En varias reuniones con los promotores del No esta comisión contó con el apoyo del ministro del Interior Juan Fernando Cristo, del exministro de Justicia Yesid Reyes, y de otros negociadores como el senador Roy Barreras y los generales Naranjo y Mora, entre otros.

Me quedé con la impresión de que era posible llegar a un nuevo acuerdo que reuniera la mayoría de las observaciones, parte de las cuales no eran difíciles de incluir o eran apenas aclaraciones. Tenía fe de que, con la voluntad de todos, podíamos lograrlo.

Mientras nosotros dialogábamos, en todo el país se produjo un fenómeno maravilloso. Las personas, sobre todo los jóvenes, comenzaron a salir a las calles, llenaron plazas y parques, todos los días, para apoyar la paz, con la consigna "¡Acuerdo ya!". Y no eran solo los que habían votado Sí, sino también muchos de los que votaron No y que ahora sentían que debían apoyar la esperanza de la paz, y también muchos otros que expresaban su arrepentimiento por no haber votado y haber permitido, con su abstención, esta incertidumbre. La plaza de Bolívar, en el centro de Bogotá, tuvo manifestaciones multitudinarias, totalmente espontáneas, colmadas de banderas blancas, e incluso decenas de personas instalaron carpas junto a la estatua del Libertador y crearon un "campamento de la paz" que juraron no levantar hasta que hubiera luz blanca sobre el acuerdo.

De alguna forma, esta fue una consecuencia positiva e inesperada de la derrota en el plebiscito: ver a la sociedad unida, clamando por la paz.

UNA LLAMADA A LA MADRUGADA

Tanto el año anterior como en el 2016, mi nombre había estado dentro de los nominados al Premio Nobel de la Paz, por el esfuerzo que estaba haciendo para acabar el conflicto armado con las Farc. También aparecía Timochenko como nominado, e incluso las víctimas de Colombia. Decir que era indiferente frente a esta nominación sería mentir. Claro que la consideraba un inmenso honor —el más grande para cualquier ser humano, como ha sido calificado—, como lo haría cualquiera. Pero no era una prioridad o un sueño que me hubiera propuesto. Era algo demasiado grande. Usando esa coraza que me protege de las tormentas emocionales, me había hecho a la idea de que el premio no era viable, que no sucedería. Y mucho menos luego de la pérdida del plebiscito.

Así que llegó la fecha en que tradicionalmente el Comité Noruego del Nobel anuncia el nombre del ganador del premio, sin que estuviera pendiente de esa noticia. El jueves 6 de octubre trabajé hasta tarde en mi despacho, mientras hacía fuerza por nuestra selección de fútbol que jugaba en Asunción contra Paraguay en las eliminatorias para el Mundial de Rusia. Por fortuna, ganamos 1-0. Al final de la noche, caí rendido por el sueño en mi habitación, donde estaba completamente solo, pues María Clemencia, muy triste por el resultado del plebiscito, se había ido a pasar unos días a nuestra finca en Anapoima. Mis hijos Martín y María Antonia estaban cada uno en su apartamento, y Esteban había regresado a sus estudios en la Universidad de Virginia.

Estaba a mitad de un sueño profundo cuando sonó el teléfono de la habitación. A duras penas lo pude agarrar y escuché, entre brumas, la voz emocionada de Martín contándome que Íngrid Betancourt lo acababa de llamar para decirle que me habían concedido el Premio Nobel de la Paz. Estaba tan cansado que escuché sus palabras como si fueran parte del sueño, le dije "Okey, hablamos mañana", colgué y seguí durmiendo. Martín volvió a llamarme, y en esta segunda llamada, más despierto, entendí la noticia en toda su dimensión.

Es difícil de expresar lo que se siente. Es el reconocimiento más importante del planeta, en el tema más crucial para la humanidad que es la paz, y tal vez por eso la sensación, más que de euforia, fue de humildad e incluso de timidez, que sale a relucir en el momento menos pensado. Humildad ante el reto que significa buscar la convivencia en un mundo lleno de conflictos, y ante esos titanes de la paz —como Martin Luther King, Nelson Mandela, la madre Teresa, el Dalai Lama— que han sido antes merecedores de este premio. Un premio que buscaron sin éxito Churchill, Roosevelt y Stalin —que, en medio de sus diferencias, salvaron al mundo del nazismo— y que no alcanzaron a darle a Gandhi, el impulsor de la no violencia.

Martín salió en su carro hacia la Casa de Nariño, recogió a María Antonia y llegaron cuando el día despuntaba, para fundirnos en un abrazo de felicidad. Pronto llegaría María Clemencia, y en la noche Esteban. De alguna manera, en cuestión de cinco días, habíamos pasado del infierno al cielo.

A las cuatro y media de la mañana, estando todavía solo, recibí la llamada oficial de la presidenta del Comité Noruego, Kaci Kullman Five —quien falleció en febrero de 2017— anunciándome mi designación. De inmediato, me llamó un periodista de la organización Nobel, Adam Smith, y me hizo la primera entrevista. Le dije, de corazón, lo que he sentido siempre sobre este reconocimiento, que no es solo mío sino del país:

—Este es un premio para las víctimas, para el pueblo colombiano. Es un premio muy importante y lo recibo en nombre de todos ellos, personas que han sufrido cincuenta y dos años de guerra que estamos a punto de concluir.

UN ESPALDARAZO A LA PAZ DE COLOMBIA

El comunicado emitido por el Comité Noruego al concederme el premio dejó claro que este era un homenaje al pueblo colombiano y a los seres queridos de las víctimas de la guerra. Y se refirió, inclusive, a la derrota del plebiscito, viéndolo como un desafío y una oportunidad:

El presidente Santos lanzó un proceso de diálogo, que culminó con la firma de un acuerdo de paz entre el Gobierno colombiano y la guerrilla de las Farc, y siempre buscó hacer avanzar este proceso. A pesar de que sabía que era algo controvertido, jugó un rol esencial para que los electores pudieran expresar su opinión sobre los acuerdos de paz en un referéndum. El resultado de las votaciones no fue el que hubiera querido el presidente Santos, ya que, por una ligera ventaja, una mayoría de los 13 millones de colombianos que fueron a las urnas dijeron no al acuerdo. Este resultado creó una gran incertidumbre en torno al futuro de Colombia. Existe un riesgo cierto de que el proceso de paz sea interrumpido y que la guerra civil se reanude. Por ello, se hace aún más importante que las partes, lideradas por el presidente Santos y por el líder de la guerrilla de las Farc Rodrigo Londoño (Timochenko), sigan respetando el cese el fuego.

El hecho de que la mayoría de los electores hayan dicho no al acuerdo de paz no implica forzosamente que el proceso de paz esté muerto. El referéndum no era un voto a favor o en contra de la paz. Lo que los partidarios del No rechazaron no fue el anhelo de paz, sino un acuerdo específico. El Comité del Nobel destaca la importancia de la invitación que hizo el presidente Santos a todas las partes para participar en un amplio diálogo nacional, para hacer avanzar el proceso de paz. Incluso quienes se opusieron al acuerdo celebraron que haya este diálogo.

Lo cierto es que el Premio Nobel llegó en el momento más oportuno, como un regalo del cielo, y se sintió como un espaldarazo del mundo que nos daba alientos para culminar con éxito el proceso de paz. Así lo entendieron los colombianos, que siguieron llenando las plazas con la consigna "Acuerdo ya".

CAPÍTULO XXXVII

UNA OPOSICIÓN IRRAZONABLE

LA REUNIÓN DE RIONEGRO

El honor que me llegó de Noruega no significó que bajara la guardia en los empeños para salvar la paz. Había que seguir dialogando con todos para lograr un consenso que nos permitiera tener pronto un nuevo acuerdo. Los guerrilleros, desde septiembre, se habían comenzado a desplazar para acercarse a las zonas veredales donde se concentrarían, y todo había quedado paralizado, como en el juego de las estatuas. El cese al fuego seguía vigente, pero mientras no se tuviera un acuerdo en firme, era muy frágil y podría romperse por cualquier imprudencia.

Mis reuniones con los voceros del No no se limitaron a las que tuve con los expresidentes Uribe y Pastrana. Dediqué muchas horas a escuchar las inquietudes y sugerencias de toda clase de representantes de la sociedad, de los gremios económicos, de los trabajadores, de las iglesias. Era necesario diluir el protagonismo de Uribe, que era el líder más visible del No, pero no el único. Yo tenía el presentimiento de que a Uribe nada lo complacería. Nada distinto a echar por la borda el acuerdo de paz. Y no me equivocaba.

Finalmente, los voceros del No reunieron y entregaron sus comentarios, que se resumieron en una matriz con sesenta modificaciones propuestas, que nuestros negociadores llevaron a La Habana para concertar con la delegación de las Farc. Fueron días largos, de extensas discusiones, pues había puntos en los que la guerrilla no quería moverse —por solo dar un ejemplo, en el acuerdo original se pactaba que algunos magistrados que conformarían el tribunal de paz serían extranjeros, pero los del No decían que debían ser todos colombianos—. Luego de más de quince días y noches de trabajo, las Farc aceptaron cincuenta y ocho de las sesenta modificaciones, ¡el 97 %! Un gran logro, sin duda. Las únicas dos que no aceptaron fueron las que definían lo que eran aspectos cruciales para su futuro: que los comandantes guerrilleros no pudieran participar en política y que se hicieran más severas las sanciones y condiciones de reclusión. El 12 de noviembre las delegaciones anunciaron en La Habana que habían llegado a un nuevo acuerdo que incorporaba la inmensa mayoría de las observaciones y sugerencias que se habían recibido.

Ese mismo día, antes de que se hiciera público el anuncio, yo tenía un evento de la Fuerza Aérea en la base aérea de Rionegro, Antioquia, a media hora de Medellín, y le hice saber al expresidente Uribe —a través del general Maldonado, jefe de la Casa Militar de la Presidencia— de mi intención de ir a visitarlo en su casa de Rionegro para contarle directamente los avances. Él respondió que mejor nos viéramos en la base, y así fue. Llegó con Juan Gómez Martínez, exgobernador de Antioquia y exalcalde de Medellín, y Claudia Bustamante, una incendiaria tuitera, apasionada de la causa uribista. Yo estaba acompañado por el ministro de Defensa Luis Carlos Villegas.

Me sorprendió mucho que el primer tema que tocó el expresidente no fue el del acuerdo de paz sino otro muy distinto. Me habló de su protegido, el exministro de agricultura Andrés Felipe Arias, condenado desde julio de 2014 a diecisiete años de cárcel por la Corte Suprema de Justicia, por los delitos de peculado por apropiación a favor de terceros y celebración de contratos sin el cumplimiento de los requisitos legales, cometidos en desarrollo del programa Agro Ingreso Seguro. Arias, quien se encuentra en Miami, ha sido pedido en extradición por la Corte, y allí está a órdenes de la justicia estadounidense mientras se cumple ese trámite. Por supuesto, Uribe —que siempre juega al perseguido, y en cada denuncia contra él o sus allegados ve la sombra, o se la inventa, de una persecución política— ha dicho que Arias es víctima de un complot de mi gobierno para traerlo preso a Colombia. La verdad es que nunca levantamos un dedo contra Arias o contra ningún miembro de la oposición, a pesar de las barbaridades que decían en el exterior sobre el Gobierno y sobre mí. A Arias, inclusive, yo le había ofrecido la embajada en Italia antes de que surgieran sus líos con la justicia; a su esposa le asigné carro blindado, y cuando lo apresaron le ofrecí las instalaciones más cómodas disponibles en un cantón militar, como lo hice con todos los exfuncionarios de Uribe presos.

—Presidente —me dijo, apenas nos saludamos—, me preocupa mucho que su gobierno siga persiguiendo a Andrés Felipe Arias.

Quedé atónito, pero le respondí con calma:

—Presidente Uribe, mi gobierno no persigue a nadie. ¡A nadie es a nadie! Y usted sabe muy bien que en Colombia hay una división de poderes. La Corte Suprema es autónoma en sus fallos y la Cancillería solo cumple el trámite que le corresponde según la ley.

El tema quedó ahí, pero sin duda fue un mal inicio para la reunión. A renglón seguido, Uribe —que siempre prefiere hablar a escuchar—procedió a hacer su acostumbrado listado de críticas al acuerdo, y fue incluso más allá, pues insistió en que fue un error reconocer la existencia del conflicto armado. Esto me dejó claro que no había nada que hacer, y que su voluntad de aceptar el acuerdo, aun con cambios, era nula. Porque, sin ese reconocimiento, no hay proceso de paz posible.

Yo sabía que iba a ser muy difícil convencerlo, pues me había dado cuenta desde muy temprano de que él no quería avalar el acuerdo, por muchos cambios que le hiciéramos. Siempre que dábamos un paso adelante, nos corría la meta. Pero había albergado la ilusión —una pequeña y frágil ilusión— de que si se lo decía personalmente, si lo visitaba en Rionegro, tal vez avalara lo avanzado y se uniera al esfuerzo de paz. Eso hubiera sido maravilloso, para el país, para todo el mundo, pero no fue posible.

Le conté al expresidente que ese día, luego de un largo e intenso trabajo de persuasión frente a las Farc, y de haber pasado semanas también hablando y concertando con sus delegados, estábamos cerrando un nuevo acuerdo que incorporaba la inmensa mayoría de sus sugerencias. Era obvio que no podían ser todas, pues eso implicaría cambiar en semanas lo que nos había llevado años discutir, pero eran avances fundamentales.

—Presidente —me dijo Uribe—. Usted lo que está haciendo es notificándome. No me está consultando.

Y me pidió que no cerrara el acuerdo con La Habana, que sometiera los cambios a una nueva discusión con los promotores del No. Eso era fácil decirlo, pero muy difícil de poner en práctica. El cese al fuego era cada vez más frágil. Yo estaba en permanente contacto con los negociadores en La Habana y sabía que caminábamos sobre hielo muy delgado. Las Farc habían cedido muchísimo y, si dilatábamos más la discusión, el riesgo de que se rompiera el proceso era inminente. Así se lo dije a Uribe, quien no se movió un milímetro de su postura.

Así las cosas, el expresidente me pidió unos minutos para redactar un comunicado en su tableta, que iba a leer a la prensa a la salida de la reunión. Luego de escribirlo, me lo mostró y le dije que estaba bien, pues reflejaba el resultado del encuentro. En el comunicado, Uribe decía que me había pedido que los nuevos textos acordados en La Habana no tuvieran carácter definitivo, sino que fueran puestos a conocimiento y consulta con los voceros del No y las víctimas, para que los estudiaran e hicieran observaciones sobre ellos.

Acceder a esto sería caer en una negociación perpetua. Y yo no tenía más margen de maniobra. La población exigía un acuerdo, los guerrilleros estaban en un limbo que no podía durar mucho tiempo más y, ciertamente, no había forma de exigirles más cambios a las Farc. Ellos habían llegado al límite de sus concesiones. Y yo también.

EL FACTOR URIBE

No hay registro de un gobierno en la historia reciente de Colombia que haya tenido que sufrir una oposición tan implacable y ensañada como la que tuvo que soportar el mío por parte de un antecesor. Yo mismo me asombro al comprobar su nivel de pugnacidad y descalificación. Y me pregunto cómo se llegó a esto. La enemistad y las críticas permanentes del expresidente Uribe —a las cuales muy pocas veces contesté, para no agrandar el problema y porque no lo considero mi enemigo— se tradujeron en una polarización del país absurda e indeseable.

Fui su ministro. Reconocí y reconozco muchos avances y logros de su administración —como Uribe no reconoce ningunos en la mía—, y siempre quise tener una buena relación con él durante mi gobierno, lo que infortunadamente no se logró.

Conocí al expresidente Uribe, sin llegar al nivel de la amistad, en la década del ochenta. Mi papá, Enrique Santos Castillo, que era un "liberal de derecha", lo mismo que Uribe, lo quería y lo protegía mucho desde *El Tiempo*, y lo apoyó durante su periodo como gobernador de Antioquia entre 1995 y 1997. Pero yo no tenía cercanía con él. Fue José Roberto Arango, un empresario antioqueño, que era amigo de ambos y que fue su consejero en la Presidencia, quien me insistió mucho en que me acercara a Uribe.

Cuando terminó el gobierno Pastrana, donde fui ministro de Hacienda, y comenzó el del Uribe, yo no era uribista, pero tampoco era especialmente crítico. En mis columnas de prensa ponderaba lo bueno y criticaba lo que me parecía inadecuado, de una forma equilibrada. Eso sí, luego del desgaste que había significado el proceso del Caguán, estuve de acuerdo con su política de mano firme en el tema de seguridad, pues sabía que solo así se podría llevar a la guerrilla a un proceso de paz serio y realista.

Esta postura la compartía con senadores liberales que simpatizaban con el gobierno de Uribe —como Óscar Iván Zuluaga, Luis Guillermo Vélez y Aurelio Iragorri Hormaza—, con quienes fundamos el Partido de la U, que obtuvo un gran triunfo en las elecciones parlamentarias y fue determinante para su reelección. Fue entonces cuando me ofreció acompañarlo como ministro de Defensa en su segundo periodo, una posición que para él era la más importante del gabinete, por estar a cargo de la ejecución de su política de seguridad democrática.

Como ministro siempre tuve una relación cordial, respetuosa y amable con Uribe. Pero nunca hice parte de su sanedrín, de su círculo más cercano, que eran su secretaria privada Alicia Arango, el mismo José Roberto Arango, su asesor José Obdulio Gaviria, su secretario de prensa César Mauricio Velásquez y el ministro de Agricultura Andrés Felipe Arias. Fabio Echeverry también hacía parte de ese círculo, a pesar de que años atrás él mismo le había sugerido al presidente Belisario Betancur que sacara a Álvaro Uribe como alcalde de Medellín por sus posibles nexos con el narcotráfico. Betancur, preocupado, le pidió al gobernador de Antioquia, Álvaro Villegas, que destituyera a Uribe del cargo, pero aquel se negó, y finalmente Uribe y Villegas terminaron por dimitir de sus cargos.

Los integrantes del sanedrín palaciego me respetaban y yo los respetaba, pero en el fondo sabían que yo no seguía órdenes a ciegas, que tenía una larga trayectoria pública detrás de mí, y que, por decirlo de alguna manera, "me mandaba solo".

Un día, José Obdulio me llamó por la línea directa de Presidencia —el llamado falcon— y me pidió, como lo más normal, que interceptara las comunicaciones de la senadora liberal —cercana a Hugo Chávez— Piedad Córdoba. Me negué rotundamente, le pedí que nunca me hiciera ese tipo de solicitudes, y jamás me volvió a repetir la petición. Tal vez fue por eso que usaron al DAS y no a la inteligencia militar para las chuzadas que luego saldrían a la luz.

Lo cierto es que ellos tenían claro que yo hacía mi trabajo con mucha dedicación, pero que no era parte del grupo. Si al final Uribe apoyó mi candidatura no es porque yo fuera su favorito, sino porque su pupilo y preferido, Andrés Felipe Arias, había sido derrotado por Noemí Sanín en la consulta interna del partido Conservador, y la candidatura más viable que quedaba para seguir el rumbo de la seguridad democrática era la mía.

Uribe tiene un genio muy difícil —él mismo lo reconoce—, pero debo decir que jamás, como ministro, me alzó la voz. Con los demás era otra cosa. Recuerdo una vez, viajando en el avión presidencial, junto con Alicia Arango, el general Óscar Naranjo y otros miembros del Gobierno, cuando alguien de la oficina de prensa le pasó un celular al presidente, insistiéndole en que le diera una entrevista a un periodista. Al parecer las preguntas fueron incómodas y tenían que ver con los negocios de sus hijos, lo que lo fue enardeciendo hasta el punto de la cólera. Cuando colgó, lleno de rabia, le lanzó el celular al funcionario de prensa pero no le acertó. El aparato pasó rozando la cabeza del general Naranjo, y se estrelló e hizo trizas contra una ventana del avión.

Mientras fui presidente, el trato personal, en las pocas ocasiones en que nos vimos, fue de mucho respeto. Otra cosa era cuando hablaba de mí en sus discursos o entrevistas o, mucho peor, cuando arremetía contra mí o mi gobierno en sus múltiples trinos diarios —una forma intensa de comunicación que comparte con el presidente Trump—.

No sé —y me lo pregunto— en qué rifa me gané esa enemistad, que ha sido tan contraproducente para el país. Tal vez porque busqué la paz a través del diálogo, algo que él mismo había intentado. Tal vez porque le aposté a distensionar las relaciones con el gobierno de Chávez, en Venezuela —que era su enemigo, pero lo era mío más, y que era algo que él también había tratado de hacer—. Tal vez porque nombré a un par de buenos líderes, a quienes Uribe les tenía animadversión, en mi gabinete, pero era mi potestad como presidente. Tal vez porque acepté la existencia del conflicto armado que él negaba, pero lo cierto es que sin esta aceptación hubiera sido imposible el proceso de paz.

El factor Uribe pesó en mi gobierno, y conspiró contra el logro del acuerdo de paz —que él llama claudicación ante el terrorismo— hasta el día final. El 20 de julio de 2018, cuando pronuncié mi último discurso ante el Congreso de la República e hice un balance de mis ochos años de gobierno, Uribe, en su investidura de senador, sentado en su curul, jamás levantó los ojos para mirarme y se dedicó compulsivamente a lanzar trinos en Twitter desmintiendo cada una de las frases que yo pronunciaba. En menos de una hora, escribió y envió setenta trinos, batiendo su propio récord pues el año anterior había mandado cuarenta y dos. Es una obsesión, sin duda; una obsesión que contagió a gran parte de sus seguidores, y que lo cegó para ver la luz de la paz que nacía y sigue creciendo en nuestro país.

Hay, sin embargo, un aspecto positivo: me hizo trabajar más... y mejor.

EL DUQUE QUE CONOCÍ

El nuevo presidente de Colombia y mi sucesor desde el 7 de agosto de 2018, Iván Duque Márquez, fue elegido gracias al apoyo del expresidente Uribe y de su partido Centro Democrático, pero siento —o quiero creer— en mi corazón que no ha heredado los odios y las obsesiones de su mentor. Espero que no lo haga, porque confío en su buena índole, y tengo buenas razones para hacerlo pues lo conozco y trabajó conmigo desde cuando tenía unos veinte años y estudiaba derecho en la Universidad Sergio Arboleda.

Me lo recomendaron por partida doble: Lulú Bernal, dueña de la emisora Radio Santa Fe, que era muy amiga de su mamá y también buena amiga mía, y el empresario Samuel Yohai, que era muy cercano a su padre Iván Duque Escobar. Fue así como empezó a trabajar conmigo en la Fundación Buen Gobierno, junto a otros jóvenes como Juan Carlos Pinzón. Ganaban apenas para el bus, pero eran muchachos muy entusiastas, estudiosos y disciplinados. Hicieron parte de las juventudes santistas durante mi campaña como precandidato liberal. Le insistí a Duque en que se acercara más al partido Liberal, siguiendo los pasos de su padre, el exgobernador y exministro Iván Duque Escobar —quien, como ya lo conté antes, me salvó de un secuestro—, y así lo hizo.

Al llegar al ministerio de Hacienda en el año 2000, lo llevé a trabajar conmigo, como asesor del despacho, y lo puse a cargo del tema de las regalías, que era de mucha responsabilidad. Como siempre, cumplió con esmero sus funciones. En 2001 surgió una vacante en Washington como consejero en la delegación de Colombia ante el Banco Interamericano de Desarrollo, BID, y lo envié en esa misión, que él acepto encantado. Desde entonces, hasta el 2013, trabajó allí, donde se ganó el aprecio de su presidente Luis Alberto Moreno, que lo puso al frente de la división de cultura de la entidad.

En el segundo semestre del 2010, Duque comenzó a ayudar al expresidente Uribe en algunos temas puntuales —incluido un panel de investigación de las Naciones Unidas en que habían designado a Uribe, para dar un concepto sobre un incidente entre Israel y Turquía—. El expresidente valoró sus capacidades, y lo invitó a hacer parte de la lista al Senado del Centro Democrático para el periodo 2014-2018. Así fue como Duque regresó a Colombia y llegó al Congreso, donde cumplió una labor destacada y muy juiciosa, por cierto muy crítica frente a mi gobierno, como era la consigna de Uribe, el jefe de su nuevo partido.

El Duque que conocí y al que apoyé, fue el joven Duque de estirpe liberal, estudioso, alegre y lector empedernido. El 7 de agosto le entregué la presidencia al nuevo Duque, ahora de derecha. En sus manos dejé un acuerdo de paz en plena implementación, y unas Farc desarmadas, desmovilizadas y convertidas en partido político. Yo aspiro, por el bien de Colombia —como lo dije en mi último discurso ante el Congreso— que él, su gobierno y los nuevos congresistas tengan la visión y la sensatez de cuidar la paz. Porque es la paz de Colombia, no la paz de Juan Manuel Santos.

CAPÍTULO XXXVIII

EL CAMINO
DE LA NUEVA COLOMBIA

EL NUEVO ACUERDO FINAL

Pusimos el nuevo acuerdo —con los múltiples cambios incorporados— a disposición del público desde el 14 de noviembre de 2016 y empezamos una nueva labor pedagógica para explicar los cambios. Debo reconocer, y lo he hecho siempre, que el acuerdo mejoró luego de la incorporación de las sugerencias. La pérdida del plebiscito sirvió, de alguna forma, como presión para apretar un poco más en temas en los que las Farc no habían querido ceder. Pero uno no sabe hasta dónde se puede presionar antes de que se reviente el caucho.

La derrota del 2 de octubre se convirtió en una oportunidad que utilizamos para perfeccionar y mejorar muchos puntos. Algunos activistas del No, varios pastores cristianos, la Iglesia católica, los jóvenes, las víctimas, los gobernadores y alcaldes, y la comunidad internacional, saludaron con esperanza el nuevo acuerdo y reconocieron sus bondades. Por eso decidimos seguir adelante. No podíamos dilatar más su aplicación por la oposición cerrada de los expresidentes Uribe y Pastrana, para quienes nada era suficiente ni lo iba a ser.

Así las cosas, el 24 de noviembre de 2016, en el Teatro Colón de Bogotá se realizó el acto de firma del nuevo acuerdo final, otra vez con presencia de las delegaciones del Gobierno y de las Farc, pero sin la vistosidad y el nivel de invitados internacionales del evento de Cartagena. Fue una ceremonia sobria pero igualmente emocionante, porque habíamos superado la más inesperada de las dificultades y estábamos firmando un acuerdo que estuvo moribundo.

Consideré que convocar a unas nuevas votaciones sería un gran desgaste para el país, que ya respiraba tranquilo con la firma del nuevo acuerdo. Además, no estaba obligado por ley y, francamente, había escarmentado y no quería tomar un nuevo riesgo. La misma Corte Constitucional nos había dejado una salida si se perdía el plebiscito: si se renegociaba un nuevo acuerdo, podría acudirse al Congreso de la República para su aprobación, como era el trámite tradicional. Y eso fue lo que hicimos. Al fin y al cabo, el Congreso es el órgano más representativo de la democracia y ese es el procedimiento que establece la Constitución. La refrendación se dio, a comienzos de diciembre, por una mayoría abrumadora. Sumando las votaciones de Senado y Cámara, fueron 205 votos a favor y 0 en contra. El Centro Democrático se abstuvo.

Y para completar la participación de las tres ramas del poder, la Corte Constitucional dio luego —con la decisión unánime de sus magistrados— su aval al texto final y su refrendación. Avaló también, en octubre de 2017, el acto legislativo mediante el que se blindó jurídicamente el acuerdo de paz, según el cual los próximos tres periodos presidenciales tienen que respetar sus mandatos. Con todos estos pasos, el nuevo acuerdo de terminación del conflicto con las Farc se convirtió en una inobjetable realidad jurídica en el país.

A nivel internacional, el acuerdo final fue depositado ante el Consejo Federal Suizo en Berna, depositario a su vez de los Convenios de Ginebra que son la piedra angular del derecho internacional humanitario. Y fue entregado, el 24 de marzo de 2017, al secretario general de Naciones Unidas, António Guterres, y al entonces presidente del Consejo de Seguridad, el británico Matthew Rycroft. Guterres expresó al recibirlo: "Un acuerdo de paz en los tiempos que estamos viviendo es una preciosidad y tiene una importancia enorme".

ANTORCHAS EN OSLO

Si es indescriptible la sensación que uno tiene al recibir la noticia de que le han otorgado el Premio Nobel, mucho más es la de recibirlo.

Estuve en Oslo entre el 9 y el 12 de diciembre de 2016 —la ceremonia de entrega del premio fue el 10 en el City Hall—, acompañado por mi familia, los negociadores, las víctimas, algunos ministros, familiares y amigos muy cercanos, y solo recibí manifestaciones de aprecio y de apoyo por parte de las autoridades noruegas —el rey Harald, la primera ministra Solberg, el canciller Brende, los miembros del Comité Noruego y del Parlamento— y de las personas a mi alrededor.

En mi discurso de aceptación del premio hablé de nuestro proceso de paz, de sus dificultades y sus victorias, de las lecciones que habíamos aprendido de otros procesos y las lecciones que podíamos dejar al mundo, e hice un homenaje a las víctimas, que fue el momento más emocionante. Pero no solo hablé de la paz de Colombia, sino que también hice un llamado para que la humanidad descubra y celebre su diversidad y al mismo tiempo su unicidad: que todos somos UNO —así, en mayúsculas— y que lo que pasa a cualquier ser humano nos pasa a todos. Mi invitación fue, y sigue siendo, a que reemplacemos el miedo, la discriminación y la violencia por los valores positivos del amor, la tolerancia y la compasión, llamado que fue recibido con calidez y aplausos por el auditorio.

"Nuestro pueblo se llama el mundo", concluí.

"Y nuestra raza se llama humanidad".

Esa noche, para mi sorpresa —en el banquete que me ofrecieron en el Grand Hotel—, Olemic Thommessen, presidente del Parlamento noruego, dijo en su brindis que mis palabras habían sido "El mejor discurso que se haya escuchado jamás en el City Hall de Oslo". Nada mal, pensé, si se tiene en cuenta los colosos que me precedieron.

Al atardecer del 10, antes de comenzar el banquete, hay una hermosa tradición: el ganador del Nobel se asoma al balcón central del hotel, y es saludado por una marcha de antorchas que llevan los habitantes de la ciudad. Fue una visión inolvidable. Cientos de personas caminaron portando sus llamas encendidas, en medio de la fría noche nórdica, por la calle Karl Johans Gate, la más popular de la ciudad, hasta situarse debajo del balcón para saludarme y recibir mi saludo. Esta vez había muchas banderas tricolores y se escuchaban los gritos de "Viva, Colombia", que me llenaron el alma de alegría.

Al día siguiente fui a visitar el Museo Nobel, donde me sorprendió ver una completa exposición de fotografías sobre el conflicto colombiano y su transición hacia la paz, incluyendo una mía de grandes proporciones. Esa exposición estuvo abierta durante todo un año. Y no paraban los eventos. En la noche del 11 se celebró un concierto en mi honor en el Telenor Arena de Oslo, un moderno coliseo abarrotado por unas nueve mil personas. Allá di unas breves palabras y disfrutamos de un maravilloso espectáculo musical cuyas estrellas principales fueron Sting y Juanes.

Era Noruega, era el mundo, celebrando con antorchas y con música la paz que habíamos firmado en Colombia y que estábamos comenzando a construir.

LA MARCHA DE LAS FARC HACIA LA PAZ

Así como el 2016 fue el año en que acordamos el fin del conflicto, el 2017 fue el año de su concreción. Los colombianos vimos maravillados, en las imágenes de televisión, la procesión de camiones, de buses, de lanchas que surcaban los caminos y ríos llevando a cientos, a miles de combatientes de las Farc hacia las zonas donde se iban a concentrar. Los campesinos los saludaban y aplaudían al verlos pasar en su última jornada hacia la paz.

Trece mil guerrilleros y milicianos —miembros de su red de apoyos urbanos— de las Farc se acogieron al proceso de reintegración. La mitad fueron guerrilleros combatientes, la cuarta parte milicianos y la otra cuarta parte estaban presos en las cárceles.

Algunos grupos dentro de la guerrilla —en particular los más involucrados en el tema del narcotráfico— se negaron a desmovilizarse y se convirtieron en disidencias, sin obtener ninguno de los beneficios del acuerdo. Se calcula que las diferentes facciones rebeldes pueden sumar alrededor de 1.300 integrantes, es decir, un diez por ciento de los que sí se desmovilizaron. Este es un porcentaje relativamente normal, incluso por debajo del promedio, en cualquier proceso de paz. Esas disidencias ya no son guerrilla: son bandas criminales al servicio del narcotráfico, y están siendo perseguidas como tales.

Con la verificación y monitoreo de la misión de las Naciones Unidas, comenzó el proceso de dejación de armas en cada una de las zonas veredales, armas que fueron clasificadas, inventariadas y guardadas en grandes contenedores. El proceso de dejación de armas terminó el 27 de junio de 2017, y lo celebramos con un acto en el municipio de Mesetas, en el Meta, donde otra vez me encontré con Timochenko. Yo acababa de llegar de Francia, de reunirme con el presidente Macron, y por eso mi discurso lo inicié con unas frases de Víctor Hugo, el gran escritor francés: "Un día vendrá en que no habrá más guerras. Un día vendrá en que los hombres dejen de armarse los unos contra los otros".

Hacía un año habíamos firmado el cese al fuego en La Habana y ahora estábamos terminando el proceso de dejación de las armas en manos de la ONU. ¡Cuánto habíamos avanzado y cuánto estaba cambiando Colombia! Una pareja de exguerrilleros subió a la tarima con su pequeña bebé en brazos, que Timochenko alzó mientras yo le tomaba su manita. Era difícil creer que hace tan poco nos estuviéramos matando, y que lo hubiéramos hecho por más de cincuenta años, cuando tenemos tanto en común: somos colombianos y, sobre todo, somos seres humanos.

Y tuvimos otro símbolo en ese evento, similar al "balígrafo". Hacía un año, un artista colombiano, Alex Sastoque, me había regalado dos esculturas a las que llamó "Cultivando la paz". Tomando como base un fusil AK-47, lo había convertido en una pala para labrar el campo. Él me había pedido que, cuando lo viera oportuno, le diera una de las esculturas al comandante de las Farc. Aquel día, en Mesetas, al culminar la dejación de armas, le entregué a Timochenko ese fusil/pala que demuestra, con la síntesis inigualable del arte, la transición de la guerra al trabajo honrado y productivo.

Siete semanas después, el 15 de agosto, en La Guajira, realizamos otro acto, esta vez para cerrar y despedir el último contenedor de armas que salía de las zonas veredales para quedar en manos de las Naciones Unidas. Según se acordó, esta institución las fundiría, como en efecto lo hizo, para convertirlas en tres monumentos a la paz: uno en Bogotá —a cargo de la artista colombiana Doris Salcedo—, otro en Nueva York —en reconocimiento a la ONU— y otro en La Habana —en agradecimiento a la ciudad anfitriona de los diálogos—.[15]

Ese mismo día, cuando ya no quedaba una sola arma en las zonas y campamentos, dejaron de llamarse zonas de normalización para convertirse en espacios territoriales de capacitación y reincorporación, cuyo fin principal es apoyar a los exguerrilleros y capacitarlos para que se reincorporen con éxito a la sociedad.

En total, la misión especial de las Naciones Unidas recolectó 8.994 armas individuales —más de una por combatiente, lo que no ha ocurrido en otros procesos en el mundo— y 509 armas colectivas de apoyo al combate; cerca de 1,8 millones de municiones de armas ligeras; más de 38 toneladas de explosivos; 11.015 granadas de mano; 3.528 minas antipersonal, y 4.370 municiones de mortero. Estas armas, que escondían la muerte y el dolor en sus oscuros cañones, ya nunca serán usadas.

UNA DEMOCRACIA RENOVADA

La implementación va en marcha, con dificultades pero también con muchos avances; con el acompañamiento de las Naciones Unidas, de la Unión Europea, y de varias entidades

---

15   Luego de fundir treinta y siete toneladas de armamento de las Farc, Doris Salcedo entregó su instalación *Fragmentos*, ubicada en el centro de Bogotá, en diciembre de 2018. Se trata de un piso de láminas hechas con el metal fundido, martilladas por mujeres víctimas de la violencia sexual en el contexto de la guerra, sobre el cual caminan los visitantes, en una casona que albergará por 52 años más —el tiempo que duró la confrontación— exposiciones relacionadas con el conflicto armado.

internacionales y nacionales. También contamos con la verificación de una comisión de notables, conformada por mi buen amigo —y luchador conmigo por la paz desde hace más de veinte años— el expresidente español Felipe González y el expresidente uruguayo José "Pepe" Mujica, quien sabe mejor que nadie, por experiencia propia, lo que cuesta pasar de la guerrilla a la democracia y la importancia de la reconciliación. Entre marzo de 2017 y mediados de 2018 vinieron en varias oportunidades a verificar las condiciones de implementación, dando siempre mensajes de estímulo y esperanza a los colombianos.

Las elecciones del 2018 fueron la mejor prueba de los cambios que hoy vive Colombia. Hubo elecciones de congresistas, primera vuelta presidencial y segunda vuelta presidencial, y todas se caracterizaron por su seguridad, su transparencia, su tranquilidad y su buena participación. Por primera vez en mucho tiempo, en todo el territorio, no tuvimos que trasladar de lugar ninguna mesa de votación por razones de seguridad.

Las Farc, ya convertidas en el partido Fuerza Alternativa Revolucionaria del Común, presentaron listas al Congreso y sacaron una votación de algo más de 85 mil votos para Senado y Cámara, que no les alcanzó para elegir ningún congresista, aunque tienen garantizadas diez curules —cinco en Senado y cinco en Cámara— por los próximos dos periodos. Pero lo más impactante fue ver a sus antiguos comandantes, como Timochenko, Iván Márquez y Pablo Catatumbo, ejerciendo su derecho al voto, muchos por primera vez en su vida, como cualquier ciudadano.

El 20 de julio de 2018, al dar mi discurso de instalación de las sesiones del nuevo Congreso de la República, y contemplar desde la tarima principal el Salón Elíptico abarrotado por los senadores y representantes que dictarán las leyes en los siguientes cuatro años, no pude menos que alegrarme al ver el fortalecimiento y enriquecimiento de nuestra democracia. El Congreso del 2018 ya no es el Congreso de hace unas décadas, cuando liberales y conservadores se dividían el poder y la burocracia. Ahora están representados una decena de partidos, de diversas tendencias, incluido el partido Farc.

Allí estaban sentados, como congresistas, los antiguos comandantes de esa guerrilla, respondiendo el llamado a lista, a pocos pasos del expresidente Uribe, que no los miraba —como tampoco me miraba a mí—, aferrado a su celular. Allí estaba el senador Gustavo Petro, desmovilizado del M-19 y segundo en las últimas elecciones presidenciales, que tiene su curul gracias al estatuto de la oposición que el acuerdo nos llevó a aprobar. Allí estaban los senadores Roy Barreras e Iván Cepeda, que tanto apoyaron los diálogos de paz; el senador Antanas Mockus, mi rival en las elecciones de 2010 y luego mi aliado por la paz, y la bancada del Centro Democrático —ahora con presidente en la Casa de Nariño—, que insiste en modificar un acuerdo que no tiene marcha atrás.

Esta es la nueva Colombia donde se puede convivir en la diferencia. Esta es la nueva Colombia diversa y llena de matices que comienza a reconocerse a sí misma en todo su potencial y sin violencia. Es el triunfo de la esperanza sobre el miedo. Es la vida ganándole a la muerte. Son las balas cambiadas por las palabras.

Ha sido un largo y difícil camino que ha valido la pena. ¡Un largo y difícil camino hacia la paz!

VALIÓ LA PENA

CONSTRUIR LA PAZ ES COMO EDIFICAR UNA CATEDRAL
El 6 de agosto de 2018, un día antes de terminar mi gobierno, dirigí una última alocución televisada a mis compatriotas, y en ella declaré:

> *Siempre dije que la paz no era mía sino de ustedes. Y hoy la dejo a su cuidado, como quien deja a un niño pequeño en manos de amorosos guardianes.*

La paz posible, la paz necesaria, la paz imperfecta, la paz frágil que habíamos logrado con el grupo guerrillero más grande y poderoso de Colombia no era ni podía ser el patrimonio de un gobierno, sino que debía ser asumida, cuidada y defendida por todos los colombianos.

Porque la paz no tiene ni debe tener color político. Es una necesidad imperiosa de la sociedad para progresar y desarrollarse con equidad. Es el mayor legado que podemos entregar a nuestros hijos y a las próximas generaciones.

Han pasado varios meses desde que dejé el poder, y he asumido con tranquilidad y alegría mi vida como expresidente, retirado de la política local pero siempre dispuesto a aportar mi grano de arena en la construcción de la paz, en la lucha contra la pobreza y en la defensa del medioambiente, no solo en Colombia sino en el mundo. Desde mi nueva atalaya contemplo con serenidad, a veces con preocupación, el curso que sigue la llamada etapa del posconflicto, con dificultades, con tropiezos, pero siempre avanzando, porque el acuerdo que logramos y sus efectos están llamados a perdurar por encima de los obstáculos.

Mi sucesor, el presidente Iván Duque, pertenece a un partido que, bajo el liderazgo del expresidente y hoy senador Álvaro Uribe, torpedeó, criticó y se opuso pertinazmente al proceso de paz. No obstante, la implementación del acuerdo ha seguido su marcha porque está blindado constitucionalmente y porque dejamos aprobadas las principales leyes para la reincorporación de los exguerrilleros a la vida civil y política, y la puesta en marcha del sistema de verdad, justicia, reparación y no repetición para las víctimas. También dejamos creadas, financiadas y estructuradas las instituciones necesarias para el cumplimiento del acuerdo, incluyendo entre otras la Justicia Especial para la Paz, la Comisión de la Verdad, la Unidad para la Búsqueda de Desaparecidos y la Agencia de Renovación del Territorio. En otras palabras, el acuerdo tiene vida y dinámica propia, y todo gobierno democrático está en la obligación de respetarlo y hacerlo respetar.

Lo que se firmó fue a nombre del Estado, no del Gobierno ni del presidente. La Corte Constitucional, además, dispuso que durante los próximos tres gobiernos —el de Duque y los dos siguientes— no se podrán aprobar reformas o leyes contrarias a lo pactado.

La comunidad internacional, por su parte —y así se lo han manifestado al presidente Duque en instancias como las Naciones Unidas o la Unión Europea—, está pendiente y vigilante del cumplimiento de un acuerdo que ha sido considerado modelo para el mundo entero. Ese es un seguro adicional para su correcta aplicación.

Por supuesto, no es fácil. Así como hacer la paz es más difícil que hacer la guerra, construir la paz es más difícil que silenciar los fusiles. Construir la paz es como edificar una catedral. Hay que hacerlo ladrillo por ladrillo, columna por columna, vitral por vitral, en un proceso que puede tomar años o décadas, pero que al final concluye en una obra maravillosa y duradera.

Faltan por aprobar algunas leyes importantes para el cabal cumplimiento del acuerdo, como las que tocan el tema de tierras e implementan, en general, el capítulo de desarrollo rural integral. También el Congreso sigue en deuda con las víctimas de las zonas más afectadas por el conflicto, que esperan la creación de las circunscripciones especiales transitorias que les garantiza unas curules en la Cámara de Representantes. Tengo la esperanza de que el Gobierno y los congresistas —muchos de los cuales están comprometidos sinceramente con la paz— honren la palabra empeñada del Estado en estas tareas pendientes.

En la construcción de la paz territorial son esenciales los programas de desarrollo con enfoque territorial, PDET, destinados a transformar las regiones más golpeadas por el conflicto. Tal como se planeó, fueron discutidos y aprobados por las mismas comunidades afectadas durante el año 2018 con el fin de ponerlos en marcha a partir del 2019. Así se acordó y es una de las grandes innovaciones de este proceso de paz. Al concluir el 2018, trece de los dieciséis PDET habían sido suscritos. Con estas hojas de ruta, que tienen un marco de ejecución de diez a quince años, las regiones más abandonadas de Colombia avanzarán con paso seguro hacia la superación de la pobreza y la creación de oportunidades.

Algo que me llena de esperanza es ver la consolidación de la antigua guerrilla de las Farc como el partido político Farc. A pesar de obvias dificultades y de algunas diferencias en su seno, el partido nacido del acuerdo se comporta bajo las normas y reglas de la democracia, y aporta su punto de vista como cualquier otro movimiento político. De eso se trata la paz negociada, y así se cumplió. Ha sido muy diciente, por ejemplo, ver cómo los dirigentes del partido Farc condenaron el aleve ataque terrorista que realizó el ELN contra la Policía el 17 de enero de 2019.

Por otro lado, el 12 de enero de este mismo año, el alto consejero para el posconflicto del gobierno Duque, Emilio Archila, emitió un comunicado —en respuesta a unas críticas formuladas por quien fuera el jefe negociador de las Farc, Iván Márquez— en el que destaca hechos como los siguientes:

- Se han acreditado 13.043 excombatientes de las Farc para recibir los beneficios del acuerdo de paz.

- En 2018 se aprobaron para los excombatientes veinte proyectos productivos colectivos por cerca de quince mil millones de pesos —alrededor de cinco millones de dólares—, que benefician a 1.311 exintegrantes de las Farc.

- Nueve de cada diez excombatientes recibe un auxilio mensual para su sustento, 10.000 están en régimen pensional y el 98 % está inscrito en el régimen de salud.

Falta mucho. Por supuesto que falta. El paquidérmico paso del Estado no siempre va a la velocidad que se quisiera. Pero lo cierto es que el acuerdo se viene cumpliendo y todos los colombianos debemos vigilar para que se ejecute en su integridad. Y qué bueno ver al gobierno Duque defendiendo su cumplimiento. Ojalá no se quede en palabras.

LA PAZ CON LAS FARC NO ES EL FIN DE LA VIOLENCIA

Muchos se desilusionan al constatar que, a pesar del acuerdo logrado con las Farc, la violencia continúa en algunas zonas del país. Siempre lo supimos y así lo dijimos: el fin del conflicto con las Farc era un paso indispensable para la paz del país, pero no era la paz total. Se acabó y se desarmó la más antigua y más fuerte guerrilla del continente americano, pero subsisten focos de violencia generados por organizaciones criminales al servicio del narcotráfico; algunos desertores de las Farc que no se acogieron al proceso, a quienes ya no puede considerarse guerrilleros sino simples narcotraficantes, y la guerrilla —mucho más pequeña y focalizada— del ELN, que está perdiendo el tren de la paz por persistir en el terrorismo.

Preocupan, de manera particular, los continuos asesinatos de líderes sociales y comunales, en los que pesa mucho la resistencia de los ocupantes ilegítimos de tierras a devolverlas a quienes fueron despojados de ellas, así como los carteles de narcotraficantes preocupados con la sustitución de cultivos porque se quedan sin materia prima. El Gobierno, la Fiscalía y la fuerza pública deben volcar todos sus esfuerzos para poner fin a este desangre y llevar a la justicia a los responsables.

Desde febrero del 2017 instalé —y la convoqué luego en varias oportunidades— la Comisión Nacional de Garantías de Seguridad, encabezada por el presidente de la república, donde concurren entidades estatales con representantes de las Farc desmovilizadas, y organizaciones internacionales y de derechos humanos. El nuevo gobierno no la convocó durante sus primeros cinco meses de gestión, a pesar de que seguían matando líderes, y solo decidió hacerlo en enero de 2019. Tampoco ha utilizado o puesto en marcha herramientas que dejamos creadas en varios decretos para combatir este flagelo, por ejemplo la Instancia de Alto Nivel del Sistema Integral de Seguridad para el Ejercicio de la Política, que también debe estar presidida por el primer mandatario. Ojalá se corrijan estas omisiones y se pueda frenar esta dolorosa situación, para lo cual se requiere, por supuesto, del liderazgo personal del presidente.

Detrás de la violencia, como ha ocurrido en las últimas cuatro décadas, está el oscuro negocio del narcotráfico y la fallida estrategia de la llamada guerra mundial contra las drogas. Mientras este negocio multinacional siga ofreciendo las cuantiosas utilidades que hoy genera —en gran parte por su prohibición—, habrá criminales involucrados en él, sembrando muerte y corrupción a su paso. Se cumplió en el 2018 con la estrategia de erradicación de cultivos ilícitos que dejamos planteada y en pleno desarrollo: las Fuerzas Armadas erradicaron manualmente 60.016 hectáreas y se sustituyeron por cultivos lícitos, en cumplimiento de acuerdos con las familias cocaleras, otras 27.555 hectáreas, para un total de 87.571 hectáreas de coca erradicadas, prácticamente la mitad de los cultivos ilícitos identificados en 2017 por el sistema de monitoreo de las Naciones Unidas. Así nos acercamos en solo un año a cumplir con la meta que se había acordado con Estados Unidos desde comienzos del 2018 para cinco años: la reducción del 50 % de los cultivos ilícitos.

Colombia sigue dando la batalla contra las drogas —con zanahoria y garrote—, pero esta guerra no terminará en tanto el mundo no se comprometa con una revisión y cambio de la estrategia para combatir este flagelo.

COLOMBIA ES OTRA

Al escribir este epílogo, en enero de 2019 —casi medio año después de terminar mi gobierno, y dos años y dos meses después de la firma del acuerdo de paz con las Farc— miro a mi querido país, aquel que tuve el privilegio de presidir por ocho años, y siento que todo el camino recorrido, en medio de retos e incomprensiones, errores y aciertos, tristezas y alegrías, ha valido la pena.

Colombia es otra, definitivamente es otra frente a aquella que teníamos a fines de la primera década del siglo. Pasamos de ser una nación condenada a una guerra perpetua a ser un país donde surge la inversión, disminuyen como nunca antes la pobreza y la desigualdad, florece el turismo y crece la esperanza. Un país que ahora pisa fuerte y con dignidad en los escenarios internacionales.

Colombia es otra. El número de visitantes del exterior batió récord en el 2018 y se espera que siga creciendo. No es simple coincidencia que *The New York Times*, *The Guardian* y la revista *Forbes* señalaran a nuestro país como uno de los destinos más recomendados para visitar en el 2019. Y no solo los extranjeros. Millones de colombianos colman las carreteras, los hoteles y los parques naturales, disfrutando en paz de un territorio que estuvo mucho tiempo vedado por el miedo.

Y lo más importante: las vidas salvadas, los heridos evitados, los mutilados que ya no serán. Esa guerra que parecía imposible terminar, ese conflicto de más de medio siglo con las Farc, ha quedado en el pasado para siempre.

Hoy, cuando alzo en mis brazos a Celeste, mi nieta de apenas siete meses de edad, veo en ella a todos los niños de Colombia que tienen derecho a vivir en paz y sin temor. Entonces se me olvidan los momentos duros, las decisiones difíciles y las críticas injustas, y pienso solamente en nuestro deber de seguir cimentando y construyendo un país y un mundo más tolerante y sin violencia. Miro sus ojos inocentes y escucho su risa que conmueve mi alma, y siento, con toda la fuerza de mi corazón, que todos los esfuerzos, todos los desvelos, tuvieron sentido.

Valió la pena. Sin duda, ¡valió la pena!

LA PAZ EN COLOMBIA: DE LO IMPOSIBLE A LO POSIBLE

DISCURSO DE ACEPTACIÓN DEL PREMIO NOBEL DE LA PAZ

—*Oslo, 10 de diciembre de 2016*—

Hace tan solo seis años los colombianos no nos atrevíamos a imaginar el final de una guerra que habíamos padecido por medio siglo. Para la gran mayoría de nosotros, la paz parecía un sueño imposible, y era así por razones obvias, pues muy pocos —casi nadie— recordaban cómo era vivir en un país en paz.

Hoy, luego de seis años de serias y a menudo intensas, difíciles negociaciones, puedo anunciar a ustedes y al mundo, con profunda humildad y gratitud, que el pueblo de Colombia —con el apoyo de nuestros amigos de todo el planeta— está haciendo posible lo imposible.

La guerra que causó tanto sufrimiento y angustia a nuestra población, a lo largo y ancho de nuestro bello país, ha terminado.

Al igual que la vida, la paz es un proceso que nos depara muchas sorpresas. Tan solo hace dos meses, los colombianos —y de hecho el mundo entero— quedamos impactados cuando, en un plebiscito convocado para refrendar el acuerdo de paz con las Farc, los votos del No superaron por estrecho margen a los votos del Sí.

Fue un resultado que nadie imaginaba. Una semana antes, en Cartagena, habíamos encendido una llama de esperanza al firmar el acuerdo en presencia de los líderes del mundo. Y ahora, de repente, esta llama parecía extinguirse.

Muchos recordamos entonces un pasaje de *Cien años de soledad*, la obra maestra de nuestro premio nobel, Gabriel García Márquez, que de alguna manera reflejaba lo que estaba pasando:

> *Era como si Dios hubiera resuelto poner a prueba toda capacidad de asombro, y mantuviera a los habitantes de Macondo en un permanente vaivén entre el alborozo y el desencanto, la duda y la revelación, hasta el extremo de que ya nadie podía saber a ciencia cierta dónde estaban los límites de la realidad.*

Los colombianos nos sentíamos como habitantes de Macondo: un lugar no solo mágico sino también contradictorio.

Como jefe de Estado, entendí la trascendencia de este resultado adverso, y convoqué de inmediato a un gran diálogo nacional por la unión y la reconciliación. Me propuse convertir este revés en una oportunidad para alcanzar el más amplio consenso que hiciera posible un nuevo acuerdo. Me dediqué a escuchar las inquietudes y sugerencias de quienes votaron No, de quienes votaron Sí, y también de los que no votaron —que eran la mayoría—, para lograr un nuevo y mejor acuerdo, un acuerdo que toda Colombia pudiera apoyar.

No habían pasado cuatro días desde el sorprendente plebiscito, cuando el Comité Noruego anunció una decisión igualmente sorprendente sobre la concesión del Premio Nobel de la Paz. Y debo confesar que esta noticia llegó como un regalo del cielo. En un momento en que nuestro barco parecía ir a la deriva, el Premio Nobel fue el viento de popa que nos impulsó para llegar a nuestro destino: ¡el puerto de la paz!

Gracias, muchas gracias, por este voto de confianza y de fe en el futuro de mi país. Hoy, distinguidos miembros del Comité Noruego del Nobel, vengo a decirles a ustedes —y, a través suyo, a la comunidad internacional— que lo logramos. ¡Llegamos a puerto!

Hoy tenemos en Colombia un nuevo acuerdo para la terminación del conflicto armado con las Farc, que acoge la mayoría de las propuestas que nos hicieron. Este nuevo acuerdo se firmó hace dos semanas y fue refrendado la semana pasada por el Congreso de la República, por una abrumadora mayoría, para que comience a incorporarse a nuestra normatividad. El largamente esperado proceso de implementación ya comenzó, con el aporte invaluable de las Naciones Unidas.

Con este nuevo acuerdo termina el conflicto armado más antiguo, y el último, del Hemisferio Occidental. Con este acuerdo —como dispuso Alfred Nobel en su testamento— comienza el desmantelamiento de un ejército —en este caso un ejército irregular— y su conversión en un movimiento político legal. Con este acuerdo podemos decir que América —desde Alaska hasta la Patagonia— es una zona de paz.

Y podemos hacernos ahora una pregunta audaz: si la guerra puede terminar en un hemisferio, ¿por qué no pueden algún día los dos hemisferios estar libres de ella? Tal vez, hoy más que nunca, podemos atrevernos a imaginar un mundo sin guerra.

Lo imposible puede ser posible.

* * *

Alfred Nobel, el gran visionario cuyo legado nos reúne hoy, en el día exacto en que se cumplen 120 años desde su muerte, escribió alguna vez que la guerra es "el horror de los horrores, el más grande de los crímenes".

La guerra no puede ser de ninguna manera un fin en sí misma. Es tan solo un medio, y un medio que siempre debemos tratar de evitar.

He sido líder en tiempos de guerra —para defender la libertad y los derechos de los colombianos— y he sido líder para hacer la paz. Por eso puedo decirles, por experiencia propia, que es mucho más difícil hacer la paz que hacer la guerra.

Cuando es necesario, debemos estar preparados para luchar, y a mí me correspondió —como ministro de Defensa y como presidente— combatir a los grupos armados ilegales en mi país. Lo hice con efectividad y contundencia, cuando los caminos de la paz estaban cerrados.

Sin embargo, es insensato pensar que el fin de los conflictos sea el exterminio de la contraparte. La victoria final por las armas —cuando existen alternativas no violentas— no es otra cosa que la derrota del espíritu humano.

Vencer por las armas, aniquilar al enemigo, llevar la guerra hasta sus últimas consecuencias, es renunciar a ver en el contrario a otro ser humano, a alguien con quien se puede hablar. Dialogar... respetando la dignidad de todos. Eso es lo que hicimos en Colombia. Y por eso tengo el honor de estar hoy aquí, compartiendo lo que aprendimos en nuestra ardua experiencia.

El primer paso, uno crucial, fue dejar de ver a los guerrilleros como enemigos, para considerarlos simplemente como adversarios. El general Álvaro Valencia Tovar —quien fuera comandante del Ejército de Colombia, historiador y humanista— me enseñó esta diferencia. Él decía que la palabra "enemigo" tiene una connotación de lucha pasional y de odio que no corresponde al honor militar.

Humanizar la guerra no es solo limitar su crueldad, sino también reconocer en el contrincante a un semejante, a un ser humano.

Los historiadores calculan que durante el siglo XX murieron hasta 187 millones de personas por causa de las guerras. ¡187 millones! Cada una de ellas era una vida humana invaluable, alguien amado por su familia y sus seres queridos. Trágicamente, la cuenta sigue creciendo en este nuevo siglo.

Es bueno recordar ahora la incisiva pregunta de Bob Dylan, mi colega en la recepción del Premio Nobel este año, que tanto nos conmovió en los años sesenta a quienes fuimos jóvenes entonces: "¡Cuántas muertes más serán necesarias hasta que comprendamos que han muerto demasiados! La respuesta, mi amigo, va volando con el viento".

* * *

Cuando me preguntaban si yo aspiraba al premio Nobel, siempre respondía que para mí el verdadero premio era la paz de Colombia. Porque ese es el verdadero premio: ¡la paz de mi país!

Y esa paz no es de un presidente ni de un gobierno, sino de todo el pueblo colombiano, pues la tenemos que construir entre todos.

Por eso este premio lo recibo en nombre de cerca de 50 millones de colombianos —mis compatriotas— que ven, por fin, terminar una pesadilla de más de medio siglo que solo trajo dolor, miseria y atraso a nuestra nación.

Y lo recibo —sobre todo— en nombre de las víctimas; de más de 8 millones de víctimas y desplazados cuyas vidas han sido devastadas por el conflicto armado, y más de 220.000 mujeres, hombres y niños que, para nuestra vergüenza, han sido asesinados en esta guerra.

Los expertos me dicen que el proceso de paz en Colombia es el primero en el mundo que ha puesto en el centro de su solución a las víctimas y sus derechos. Adelantamos esta negociación haciendo un gran énfasis en los derechos humanos. Y de esto nos sentimos muy orgullosos.

Las víctimas quieren la justicia, pero más que nada quieren la verdad, y quieren —con espíritu generoso— que no haya nuevas víctimas que sufran lo que ellas sufrieron.

El profesor Ronald Heifetz, fundador del Centro de Liderazgo de la Escuela Kennedy de Gobierno de la Universidad de Harvard, de donde me gradué, me dio un sabio consejo: "Cuando se sienta desanimado, cansado, pesimista, hable siempre con las víctimas. Son ellas las que le darán ánimo y fuerzas para continuar".

Y así ha sido. Siempre que pude, hablé con las víctimas de esta guerra y escuché sus desgarradoras historias. Algunas de ellas están aquí hoy, recordándonos por qué es tan importante que construyamos una paz estable y duradera. Yo quisiera pedirles a las víctimas aquí presentes —en representación de las víctimas del conflicto armado en Colombia— que se pongan de pie para que reciban el homenaje que merecen.

Leyner Palacios es una de estas víctimas. El 2 de mayo de 2002, un mortero rudimentario lanzado por las Farc, en medio de un combate con los paramilitares, cayó en la iglesia de su pueblo —Bojayá—, donde sus habitantes habían buscado refugio. Murieron cerca de 80 hombres, mujeres y niños, ¡la mayoría niños! En cuestión de segundos, Leyner perdió a 32 familiares, incluidos sus padres y tres hermanos menores. Las Farc han pedido perdón por este hecho atroz, y Leyner, que ahora es un líder comunitario, los ha perdonado.

Y esta es la gran paradoja con la que me he encontrado: mientras muchos que no han sufrido en carne propia el conflicto se resisten a la paz, son las víctimas las más dispuestas a perdonar, a reconciliarse, y a enfrentar el futuro con un corazón libre de odio.

Este premio pertenece también a los hombres y mujeres que, con enorme paciencia y fortaleza, negociaron en La Habana durante todos estos años. Ellos lograron un acuerdo que hoy podemos ofrecer como modelo para la solución de los conflictos armados que subsisten en el planeta. Y me refiero tanto a los negociadores del Gobierno como a los de las Farc —mis adversarios—, que demostraron una gran voluntad de paz. Yo quiero exaltar esa voluntad de abrazar, de alcanzar la paz, porque sin ella el proceso hubiera fracasado.

Dedico, igualmente, este premio a los héroes de las Fuerzas Armadas de Colombia. Ellos nunca han dejado de proteger al pueblo colombiano, y entendieron muy bien que la verdadera victoria del soldado y del policía es la paz. Y quiero hacer un reconocimiento especial —con toda la gratitud de mi corazón— a mi familia: a mi esposa y mis hijos, sin cuyo apoyo y amor esta tarea hubiera sido mucho más pesada.

Comparto, finalmente, este premio con la comunidad internacional que, con generoso y unánime entusiasmo, respaldó el proceso de paz desde sus inicios.

Y permítanme aprovechar esta ocasión para agradecer muy especialmente al pueblo noruego por su carácter pacífico y su espíritu solidario. Fue por estas virtudes que Alfred Nobel les confió la promoción de la paz en el mundo. Y debo decir que, en el caso de mi país, cumplieron su trabajo con gran efectividad.

Noruega y Cuba, en su rol como garantes; Chile y Venezuela, como acompañantes; Estados Unidos y la Unión Europea, con enviados especiales; todos los países de América Latina y el Caribe;

incluso China y Rusia... todos tienen razones para participar del orgullo por este logro.

El Instituto Kroc de Estudios Internacionales de Paz, de la Universidad de Notre Dame, en Estados Unidos, concluyó —luego de un estudio detallado de los 34 acuerdos firmados en el mundo en las últimas tres décadas para poner fin a conflictos armados— que el acuerdo de paz en Colombia es el más completo e integral de todos.

El acuerdo de paz en Colombia es un rayo de esperanza en un mundo afectado por muchos conflictos y demasiada intolerancia. Es una demostración de que lo que en un principio parece imposible —si se persevera— se puede volver posible, incluso en Siria o en Yemen o en Sudán del Sur.

La clave —en palabras del poeta inglés Tennyson— es "esforzarse, buscar, encontrar y no rendirse".

* * *

Varias lecciones se pueden derivar del proceso de paz en Colombia, que quisiera compartir con el mundo:

Hay que prepararse y asesorarse debidamente, analizando qué falló en previos intentos de paz en el propio país, y aprendiendo de los éxitos y fracasos de otros procesos de paz.

Hay que fijar una agenda de negociación realista y concreta que resuelva los asuntos directamente relacionados con el conflicto, y que no pretenda abarcar todos los problemas de la nación.

Hay que adelantar las negociaciones con discreción y confidencialidad, para que no se conviertan en un circo mediático.

Algunas veces, para llegar a la paz, es necesario combatir y dialogar al mismo tiempo, una lección que aprendí de otro ganador del Premio Nobel, Isaac Rabin.

Hay que estar dispuestos a tomar decisiones difíciles, audaces, muchas veces impopulares, para lograr el objetivo final de la paz. Esto significó, en mi caso, acercarme a gobiernos de países vecinos con quienes tenía, y aún tengo, profundas diferencias ideológicas.

El apoyo regional es indispensable para la solución política de cualquier guerra asimétrica. Hoy, por fortuna, todos los países de la región son firmes aliados en la búsqueda de la paz, que es el propósito más noble de cualquier sociedad.

También logramos algo muy importante, que fue convenir un modelo de justicia transicional que nos permite obtener el máximo de justicia sin sacrificar la paz. No me cabe duda de que este modelo será uno de los grandes legados del proceso de paz de Colombia.

* * *

Señoras y señores: hay una guerra menos en el mundo, ¡y es la de Colombia! Esto, precisamente, es lo que celebramos hoy en Oslo, la misma ciudad que acogió el inicio de la fase pública de conversaciones con las Farc en octubre del año 2012.

Y debo decir que me siento honrado y al mismo tiempo humilde al unirme a la línea de valientes e inspiradores hombres y mujeres que, desde 1901, han recibido el más prestigioso de los premios. El proceso de paz en Colombia —lo digo con profunda gratitud— es una síntesis afortunada de lo que hemos aprendido de ellos.

Los esfuerzos de paz en el Medio Oriente, en Centroamérica, en Sudáfrica, en Irlanda del Norte, cuyos artífices han recibido este galardón, nos mostraron el camino para avanzar en un proceso a la medida de Colombia.

También recogimos el legado de Jody Williams y la Campaña Internacional para la Prohibición de las Minas Antipersonal, igualmente ganadoras del Nobel.

Después de Afganistán, Colombia ostenta el vergonzoso récord de ser el país con más minas y más víctimas de minas en el mundo. Nuestro compromiso es tener nuestro territorio libre de minas para el año 2021.

Hemos recibido, asimismo, el respaldo de otros galardonados, como la Unión Europea y el presidente Barack Obama, que han comprometido a sus países a apoyar el crucial proceso de implementación del acuerdo de paz en Colombia.

* * *

Y no puedo dejar pasar la oportunidad de reiterar hoy un llamado que he hecho al mundo desde la Cumbre de las Américas de Cartagena en el año 2012, y que condujo a una sesión especial de la Asamblea General de las Naciones Unidas en abril del presente año. Me refiero a la urgente necesidad de replantear la Guerra mundial contra las Drogas, una guerra en la que Colombia ha sido el país que más muertos y sacrificios ha puesto.

Tenemos autoridad moral para afirmar que, luego de décadas de lucha contra el narcotráfico, el mundo no ha logrado controlar este flagelo que alimenta la violencia y la corrupción en toda nuestra comunidad global.

El Acuerdo con las Farc incluye el compromiso de este grupo de romper cualquier vínculo con el negocio de las drogas, y de contribuir a combatirlo. Pero el narcotráfico es un problema global y requiere una solución global que parta de una realidad inocultable: la Guerra contra las Drogas no se ha ganado, ni se está ganando.

No tiene sentido encarcelar a un campesino que siembra marihuana, cuando —por ejemplo— hoy es legal producirla y consumirla en 8 estados de los Estados Unidos.

La forma como se está adelantando la guerra contra las drogas es igual o incluso más dañina que todas las guerras juntas que hoy se libran en el mundo. Es hora de cambiar nuestra estrategia.

* * *

En Colombia, también nos han inspirado las iniciativas de Malala, la más joven receptora del Premio Nobel, pues sabemos que solo formando las mentes, a través de la educación, podemos transformar la realidad.

Somos el resultado de nuestros pensamientos; pensamientos que crean nuestras palabras; palabras que crean nuestras acciones. Por eso tenemos que cambiar desde adentro. Tenemos que cambiar la cultura de la violencia por una cultura de paz y convivencia; tenemos que cambiar la cultura de la exclusión por una cultura de inclusión y tolerancia.

Y, hablando de coexistencia, también hemos aprendido del exvicepresidente de Estados Unidos Al Gore y del Panel Intergubernamental sobre el Cambio Climático, en su empeño por preservar el planeta.

Qué bueno poder decir que el fin del conflicto en Colombia —el país más biodiverso del mundo por kilómetro cuadrado— traerá importantes dividendos ambientales. Al reemplazar los cultivos ilícitos por cultivos legales, la deforestación generada para sembrar coca disminuirá. Además, ya no se verterán millones de barriles de petróleo a nuestros ríos y mares por causa de atentados a la infraestructura petrolera.

En conclusión: el proceso de paz de Colombia que se premia hoy en Oslo es la síntesis y el resultado de muchos esfuerzos positivos que se han realizado a través de la historia y alrededor del mundo, y que han sido valorados y exaltados por este Comité del Nobel.

* * *

En un mundo en que los ciudadanos toman las decisiones más cruciales —para ellos y para sus naciones— empujados por el miedo y la desesperación, tenemos que hacer posible la certeza de la esperanza.

En un mundo en que las guerras y los conflictos se alimentan por el odio y los prejuicios, tenemos que encontrar el camino del perdón y la reconciliación.

En un mundo en que se cierran las fronteras a los inmigrantes, se ataca a las minorías y se excluye a los diferentes, tenemos que ser capaces de convivir con la diversidad y apreciar la forma en que enriquece nuestras sociedades.

A fin de cuentas, somos todos seres humanos. Para quienes somos creyentes, somos todos hijos de Dios. Somos parte de esta aventura magnífica que significa estar vivos y poblar este planeta.

Nada nos diferencia en la esencia: ni el color de la piel, ni los credos religiosos, ni las ideologías políticas, ni las preferencias sexuales. Son apenas facetas de la rica diversidad del ser humano.

Despertemos la capacidad creadora para el bien, para la construcción de la paz, que reside en cada alma.

Al final, somos un solo pueblo y una sola raza, de todos los colores, de todas las creencias, de todas las preferencias. Nuestro pueblo se llama el mundo. Y nuestra raza se llama humanidad.

Si entendemos esto, si lo hacemos parte de nuestra conciencia individual y colectiva, entonces podremos cortar la raíz misma de los conflictos y de las guerras.

En 1982 —hace 34 años— comenzaron los esfuerzos para alcanzar la paz de Colombia mediante el diálogo. Ese mismo año, en Estocolmo, Gabriel García Márquez, quien fue mi aliado en la búsqueda de la paz, recibió el Premio Nobel de Literatura, y habló de "una nueva y arrasadora utopía de la vida (...) donde las estirpes condenadas a cien años de soledad tengan por fin y para siempre una segunda oportunidad sobre la tierra".

Hoy Colombia —mi amado país— está disfrutando de esa segunda oportunidad, y les doy las gracias, miembros del Comité Noruego del Nobel, porque en esta ocasión no solo premiaron un esfuerzo por la paz: ¡ustedes ayudaron a hacerla posible!

El sol de la paz brilla, por fin, en el cielo de Colombia.

¡Que su luz ilumine al mundo entero!

CONTENIDO

AGRADECIMIENTOS   **13**

PRÓLOGO   **19**

CARTA AL LECTOR   **27**

INTRODUCCIÓN

DOS SIGLOS ENTRE LA GUERRA Y LA PAZ

Un guerrillero en mi cuarto   33

Una nación en guerra   34

La Violencia   36

Nacen las guerrillas   39

Los setenta: una década de transición   41

El proceso de paz de Betancur: de la paloma al holocausto   45

Tiempos oscuros, tiempos de zozobra   48

La Constitución como tratado de paz   52

Diálogos en medio del fuego   53

PRIMERA PARTE

LA CONSPIRACIÓN POR LA PAZ (1991-1998)   **59**

CAPÍTULO I: PRIMERA APROXIMACIÓN A LA PAZ

Ingreso a la vida pública   61

"El capital no es amigo de las guerras"   64

Buen gobierno y Tercera Vía   66

CAPÍTULO II: DESTINO COLOMBIA

La reunión de la Abadía de Monserrat 69

El consejo de Mandela 73

Un ejercicio profético 74

CAPÍTULO III: HISTORIA DE MI CONSPIRACIÓN

La sociedad civil asume el reto de la paz 77

Hablando con el enemigo 79

El plan naufraga 82

SEGUNDA PARTE

CREANDO LAS CONDICIONES PARA LA PAZ (1998-2009) **87**

CAPÍTULO IV: INICIO DEL PROCESO DEL CAGUÁN

El mandato por la paz 89

La sala de situación del PNUD 91

Desmarque del proceso del Caguán 92

Lo que mal inicia... 95

Juegos de guerra y paz 97

CAPÍTULO V: EL PLAN COLOMBIA

Regreso a la vida pública 101

El Plan Colombia y el fortalecimientode las Fuerzas Armadas 105

CAPÍTULO VI: EL FIN DEL PROCESO DEL CAGUÁN

"Usted me ha asaltado en mi buena fe" 109

Lo que dejó el proceso del Caguán 111

Las Farc en las listas del terrorismo mundial 113

Cambio de rumbo en la Casa de Nariño 116

CAPÍTULO VII: HALCÓN ANTES QUE PALOMA

Hacer la guerra para ganar la paz 119

Un nuevo partido y una nueva misión 122

Cambios en la inteligencia militar 126

Presupuesto para la guerra 130

CAPÍTULO VIII: UN EQUIPO PARA LA GUERRA
Y PARA LA PAZ

El agua y el aceite   133

Los falsos positivos   135

Una profunda desilusión   138

Remezón en la cúpula policial   141

La lección del general Valencia Tovar   143

Las condiciones para un proceso de paz exitoso   145

CAPÍTULO IX: JAQUE AL TERROR

Caída de los primeros objetivos de alto valor   147

Operación Jaque: un orgullo nacional   152

Los minutos más largos de mi vida   156

Efectos de la operación Jaque   160

La guerra que libré, la libré por la paz   163

LECCIÓN 1: LOGRAR UNA CORRELACIÓN FAVORABLE DE FUERZAS   167

TERCERA PARTE
LA FASE SECRETA (2010-2012)   171

CAPÍTULO X: LA "TRAICIÓN"

Esa maldita tentación   173

Frente al mar de Cartagena   177

La campaña presidencial   180

"La puerta del diálogo no está cerrada con llave"   182

¿Traición?   186

La sorpresa bajo la manga   191

Comienzan a cumplirse las condiciones   193

CAPÍTULO XI: HUGO CHÁVEZ:
ACUERDO SOBRE EL DESACUERDO

El desafío de convertir al enemigo en un aliado   195

Un extraño funeral   197

La develación del engaño en el caso de Emmanuel   200

Cuando los gobiernos disputan son los pueblos los que sufren   204

"Empezamos con el pie izquierdo, presidente Chávez"   209

"Mi nuevo mejor amigo"   212

Una dictadura al otro lado de la frontera   214

CAPÍTULO XII: RAFAEL CORREA:
DE LA HOSTILIDAD A LA COOPERACIÓN

Bombardeo sobre tierra ecuatoriana   219

La indignación de Correa   224

Recuperando las relaciones con Ecuador   226

Del antagonismo a la armonía   229

Un equipo de rivales   232

LECCIÓN 2: CONVIERTA EN ALIADOS A SUS ENEMIGOS   237

CAPÍTULO XIII: PRIMERA
APROXIMACIÓN CON LAS FARC

La carta de Henry Acosta   241

Lo que me contó Frank Pearl   243

Mi mensaje a las Farc   246

No hay mejor embajador que un hermano   248

CAPÍTULO XIV: LA CAÍDA DEL NÚMERO 2

El poder de la inteligencia   253

El ratón que pretende ser león   257

Operación Sodoma   259

En las calles de Manhattan   261

Primer encuentro con el presidente Obama   263

"Por la razón o por la fuerza"   265

CAPÍTULO XV: EL RECONOCIMIENTO
DEL CONFLICTO ARMADO

No hay mayor fanático que un converso   267

Razones para negar el conflicto   269

"Si pasamos esta ley, habrá valido la pena ser presidente"   272

"Hace rato hay conflicto armado en este país"   275

Reconocer el conflicto no es otorgar beligerancia   278

La deuda que estamos pagando   279

CAPÍTULO XVI: LA MUERTE DE ALFONSO CANO

La respuesta de las Farc   281

Primeras reuniones   283

La persecución de Alfonso Cano   287

Operación Odiseo   290

"Hoy hemos derrotado la intransigencia política de las Farc"   293

La decisión más difícil   294

LECCIÓN 3: ALGUNAS VECES HAY QUE NEGOCIAR EN MEDIO DEL CONFLICTO   301

CAPÍTULO XVII: PRIMER ENCUENTRO
EN LA HABANA

Cambios y reajustes   305

Dos objetivos   308

Rompiendo el hielo   309

El encuentro exploratorio   312

CAPÍTULO XVIII: IMPORTANCIA DE LA AGENDA

El Caguán: la adhesión a la agenda de las Farc   315

Lecciones de capitalismo para la guerrilla   317

Las líneas rojas   319

Seis meses para negociar la agenda   322

El triunfo de la sensatez   325

LECCIÓN 4: ¡ES LA PAZ, ESTÚPIDO!   329

CUARTA PARTE
LA MESA DE LA HABANA (2012-2016)   **333**

CAPÍTULO XIX: ANUNCIO DEL PROCESO AL PAÍS

Se desvela el secreto   335

"No se meta en eso, presidente"   339

"La responsabilidad de esta decisión recaerá sobre mis hombros"   342

CAPÍTULO XX: EL FACTOR HUMANO

El equipo negociador   345

El equipo de apoyo   354

Los del otro lado   356

CAPÍTULO XXI: "NADA ESTÁ ACORDADO
HASTA QUE TODO ESTÉ ACORDADO"

Comienza la fase pública   361

Dos visiones encontradas   364

Un proceso complejo   368

CAPÍTULO XXII: ASESORES INTERNACIONALES

Asimilando las experiencias del mundo   373

El ejemplo de Irlanda del norte   374

De Camp David al proceso colombiano   377

La lucidez de un exguerrillero   379

El experto en negociación   380

CAPÍTULO XXIII: EL MENSAJE DE FRANCISCO

"Usted es la persona por la que más he rezado"   381

Una reunión muy peculiar   384

Una visita inolvidable   388

CAPÍTULO XXIV: EL RESPALDO DE ESTADOS UNIDOS

El incondicional apoyo del gobierno Obama   393

Un enviado excepcional   396

El caso de Simón Trinidad   397

El presidente Trump y la paz de Colombia   398

Conversaciones sobre el problema de las drogas   401

CAPÍTULO XXV: LA APUESTA DEL MUNDO
POR LA PAZ DE COLOMBIA   405

Una negociación entre colombianos   405

La solidaridad de Europa   407

El abrazo de la región   419

LECCIÓN 5: IMPORTANCIA DEL APOYO INTERNACIONAL   427

CAPÍTULO XXVI: "NO PODEMOS QUEDARNOS
EN LA MITAD DEL CAMINO"

Compromiso con el campo   433

Primera crisis del proceso   436

Las balas por los votos   437

Una decisión a contrapelo   442

CAPÍTULO XXVII: EL PROBLEMA DE LAS DROGAS

La guerra que el mundo está perdiendo   445

Compromiso de las Farc frente al narcotráfico   448

El aumento de los cultivos ilícitos   452

CAPÍTULO XXVIII: LAS ELECCIONES DE LA PAZ

La primera vuelta   455

La segunda vuelta   458

CAPÍTULO XXIX: EL EJEMPLO DE LAS VÍCTIMAS

"Esta será la etapa más difícil y más exigente"   461

"El perdón es infinito"   462

Homenaje a las víctimas en Oslo   466

CAPÍTULO XXX: LOS DERECHOS DE LAS VÍCTIMAS

"Las grandes calamidades son siempre aleccionadoras"   469

El nudo gordiano de la justicia   473

La comisión de juristas   475

CAPÍTULO XXXI: UN MODELO DE JUSTICIA

PARA EL MUNDO

Las bases de la discusión   479

La justicia que logramos   480

No hubo impunidad   482

El cumplimiento de una promesa   484

Modelo para el mundo   486

CAPÍTULO XXXII: EL PUNTO DE NO RETORNO

Un general en el laberinto   489

"¿Cuántos muertos más necesitamos?"   491

Primer encuentro con Timochenko   493

Mucho más que justicia: un sistema integral   497

LECCIÓN 6: LAS VÍCTIMAS Y SUS DERECHOS DEBEN ESTAR

EN EL CENTRO DE LA SOLUCIÓN   501

CAPÍTULO XXXIII: EL FIN DEL CONFLICTO

Generales en La Habana 505

El papel de las Naciones Unidas 509

El último día de la guerra 511

CAPÍTULO XXXIV: "¡CESÓ LA HORRIBLE NOCHE!"

"Todo está acordado" 515

La última conferencia guerrillera 517

"En surcos de dolores, la paz germina ya" 519

QUINTAPARTE
LA PAZ EN CONSTRUCCIÓN(2016-2018) **525**

CAPÍTULO XXXV: EL PLEBISCITO

Un acuerdo sui géneris 527

"Los referendos los carga el diablo" 529

"Mientan, mientan, que algo queda" 532

"La renuncia es una posibilidad" 535

CAPÍTULO XXXVI: DEL INFIERNO
AL CIELO EN CINCO DÍAS

El gran diálogo nacional 541

Una llamada a la madrugada 545

Un espaldarazo a la paz de Colombia 547

CAPÍTULO XXXVII: UNA OPOSICIÓN IRRAZONABLE

La reunión de Rionegro 549

El factor Uribe 553

El Duque que conocí 557

CAPÍTULO XXXVIII: EL CAMINO DE LA
NUEVA COLOMBIA

El nuevo acuerdo final 559

Antorchas en Oslo 561

La marcha de las Farc hacia la paz 563

Una democracia renovada 565

EPÍLOGO

VALIÓ LA PENA

Construir la paz es como edificar una catedral 569

La paz con las Farc no es el fin de la violencia 573

Colombia es otra 574

ADENDA

LA PAZ EN COLOMBIA:

DE LO IMPOSIBLE A LO POSIBLE

Discurso de aceptación del Premio Nobel de la Paz 577